JUSTINUS KERNER

DIE SEHERIN VON PREVORST

JUSTINUS KERNER

DIE SEHERIN VON PREVORST

Vorwort von Joachim Bodamer

J. F. STEINKOPF VERLAG STUTTGART

3. Auflage 1973. Umschlag und Einband Erwin Maier.
Gedruckt bei Gutmann + Co., 71 Heilbronn.
ISBN 3 7984 0131 4

„Der Geist, ewig in Körper gebannt, will Geister." (*Jean Paul*)

Als am 2. Dezember 1858 die Universität Tübingen dem greisen Verfasser der „Seherin von Prevorst" sein Doktordiplom nach 50 Jahren erneuerte, rühmte die Urkunde der medizinischen Fakultät an dem emeritierten Oberamtsarzt von Weinsberg in feierlichem Latein drei Seiten seiner Persönlichkeit: Als Arzt sei er ein „Trost den Kranken", als Dichter, „eine Wonne der Musen", als Erneuerer der Magie aber eine „Geisel der Dämonen" gewesen. In der Tat gibt es kaum eine Gestalt der deutschen Geistesgeschichte, die wie Justinus Kerner lyrische Innigkeit und dichterische Ausdruckskraft, ärztlichen Scharfsinn und heilende Fähigkeit, Begabung und Ahnung für alles Übersinnliche und Jenseitige so einzigartig und bruchlos in sich vereinigte, so daß er noch bei Lebzeiten seinen Freunden als eine mythische Vollfigur erschien, mit deren Verschwinden die Erde ärmer und das Dasein leerer wurde. Weit umfassender als sein kühler, verstandesklarer und karger Jugendfreund Uhland verkörpert Kerner den tiefensüchtigen Geist und die dichtend-magische Strahlungskraft der Romantik, freilich in ihrer schwäbischen Sonderform. Kerner und Uhland traten, als die Führer eines jugendlich bewegten und genialen Dichterkreises, noch während des gemeinsamen Tübinger Studiums mit Gedichten und Aufsätzen in die literarische Öffentlichkeit und stellten sich bewußt dem damals in Schwaben herrschenden Klassizismus entgegen. Für den Romantiker Kerner war die Dichtung volkhafte Liedpoesie, war Geschichte die Wiedererweckung des deutschen Mittelalters, die Natur eine geheimnisvolle, kraftdurchströmte Gestaltenlandschaft, Magie das sinnlich-übersinnliche Zeugnis vom Hereinragen einer Geisterwelt in die unserige, Naturforschung und Wissenschaft aber nichts anderes als ein sympathetisch-spekulatives Verbundensein mit allem Kreatürlichen und Lebendigen. Die Fähigkeit, all diese romantischen Urelemente in sich zu vereinigen und produktiv zueinander in Verbindung zu setzen, hätte schon hingereicht, um Justinus Kerner einen bedeutenden Platz in der Geschichte des romantischen Geistes zu sichern. Aber die Wirkung seiner Persönlichkeit, diese Mischung aus Herzensgüte, humanem Wohlwollen, gefühlvoller Innigkeit und lauterer Gesinnung, überspielt von dichterischer Phantastik und barockem Humor, muß, nach den Berichten der Zeitgenossen, einmalig und ganz außergewöhnlich gewesen sein. Kerner war ein Genie der Freundschaft und übertraf darin sogar seine Epoche, in der die echte, ein Leben lang ausdauernde Freundesbeziehung geistiger und menschlicher Art in reichem Maße noch gelebt wurde. Es gibt kaum einen bedeutenden Menschen im Deutschland der Jahre zwischen 1820 und 1860, der nicht Gast im Kernerhaus zu Weinsberg war. Der Briefwechsel des Hausherrn, der, unermüdlich und gewissenhaft, auch wenn das Haus von Freunden und Fremden überfüllt war, noch seiner ärztlichen Praxis nachging, umfaßt viele Bände. Sie dokumentieren, daß es vor der technischen Ära und dem Heraufkommen des Massenzeitalters noch so etwas wie eine homogene geistig geformte Gesellschaft gegeben hat, die durch das Wort miteinander verbunden blieb, auch wenn sie räumlich getrennt war. Berühmt, ja fast berüchtigt über die engeren Grenzen seines schwäbischen Vaterlandes hinaus, dessen wahrer Ausdruck, wie Varnhagen einmal schrieb, Kerner zeitlebens war, „nur emporgehoben aus der unteren Region in eine höhere, wo wissenschaftliche Einsicht und dichterische Phantasie zum Volkstümlichen sich mischen", wurde Kerner aber durch „Die Seherin von Prevorst", seinen umfangreichen Bericht über die Geistererlebnisse, Trancezustände, magnetischen Kräfte und magischen Heilfähigkeiten der in Prevorst bei Löwenstein geborenen Friederike Hauffe, die bis heute die berühmteste und am sorgfältigsten beobachtete Geisterseherin geblieben ist. Kerner gab diesem Buch, das den Höhepunkt seiner schriftstellerischen Tätigkeit darstellt, den romantischen Untertitel „Enthüllungen über das innere Leben des Menschen und über das Hereinragen einer Geisterwelt in die unserige". Es erschien erstmals 1829 bei Cotta, wurde bis zu Kerners Tod viermal neu aufgelegt, erregte ein ungeheueres, fast skandalöses Aufsehen und verstrickte Skeptiker wie Gläubige, wunderfähige und wunderunfähige Zeitgenossen in erbitterte literarische Auseinandersetzungen. Varnhagen berichtete 1830 aus Berlin dem Freunde in Weinsberg, daß die Leute sich dort die „Seherin" gegenseitig aus den Händen rissen, so groß sei das Aufsehen, wobei Zustimmung und Ablehnung sich gegenseitig die Waage hielten. Ähnlich wie der ebenfalls heute noch umstrittene nordische Geisterseher Swedenborg, von dessen Existenz und Zeugnis sie nichts wußte, sah und verkehrte auch Friederike Hauffe mit Geistern, schilderte – übrigens nie spontan, sondern immer nur widerwillig und auf direkte Fragen – ein Zwischenreich, sich ausdehnend von der natürlichen zur übernatürlichen Welt, das von blassen, nur ihrem Seherauge erkennbaren Schemen Verstorbener dicht bevölkert war, die sich seufzend und unerlöst um ihr Bett im Kernerhaus drängten wie die antiken Schatten um die Grube des in den Hades niedergestiegenen Odysseus.

Damit aber ein magisches Ereignis, wie es Leben, Zeugnis und Tod der Friederike Hauffe darstellen, überhaupt zustande kommt, müssen eine Reihe von Faktoren, müssen persönliche, zeitgeschichtliche und volkhafte Bedingungen in idealer Weise gegeben sein und sich zu einem Ganzen finden. Eine dieser

Voraussetzungen, sicher die wichtigste, ist Justinus Kerner selbst, seine Herkunft, sein Entwicklungsgang und seine eigentümliche seelisch-geistige Konstitution.

Die Familie Kerner ist nicht, wie die Uhlands, altwürttembergischer Herkunft, auch wenn sie immer zur sogenannten „Ehrbarkeit" gehörte, sondern stammte aus Kärnten und wanderte in der Reformationszeit wegen ihres protestantischen Glaubens vertrieben, von dort nach Württemberg aus. Unter den Vorfahren von Justinus dominieren Geistliche und höhere Verwaltungsbeamte. Der Großvater und der Vater des Dichters waren herzogliche Oberamtmänner, der letztere im Ludwigsburg des Herzogs Carl Eugen, als Justinus – vierter Sohn und jüngstes Kind seiner Eltern – am 18. September 1786 geboren wurde. In der Familie der Mutter, der Tochter des Oberamtmanns Stockmayer, einer stillen, sanften, tief mütterlichen Frau, finden sich mehrere Fälle von Geistesstörung, ob Schizophrenie oder Melancholie, läßt sich heute nicht mehr mit Sicherheit entscheiden. Durch seine Mutter war Justinus Kerner mit Wilhelm Hauff, durch den Vater mit Ludwig Uhland, wenn auch weitläufig verwandt.

Das Leben in der herzoglichen Residenz Ludwigsburg, die Gestalt des ehrenhaften Vaters, die genialen Brüder, Georg, der in die Stürme der französischen Revolution geriet und als Arzt in Hamburg sein abenteuerliches Leben früh beschloß, und Carl, der es in stetem Aufstieg bis zum Geheimrat und Minister brachte, die vielen originellen Typen in Ludwigsburg und später in Maulbronn, die ganze Entwicklung eines phantasiestarken, empfindsamen scharf beobachtenden Knaben, hat Justinus Kerner als alter Mann in seinem „Bilderbuch aus meiner Knabenzeit" so plastisch, humor- und liebevoll geschildert, daß dieses Buch neben Ludwig Richters und Kügelgens Lebenserinnerungen immer zu den besten und unvergänglichsten Selbstdarstellungen der deutschen Literatur gehören wird.

Früh tritt bei Kerner die Neigung zum Traumhaften, zu den

Geheimnissen der menschlichen Existenz, zum Wunderbaren und Abnormen hervor, eingebettet allerdings in eine fast vegetative Naturliebe und in dichtendes Fühlen. Gespenstergeschichten ziehen ihn an, die Geisteskranken, die in Ludwigsburg im Arbeits- und Zuchthaus mit untergebracht waren, werden häufig besucht und mit liebevollem Grauen beobachtet; nach einer Gehirnerschütterung im 9. Lebensjahr bekommt er einen Ausnahmezustand mit Störung des Ichbewußtseins, am Sterbebett des Vaters erlebt er eine Vision und sieht sich selbst dort knien. In den Entwicklungsjahren erkrankt der in seinem Gefühlsleben tief versponnene Knabe an einer Neurose mit unstillbarem Erbrechen. Er wird in Heilbronn von dem berühmten, der Brownschen Lehre anhängenden Dr. Weickard, Leibarzt der russischen Zarin, behandelt, geheilt aber durch eine magnetisch-hypnotische Kur, die Gmelin, ein Vertreter des damals aufkommenden Mesmerismus, bei ihm vornimmt. Von da an konstatiert Kerner bei sich selbst ein gesteigertes Seelenleben, seine Vorliebe für die Nachtseite der Natur, gleichsam als sei er durch die magnetischen Striche des Dr. Gmelin dazu erweckt worden. Die Gabe, Zukünftiges im Traum vorauszusehen, stellt sich ein und verläßt ihn bis ins Alter nicht mehr, Traumprophetie also, die auch Kerners Großmutter besaß und die ihm nicht selten zu einer „wahren Qual" wurde.

Nach dem frühen Tod des Vaters, der für die Familie eine wirtschaftliche Katastrophe bedeutete, volontierte Kerner fast zwei Jahre widerwillig als Kaufmannslehrling in der herzoglichen Tuchfabrik zu Ludwigsburg, ohne dabei Poesie und Naturwissenschaft zu vernachlässigen, kann aber dann im Herbst des Jahres 1804 aufatmend die Universität Tübingen beziehen, um, durch ein Traumgesicht bestärkt, Medizin zu studieren.

Varnhagen hat in seinen „Denkwürdigkeiten" den Studenten Kerner, „dieses unschuldige, kindliche Gemüth", der, dichtend und studierend, mit seinen Freunden im Neuen Bau in Tübingen ein romantisches Dasein praktizierte, in seiner Neigung für alles Komische und Barocke geschildert, aber auch herausgespürt, intuitiv dessen magische Fähigkeiten ahnend, daß Kerner der Natur, besonders ihren dunklen Seiten, sehr nahe stehe. Seine Augen hätten etwas Geisterhaftes, Frommes, sein ganzes Wesen einen Zug ins Somnambule, Zauberhaft-Magnetische. Er könnte Wahnsinnige nachahmen, daß man schaudere, Gespenstergeschichten vortragen, daß alles herbeiströme, um ihn zu hören. Kerners Natur, sagt Varnhagen, wirkte darin so entschieden, daß in seiner Gegenwart mehr möglich scheint als sonst, daß die Empfänglichkeit anderer Gemüter durch ihn wächst. Mit innerer Folgerichtigkeit vertraute daher auch Kerners medizinischer Lehrer Autenrieth dem Studenten die Betreuung des geisteskranken Hölderlin an, der als unheilbar aus dem Klinikum entlassen und in Privatpflege bei einem Schreiner untergebracht, in seinem Turmgemach über dem Neckar verdämmerte.

Ende des Jahres 1808 schloß Kerner sein Studium mit der Doktorpromotion ab und vervollständigte seine Ausbildung durch die damals übliche Studienreise. Sie führte ihn nach Hamburg, Berlin und vor allem Wien, dessen medizinische Fakultät und großen Spitäler nur noch mit Paris konkurrierten. Er trat auf dieser Reise in persönliche Beziehung zu den norddeutschen Romantikern und veröffentlichte als dichterische Frucht seiner Weltfahrt die „Reiseschatten", eine phantastisch-skurrile Traumdichtung, die über E. T. A. Hoffmann und Jean Paul zu Unrecht in Vergessenheit geraten ist. Wildbad, Welzheim und Gaildorf sind die Stationen seiner medizinischen Wanderjahre, bis er schließlich 1814 in Weinsberg ansässig wurde.

In dieser Zeit ist Kerner nicht allein mit Dichtungen, sondern auch mit rein medizinischen Arbeiten, so über das Krankheitsbild der Wurstvergiftung und der Chemie der Fettsäure, hervorgetreten, die den vielangegriffenen Autor der „Seherin von Prevorst" als scharfen und exakten Beobachter zeigen. In Weinsberg hat sich Kerner dann mit den Erscheinungen des tierischen Magnetisums, seiner Natur und Heilkraft intensiver beschäftigt, nachdem er die Schriften Franz Anton Mesmers, des Begründers dieser für die Romantik so ungemein bezeichnenden medizinischen Bewegung schon vor seinem Studium kennengelernt hatte. So war er durch seine magnetischen Kuren und durch sein 1824 erschienenes Buch: „Geschichten zweier Somnambulen, nebst einigen Denkwürdigkeiten aus dem Gebiet der magischen Heilkunde und der Psychologie" als ärztlicher Anhänger des Mesmerismus schon weit bekannt, als im November 1826 die schwerkranke Friederike Hauffe in sein Haus gebracht wurde, um, nach bisher vergeblicher Therapie, von Kerner magnetisch behandelt zu werden. Ihre zweijährige Anwesenheit im Kernerhaus machte Weinsberg zu einem Wallfahrtsort für Wundergläubige und Kerner, nachdem sein Bericht erschienen war, zu einer Autorität auf dem Gebiet der Magie und den Erscheinungen des „inneren Lebens". Zwar schreibt Kerner in einem Brief an die Witwe seines Freundes Gustav Schwab, daß er „auf dem Wege kalter Beobachtung" die Geistererscheinungen der Friederike Hauffe als Naturwahrheiten hätte anerkennen müssen, so sehr sie auch ursprünglich seiner eigenen Phantasie entgegen gewesen seien. Trotzdem scheint es außer Zweifel, daß Kerner durch seine eigenen magischen Erlebniskräfte, trotz allen Bemühens um wissenschaftliche Nüchternheit und kritische Skepsis, die „Paranormalität" seiner einzigartigen Patientin eher steigerte, ja durch seine Person überhaupt erst in Erscheinung treten ließ. Solch eine mystische Symbiose zweier Partner muß eben gegeben sein, damit ein magisches Ereignis Gestalt gewinnen und sich äußern kann. Das gilt ganz ebenso für den berühmt gewordenen religiösen Geisteskampf, den Christoph Blumhardt, damals Pfarrer in Möttlingen, mit seinem Pfarrkind, der dämonischen Gottliebin Dittus, rund 20 Jahre nach der „Seherin von Prevorst", fast wider seinen Willen und unter schweren eigenen Anfechtungen auszustehen hatte. Auch die Dittus produzierte Krämpfe, Trancezustände, Zungenreden, Spuk- und Geistererscheinungen in Fülle, die sich um so mehr häuften, je bewußter Blumhardt das seelsorgerische Ringen um das Heil seines Beichtkindes in die biblische Sphäre verlegte und die Kraft des Gebetes in das dämonische Treffen führte.

Tragende Kraft solcher Gestalten, wie die Dittus und auch die Seherin es sind, ist die spezifisch schwäbische Religiosität des Pietismus, wie er gerade zu dieser Zeit z. B. in der Hahnschen Gemeinschaft, in deren Begründer Johann Michael Hahn und in vielen anderen Sekten und Zirkeln in Erscheinung trat. Oetinger, der nachts in der leeren Kirche den Geistern zu predigen pflegte, wirkte hier überall noch nach, in diesem weit verbreiteten grüblerisch-versonnenen Hang zum Jenseitigen und Wunderbaren, das den Alltag sprengt und die Verzückung ermöglicht. Zu den persönlichen und volkhaften Bedingungen gesellt sich die zeitgeschichtliche. Zwar hat der Mensch zu allen Zeiten an Geister geglaubt, ihr Erscheinen erlebt, phantastische Berichte in einer umfangreichen literarischen Tradition weitergegeben, wobei schon Schopenhauer auffiel, daß Charakter und Typus der Geistererscheinungen durch die Jahrhunderte, fast bis in Einzelheiten, immer derselbe bleibt. Es scheint zur menschlichen Wesensart zu gehören, daß sie vom Wunderbaren, Unerklärlichen und Übernatürlichen immerwährend gestreift wird, wie anders könnte der Mensch sonst wissen, was das Natürliche sei. Aber es gibt ganze Epochen, die von einer magischen Lebensstimmung wie gesättigt und erfüllt sind, die wie getrübt sich darstellen, durch einen fortwährenden Einbruch jenseitiger Kräfte in die diesseitige Menschenseele, Zeiten historischer Krisen oder bevorstehender Umbrüche, in denen der menschliche Geist die alten, klassisch gewordenen Formen seiner bisherigen Welterfassung zerbricht und konvulsivisch um neue, erst geahnte ringt. Dann „ist die Luft von solchem Spuk so voll, daß niemand weiß, wie er ihn meiden soll." Als solche Zeiten kennen wir die Spätantike, das ausgehende Mittelalter und die Romantik. In allen drei Epochen häufen sich die Berichte von Geistererscheinungen, vom Auftreten seherischer und prophetischer Menschen, und die schwarze wie die weiße Magie, die übernatürlichen Kräfte und ihre sonderbaren, erschreckenden Wirkungen werden zum Studium auch wissenschaftlicher Köpfe. Das Wunder tritt in die Weltbilder ein und nimmt das magisch-mystische Geheimnis zum Fundament menschlicher Existenz. Was nun die Romantik anlangt, so genügt es, um ihren übermächtigen magischen Grundzug zu bezeichnen, an Carus, Schelling, E. T. A. Hoffmann, an den magischen Idealismus des Novalis, an Baader, an des spekulativen Naturforschers Schubert „Nachtseite der Natur", an romantische Ärzte wie Kieser und Eschenmayer zu erinnern, um einen Hinweis darauf zu geben, in welchem Maße das Lebens- und Naturgefühl dieser Zeit sich dem Übersinnlichen öffnete und es in Dichtung, Musik und Wissenschaft bleibend zu gestalten suchte. Jung-Stilling, der Jugendfreund Goethes, schreibt eine „Theorie der Geisterkunde", der Geheimrat Horst in Berlin gab eine in Fortsetzungen erscheinende „Zauberbibliothek" heraus, und Justinus Kerner konnte nach dem Erscheinen der „Seherin" mühelos seine „Blätter von Prevorst" oder die von ihm redigierte Zeitschrift „Magicon" mit den ihm zuströmenden okkulten Erlebnisberichten füllen, wobei ihn Schubert, Görres, Eschenmayer und Franz von Baader unterstützten. Die antike Mantik, Paracelsus und Jakob Böhme erfuhren in der Romantik ihre Wiederkunft und ihre Lehren gingen mit ein in das naturphilosophische Denken der Ärzte. So ist auch die führende medizinische Theorie dieser Zeit, der Magnetismus Mesmers eine magische Heilslehre, die Laien, Ärzte, Dichter und Philosophen in gleicher Weise in ihren Bann schlug, Kerner befindet sich also mit seiner magnetischen Heilbehandlung durchaus im Einklang mit seiner Zeit, wenn er auch in der Deutung der Phänomene ausgesprochen okkulten und mystischen Vorstellungen zuneigte. Es ist hier nicht der Ort, den „Mesmerismus", diese erste neuzeitliche Form einer psychotherapeutischen Heilbewegung, darzustellen. Es genüge die Feststellung, daß Mesmer, ohne dies zu wissen, Hypnose und Suggestion entdeckt hatte. Seine Heilerfolge sind zum größten Teil auf hypnotische Wirkungen zurückzuführen. Über Mesmer selbst hat Kerner kurz vor seinem Tod eine auch heute noch wertvolle biographische Darstellung verfaßt, womit er gleichsam zu seinen Anfängen zurückkehrte.

Die Kritik gegen alle magischen Erscheinungen sah auch damals schon nur die breite, und unbestreitbar vorhandene Schicht von Schwindel, Leichtgläubigkeit, Aberglaube und Übertreibung, die sich um das echte Wunder, das magische Geheimnis, den unerklärlichen spirituellen und übernatürlichen Vorgang gelagert hat und die es abzuheben gilt, wenn der Urgrund des Magischen, der Quell des Weltgeheimnisses, sichtbar werden soll. Es sollte stutzig machen, daß noch tief im erleuchteten 19. Jahrhundert, als Naturwissenschaft und Technik alles Unerklärliche so sauber zu planieren begannen, einer der exaktesten Forscher dieser Ära, der Mitbegründer der Psychophysik, G. Th. Fechner, Betrachtungen über die Dinge des Jenseits und des Himmels anstellte, in denen er vom Standpunkt der Naturwissenschaft aus zu der Erkenntnis kam, daß es Geister gäbe. Denn der Mensch nehme seine irdische Leibesgestalt mit ins Jenseits hinüber, doch ohne die Last der Leibesmaterie, er könne also grundsätzlich spirituell wieder erscheinen, wenn besondere Umstände des Diesseits es gestatten. Nun ist Gustav Theodor Fechner nicht der erste und wohl auch nicht der letzte Philosoph von Profession, den sein Denken genötigt hat, sich mit der Geisterwelt und ihrer Verknüpfung mit dem Diesseits zu befassen. Schopenhauer und Kant sind ihm darin mit berühmt gewordenen Essays vorausgegangen. Kant vor allem hat in seiner Schrift „Träume eines Geistersehers, erläutert durch Träume der Metaphysik", mit großartiger Gelassenheit, neben ironischer Ablehnung und skeptischem Spott, den Satz vertreten, daß es künftig noch bewiesen werde, wie die menschliche Seele auch in diesem Leben in einer unauflöslichen Gemeinschaft mit allen immateriellen Naturen der Geisterwelt stehe, wie diese beiden Welten wechselweise aufeinander wirken und voneinander Eindrücke empfangen, deren sich aber der Mensch nicht bewußt sei, „solange alles wohl steht". Nicht „wohl" steht es aber bei diesen immer vereinzelten, nicht abnorm, sondern paranormal veranlagten Menschen unter uns, die sich durch ihre magische Seelenstruktur dieser Geistereinflüsse, im Gegensatz zum Durchschnittsmenschen, bewußt werden und oft zu ihrem eigenen Leidwesen bewußt werden müssen, wobei sie wohl erkennen, daß sie durch ihre unbegreifliche Begabung aus der Gemeinschaft, aus der humanen Norm, herausgetreten sind. Man muß die Bereiche des Normalen, des Abnormen und des Paranormalen durchaus voneinander trennen; ihnen entsprechen die diesen Schichten zugeordnete Psychologie, Psychopathologie und Parapsychologie. Im magischen Bereich geschehen die „miracula rigorosa", nach Kant die Wunder, deren Grund nicht in der Natur zu finden ist und wenn, dann in einer Natur, deren Gesetze wir nicht kennen, weil sie die normalen, zeitlichen und räumlichen Bedingungen unserer sinnlichen Welterfassung überspringt.

Wie diese Ordnung der Natur, die auf den Gesetzen der Zeit, des Raumes, und der Kausalität aufgebaut ist, im magischen Bereich außer Kraft tritt, zeigen auch die Phänomene der Wahr- und Wachträume, der visionären Prophetie, die Erscheinungen des zweiten Gesichts, des Sich-selbst-Sehens, das leibliche Auftreten Sterbender vor ihren weitentfernten Angehörigen, die unerklärlichen Todesahnungen. Sie sind alle so gut und vielfach bezeugt, daß es nicht angeht, sie einfach deshalb zu negieren, weil sie beunruhigend sind, unser Weltbild stören oder unsere kritische Verstandesfähigkeit zu beleidigen scheinen. All diese supranatürlichen Manifestationen hängen untereinander zusammen, sind verwandte Gestaltungen einer Welt, die tiefer liegt, ursprünglicher und unmittelbarer ist als unsere gewöhnliche, in der wir uns scheinbar so sicher bewegen.

Vielleicht tritt in ihnen das innerste Wesen der Dinge, der geheimste Nexus zwischen Mensch und Natur, zwar immer nur blitzartig und gleich wieder erlöschend, vor uns auf und demonstriert, wie unser Bewußtsein nur einen Ausschnitt der Wirklichkeit zu fassen und ordnend zu überschauen fähig ist, den eine uns unzugängliche tiefere oder höhere Welt allseitig umgibt; in ihr sind wir so wenig heimisch, daß alles, was an sie erinnert, den durchdringenden und gleichzeitig erschreckenden Charakter des Unheimlichen trägt.

In dieses weite Reich der Magie, das hinter unserer Welt mit so vielfältigen und verwirrenden Formen und Kräften west und raunt, ist die moderne Wissenschaft, beginnend im 19. Jahrhundert mit Experiment, exakter Beschreibung und Klassifikation der Erscheinungen entschlossen und ohne den Schauder früherer Jahrhunderte eingedrungen, um auch hier des Unheimlichen Herr zu werden und den Menschen der Neuzeit von letzten magischen Bindungen zu befreien. Läßt man die Vorstufe des Okkultismus mit seinen spiritistischen Sitzungen und meist zweifelhaften Medien beiseite, so sind es vor allem die Psychopathologie, die Tiefenpsychologie und die Parapsychologie gewesen, denen das Verdienst zukommt, das Unerklärliche zwar nicht erklärt, aber besser sichtbar gemacht zu haben. Die Kenntnis der Psychosen, vor allem der Schizophrenie mit ihren häufig religiös gefärbten Sinnestäuschungen, der epileptischen Ausnahmezustände, der Hysterie und der Psychopathie, hat es ermöglicht, den Bereich des Abnormen, des seelisch Krankhaften, vom Paranormalen, für das die Kategorien krank oder gesund nicht zureichen, reinlicher abzutrennen, wenngleich alle Versuche, Typen wie Swedenborg oder die Seherin von Prevorst, überhaupt die Fähigkeit des Geistersehens, psychiatrisch zu deuten und auf Psychosen zurückzuführen, nicht befriedigt haben.

So hat der nachmalig hochverdiente erste Direktor der Heilanstalt Winnental, Albert Zeller, in einer schon 1830 anonym schienenen Schrift „Das verschleierte Bild zu Saïs oder die Wunder des Magnetismus", nachzuweisen geglaubt, daß Kerner einer Geisteskranken zum Opfer gefallen sei, denn nur Wahnsinn führe zum Geistersehen und Geistersehen zum Wahnsinn. Die Tiefenpsychologie, die Entdeckung des Unbewußten, die moderne Traum-Forschung, die Lehre von den unterbewußten Schichten des Gedächtnisses und der Wahrnehmung, das Studium der Hypnose und der Suggestion, die Experimente über Bewußtseinsveränderungen unter Mescalin haben uns freilich so Überraschendes über die alle körperliche Begrenzung und Sonderung überspringenden Kräfte der menschlichen Seele gelehrt, daß der größte Teil dessen, was früher dem magischen Weltgrund zu entspringen schien, nun als verstehbare seelische Automatismen und psychische Personifikationen des Unbewußten sich entpuppte. Die Fülle der Befunde, Theorien und Ordnungen einer Psychologie, welche die Erforschung und Analyse der menschlichen Seelentiefe als Programm vertritt, sollte aber nicht darüber täuschen, daß wir dem Unerklärlichen damit nicht sehr viel näher gekommen sind. Denn was Bewußtsein, Traum und Schlaf, Hypnose und Suggestion, Halluzination und Vision ihrer innersten Natur nach eigentlich sind, ist uns genauso rätselhaft und unfaßbar wie je, und wir sind noch immer in der gleichen tiefen Unwissenheit, die schon Kant beklagte, über die Urfrage, von der alles andere abhängt, nämlich wie die Seele, „eine immaterielle Natur, in einem Körper und durch diesen wirksam sein könne", daher uns schon eine so banale Handlung wie etwa eine Armbewegung, bei der ein Willensakt sich in einen raumzeitlichen Vollzug übersetzt, ewig wunderbar, weil unerklärlich bleibt.

Nun sind es gerade Psychologie und Psychopathologie, die dem Unvoreingenommenen zeigen, daß Friederike Hauffe weder eine phantastische Schwindlerin, noch eine Hysterika oder Neurotikerin, am wenigsten ein Schizophrene gewesen sein kann, wohl aber eine mit paranormalen Eigenschaften hochbegabte, einzigartige, mediale Gestalt, deren Deutung allein einer wissenschaftlichen Parapsychologie zusteht, die heute mit ihren experimentellen Versuchen zur Telekinese, zur Telepathie und mit dem exakten Studium der außersinnlichen Wahrnehmung ihre Grundlagen sich erarbeitet.

Aus Kerners spielerischen „Klecksographien", seinem sogenannten „Hadesbuch", ist heute der Rorschach-Test mit einer ausgefeilten Diagnostik und vielfältiger psychologischer Anwendung geworden. Vielleicht bestätigt eine kommende Parapsychologie Kerner auch seinen unerschütterlichen Glauben, daß er und seine „Seherin von Prevorst" in ferner Zukunft einmal voll gerechtfertigt würden.

Die vorliegende Neubearbeitung hatte zum Ziel, die Geschichte der „Seherin" von allen zeitbedingten Überlagerungen und Spekulationen zu befreien, um so die beobachteten Tatsachen rein zur Darstellung kommen zu lassen.

DIE SEHERIN VON PREVORST

Eröffnungen

über das innere Leben des Menschen

und über das Hereinragen einer Geisterwelt

in die unsere

Mitgeteilt von

JUSTINUS KERNER

ERSTE ABTEILUNG

Eröffnungen über das innere Leben des Menschen

1. Eingang

Möchten die nachstehenden Blätter, die manche neue Eröffnung über das innere Leben und das Hereinragen einer Welt der Geister in die unsre enthalten, es klar werden lassen, wie solches innere Leben nicht bloß in Schlafwachen, sondern in Wahrheit in uns allen waltet, wie wir es aber nie tief genug erfassen, nicht selber in ihm einkehren und seine inhaltschweren Ziffern nicht zu enträtseln uns bemühen, weil uns der Tumult der Außenwelt ruft, bis jener Moment kommt (und o wie bald kommt er bei allen!), wo diese Außenwelt verschwindet und dann unser Geist unaufhaltsam in die inneren Kreise kehrt und da – ach, nur zu spät! – schaut, was sich ihm setzte.

Und nun möchte ich nur wenige Worte schon an dieser Stelle (Weiteres sagt der spätere Inhalt dieser Blätter) von dem Wesen desjenigen Lebens im Innern sagen, das man den magnetischen Schlaf heißt. Nenne diesen Zustand nicht Schlaf: denn er ist vielmehr das hellste Wachen, das Aufgehen einer inneren, viel helleren Sonne, als die ist, die dem Auge von außen leuchtet, ein helleres im Licht, als das ist, das durch Begriffe, Schlüsse, Definitionen und Systeme im wachen Leben werden kann, ein Zustand, der mit dem ursprünglichen des Menschen Ähnlichkeit hat, wo der Mensch wieder in die alte innige Verbindung mit der Natur tritt und ihre Gesetze und Urtypen zu erschauen fähig werden kann.

Im reinsten, höchsten Grade des magnetischen Zustandes ist kein Schauen, Hören, Fühlen, es ist aus allen dreien zusammengesetzt, mehr als alle drei, eine Empfindung unmittelbarer Gewißheit, eine Ansicht des wahrhaftesten, eigensten Lebens und der Natur.

Je einfacher, naturgemäßer der Mensch, der in diesen Zustand gerät, im wachen Leben ist, je mehr sich schon in diesem sein Geist von Seele und Leib frei zu halten wußte, je tiefer, je wahrer wird auch sein Schauen in ihm sein.

Aber auch dieser Zustand hat seine Gradverschiedenheiten, und es ist gewiß im höchsten Grade dieses inneren Lebens auch keine Täuschung mehr möglich, und das wohl in Momenten, in denen des Geistes Entfesselung von der Seele stattfindet, ihm dann wie durch einen Blitzstrahl das Zentrum des Inneren ererleuchtet wird.

Gewiß aber auch ist es, daß dieser Zustand des Hellsehens niemand als ein Mittel anzuraten ist, um das zu werden, was der Mensch vor Gott sein soll.

War auch einst im Altertum der magnetische Zustand bekannt, und wurde er als Heilmittel, oder auch oft zu religiösen, ja selbst politischen Zwecken, geflissentlich durch magnetische Einwirkungen (durch Lorbeer und Räucherungen) herbeigeführt, so war er in jedem Falle ein Mysterium im Heiligtume der Götter und nicht dem Markte preisgegeben, der Betastung der Ungläubigen, Spötter und Heuchler. Die Schlafenden wurden in eigenen Zimmern der Tempel besonders behandelt, in feierlicher Stille und meistens in der ruhigen Nacht. Priester sagten ihnen beim Erwachen die von ihnen geoffenbarten Mittel und den Ausgang.

Wie aber jetzt die Verhältnisse unseres öffentlichen Lebens nun einmal sind, wird ein Mensch in diesem Zustand leicht eine Puppe, der das unselige Los ward, sich mitten unter einem Trosse von Knaben zum Schmetterling entfalten zu sollen.

Der eine bläst nach ihm, der zweite schlägt nach ihm, und

wieder ein anderer durchsticht ihn mit der Nadel und, gestört in seiner Entfaltung, stirbt er noch als halbe Puppe langsam dahin. Und das ist auch das Bild eines unglücklichen magnetischen Lebens, dessen Erscheinungen der hauptsächlichste Gegenstand dieser Blätter sind.

2. Geburtsort und erste Jugend

Seitwärts der württembergischen Stadt Löwenstein auf dem Gebirge, dessen höchste Spitze der 1879 Fuß über die Meeresfläche erhabene Stocksberg bildet, liegt von allen Seiten vom Wald und Klingen umgeben, in romantischer Abgeschiedenheit, das kleine Dorf Prevorst.

Die Zahl seiner Einwohner ist etwas mehr als vierthalbhundert. Der größte Teil derselben nährt sich mit Holzmachen, Einsammeln von Waldsamen und Kohlenbrennen.

Wie Bewohner von Gebirgen es überhaupt sind, ist auch hier der Volksstamm kräftig, und die meisten erreichen, ohne je an eigentlichen Krankheiten gelitten zu haben, ein hohes Alter. Krankheiten der Talbewohner, wie kaltes Fieber, zeigen sich hier nie, aber oft Nervenzufälle der früheren Jugend, die man bei diesem kräftigen Menschenschlage nicht erwartet. So zeigte sich auf einem mit Prevorst auf gleichem Gebirge gelegenen Ort, das man Neuhütte heißt, schon mehrmals unter den Kindern eine dem Veitstanz ähnliche Krankheit epidemisch, so daß alle Kinder dieses Ortes zugleich von ihr befallen wurden. Wie Magnetische bestimmten auch sie die Minute des Anfalles jedesmal voraus, und waren sie auf den Feldern, wenn die von ihnen vorausgesehene Zeit des Anfalles sich nahte, so eilten sie nach Hause und bewegten sich dann in solchen Paroxysmen, die eine Stunde und länger dauern konnten, taktgemäß wie die geschicktesten Tänzer in den sonderbarsten Stellungen, worauf sie jedesmal wie aus magnetischem Schlaf erwachten und sich des Vorgefallenen nicht mehr erinnern konnten.

Daß die Bewohner dieses Gebirges aber für magnetische und siderische Einflüsse sehr empfänglich sind, dafür sprechen, daß unter ihnen, besonders den Bewohnern von Prevorst, die Kunst, durch sympathetische Kräfte zu heilen und die Empfänglichkeit, vermittelst solcher geheilt zu werden, wie auch die Kunst, Quellen durch die Haselnußstaude aufzusuchen, sehr gemein ist.

Auf dieser Gebirgshöhe, und zwar in dem Dorfe Prevorst, wurde im Jahre 1801 eine Frau geboren, in der sich von früher Kindheit an ein besonders inneres Leben kundgab, dessen Erscheinungen der Gegenstand dieser Blätter sind. Frau Friederike Hauffe – deren Vater in dieser Waldgegend als Jäger (Revierförster) seinen Sitz hatte – wurde, wie schon die Lage und Einsamkeit des Ortes mit sich brachte, hier einfach und ungekünstelt erzogen. An die schneidende Bergluft, an die auf diesem Gebirge harte und lang dauernde Winterkälte gewöhnt, nie in Kleidung und Bett verzärtelt gehalten, wuchs sie auch als blühendes, lebensfrohes Kind heran, während ihre Geschwister alle (bei gleicher Erziehung) in der Kindheit mit Gichtern behaftet waren, bemerkte man ihr derlei Zufälle nie. Dagegen war es, daß sich bei ihr bald ein nicht zu verkennendes Ahnungsvermögen entwickelte, das sich in ihr besonders in voraussagenden Träumen kundgab. Griff sie etwas stark an, erlitt sie Vorwürfe, die ihr Gemütsleben aufregten, so wurde sie in nächtlicher Ruhe stets in innere Tiefen geführt, in denen ihr belehrende, warnende oder voraussagende Traumbilder aufgingen.

So als der Vater einmal einen ihm werten Gegenstand verloren hatte, und ihr, die unschuldig war, die Schuld beigemessen wurde, und dadurch ihr Gefühlsleben tief ergriffen ward, erschien ihr nächtlich im Traum Ort und Stelle, wo die verlorene Sache lag. Auch siderische Einflüsse wirkten auf sie schon sehr frühe, und es schlug ihr schon als Kind die Haselnußstaude auf Wasser und Metalle an. Da sich in späteren Jahren in dem einsamen Dorfe wenig Gelegenheit zur geistigen Ausbildung dieses

Kindes fand, so gaben es die Eltern auf Ersuchen des Großvaters, Johann Schmidgall, zu ihm in das nur einundeinehalbe Stunde entfernte Löwenstein.

So wohltätig die Einfachheit und Klarheit, die Nüchternheit der biederen Großeltern auf dies leicht aufzuregende Kind wirken mußten, so sehr es auch nie durch ihre Schuld zu früh mit geistigen und übersinnlichen Dingen vertraut werden konnte, so geschah dies dennoch zu ihrem großen Bedauern: denn es lag ein solches nun einmal in der Natur dieses Geschöpfes, konnte so wenig zurückgehalten werden als sein leibliches Wachstum, und entwickelte sich immer mehr und mehr.

Bald bemerkte der alte Schmidgall, daß das Mädchen, ging es mit ihm auf einsamen Spaziergängen und hüpfte es auch vorher noch so vergnügt an seiner Seite, an gewissen Stellen auf einmal ein Wehesein und Frieren erhalten konnte, was ihm lange unerklärlich blieb. Erklärlicher wurde es ihm, als das Mädchen die gleichen Empfindungen in Kirchen, wo Gräber waren, oder auf Gottesäckern erhielt und in solchen Kirchen nie auf dem Erdgeschoß stehen, sondern auf die Emporkirche gehen mußte.

Aber noch bedenklicher wurde dies dem Großvater, als zu diesem Gefühl für Leichen, Metalle usw. sich bei dem Mädchen auch an gewissen Stellen das Gefühl für Geister gesellte.

So war in dem Schlosse zu Löwenstein ein Gemach (eine verlassene Küche), in die es nur schauen, aber wegen obigen Gefühls nie eintreten konnte. An dem gleichen Orte aber wurde nach Jahren von einer gewissen Dame zu ihrem äußersten Entsetzen (ohne daß sie zuvor von jenem Gefühl des Kindes nur etwas gewußt hätte) der Geist einer Frau erblickt.

Zu noch größerem Kummer der Großeltern aber ging dieses Gefühl für die Nähe von andern nicht gesehener geistiger Einflüsse bald in wirkliches Schauen über, und die erste Erscheinung eines Geistes ward dem Mädchen im eigenen großelterlichen Hause. Da ersah es in der Mitternacht in einem Gange eine lange dunkle Gestalt, die mit einem Seufzer an ihm vorübergíng, am Ende des Ganges stehen blieb und zu ihm hinsah, ein Bild, das ihm bis in die reifern Jahre wohl im Gedächtnis blieb. Schon dieser erste Anblick eines Geistes erregte in ihm (wie auch später bei solchen Erscheinungen meistens geschah) keine Furcht, es sah die Erscheinung ruhig an und ging dann zum Großvater, ihm zu sagen: da draußen stehe ein sonderbarer Mann, er solle ihn doch auch sehen; aber dieser, erschrocken über dieses Sehen des Mädchens, denn auch er hatte die gleiche Erscheinung an gleicher Stelle, doch hatte er nie etwas davon geäußert, ließ das Mädchen von dort an nächtlich nie mehr aus dem Zimmer, und suchte ihm allen Glauben an die Wirklichkeit des Geschehenen zu benehmen.

Diese ernste, unglückliche Gabe brachte jedoch keine Störung in das kindliche Leben des Mädchens; es war mehr als irgendeine seiner Gespielinnen des Lebens froh, und nur eine außerordentliche Reizbarkeit seiner Augennerven (ohne Entzündungszustand), die sich ein Jahr lang bei ihm zeigte, und die vielleicht nur eine Vorbereitung seines Auges zum Sehen für gewöhnlichen Augen nicht mehr sichtbare Dinge war, die Entwicklung eines geistigen Auges im fleischlichen, konnte es dazumal auf längere Zeit im einsamen Leben des Zimmers zurückhalten. Langwierige Krankheiten der Eltern riefen es später wieder in das einsame Prevorst, wo durch Kummer und Nachtwachen an Krankenbetten sein Gefühlsleben in jahrelanger Aufregung blieb und ahnungsvolle Träume und jenes Gefühl für, anderen verborgene, geistige Dinge fortdauerten.

Als erwachsen finden wir es wieder im elterlichen Hause zu Oberstenfeld, das inzwischen der amtliche Wohnsitz des Vaters wurde, und vom siebzehnten bis ins neunzehnte Jahr, wo nun der Jungfrau nur Frohsinn Erweckendes von außen entgegentrat, schien sich auch ihr Inneres mehr zu verschließen, und sie unterschied sich nur durch geistigeres Wesen, was sich besonders in ihren Augen aussprach, und durch größere Lebendigkeit, ohne je Sitte und Anstand zu verletzen, von anderen Mädchen ihres Umgangs. Nie verfiel sie auch in die diesem Alter so gewöhnliche Empfindelei, und zu erweisen ist, daß sie auch nie (was ihr nur die stets fertige Lüge nachsagen konnte) wegen getäuschter Liebe (sie hatte nie eine Verbindung) in Schwermut geriet.

Nach dem Wunsche ihrer Eltern und Verwandten fand in ihrem neunzehnten Jahre zwischen ihr und Herrn H., der zur Familie ihrer Oheime gehört, ein ehelicher Verspruch statt, den sie, bei der Rechtschaffenheit des Mannes und der Aussicht zu einer sicheren Versorgung, wünschen mußte.

War es aber Ahnung der ihr nun bevorstehenden Jahre der Leiden durch Krankheit, waren es andre Gefühle, die sie in ihrem Innern verbarg (wo nur dies das Bestimmte ist, daß es keine Gefühle für eine andere Liebe waren), sie versank in derselben Zeit in eine ihren Verwandten unerklärliche Schwermut, weinte tagelang unter dem Dache des elterlichen Hauses, wohin sie sich schlich, schlief volle fünf Wochen lang nie mehr, und rief so auf einmal wieder das überwiegende Gefühlsleben ihrer Kindheit in sich hervor.

An dem Tage ihres feierlichen ehelichen Verspruchs war das Leichenbegängnis des sehr ehrwürdigen Stiftspredigers T. zu Oberstenfeld, eines Mannes von etlichen und sechzig Jahren, dessen Predigten, Lehren und persönlicher Umgang (er war das Bild der Rechtschaffenheit selbst) großen Einfluß auf ihr Leben hatten. An dem Tage seiner Bestattung ging sie auch mit anderen zur Begleitung der teuren Leiche auf den Gottesacker. War es ihr nun vorher noch so schwer ums Herz, so wurde es ihr nun auf einmal ganz leicht und hell auf diesem Grabe. Es ging in ihrem Innersten auf einmal ein besonderes Leben auf; sie wurde ganz ruhig, konnte aber von diesem Grabe fast nicht mehr scheiden. Endlich ging sie, es kamen keine Tränen mehr, sie war heiter, aber von diesem Augenblick an gleichgültig für alles, was in der Welt vorging, und hier fing die Zeit, noch keiner Krankheit, aber ihres eigentlichsten inneren Lebens an.

3. *Zurückziehen ins Innere*

An der Grenze von Württemberg gegen Baden liegt der zum Teil Baden, zum Teil Hessen zugehörende Ort Kürnbach, von Bergen eingeschlossen in ziemlicher Niederung und Düsterheit, in seinen geognostischen und atmosphärischen Verhältnissen den Orten Prevorst und Oberstenfeld entgegengesetzt.

Menschen mit elektrometrischer Empfindlichkeit begabt, werden oft nur durch Veränderung des Wohnorts geheilt, wie andre, von gleicher Anlage, durch Beziehung neuer Wohnorte oft in Krankheiten verfallen, von denen die Ärzte keinen Grund anzugeben wissen.

Inwieweit nun ein Nervenleben von solchem Gefühl für siderische und imponderable Einflüsse, wie es nun einmal in Frau H. angefacht war (und wie es der Leser erst später noch in seiner unbegreiflichen Ausdehnung wird kennenlernen), durch Beziehung von einem von den vorigen in jeder Hinsicht so verschiedenen Aufenthaltsorte, auch mit zum Teil feindlich ergriffen werden konnte (und Kürnbach ward nach der Verheiratung der Frau H. am 27. August 1821 nun auch der Ort ihres neuen, ehelichen Lebens), läßt sich allerdings nicht berechnen Später zeigte sich auch, daß Frau H., je tiefer sie von Berghöhen herabkam, je mehr Krämpfen unterworfen ward, auf den Berghöhen aber ihr magnetischer Zustand sich steigerte.

Aber auch psychische Einflüsse möchten von nun an feindlich in ihr Leben eingegriffen haben. Schon früher nicht mehr für die Außenwelt lebend, und doch nun so manchen Aufruf in dieselbe von außen als Gattin eines gewerbetreibenden Mannes wohl erkennend, mußte sie sich nun, an ihr Anteil zu nehmen, Zwang antun, sie mußte ihr Inneres (ihre Heimat) bedecken und dafür ein Äußeres hinstellen, das ihrem Innern (ihrer Heimat) durchaus widersprach. Und diese Verstellung, dieser Zwang, mußte ihr um so schwerer fallen und endlich auch zum körperlichen Leiden werden, als sie schon in einem Zustande war, der mehr der Zustand des Innern ist, wo jede äußere Verstellung um so schwerer fällt, wie beziehungsweise (um es nur durch einen Zug klarer zu bezeichnen) somnambule, in ihr inneres Leben zurückgeführte Menschen keinen Menschen, und wäre er ein König, anders als mit du anzusprechen fähig sind, und dürfen sie dieses nicht, lieber stillschweigen.

Aber sie war von jener Stunde an, wo sie auf jenem Grabe stund, wie jeder mehr auf das innere Leben zurückgeführte Mensch, schon mehr in dem Zustande, in welchen jedes auch nach Verschwindung der Außenwelt, nach dem Tode, wohl kommt, und in welchem natürlicherweise keine Verstellung mehr stattfinden kann.

Sieben Monate lang schien Frau H. mit dem gewöhnlichen Leben mitzuleben, sooft es aber die äußern Verhältnisse nur zuließen, floh sie, um in sich selbst sein zu können, in die Einsamkeit. Aber länger war es ihr nicht möglich, ihr Inneres zu bedecken, und dafür ein Äußeres, was nicht da war, zum Schein hinzustellen, der Körper unterlag solchem Zwange, und der Geist rettete sich in die innern Kreise.

4. Hervortreten des magnetischen Zustandes

Es war der 13. Februar 1822, da ersah Frau H. im nächtlichen Traume in ihrem Hause große Unruhe und Zerstörung. Es war ihr, als sollte sie sich zu Bette legen, aber da lag in demselben im Totenkleide die Leiche jenes teuren Verstorbenen, auf dessen Grabe sich ihr inneres Leben anfachte. Außen im andern Zimmer hörte sie die Stimme ihres Vaters und zweier Ärzte, von denen ihr nur einer bekannt war, und diese beratschlagten sich über eine schwere Krankheit, die sie befallen. Sie rief hinaus: „Laßt mich nur ruhig bei diesem Toten, der heilt mich, mich heilt kein Arzt!" Da war es ihr, als wollte man sie von der Leiche reißen, aber ihre Totenkälte war ihr heilendes Gefühl, und sie genas nur durch diese. Sie sprach nun laut im Traume „Wie wohl ist mir neben diesem Toten, nun werde ich ganz gesund.“ (Sie war aber dazumal noch nicht krank.)

Als sie ihr Gatte so im Traume sprechen hörte, weckte er sie. Am andern Morgen befiel sie ein Fieber, das vierzehn Tage lang mit der größten Heftigkeit andauerte und auf das in ihr ein sieben Jahre langes magnetisches Leben (mit wenigen, wohl nur scheinbaren Intervallen) folgte. Da meine eigene Beobachtung von diesen Jahren nur das sechste und siebente umfaßt, so kann ich von den früheren nur eine oberflächliche Skizze geben, wie ich sie aus dem Munde der Frau H., ihres Gatten und anderer Verwandten erhielt. Nach jenem Fieber, es war am 27. Februar, nachts ein Uhr, brach auf einmal bei ihr ein heftiger Brustkrampf aus. Man rieb und bürstete bis zwölf Uhr an ihr, bis ihr Rücken blutete. Sie lag ohne Bewußtsein wie tot, und der Ortschirurg schlug ihr eine Ader. Dieselben Krämpfe dauerten noch drei Tage fort, und man ließ ihr dann wieder zur Ader.

Am zweiten Tage erscheint bei ihr eine Bauersfrau aus dem Orte, ungerufen, setzte sich zu ihr, sagte: sie solle doch keinen Arzt gebrauchen, das helfe nichts, und legte ihr die Hand auf die Stirne. Im Augenblick erhielt sie den allerfurchtbarsten Krampf, und die Stirne wurde wie abgestorben und kalt. Die ganze Nacht hindurch schrie sie ohne Besinnung; jene Frau hatte wie dämonisch auf sie gewirkt, und sooft dieselbe wiederkehrte, brachen bei ihr die fürchterlichsten Krämpfe aus. Am dritten Tage sandte man zum Arzte nach Bretten. Da war sie schon in den magnetischen Kreis eingetreten; denn als er erschien, sagte sie zu ihm, ob sie ihn gleich nie gesehen: „Bist du ein Arzt, so mußt du mir helfen!“ Dieser, die Krankheit wohl erkennend, legte die Hand auf ihr Haupt. Da zeigte sich, daß sie ihn allein nun sah und hörte, die andern Personen um sich (so lange bis er wieder das Zimmer verlassen hatte) nicht.

Auf dieses Handauflegen wurde sie auch ruhig und schlief

einige Stunden. Es wurden ihr innerliche Mittel und ein Bad verordnet. Aber in der Nacht kamen wieder Brustkrämpfe, und nun achtzehn Wochen lang täglich wenigstens zwei, meistens fünf bis sechs.

Man schien den Arzt zu wenig persönlich berufen zu haben. Man ließ ihr in dieser Zeit zweiunddreißigmal zur Ader und setzte ihr noch Blutegel an Magen, Hals und Unterleib. Gleich anfangs jener Krämpfe erschien ihr nächtlich, als sie wach war, ihre Großmutter von Löwenstein. Diese hatte sich vor ihr Bett gestellt und sah sie stillschweigend an. Nach drei Tagen erfuhr sie den Tod jener Frau, der in derselben Nacht erfolgt war. Von da sprach sie wie im Schlafe oft von ihrer Anwesenheit, und später erkannte sie dieselbe als ihren Schutzgeist. Es war auch schon um diese Zeit, daß ihr im Traume eine Maschine und deren Verfertigung und Gebrauch als Bedingung ihres Gesundwerdens erschien. Sie zeichnete dieselbe auch auf ein Papier, aber man gab ihrem Gefühle keine Folge.

Als alle ärztlichen Mittel (und auch Sympathie, die versucht wurde) nichts halfen, gab der Arzt dem Chirurgen auf: ihr bei den höchsten Krämpfen nur die Hand aufzulegen, und nütze dies nichts, ihr einige magnetische Striche zu geben. Auf dies ließen auch die Krämpfe jedesmal nach. Menschen, die den Zustand dieser Frau nicht zu beurteilen wußten, fingen dazumal schon an, aus dem Umstande, daß sie in der Angst heftiger Krämpfe nach jenem Chirurgen oft laut schrie, und daraus, daß nur dieser ihr die Krämpfe stillen konnte, nur Gemeines zu schließen. Es wurde ihr wohl hinterbracht, aber ruhig ertrug sie es, im Bewußtsein ihrer Unschuld, wie auch später das immer mehr sich häufende Geklatsch der Außenwelt über sie, und besonders das ihres eigenen Geschlechtes, ihr Inneres nicht berührte.

Als einstmals ein Brustkrampf zu lange andauerte, hauchte ihr die Magd eine Stunde lang in die Herzgrube, worauf es ihr äußerst leicht und wohl wurde.

Es ist wahrscheinlich, daß jetzt eine regelmäßig eingeleitete magnetische Behandlung, da sie nun doch schon tief in die magnetischen Kreise eingeführt war, ihr vielen Jammer erspart hätte; ihr sehr vortrefflicher Arzt schlug dies auch vor, allein er war zu fern vom Orte, und der Gatte konnte sich noch nicht entschließen, sie vom Wohnorte entfernen zu lassen.

Dagegen schien eine vom Arzte eingeleitete homöopathische Heilungsweise, wenigstens auf einige Zeit, eine günstige Nervenumstimmung in ihr zu veranlassen, und dazu wurden Belladonna, Nux vomica etc. in den bekannten, äußerst kleinen Gaben gewählt.

Es geschah nun auch, daß sie wieder im Mai das Bett verlassen konnte, und später trat ihre erste Schwangerschaft ein, von der man sich ihre völlige Genesung versprach.

In dem Laufe dieser ersten Krankheitsperiode geschah auch die Erfüllung des Traumes, den sie zu Anfang derselben hatte. Ihr Vater nämlich erschien wirklich mit jenen zwei Ärzten, von denen sie nur einen an seiner Stimme erkannte, und besprach sich mit ihnen über ihre Krankheit im Vorzimmer, während sie im andern in Krämpfen lag.

Obgleich auch jetzt noch Brustkrämpfe nicht ausblieben und sie immer in einem mehr magnetischen Zustande zu sein schien, machte sie dennoch im Juni eine Reise zu ihren Eltern nach Oberstenfeld, und gebrauchte achtundzwanzig Bäder im Bade zu Löwenstein, auf die sie ganz kräftig wurde, ob sie gleich auch da die Brustkrämpfe noch nicht verließen.

Im August kehrte sie wieder nach Hause und mußte am 18. Februar 1823 wegen heftiger Brustkrämpfe künstlich entbunden werden.

Es fanden Zerreißungen, heftige Blutflüsse, Kindbettfieber und Jammer jeder Art statt, und sie kam dem Tode sehr nahe. Zweiundzwanzig Wochen lang blieb sie in fieberhaftem Zustand, und als dieser nachließ, traten dagegen wieder die heftigsten Krämpfe ein.

Jene Frau, die früher schon einmal auf sie von so übler Einwirkung war, kam nun auch wieder und brachte eine Milch dem Kinde und ließ sich auch nicht abhalten, ihm selbst davon zu reichen. Sogleich verfiel dieses in die heftigsten Krämpfe, bewegte auch von da an periodisch den rechten Fuß und den rechten Arm konvulsivisch. Es erfolgte auch sein Tod im August zu Oberstenfeld, wohin die Mutter nach einiger Wiederherstellung gereist war, unter fürchterlichen Konvulsionen. Nachdem sie sich nun abermals des Löwensteiner Bades einige Wochen bedient, reiste sie im September wieder nach Hause, war aber immer sehr geschwächt und oft in völlige Melancholie versunken.

Im Februar 1824 hatte sie Besuch von Freundinnen, alles war lustig und tanzte, sie aber blieb trüb. Als alles ruhig war, wandte sie sich zum Gebete. Eine Person, die sie nahe anging, fing auf einmal darüber zu lachen an. Dies griff sie so an, daß sie sogleich kalt und starr wie ein Toter wurde. Lange hörte man keinen Atem mehr, endlich wurde er röchelnd. Man legte Senfpflaster, machte Fuß- und Halsbänder, sie kehrte ins Leben, aber nur wieder zu langem Leiden. Sie lag immer wie im Traume.

Einmal sprach sie drei Tage lang nur in Versen, und ein andermal sah sie drei Tage lang nichts als eine Feuermasse, die durch ihren ganzen Körper lief wie auf lauter dünnen Fäden. Dann hatte sie wieder drei Tage lang die Empfindung, als tröpfelte ihr ein Tropfen kalten Wassers nach dem andern auf den Kopf, und hier erschien ihr auch das erste Mal außer sich ihr eigenes Bild. Es saß weißgekleidet vor ihr auf einem Stuhle, während sie im Bette lag. Sie sah lange das Bild an, wollte schreien, aber konnte nicht. Endlich tat sie einen Schrei nach ihrem Mann, und das Bild verschwand.

Ihr Gefühlsleben war nun so gesteigert, daß sie nach den größten Entfernungen hin alles fühlte und hörte; für siderische Einflüsse wurde sie schon so empfänglich, daß sie jeden eisernen Nagel in den Wänden des Zimmers fühlte und man alle entfernen mußte.

Sie konnte nun auch kein Licht mehr ertragen, man mußte sie vor allem Lichte bewahren.

Sie kam nun vom März bis Juni unter die Behandlung des Arztes von B—n. Todesbangigkeiten wechselten mit Krämpfen. Man mußte ihr immer die Hände halten, sie lebte nur noch wie von den Nervenausströmungen andrer, und waren diese schwach, vermehrten sie ihre Schwäche. Der Arzt verordnete Handauflegen neben dem Gebrauch von Arzneien, allein sie verfiel nun hie und da in magnetischen Schlaf und machte sich in diesem selbst Verordnungen.

Ein Hauptleiden war, daß sie immer das schmerzhafte Gefühl hatte, als sei ein Stein in ihrem Kopfe. Es schien ihr selbst das Gefühl von krampfhaft zusammengezogenem Gehirne zu sein, dessen Bewegung sie bei jedem Atemzuge schmerzhaft empfand. Dieses Gefühl störte sie in jedem Schlafe, der überhaupt nur so lange dauerte, als man die Hand auf ihre Stirne legte. Es wurde nun ein Versuch mit dem mineralischen Magnet gemacht. Man bestrich ihr damit die Stirne, worauf sich ihr auf einmal Kopf und Gesicht völlig verdrehten und ihr Mund, wie der eines Schlagflüssigen, verzerrt ward.

Diese Zufälle dauerten zwei Tage lang, worauf sie wieder von selbst verschwanden. Durch jene Verordnungen und Handauflegen wurde sie inzwischen doch so weit gebracht, daß sie wieder das Licht zu ertragen fähig wurde; trat aber ihre Periode ein, die immer regelmäßig war, so vermehrten sich Krampf und Schwäche.

Um diese Zeit fühlte sie, daß sie alle Abend sieben Uhr, sieben Tage lang, ein nur von ihr gesehener Geist magnetisierte. Es geschah mit drei Fingern, die der Geist gleich Strahlen ausbreitete. Die Striche gingen meistens nur bis zur Herzgrube. Sie erkannte in dieser geistigen Gestalt ihre Großmutter. Eine unbegreifliche, aber von vielen ehrbaren Zeugen beglaubigte

Tatsache ist, daß ihr während dieser Zeit Dinge, deren längere Berührung ihr schädlich waren, wie von einer unsichtbaren Hand weggenommen wurden. Man sah solche Gegenstände, z. B. sehr oft den silbernen Löffel, aus ihrer Hand in ziemlicher Entfernung von ihr auf den Teller gelegt werden, ohne daß sie wie geworfen fielen, sie gingen ganz langsam durch die Luft, als trüge sie eine unsichtbare Hand dahin, wohin sie gehörten.

Durch dieses geistige Magnetisieren noch in tiefern Schlaf gefallen, gab sie an, daß sie durch Magnetisieren zu erhalten sei.

Um diese Zeit sah sie auch das erste Mal hinter jeder Person, die sie sah, eine andere, auch von menschlicher Gestalt, aber wie in Verklärung, schweben. So sah sie hinter ihrer jüngsten Schwester immer ihren verstorbenen Bruder Heinrich, und hinter einer Freundin sah sie die geistige Gestalt einer alten Frau, die sie in ihrer Kindheit einmal zu Löwenstein gesehen. Hauptsächlich durch die Anordnung ihrer Oheime zu Löwenstein wurde sie nun im Juni 1824 einer geregelten magnetischen Behandlung unterworfen, die Herr Dr. B. zu B–n übernahm.

Anfänglich besserte es sich nicht, sie schien den Magnetiseur nicht ertragen zu können, und er mußte öfters nach ihrem Verlangen das Zimmer verlassen. Die Manipulation dauerte von neun bis zehn Uhr morgens, und auch gemeiniglich von abends fünf bis sechs Uhr hatte sie sich dies im Schlafe selbst verordnet. Nach und nach ertrug sie den Magnetiseur besser; sie verordnete sich selbst, und ihre Kräfte kamen wieder; aber sie blieb immer in einem magnetischen Zustande, in welchen sie auch im August desselben Jahres wieder die Bäder in Löwenstein gebrauchte, durch die sie aber so gestärkt wurde, daß sie alle Tage von der Wohnung des Großvaters in das Tal zum Bade und wieder zurückgehen konnte. Sie machte sich nun auch wieder an leichte weibliche Geschäfte und wurde immer kräftiger und besser; doch schlief sie noch alle sieben Tage, zuletzt alle sieben Wochen, magnetisch.

Hierauf blieb sie eine Zeitlang nur noch halbwach, ging aber in diesem Winter in Schnee und Regen spazieren und blieb am liebsten in der Kälte. Sie war noch zu O. bei ihren Eltern, ihr Gatte besuchte sie oft, und man geriet, selbst von Ärzten darauf geleitet, abermals auf die irrige Meinung, es möchten sie die Mutterfreuden am füglichsten wieder ins gewöhnliche Leben zurückführen. Ob sie nun gleich nicht mehr in einem auffallend magnetischen Zustande war, so war sie dennoch bestimmt auch jetzt noch in einem nur halbwachen, äußerst gesteigerten Gefühlsleben, indem besonders alles Geistige auf sie von größtem Einfluß war. Ahnungsvolle Träume, Divinationen, Voraussehen in Glas- und Krystallspiegeln sprachen von ihrem aufgeregten inneren Leben. So sah sie in einem Glase Wasser, das auf dem Tische stand, Personen, die nach einer halben Stunde erst das Zimmer betraten, schon zum voraus. So sah sie in diesem Glase einmal ein Gefährt mit zwei Menschen die Straße von B. (auf die man nicht sehen konnte) herfahren. Sie beschrieb die Art des Gefährtes, die in ihm Sitzenden, die Farbe der Pferde usw. aufs genaueste, und nach einer halben Stunde fuhr auch das gleiche Gefährt mit den gleichen Menschen und Bespannung am Hause vorüber.

Um diese Zeit hatte sie auch zum erstenmal die Erscheinung eines sogenannten zweiten Gesichts. Als sie eines Morgens, bei Anwesenheit des Arztes, aus dem Zimmer trat, sah sie auf dem Vorplatze einen Sarg stehen, in welchem ihr Großvater väterlicherseits als Leiche lag. Sie konnte nicht weitergehen, weil der Sarg über den Weg, den sie gehen wollte, herstund. Sie ging wieder zurück und sagte ihren Eltern und dem Arzte, sie sollen doch hinaustreten und den Sarg, der da außen stehe, sehen. Sie taten es, sahen aber nichts, und nun auch sie nicht mehr. Am andern Morgen stand der Sarg mit der Leiche wieder vor ihrem Bette.

Nach sechs Wochen aber starb derselbe Großvater, der bis wenige Tage vor seinem Tode ganz gesund war.

Die Gabe, Geister zu sehen, die Frau H. schon von früher Ju=

gend auf hatte, bildete sich inzwischen in ihr immer mehr aus. Die zwei sehr merkwürdigen Geschichten aus dieser Periode findet der Leser im zweiten Teil dieser Schrift.

5. Gesteigerte Leiden und tieferer magnetischer Zustand

Frau H. hatte in der zweiten Schwangerschaft nun zwar auch Krämpfe, doch hatte sie Bewußtsein von ihnen, und das Bad machte sie abermals auch so kräftig, daß sie von Löwenstein nach Oberstenfeld, mehrere Stunden, wohl zu Fuß gehen konnte. Sie brachte bis Ausgang November wieder in Kürnbach zu und wollte auch durchaus daselbst bleiben; aber da kein geschickter Hebarzt in der Nähe war und sie durch die frühere Niederkunft so viel gelitten hatte, überredete man sie, dieselbe bei ihren Eltern zu erwarten. Am 28. Dezember erfolgte sie, und sie mußte wegen Krämpfen wieder künstlich entbunden werden. Vierzehn Tage nachher stellte sich ein heftiges Fieber mit Frost ein, sie phantasierte die ganze Nacht und meinte immer in einer ungeheuren Kirche zu liegen. Nach Aufhören dieses Fiebers erschienen wieder Krämpfe aller Art und stellte sich ein vermehrter magnetischer Zustand aufs neue ein.

Da gewöhnliche Arzneien nichts fruchteten, so nahm man wieder zum Handauflegen die Zuflucht, was gemeiniglich ihr Bruder tat, in dessen Abwesenheit aber auch andre Menschen der verschiedensten Art von ihren Eltern in ihrem Jammer dazu erbeten wurden; ein Umstand, der nicht nur auf den Ruf dieser Frau sehr nachteilig einwirkte, sondern auch ihrer Gesundheit nur zum Nachteil gereichen konnte, da dieses magnetische Einwirken so verschiedenartiger Nervengeister sie immer tiefer und ungeregelter in das magnetische Leben brachte und ihr diese erborgte Nervenkraft Fremder immer mehr zur Gewohnheit machte. Es ist nicht genug zu bedauern, daß hier nicht vorsichtiger verfahren wurde: es würde über diese ohnedies unglückliche Frau auch so manches schiefe, durchaus falsche Urteil vermieden und sie vielleicht noch eher aus ihrem unglücklichen magnetischen Leben geführt worden sein.

Merkwürdig ist, daß ihr Kind, ein Knabe, besonders in den ersten Wochen seines Lebens nie in einer andern Stellung schlief, als in der, welche die Mutter in ihrem magnetischen Schlafe hatte, nämlich mit auf der Brust gekreuzten Armen und gekreuzten Füßen. Auch wird man unten erfahren, daß auch ihm die unglückliche Gabe, Geister zu sehen, wurde.

Krämpfe, Somnambulismus usw. dauerten nun (wie unter einer solchen gemischten Behandlung auch zu erwarten war) fort. Man konnte am Ende ihre Krankheit nicht begreifen und wurde des Zustandes überdrüssig. Sie aber wurde immer abgezehrter und elender. Es kam bei Nacht kein Schlaf mehr, sie weinte Nächte durch, hatte Durchfälle und Nachtschweiße. Man sagte ihr: es schade ihr doch alles nichts, sie sterbe doch nicht.

Man versuchte Zwangsmittel, sie aufrecht zu erhalten, man zwang sie, sich aus dem Bette zu erheben, aber sie fiel ohne Bewußtsein um.

Man kam auf den Gedanken, diese Krankheit sei durch dämonische Einflüsse erzeugt und nahm die Zuflucht zu einem durch sympathetische Kuren in Ruf stehenden Mann. Dieser sandte zuerst ein grünes Pulver. Sie sträubte sich, es anzunehmen, aber man zwang sie. Als sie es zum zweitenmal eingenommen, konnte sie auf einmal aufstehen, doch sie lief ganz steif umher, und je nach einigen Schritten drehte es sie, wie im Veitstanze, im Ringe herum.

Einen völlig schlafwachen Zustand hatte sie in dieser letzten Periode nicht mehr, nun trat ein solcher auf einmal wieder ein, und sie gab im Schlafe an, wieviel sie von diesem Pulver nehmen dürfe. Ihre Stimme wurde ganz schreiend, sie sprach hochdeutsch und auf einmal eine allen fremde Sprache, die sie auch schrieb, und die sie ihre innere Sprache nannte, von der weiter unten ausführlicher die Rede sein wird. So oft sie diese Sprache sprach, war sie in halbwachem Zustande; und wollte sie wieder die gewöhnliche Sprache sprechen, so gab sie sich selbst magnetische Striche aufwärts, wodurch sie wach wurde.

Mit dem Pulver sandte jener Mann ein Amulett von schwarzem Leder, das an einem dreifachen Faden hing. Alle Freitage wurde zu dem Manne sieben Stunden weit geschickt, so wollte er es. Sie sagte im Schlafe: der Mann wolle immer in seinem Innern, daß man ihn bitten solle, daß er selbst komme, er tue das aus Eigennutz, und tue man es nicht, so stecke er Nadeln tiefer in eine gewisse Pflanze im Keller, wodurch sie noch mehr an ihn gebunden werde, noch mehr Angst und Unruhe bekomme. Sie müsse an ihn selbst schreiben.

Dies tat sie nun im magnetischen Schlafe. Man sandte einen Boten mit dem Briefe ab, und der Mann erschien selbst.

Er hatte ein schwarzes, rohes, abschreckendes Gesicht und äußerst stiere funkelnde Augen. Als er erschien, lag sie im magnetischen Schlafe. Sie erklärte, daß er nicht ins Zimmer treten dürfe, bevor er nicht vor demselben gesprochen:

„Ich glaube, daß Jesus Christus wahrhaftiger Gott
vom Vater in Ewigkeit geboren."

Er tat dies, und nun durfte er eintreten, allein sie sprach nichts mit ihm. Sie bat, man solle verhüten, daß er ihr, wenn sie erwache, die Hand gebe, er werde sie begehren, aber man solle ihm das nicht sagen, sonst werde er erzürnt.

Man tat nun, als sie erwachte, das Möglichste, um das zu verhüten, und sagte es ihr auch wach; aber dennoch geschah es. Der Mann ergriff ihre Hand, aber im Momente, da er sie faßte, wurde sie aufs fürchterlichste verkrümmt, so daß sie durch alles Magnetisieren, Behauchen usw. nicht mehr zurecht zu bringen war. Sie wurde hierauf schlafwach und sagte: man solle ihr die Hand sogleich in fließendes Wasser tauchen und dann mit warmem Wein waschen, sonst leide sie den größten Schaden. Nachdem man dies getan hatte, verschwand die Krümmung der Hand wieder.

Das Pulver (das sie aber immer magnetischer machte) nahm sie noch drei Wochen in ganz kleinen Gaben fort: denn sie behauptete, wenn sie von ihm gar nichts nehme, würde ihr der Mann Schaden zufügen. In dieser Zeit geschah es, daß das Amulett, das ihr jener Mann gesandt hatte, einigemal ganz von freien Stücken unberührt über ihren Kopf heraus und über ihre Brust und Bettdecke, wie ein lebendiges Wesen, vor mehreren Anwesenden, weiterlief, so daß man es auf dem Boden fangen und wieder zurückbringen mußte. Für diese uns freilich unglaubliche Erscheinung sprechen mehrere sehr achtbare Zeugen.

Im magnetischen Schlafe sagte sie darüber folgendes: „Der Mann macht dieses durch seine böse Kunst, er wirkte magisch auf mich. Er will das Amulett wieder zurückhaben, damit man ein neues begehre, weil ich ohne dasselbe jetzt schon einmal nicht mehr sein kann."

Sie trug dies Amulett ein Vierteljahr lang auf dem Rücken. Ich untersuchte es, als es mir nach einem Jahre übergeben wurde und fand in ihm Asa foetida, Sabina, Cyanus, zwei Körner semen stramonii, ein Magnetsteinchen und ein Zettelchen, auf welchem geschrieben stand: „Dazu ist erschienen der Sohn Gottes, daß er die Werke des Teufels zerstöre." Ob sie gleich wieder kräftiger wurde, dauerte ihr magnetischer Zustand doch immer noch an, und sie schlief täglich ein-, auch zweimal magnetisch. Der abermalige Gebrauch des Löwensteiner Bades wäre vielleicht nun angezeigt gewesen, allein man war der Sache zu sehr überdrüssig geworden, und man schrieb ihrem Gatten, sie nach Kürnbach zu holen.

Dieser fand sie sehr schwach, und ihre Bestimmungen im magnetischen Schlafe waren auch noch nicht für die Reise, aber wach war sie, besonders um ihren Eltern nicht mehr beschwerlich zu fallen, für sie. Die Reise wurde gemacht, allein eine Folge derselben war nun das Eintreten der heftigsten Unterleibskrämpfe und Blutflüsse. Früher hatte sie nie Unterleibs-, sondern meistens nur Brust- und andere Krämpfe. Da nun ihr somnambuler Zustand in Kürnbach nur zunahm und sie im magnetischen Schlafe immer erklärte, man dürfe sie nicht dalassen, so wurde sie wieder nach O. zu ihren Eltern gebracht. Aber die Reise dauerte vierzehn Tage lang, da unterwegs die größte Schwäche mit beständigem Erbrechen eintrat. Dieses Erbrechen dauerte auch zu O. acht Wochen lang fort. Es kam immer stoßweise vom Unterleib aus und wurde endlich durch kleine Gaben von Opium gestillt.

Nun fing eine besondere Reizbarkeit der Magennerven eine Rolle zu spielen an: es mußte alle Minuten etwas in den Magen kommen, sonst erfolgte die furchtbarste Schwäche. Die Magennerven waren in steter Überreizung und forderten beständig Speise; Kraftlosigkeit und Krämpfe dauerten immer an, und eine völlige Nervenzerrüttung trat ein. Zwar brachten ärztliche Verordnungen wieder einige Linderung ihrer Übel, aber nur scheinbar, und man sah sich, auch wegen Entfernung der Ärzte, veranlaßt, sie zu einem ihrer Oheime nach Löwenstein zu bringen.

Hier blieb sie drei Tage lang erträglich, aber dann stellten sich Blutflüsse ein. Sie schlief alle Abende magnetisch und machte sich Verordnungen, auf die man kein Vertrauen mehr hatte, und die man nicht mehr befolgte.

Nun zog man auch mich zu Rate.

Nie hatte ich vorher diese Frau selbst gesehen, aber viel Falsches und Entstelltes über sie durch das Gerede der Leute erfahren.

Ich muß bekennen, daß ich dazumal noch die Ansichten der Welt und ihrer Lügen über sie teilte, daß ich abriet, auf ihren nun schon so lange angedauerten schlafwachen Zustand und ihre Verordnungen in ihm noch einige Rücksicht zu nehmen, ihr bei Krämpfen die Hände aufzulegen, Menschen mit stärkeren Nerven in ihre Nähe zu lassen, kurz, daß ich den Rat gab: mit allem dahin zu wirken, sie aus ihrem magnetischen Zustande hinauszuführen und sie mit Vorsicht, aber rein nur mit den gewöhnlichen ärztlichen Mitteln zu behandeln.

Diese Ansicht teilte mit mir mein Freund Dr. Off zu Löwenstein und richtete ein ihr gemäßes Heilverfahren ein. Aber unser Zweck wurde nicht erreicht. Blutflüsse, Krämpfe, Nachtschweiße dauerten immer an. Das Zahnfleisch wurde skorbutisch und blutete immer, sie verlor all ihre Zähne. Von Arzneimitteln, die nur etwas stärkend waren, bekam sie das Gefühl, als würde sie in die Höhe gezogen, es wandelte sie eine Furcht vor allen Menschen an und nächtlich oft eine Schwäche des Todes.

Man kam auf den Gedanken, dämonische Einflüsse durch Gebet aus ihr zu treiben. Von dort an war ihr alles gleichgültig, was man mit ihr anfing, sie wurde wie verstockt. Es war ihr der Tod zu wünschen, sie wurde ein Marterbild und starb nicht. Ihre Verwandten waren in Jammer und Verlegenheit und brachten sie (fast gegen meinen Willen) auf gutes Glück, ob noch Heilung auf irgendeinem Wege bezweckt werden möchte, nach Weinsberg.

6. Erscheinen in Weinsberg

Frau H. kam am 25. November 1826 hier an, ein Bild des Todes, völlig verzehrt, sich zu heben und zu legen unfähig. Alle drei bis vier Minuten mußte ihr ein Löffel Suppe gereicht werden, den sie oft nicht verschlingen konnte, sondern nur in den Mund nahm und wieder ausspie. Reichte man ihr ihn nicht, so verfiel sie in Ohnmacht und Starrkrampf. Ihr Zahnfleisch war dick skorbutisch geschwollen, immer blutend, ihre Zähne waren ihr in L. alle aus dem Mund gefallen. Krämpfe, somnambuler Zustand, wechselten mit einem mit Nachtschweißen und blutigen Durchfällen verbundenen Fieber. Jeden Abend um sieben Uhr verfiel sie in magnetischen Schlaf. Diesen fing sie immer mit stillen Gebeten an, in welchem sie die Arme auf der Brust gekreuzt hatte. Dann breitete sie die Arme in gerader Richtung nach außen aus und befand sich in diesem Moment im schauenden Zustande, und erst wenn sie dieselben wieder auf die Bettdecke zurückgebracht hatte, fing sie zu sprechen an. Ihre Augen waren dabei geschlossen, ihre Gesichtszüge ruhig und verklärt. Als sie am ersten Abend ihrer Ankunft in diesen Schlaf verfiel, begehrte sie nach mir, ich aber ließ ihr sagen, daß ich jetzt und in Zukunft mit ihr nur wach sprechen werde.

Als sie wach war, ging ich zu ihr und erklärte ihr kurz und ernst: daß ich auf das, was sie im Schlafe spreche, keine Rücksicht nehme, daß ich gar nicht wissen wolle, was sie da spreche, und daß ihr somnambules Wesen, das nun zum Jammer ihrer Verwandten schon so lange angedauert, endlich aufhören müsse. Diese Eröffnung begleitete ich noch mit einigen, allerdings ernsten Ausdrücken: denn es war mein Vorsatz, durch eine ernste psychische Behandlung und auch durch Hervorrufung eines festen Willens in ihr, vom Gehirne aus das vorwiegende Leben ihres Bauchsystems zu unterdrücken. In jedem ihrer schlafwachen Zustände wurde nun keine Frage mehr an sie, über sie oder andre gerichtet, man ließ sie in ihnen ganz unbeachtet liegen. Dagegen setzte ich ein rein ärztliches Heilverfahren homöopathischer Art fort. Allein auch die allerkleinsten Gaben von Arzneimitteln bewirkten in ihr immer das Gegenteil von dem, was man durch sie bezwecken wollte. Krämpfe und Somnambulismus stellten sich zwar weniger ein, dagegen aber erschien ein offenbares Gefäßleiden. Zehrfieber, Nachtschweiße, Durchfälle, völlige Erschöpfung und äußerste Abmagerung nahmen reißend zu, so daß das Ende ihrer Leiden in kurzer Zeit zu erwarten war, und ihre Verwandten auch darauf vorbereitet wurden. Es war zur Heilungsweise, die ich einschlagen wollte, zu spät. Durch die frühern magnetischen Einwirkungen so verschiedener Art war ihrem Nervenleben eine zu ungewöhnliche entgegengesetzte Richtung gegeben worden, sie hatte kein Leben mehr, das aus der Kraft der Organe geschöpft wurde; sie konnte nicht mehr anders als von entlehntem Leben, von der Lebenskraft andrer, von magnetischen Einflüssen leben, wie sie offenbar schon lange nur lebte. In ihren zwar nun seltener stattfindenden magnetischen Schläfen suchte sie immer noch die wahren Mittel zu ihrer Heilung zu erschauen, und es war oft rührend anzusehen, wie sie in ihr Innerstes zurückgeführt, dieselben zu finden sich abmühte. Der Arzt, der bis jetzt mit seiner Apotheke ihr so wenig zu helfen wußte, mußte oft sehr beschämt neben ihrem innern Arzte stehen, erkennend, daß jener innere Arzt noch immer zweckmäßigere Mittel als er für ihren verzweiflungsvollen Zustand entdeckte.

So fragte ich sie nun einmal, und das erstemal (nachdem ich viele Wochen lang eine rein ärztliche und psychische Behandlung ohne einen Erfolg, ja zu ihrem Schaden, versuchte) im magnetischen Schlafe: ob sie, wenn sie in ihr Inneres gehe, fühle, daß eine abermalige, aber geregelte magnetische Behandlung ihr noch Rettung bringen könne? Sie erwiderte, darüber könne sie erst Auskunft geben, wenn sie am anderen Abend um sieben Uhr sieben magnetische Striche erhalten habe.

Da ich allen magnetischen Verband noch geflissentlich vermeiden wollte, so gab ich ihr am andern Abend die Striche nicht selbst, sondern bat einen Freund um diese Gefälligkeit. Da erklärte sie schlafwach: daß eine ganz gelind magnetische Behandlung nach sieben Tagen alles zu ihrer Rettung beitragen werde.

Die sieben ihr gegebenen magnetischen Striche hatten auch schon die Folge, daß sie sich am andern Morgen zu ihrer großen Verwunderung, denn sie wußte selbst nicht, wie es geschah, wieder frei im Bette aufrichten konnte und sich weit kräftiger fühlte, als durch alle die bisher versuchten Mittel der Apotheke. So geschah nun, daß vom 22. Dezember an, siebenundzwanzig Tage lang eine regelmäßige magnetische Behandlung eingeleitet und die von ihrem Inneren ausgesprochenen Heilmittel, mit Unterlassung aller andern, angewendet wurden. Obgleich die vielen unabwendbaren Störungen von der Außenwelt eine Heilung (die wohl auch nicht mehr möglich gewesen wäre) verhinderten, und oft sehr verzweiflungsvolle Zustände herbeigeführt wurden, so kam Frau H. doch nach und nach auf diejenige Stufe der körperlichen Kraft, als wohl einem so viele Jahre lang in ungewöhnlichem Leben begriffen gewesenen Nervensysteme wieder zu erreichen möglich war. Aber der sie so tief erschütternde Tod ihres Vaters zernichtete nachher auch diese, und es blieb ihr nur noch das Leben einer Sylphe.

Was aus einem solchen körperlosen Leben nun hervorging (und was uns immer an die Zeit mahnt, wo auch unsre Psyche, der körperlichen Bande los, ohne Hemmung durch Raum und Zeit, frei ihre Flügel entfalten wird), manche Ahnungen an ein inneres Leben des Menschen und an ein Hereinragen einer Geisterwelt in die unsre – nicht ein Tagebuch über eine Krankheitsgeschichte – ist nun der fernere Inhalt dieser Blätter. Ich gebe hier reine Tatsachen und überlasse die Erklärung dem Belieben eines jeden.

Handbücher über den tierischen Magnetismus und andre Schriften haben für diese Erscheinungen schon Theorien genug aufgestellt. Sie sind mir alle bekannt. Es sei mir erlaubt, keiner zu erwähnen, sondern nur hie und da durch Beispiele ähnlicher Erscheinungen darzutun, daß das, was sich bei dieser schlafwachen Frau ergab, nichts Ungewöhnliches, sondern schon oft, auch in andern, selbst wachen Zuständen Vorgefallenes, in der Natur Gegründetes, durchaus Wunderloses ist. Aber – es können solche Erscheinungen nicht oft genug den Markt des gemeinen Lebens, wenn auch nur auf Augenblicke, als weckende Blitze aus höchster Region durchzucken.

7. Bild dieser Frau

Frau H. war auch vor meiner magnetischen Behandlung in einem so tiefen somnambulen Leben, daß sie (wie man noch später zur Gewißheit erfuhr) nie im wachen Zustande war, wenn sie dies auch zu sein schien. Freilich war sie wacher als andre Menschen; denn es ist sonderbar, diesen Zustand, der gerade das hellste Wachen ist, nicht wach zu nennen, aber sie war im Zustande des Innern.

In diesem Zustande und dieser Beschaffenheit der Nerven fehlte es ihr ganz an eigener organischer Kraft, und sie erhielt nur noch durch das Ausströmen andrer stärkerer Nervengeister Kraft, durch Ausströmungen hauptsächlich aus Fingerspitzen und Augen. „Luft- und Nervenausströmung andrer", sagte sie, „bringt mir noch das Leben, von diesen muß ich leben. Sie fühlen es nicht, es sind Ausströmungen, die sie sonst ohnedies verlieren würden, die aber meine Nerven an sich ziehen; nur so kann ich noch leben."

Sie versicherte oft, daß andre dadurch keinen Verlust leiden, allein es ist doch nicht in Abrede zu ziehen, daß viele Menschen sich nach längerem Aufenthalte bei ihr geschwächt fühlen, ein Ziehen in den Gliedern, ein Zittern usw. empfanden. Sehr viele Menschen fühlten bei ihr bald eine Schwäche in den Augen und dann auf der Herzgrube, erhielten selbst Ohnmachten und sie sagte selbst auch, daß sie aus den Augen andrer stärkerer Menschen am meisten Kraft an sich ziehen könne.

Von ihr blutsverwandten Menschen vermochte sie mehr anzuziehen als von andern, und als sie schwächer wurde, nur von solchen, wahrscheinlich wegen eines zwischen Blutsverwandten stattfindenden natürlichen Rapports. Um nervenschwache und kranke Menschen, von denen sie nichts an sich ziehen konnte, konnte sie nicht sein, sie wurde durch diese schwächer. So bemerkt man, daß Blumen bei Kranken die Schönheit bald verlieren, so wie dieselben auch durch Berühren und Pflege gewisser Personen bald vergehen.

Auch aus der Luft schien sie einen besondern ätherischen Stoff als nährendes Lebensprinzip an sich zu ziehen. Ohne ein offenes Fenster konnte sie, auch nicht in der heftigsten Winterkälte, bleiben.

Der Geist aller Dinge, wovon wir in unserem Zustande keinen Begriff haben, war ihr fühlbar und von Einwirkung auf sie; besonders war dies der Fall beim Geist der Metalle, der Pflanzen, der Menschen und Tiere. Alle unwägbaren Materien, selbst die verschiedenen Farben des Lichtstrahles, äußerten auf sie besondere Einflüsse. Die elektrische Materie, wo sie für uns nicht mehr sichtbar und fühlbar war, war es für sie. Ja, was unglaublich ist, selbst das geschriebene Menschenwort war für sie fühlbar.

Alles dieses zeigte sich bei ihr immer in einem Zustande, der von jedem für wach gehalten werden konnte und den auch sie meistens dafür hielt; allein es war ein Zustand des Innern, aus dem sie nie mehr heraustrat, und in ihm eine Aufhebung aller Isolierung. Die besondern Erfahrungen und Versuche hierüber werden in diesen Blättern einzeln aufgeführt werden.

Aus ihren Augen ging ein ganz eigenes geistiges Licht, das jedem, der sie auch nur kurz sah, sogleich auffiel, und sie selbst war in jeder Beziehung mehr Geist als Mensch.

Will man sie mit einem Menschen vergleichen, so kann man sagen: sie war ein im Augenblicke des Sterbens, durch irgendeine Fixierung, zwischen Sterben und Leben zurückgehaltener Mensch, der schon mehr in die Welt, die nun vor ihm, als in die, die hinter ihm liegt, zu sehen fähig ist.

Sie war oft in Zuständen, wo Menschen, die wie sie die Fähigkeit Geister zu sehen gehabt hätten, ihren Geist außer seinem Körper, der sie nur noch als ein leichter Flor umschloß, erblickt haben würde. Sie selbst sah sich oft außer dem Körper, sah sich oft doppelt. Sie sagte oft: „Es kommt mir oft vor, als sei ich außer mir, ich schwebe dann über meinem Körper und denke dann auch über meinem Körper. Es ist mir aber dies kein behagliches Gefühl, weil ich meinen Körper doch immer noch weiß. Wenn nur meine Seele fester an den Nervengeist gebunden wäre, dann würde sie sich auch fester an die Nerven selbst binden, aber das Band meines Nervengeistes wird immer lockerer."

Es schien ihr Nervengeist auch wirklich so locker mit den Nerven zusammenzuhängen, daß er bei jeder Bewegung leicht lose wurde und den Körper vollends verließ, worauf sie sich meistens auch außer dem Körper, oder wie man sagt, doppelt sah, auch kein Gefühl von Schwere ihres Körpers mehr hatte.

Künstliche Bildung oder Dressur hatte Frau H. nicht. Es war bei ihr bei dem geblieben, war ihr die Natur gab. Sie hatte keine fremde Sprache gelernt, weder etwas von Geschichte, noch Geographie, noch von Physik, noch von sonstigem Wissen, in dem man das weibliche Geschlecht jetzt in Instituten dressiert, war ihr geworden. Bibel und Gesangbuch waren, besonders in den langen Jahren ihrer Leiden, ihre einzige Lektüre geblieben. Ihr sittlicher Charakter war durchaus tadellos. Sie war fromm, ohne Frömmelei. Auch ihr langes Leiden und die Art ihres Leidens erkannte sie als Gnade Gottes, wie auch aus Versen, die sie im schlafwachen Zustande niederschrieb, hervorgeht.

Da ich schon Verse machte, so war es das nächste zu sagen: Frau H. habe dieses Talent durch meine magnetische Einwirkung. Da ist aber zu bemerken, daß Frau H., schon ehe sie in meine Behandlung kam, solche kleine Verse machte. Nicht ohne tiefere Bedeutung war Apollo der Gott der Dichter, der Seher und der Arzneikunde zugleich. Schlafwachen geht im Innern die Kraft zu dichten, zu sehen und zu heilen auf. Wie herrlich verstanden die Alten diesen Zustand des Innern, wie klar lag er wohl in ihren Mysterien aufgedeckt.

Der große Arzt Galen verdankt einen Teil seiner ärztlichen Erfahrungen nächtlichen Träumen.

Bekannt ist, daß das ärztliche Wissen Somnambuler fälschlich auch schon als vom behandelnden Arzte und Magnetiseur auf das Somnambule übergegangen, hergeleitet und erklärt wurde.

Die Lüge der Welt über Frau H. war groß! Das war ihr wohl bekannt. Als sie eines Tages viele Lästerungen der Menschen über sich hören mußte und davon endlich sehr angegriffen ward, stand zu erwarten, sie werde sich nun abends im magnetischen Schlafe darüber äußern, aber es geschah nicht, sie sagte nur: Sie greifen meinen Leib, aber nicht meinen Geist an. Ihr Geist, im Bewußtsein der Unschuld, erhaben über solches Gerede, blieb ruhig und entwickelte nur geistige Dinge.

Aber die unsinnigsten Lügen wurden über diese Frau in das Land hinaus verbreitet, und die verschiedensten Menschen drangen sich (zu meinem tiefen Kummer), in der Absicht, Wunder zu sehen, an ihr Krankenbett.

Viele, die man abwies, nahmen durch Lügen Rache, und durch keine Geschichte wurde mir die Lust der Welt an Lüge und Verleumdung so offenbar als durch diese.

Sie aber begegnete allen Menschen mit gleicher Freundlichkeit, kostete es auch ihrem Körper Opfer, und selbst die, die sie am meisten lästerten, wurden oft von ihr verteidigt. Es kamen böse und gute Menschen zu ihr. Sie fühlte das Schlechte im Menschen gar wohl, fällte aber nie Urteile, hob gegen keinen Sünder einen Stein auf, mochte aber in manchen Sündern, die sie um sich duldete, Glauben an ein geistiges Leben erweckt und sie gebessert haben.

Schon jahrelang, ehe Frau H. hierher gebracht wurde, war die ganze Erde mit ihrer Atmosphäre, und alles was um und auf ihr ist, die Menschen nicht ausgenommen, für sie nicht mehr. Sie bedurfte mehr als eines Magnetiseurs, sie bedurfte auch mehr als einer Liebe, eines Ernstes, einer Einsicht, wie sie wohl schwerlich in eines Menschen Vermögen gelegen haben mag – sie bedurfte, was kein Sterblicher ihr zu geben fähig war, eines andern Himmels, einer andern Luft, andrer Nahrungsmittel, als diese Erde zu geben vermag. Sie gehörte in eine Welt der Geister, sie selbst hier schon mehr als halber Geist; sie gehörte in den Zustand nach dem Tode, in dem sie schon hier oft mehr als halb war.

Daß Frau H. aus ihrem nicht in die Welt taugenden Zustande vielleicht noch im zweiten, dritten Jahre desselben hätte gebracht werden können, ist möglich: im fünften Jahre war es der aufopferndsten Fürsorge nicht mehr möglich. Aber zu einer größern innern Harmonie und Klarheit wurde sie durch solche Fürsorge gebracht, sie lebte zu Weinsberg, wie sie oft sagte, die genußreichsten Tage ihres geistigen Lebens, und es bleibt ihr Aufenthalt hier immer der erfreulichste Lichtpunkt in ihm, ob ihn gleich so manche Menschen mit giftigem Speichel und Tinte zu löschen bestrebten.

Ihren Körper noch betreffend, so umgab dieser (wie schon berührt) den Geist nur noch wie ein Flor. Sie war klein, ihre Gesichtszüge orientalisch, ihr Auge hatte den Stechblick eines Seherauges, der durch den Schatten langer, dunkler Wimpern und Augenbrauen noch gehoben wurde. Sie war eine Lichtblume, die nur noch von Strahlen lebte.

Eschenmayer schrieb von ihr in seinen Mysterien: „Ihr natürlicher Zustand war ein milder, freundlicher Ernst, immer gestimmt zur Andacht und zum Gebet, ihr Auge hatte etwas Geisterartiges und blieb ungeachtet der vielen Leiden immer rein und klar. Ihr Blick war durchdringend, schnell konnte er sich mitten im Gespräche verändern, wurde wie Funken sprühend und auf eine Stelle geheftet – immer ein Zeichen, daß eine fremde Erscheinung ihn fesselte – gleich nachher fuhr sie wieder im Gespräche fort.

Ihr leibliches Leben ließ, wie ich sie schon das erstemal sah, keine lange Dauer erwarten, und auf keinen Fall eine solche Restitution, daß sie alle die äußern Einflüsse hätte wieder ertragen lernen. Ohne sichtbare Mißverhältnisse in den Funktionen schien ihr Leben nur noch ein glimmender Docht zu sein. Sie war, wie Kerner sich sehr wahr ausdrückt, ein im Sterben begriffenes, aber durch magnetische Kraft an den Leib zurückgehaltenes Wesen. Geist und Seele schienen oft in andern Regionen zu weilen, während die Seele noch an den Leib gebunden war."

8. Ihre Verhältnisse zur physischen Außenwelt

Es beruhen die hier verzeichneten Einwirkungen der Natursubstanzen auf das äußere Nervensystem der Frau H. hauptsächlich darauf, daß im magnetischen Leben das äußere Nervensystem ebenso intensiv wird, als es im wachen Leben das innere ist. Im magnetischen Leben wird der Nervengeist leicht entbunden, und alle Eigenschaften und Kräfte, die in den Natursubstanzen liegen und dem im wachen Leben gebundenen Nervengeiste unfühlbar bleiben, werden nun dem freigewordenen Nervengeiste im Augenblick offenbar und bringen Erschütterungen im Nervensystem hervor, die den ihnen innewohnenden Eigenschaften entsprechen, da im Gegenteil im wachen Leben der Nervengeist das ihm nur mögliche Gleichgewicht mit allen Natursubstanzen hält.

Einwirkung von Mineralien

Schon in den frühern Krankheitsperioden unserer Seherin sah man Glas und Krystall auf sie von ausgezeichneter Einwirkung. Aus ihrem somnambulen Zustande ließ sie sich immer durch Glas, später Bergkrystall, erwecken, und blieb dieser längere Zeit auf ihrer Herzgrube liegen, so trat eine völlige kataleptische Erstarrung all ihrer Glieder ein. Gleiche Wirkung hatte Sand auf sie. Ja schon das längere Stehen an einem Glasfenster bewirkte diese kataleptische Erstarrung. Der Geruch des Sandes oder der Kieselerde wirkte immer wohltätig auf ihre Nerven, sie hatten für sie einen ganz aromatischen Geruch. Sie ging diesem Geruche oft an die Fenster nach und roch an diesen. Sie fühlte diesen Geruch hauptsächlich auf der Herzgrube, und von da aus wirkte er auf den ganzen Körper wohltätig. Einst vermißte man sie lange, und endlich fand man sie auf dem obern Boden des Hauses in einer Kammer, in der Sand war, auf einem Sandhaufen sitzen, von dem sie nicht mehr herunterkommen konnte, weil sie ganz steif wurde. Dasselbe geschah, wenn sie sich ohne an den Erfolg zu denken, auf eine Bank oder eine Staffel von Sandstein setzte.

Den Geruch der meisten Steine, die zum Kieselgeschlechte gehören, bezeichnete sie als angenehm, und diese Steine, die vermittelst ihrer Kieselerde so große Härte besitzen, daß sie dem Stahl Funken entlocken, erzeugten alle mehr oder weniger jene Muskelrigidität, gleichsam selbst eine Versteinerung in ihr. Dies tat, wie schon bemerkt, der Bergkrystall am ausgezeichnetsten, der häufig 99 Prozent Kieselerde enthält, und als reine krystallisierte Kieselerde, als Repräsentanten derselben, zu betrachten ist. Im mindern Grade war es der Fall bei dem Granat, Haarkrystall, Amethyst, edlem Opal, Holzstein, Basalt, Basalttuff und einigen andern Steinen, die zu diesem Geschlechte gehören.

Die der Kieselerde chemisch entgegengesetzte Flußspatsäure bildete auch hier einen Gegensatz. Erzeugte die Kieselerde in ihr Erstarrung, entzog sie ihr den magnetischen Einfluß und erhielt in ihr das Gehirn wach, so brachte dagegen der Flußspat in ihr höchste Muskelweichheit bis zum Gefühle, als hätte sie Wasser im Unterleib, und helles Schlafwachen, aber schlafendes Gehirn hervor, einen Zustand, aus dem sie wieder Kieselerde (der Bergkrystall) als Gegensatz brachte, so wie nur magnetisches Wasser ihr die Muskelrigidität, in die sie die selbst so rigide Kieselerde versetzt hatte, wieder löste. Wachen und äußere Hellheit erzeugte ihr überhaupt der helle Bergkrystall noch vor dem künstlich gemachten Glase und bestätigte dadurch auch seine Lichtnatur „als das leuchtendste und dem Lichte am nächsten stehende in der Steinwelt".

Der weiße Schwerspat (die schwefelsaure Schwererde) vermochte hauptsächlich auch ihr die von Krämpfen gekrümmten Glieder wieder zu lösen, er wirkte in jeder Lage nur wohltätig und erwärmend auf sie, welche wohltätige Wärme aber durch den ausgeglühten Schwerspat bis zur Aufreizung ihres

Gefäßsystems, heftigem Fieber, gesteigert wurde. Durch das Ausglühen des Schwerspats in Berührung mit Kohle wurde das Krystallisationswasser und ein Teil der Schwefelsäure ausgetrieben, und es blieb dafür geschwefelte Schwererde zurück. Die angenehme Empfindung, die Schwererde auf sie hatte, wurde, denkt man hier an die chemischen Elementarstoffe, vielleicht durch ihre Verbindung mit Kohlensäure in Witherit zur höchsten Aufreizung, namentlich in den Nerven des Zwerchfelles, gesteigert, und machte ihr heftiges Lachen. Wahrscheinlich durch diesen Einfluß der Kohlensäure erzeugte ihr auch der carrarische Marmor eine lebhafte Muskelbewegung, und sie sagte: er gehe ihr durch alles, sie könne ihn nicht leiden, weil sie sich immer bewegen müsse, er sei ihr aber nicht widrig.

Es ist nicht zu verkennen, daß viele der angestellten Versuche noch zu einem weitern Resultate geführt haben würden, hätte man das angewandte Mineral länger und auch mit andern Teilen des Körpers dieser Frau, namentlich mit der Herzgrube in Verbindung gebracht, und dies nicht im wachen (wenigstens anscheinend wachen), wie durchgängig geschah, sondern im somnambulen Zustande. Ich konnte aber als Arzt unmöglich auf mich nehmen, diese so äußerst reizbare Frau zu lange diesen siderischen Einflüssen auszusetzen: ich vermied die Herzgrube, als den Zentralpunkt des Gangliensystems, und ließ sie die Steine immer in der linken Hand halten, die nach ihrer Aussage bei weitem fühlender als die rechte Hand war, was mich an die Meinung der Alten mahnt, die dem Diamant und Achat die oben bezeichnete Wirkung hauptsächlich nur dann zuschrieben, wenn sie an der linken Hand getragen wurden. Aus gleicher Ursache und um ihr somnambules Leben nicht zu stören, gab ich ihr auch nie einen Stein in der Stunde des hellen Schlafwachens zur Untersuchung hin, und das Resultat schien mir auch natürlicher und auf andre anwendbarer zu sein, wenn es durch Versuche im gewöhnlichen wachen Zustande erhalten wurde. Sobald man einen Krampf oder sonst einen widrigen Einfluß des Steins auf sie bemerkte, wurde derselbe aus ihrer Hand entfernt, wo er vielleicht bei längerer Verbindung mit ihr noch weitere Erscheinungen gezeigt hätte. Sie äußerte selbst einmal, man solle ihr die Steine länger lassen, weil mancher sehr langsam wirke und zuerst nur auf die Hand, auf den Arm und dann erst auf die entfernten Teile ihres Körpers Einfluß äußere. Gemeiniglich fühlte sie den Einfluß zuerst in Hand und Arm, den sie meistens als ein Gefühl von Laufen den Arm entlang beschrieb, und dann kam der Einfluß vom Arme aus in den Magen, ein Strömen vom Arme ins Sonnengeflecht, und von diesem aus verbreitete sich dann erst die Wirkung nach entfernten Regionen des Körpers, nach der Lunge, dem Herzen, den Augen, dem Gehirne usw. Es wäre auch zu wünschen gewesen, um den größeren oder geringeren Einfluß eines Minerals vor dem andern zu erproben, daß man zu den Versuchen sich immer gleich großer Stücke bedient hätte, aber gleich große Stücke sind in Mineraliensammlungen nicht zu erhalten. Um besonders auch dem Einwurf zu begegnen, als sei die verschiedene Wirkung der Mineralien hauptsächlich von der Vorstellungsart, die der Magnetiseur sich schon zum voraus von der Wirkung jedes gerade zu versuchenden Minerals gemacht, geleitet worden, machte ich mit einer Reihe der stärker wirkenden Mineralien, z. B. Platina, Kupfer, Magneteisenstein, Schwerspat, Bergkrystall, Witherit usw., auch Versuche auf nachstehende Weise: ich ließ der Seherin eine Schnur in die Hand geben, die fünf Ellen lang durch die verschlossene Türe geleitet wurde. Vor der verschlossenen Türe brachte nun eine andre Person das Mineral (ohne daß mir bekannt war, welches gerade) nach eigener Wahl eines um das andre in verschiedenen Stunden durch Umwicklung mit der Schnur in Verbindung mit der Seherin im Zimmer, die ich daselbst stillschweigend beobachtete und meine Beobachtung verzeichnete. Der Erfolg war (wie sich dann aus der niedergeschriebenen Beschreibung und der mir erst später bekannt gewordenen Reihenfolge, in der die Mineralien mit der

Schnur in Verbindung gesetzt wurden, ergab) der gleiche mit dem Erfolge, wenn die Seherin das von mir gesehene Mineral in die linke Hand genommen hatte, nur war er langsamer.

Auch Wasser, in das ich Mineralien nur auf kurze Zeit gelegt hatte, wirkte auf gleiche, wenn auch mildere Art, wie die Mineralien, wurde ihr dasselbe innerlich gegeben oder in die linke Hand getröpfelt. Am auffallendsten war dies der Fall mit dem Wasser, in das ich Witherit legte. In diesen für sie zu Mineralwasser gewordenen Wassern hätte die Chemie gewiß auch keine andern Bestandteile entdeckt, als die ihnen gerade als gemeine Brunnenwasser inwohnen, die auf diese Kranke doch nicht diese Wirkung hatten. Dies möchte auch dahin deuten daß viele Mineralwasser ihre oft sehr auffallende Wirkung nicht gerade ihren palpablen chemischen Bestandteilen allein zu verdanken haben. Von einem und nur so kurze Zeit im Wasser gelegenen Witherit löst sich nichts auf, aber sein Geist (das ihm anhangende besondere imponderable Fluidum, Leben, [van Helmonts Bur]) konnte sich, wie das magnetische Fluidum, mit dem Wasser verbinden.

Auch noch unter einer andern Form wurden die Versuche dadurch gemacht, daß man der Seherin eine Wünschelrute von Haselnuß und auch einen Pendel von gleichem Holz in die linke Hand gab und sie auf die untergelegten Mineralien wirken ließ. Auch dadurch wurden die Versuche, in denen man ihr die Mineralien direkt in die linke Hand gab, völlig bestätigt. Diejenigen Mineralien, die, in ihre Hand gelegt, keine Wirkung auf sie äußerten, zogen auch die Wünschelrute oder den Pendel nicht an, und umgekehrt. So zeigte sich die Platina als mächtig anziehend, Glaskopf sehr stark ziehend, Gold stark ziehend, Silber weniger, Hyacinth sehr stark ziehend, Serpentin ziehend, Olivin stark ziehend, Feldspat mit Porphyr bringt den Pendel in Ruhe, zieht nicht, ebenso Bergkrystall. Grüner Feldspat wirkt ziehend, ebenso Witherit, Tonschiefer wirkt gleichgültig, Schwerspat zieht mild, Strahlstein stark.

Es zeigte sich die Wünschelrute oder der Pendel somit nur als sichtbarer Zeiger der auf die Nerven wirkenden siderischen Kraft, die sich mit einem aus den Nerven über jene Zeiger strömenden geistigen Fluidum zu verbinden schien.

Sicherer hätte man vielleicht auch gehandelt, an einem Tage nur einen Versuch anzustellen, denn die Seherin behielt die Disposition für solche Eindrücke nicht immer in gleichem Grade Doch wurden die Versuche immer in solchen Stunden angestellt, wo die Disposition hauptsächlich vorhanden war: des Abends Hätte man täglich nur einen Versuch gemacht, so wäre im Interesse dieser Versuche zu befürchten gewesen, daß die Kranke ihre Empfänglichkeit früher verloren, als die Versuche beendigt worden.

Einwirkung des Wassers

Hielt Frau H. die Hände in Wasser, so wurde es ihr bald ganz schwach; trinken konnte sie bei Tage durchaus keine Flüssigkeit irgendeiner Art, sie bekam dadurch jedesmal Schwindel Sobald aber die Sonne untergegangen war, konnte sie viele Flüssigkeiten ohne alle Beschwerde trinken.

Bei Tage hatte sie aber auch bei der größten Hitze keinen Durst.

Die Striche, mit denen ich ein Glas Wasser magnetisiert hatte, sah sie im halbwachen Zustande in dem Wasser dunkler als das Wasser. Im ganz somnambulen Zustande sah sie dieselben ganz licht, und gab dadurch, ohne zu wissen, mit wieviel Strichen ich ein Glas Wasser magnetisiert hatte, deren Zahl immer richtig an.

Sooft man sie (in hiesigem magnetischen Zustande) in ein Bad bringen wollte, zeigte sich die sonderbare Erscheinung, daß alle ihre Glieder, auch Brust und Unterleib, in ein unwillkürliches Hüpfen, in eine völlige Elastizität kamen, die sie aus dem Wasser immer wieder ausstieß. Gehilfinnen, die bei ihr waren, gaben sich alle Mühe, sie mit Gewalt in das Wasser zu drücken, aber ihre Spannkraft strebte immer nach oben, sie konnte nicht unten gehalten werden, und hätte man sie in einen Fluß geworfen, sie wäre wohl auch in diesem so wenig wie ein Pantoffelholz untergesunken.

Hier erinnert man sich der Hexenproben, wo jene wahrscheinlich auch in einem magnetischen Zustande gewesenen Personen gleichfalls im Wasser nicht untersanken, und sich überhaupt auch auf der Waage gegen die Gesetze der Schwere verhielten.

Wenn Frau H. aus einer magnetischen Ekstase erwachte, war ihr die Schwere der Körper am meisten auffallend. Uns leicht scheinende Menschen kamen ihr aber da oft schwerer vor als andre von größerem körperlichen Umfange. Sie erkannte, daß es auch Schwere ohne Materie gibt, sie erkannte eine moralische Schwere.

Schon früher wurde angeführt, daß Frau H., brachte ich meine Finger gegen die ihrigen, jenen unwillkürlich, wie das Eisen dem Magnet nachfolgen mußte, und daß sie so, gegen alle Gesetze der Schwerkraft, emporgehoben werden konnte.

Einwirkung von Vegetabilien

Ich bemerke hier nur, daß die Pflanzen, wie dort die Mineralien, der Seherin immer nur kurze Zeit in die Hand gegeben wurden, ohne daß man ihr die Pflanze benannte.

Eine ausgezeichnet magnetische Wirkung hatte, wie bei den meisten Schlafwachen, der Lorbeer, und es bestätigt sich auch hier wieder die Ursache seines alten Gebrauches im Tempel zu Delphi, wo die Seherin, ehe sie ihre prophetischen Sprüche kundgab, einen Lorbeerbaum, wahrscheinlich um seine innere Lebensbewegung zu vermehren, schüttelte, und sich alsdann auf den mit Lorbeerzweigen bedeckten Dreifuß niederließ. Auch in Äskulaps und in einigen andern Tempeln wurde der Lorbeer, hauptsächlich um Schlaf und Traum zu bewirken, gebraucht. Er wirkte auf die Seherin völlig schlafwachend.

Als ein besonders starker Ableiter magnetischen Fluidums

bewährte sich auch hier abermals wieder die Haselnußstaude, die eben deswegen als Wünschelrute schon längst von dem Volk angewendet wurde. Erst kürzlich sah ich bei Haltung einer Haselnußstaude eine sonst gesunde Frau, die an ihre Wirkung gar nicht glaubte und nicht dachte, an Händen und Armen erstarren. Sie wirkte bei der Seherin dem Lorbeer entgegengesetzt, machte sie völlig wach und entzog ihr alle magnetische Kraft.

Bei der Wirkung mehrerer Pflanzen fiel auf, daß man dieselben in neueren Schriften nicht mehr angeführt findet, während sie in alten vergessenen Kräuterbüchern, so wie sie diese Somnambule angab, verzeichnet sind. Daraus schließe ich weniger, daß die Wirkung jener Pflanzen wohl nur zufällig in Vergessenheit geriet, als darauf, daß jene nur mildwirkenden Pflanzenstoffe auf unser jetziges, von der Natur immer mehr abkommendes Geschlecht keine Wirkung mehr äußern können, und daß dasselbe, wie es in Wahrheit jetzt auch immer mehr der Fall ist, auch immer mehr durchgreifenderer Pflanzenstoffe, namentlich der Pflanzengifte (wie der Gifte aus dem Mineralreiche) zur Einwirkung bedarf.

Einwirkung von tierischen Stoffen

Auch bei den Versuchen mit wenigen tierischen Stoffen wurde das gleiche Verfahren wie bei den Mineralien und Pflanzen beobachtet.

Auffallend war hier besonders, daß einige dieser Stoffe, wie hauptsächlich auch bei mehreren Pflanzen der Fall war, Wirkungen zeigten, wie sie nur noch in Schriften voriger Jahrhunderte verzeichnet sind. So rief zum Beispiel die Klaue eines Elentieres einen der Epilepsie ganz ähnlichen Anfall hervor. Im Altertume wurde aber dieses tierische Organ hauptsächlich gegen Epilepsie angerühmt, und nach mehreren Naturforschern soll das Elentier häufig epileptischen Anfällen unterworfen sein.

Der Gebrauch dieser Klaue gegen Epilepsie und die Hervorrufung derselben durch sie mahnt auch hier wieder an Homöopathie, Gemsenhorn milderte die Krämpfe, und damit könnte übereinkommen, daß in Tirol aus diesem Horne häufig Fingerringe bereitet werden, die man gegen Krämpfe anrühmt und unter dem Namen Krampfringe verkauft.

Spinngewebe zu einem Kügelchen gemacht, ohne daß sie wußte, was es war, erzeugte ihr Stiche auf der Hand und dem Arm entlang und dann Gefühl von Laufen (Fomikation) im Arme; auch machte sie ihr eine Unruhe in dem ganzen Körper, so daß er sich unwillkürlich bewegen mußte.

Diese so eingreifende Wirkung der Spinnwebe auf das Nervensystem käme vielleicht mit der erprobten Wirksamkeit dieser Substanz in intermittierenden Fiebern überein. In Amerika soll das Volk das Gewebe der schwarzen Spinne in den mannigfaltigsten Formen der Trunkenheit gebrauchen.

Leuchtende Johanniskäfer wirkten auf die Seherin wie phosphoreszierendes Holz, beide brachten in ihr magnetischen Schlaf hervor.

Um den Leser nicht zu ermüden, führe ich auch hier nicht die Versuche in ihrer Ausdehnung an, sondern gebe dem geneigten Leser dafür, was Schubert so geistreich über dieselben schrieb.

9. Über diese Berührung mannigfaltiger Körper durch die Seherin, von Schubert

Die Geschichte des magnetischen Hellsehens und einiger mit diesem verwandten Zustände einer krankhaften Art eröffnet uns einige tiefe Blicke in das Geheimnis des beständigen, lebendigen Verkehrs unsers eigenen Wesens mit den Elementen der äußern, irdischen Natur. Wenn die Seele den Leib noch selber kräftig bewegt und beherrscht, dann vermögen die bewegenden Kräfte der äußern Natur kaum merklich auf diesen zu wirken; wenn jedoch die Seele den Zügel fallen läßt, womit sie sonst diese Rosse ihres leiblichen Wesens gelenkt, vielleicht weil sie, wie dies bei der Seherin von Prevorst erschienen, ihre ganze bewegende Kraft in die Tiefe einer andern, geistigen Region zurückgezogen, dann wirken an ihrer Statt die gestaltenden und bewegenden Kräfte der äußern Natur auf den verlassenen, noch lebensempfänglichen Leib ein; die Kräfte, welche den Stein gebildet oder der Pflanze und dem Tiere ihr Wachstum gegeben.

Die merkwürdigsten, hierher gehörigen Tatsachen geben uns die Versuche mit der Berührung der mannigfaltigsten Körper durch die Seherin von Prevorst, deren Geschichte Justinus Kerner, ohne Furcht vor dem unverständigen Urteile der sogenannten Verständigen, mit ernster Gewissenhaftigkeit erzählt.

Diese Versuche waren von der Kranken selber veranlaßt, welche durch sie das tiefgefühlte Bedürfnis des Leibes, nach einem bewegenden und belebenden Einflusse, zu befriedigen oder zu täuschen schien; nach einem Einflusse, welchen die in einer tiefern geistigen Region gebundene Seele ihrem Körper nur unvollkommen zu gewähren vermochte.

Die Krämpfe, sowie das Erstarren, welches die Berührung der verschiedenen äußern Körper bewirkt, erschienen jener heftig Leidenden in ihren Folgen öfters so wohltätig, daß sie selber nicht selten auf die Wiederholung der Versuche drang und diese veranlaßte. Wir heben hier als Beispiel nur einige aus:

Der hellglänzendste unter allen Steinen, welchem auf mehrfache Weise das Prinzip des Leuchtens innewohnt, der Demant, wirkte auf merkwürdige Art auf die Augen der Seherin ein. Als man ihr ein fast unwägbar kleines, ungefaßtes Steinchen in die Hand gab, wurden ihre Augen unwillkürlich und ungewöhnlich weit eröffnet, und es starrten die Augäpfel unbeweglich, wobei zugleich eine Steifigkeit der linken Hand und des rechten Fußes eingetreten. Als diese Wirkung durch das Berühren des Schwerspates gehoben worden, zeigte sich ein unwillkürliches Rollen der Augen. – Rubin erregte zuerst Schmerz im Arme, dann ein unruhiges, unwillkürliches Bewegen, zuletzt ein

Gefühl von Kälte und Schwere an der Zunge, welche nur lallend zu sprechen vermochte. Diesem ganz entgegengesetzt, wirkte der kohlensaure Baryt oder Witherit, dessen unmittelbare Berührung, ebenso wie das Wasser, in welchem ein solcher Stein kurze Zeit gelegen, eine Aufregung des Zwerchfells zu unwillkürlichem, krampfhaftem Lachen und ein beständiges willenloses Bewegen der Zunge erregte. – Bergkrystall, auf die Herzgrube gelegt, bewirkte ein gänzliches Erstarren des Körpers, vom Nacken bis zu den Zehen. Bei diesem Zustande, in welchem die Kranke gleichsam wie versteinert dalag, war ihr jedoch wohl. – Die Berührung des Augits gab der Leidenden ein Gefühl, als würde ihr alle Kraft aus dem Arme gezogen; es erfolgte eine tiefe Ohnmacht, aus welcher sie jedoch, mittels der Annäherung des Witherits, sehr heiter erwachte. – Schwerspat gab durch alle Glieder ein ganz ungewöhnliches Gefühl von Leichtigkeit; im Doppelspat, so schien es ihr, sei ein eigentümliches inneres Wachsen, welches sie heller mache; Urkalk durchdrang alle Glieder mit unangenehmem Reiz zu einem beständigen Bewegen. Bei dem Angreifen von gelbem Flußspat fühlte sie im Munde einen säuerlichen Geschmack. Dieser Stein versetzte sie in magnetischen Schlaf, dessen sie sich bisweilen nur dadurch noch auf einige Zeit erwehren konnte, daß sie unverwandt nach Glas (nach den Fensterscheiben) hinblickte. – Lava erschien ohne alle Wirkung, dagegen erregte die Berührung von Kochsalz, welches sie doch ohne allen Nachteil an den Speisen genoß, Brennen im Halse und Krampf in Hals und Armen; Gold erregte keine Krämpfe (wie dies bei ihr die meisten andern Metalle taten), wohl aber ein ungemeines Dehnen der Glieder, dann, bei völligem Wohlbefinden, Steifigkeit der Muskeln; einem Magneteisenstein mit Flußspat schrieb sie einen erheiternden (lustigmachenden) Einfluß zu.

Unter den Pflanzen hatte der schon von den Alten dem Apoll geweihte Lorbeer durch seine Berührung vor andern den merkwürdigen Einfluß auf jene Kranke, daß er sie in den schlafwachen Zustand versetzte, und auf eine verwandte Weise wirkte auch die Vogelbeere. Das Anrühren einer unreifen Walnuß versetzte sie unter anderm in eine Seelenstimmung des Wohlbehagens, in welcher sie sich gegen alle Menschen von Wohlwollen erfüllt fühlte.

Bei dieser Klasse von organischen Körpern, deren Einwirkung auf den Leib, deren heilsame oder giftige Kräfte wir aus den Beobachtungen der alten wie der neueren Zeit genauer kennen, erschien es nun ganz besonders bemerkenswert, daß sich die an ihnen bekannte Wirkung insgemein bei der Kranken viel stärker zeigte, wenn sie dieselben nur mit der Hand berührte, als wenn sie dieselben (als Speise oder Arznei) unmittelbar in den Leib brachte. Das Halten von zwei Spargelstangen in der Hand wirkte schon nach einigen Minuten sehr auffallend auf die Absonderung des Urins; Spinat, dessen eigentlicher Genuß ihr nur die Vermutung gab, daß in ihm eine betäubende Kraft sei, bewirkte, wenn sie zwei frische Blätter desselben in die Hand nahm, eine ganz deutliche, wahrnehmbare Betäubung im Vorderteile des Hauptes (im großen Gehirne). Das Angreifen der Blüte und des Krautes von blaublühenden Kartoffeln erregte nicht bloß Betäubung und Neigung zum Schlaf, sondern auch jenes Sodbrennen und Gefühl von Schwäche (Schlaffheit) im Magen, welches öfters auf das Essen der noch nicht vollkommen gezeitigten Kartoffeln erfolgt. Die Berührung von Hopfenblättern betäubte sie, die von Wollblumenkraut reizte zum Husten; der Duft der Ringelblume war ihr ein wohltätiges Heilmittel gegen Kopfweh; der Dampf des Aufgusses gab die durch Krämpfe verlorene Sprache wieder. Die Berührung von grüner, geschabter Rinde des Holunders mit der Hand trieb ihr Schweiß ohne Erhitzung aus; die weiße Taubnessel, vormals gegen Milzkrankheiten gebraucht, regte Schmerzen in der Milzgegend auf; eine weiße Lilie kühlte angenehm und rief in der Seele Bilder und Gefühle des Traumes hervor.

Diese außerordentliche Wirkung der bloßen Berührung der

Handfläche zeigte sich am auffallendsten bei den Giftkräutern. Ein Gran der Belladonnawurzel in die Hand gelegt, bewirkte Schwindel, Erweiterung der Pupille und Würgen im Hals, wie dies bei einem Gesunden kaum der Genuß der doppelten Gabe vermocht hätte; ein Blatt von Bilsenkraut machte Betäubung und Gefühl von Lähmung; Mohnkapseln Schlaf.

So zeigte sich in diesem allerdings krankhaften und außergewöhnlichen Falle, welcher hohen Empfindlichkeit und Beweglichkeit der lebende Menschenleib durch den sonst unbeachteten Einfluß der plantarischen Stoffe fähig sei, wenn der Finger, der sonst die Töne dieses vielbesaiteten Instrumentes weckt, wenn die Seele ihre gewöhnliche Einwirkung aufgegeben, und eine tiefe nächtliche Stille auch das leiseste Wehen über diese Saiten hörbar machet. Der Leib des Menschen, eine Welt im kleinen, empfindet alsdann, und durch ihn die Seele, in lebendiger Teilnahme alle Bewegungen, welche, aus unsichtbarem Mittelpunkt, durch das sichtbare Element gehen: eine Teilnahme, auch an sonst nie gekannten Schmerzen, wie an nie gekannter Lust.

10. Einwirkung imponderabler Materien

Einwirkung der Sonne

Die Sonne hatte, solange Frau H. in Weinsberg war, nur folgende Einwirkung auf sie: sobald Frau H. gegen Abend lag, hatte sie die Menstruation immerwährend. Lag sie gegen Mittag, dann hatte sie sie regelmäßig. Blieb die Menstruation aus, so durfte sie sich, damit sie dieselbe erhielte, nur gegen Abend legen. Sie war an einem Ort, wo sie immer gegen Abend lag, und da hatte sie die Menstruation immer. Sie sagte die Ursache im Schlaf, aber man hatte keine Acht darauf.

Da ihr das Sonnenlicht stets Kopfschmerz verursachte, so verlangte sie im Schlafe, man sollte ihr ein Glas auf ihr Sonnengeflecht (Herzgrube) legen, wenn sie die Sonne wieder bescheine.

Sobald dies geschah, konnte sie den Einfluß der Sonne wohl ertragen. Es trat dadurch wieder stärkere Isolierung ein.

Einwirkung der Elektrizität

Bei einem Gewitter fühlte Frau H. die Blitzstrahlen hauptsächlich im Unterleib. Blitze, die wir gar nicht sahen, sah sie immer vermittelst des eisernen Ofens. Sie fühlte auch sonst die Blitze immer früher, als sie andre sahen. Sie gaben ihr das Gefühl eines Druckes gegen ihren ganzen Körper her. Während der Blitze selbst setzten sich alle Nerven ihres Körpers in beständige oszillierende Bewegung. Bewegte man bei elektrischer Luft die Finger gegen sie, so sah sie von denselben kleine Blitze in Bogen ausgehen. Bei Männern sah sie diese Blitze hell, bei Frauen stach die Farbe des Strahles ins Blaue. Auch aus den Augen der Menschen, bewegten sie sich, sah sie leuchtende Strahlen ausgehen; bei den Männern in hellem Licht, bei den Weibern in bläulichem. Wasser, das während eines Gewitters fiel, erzeugte in ihr eine ungewöhnliche Wärme, und sie war es zu trinken nicht fähig. Regenwasser ohne Gewitter fühlte sie mild und auch zum Trinken angenehm.

Gab man der Frau H. Eisen in die rechte und Kupfer in die linke Hand, so verursachte es ihr Schläge, die von der rechten Seite gegen die linke durch das Herz durchgingen. Brachte man Kupfer mit Eisen in Verbindung, und gab diese verbundenen Metalle ihr in die linke Hand, so fühlte sie ein Strömen von der linken Hand in den Arm hinauf und dann die ganze linke Seite und den Fuß hinab.

Dagegen konnte sie Kupfer allein berührt nicht ertragen, und auch Eisen allein berührt hatte eine andre Wirkung auf sie. (S. die Versuche mit Metallen.)

Bestrich man Eisen mit irgendeinem andern Metall, zum Beispiel ein eisernes Stängchen, während sie das Ende desselben in der Hand hielt, und wurden diese Striche nicht gegen sie, sondern von ihr ab gemacht, so fühlte sie starke Einströmungen in sich. Noch verstärkt konnten diese werden, wenn man das Eisen mit zweierlei Metallen zugleich bestrich.

Ein solches mit anderm Metall bestrichenes Eisen erkannte sie gut von unbestrichenem, daß es ihre Finger, fuhr sie mit ihnen über dasselbe, anzog, und sie sagte, sie fühle, daß von diesem Eisen nur der Geist des andern Metalles in ihre Finger einströme und das Eisen wieder natürlich werde.

Je nachdem das Eisen mit einem Metalle bestrichen wurde, desto stärker und schwächer ziehend wurde es für sie, und desto öfter oder weniger hatte sie nötig, mit ihren Fingern über dasselbe zu fahren, um es wieder von dem fremden Metallgeiste zu befreien.

Hierauf könnte sich eine galvanisch=elektrische Vorrichtung gründen, die gewiß auch in manchen Krankheiten von Einfluß wäre.

Es müßten Stäbe von verschiedenen Metallen sein, die mit anderem Metall durch eine mechanische Vorrichtung gerieben würden, während der Kranke sich mit ihnen in Verbindung setzte. Die Wirkung könnte noch vermehrt werden, würden diese Stäbe noch über einem fließenden Wasser oder in Ermangelung dessen überhaupt nur über Wasser angebracht.

Ein Fenster mußte bei ihr Tag und Nacht in der höchsten Winterkälte eröffnet bleiben. Sie sagte: sie ziehe aus der Luft einen besonderen Stoff an sich, der ihr zum Leben diene, ein lebendiges, belebendes Prinzip. Gewiß ist die den Sonnenstrahlen so verwandte Luft auch Träger eines Lebensstromes von oben. Sie behauptete auch, daß in der Luft ein Stoff sei, dessen sich die Geister bedienen, um sich hörbar und sichtbar zu machen, und dies sei ein Stoff, der ihr schädlich sei, der aber bei heiterem Himmel noch mehr in der Luft sei, als bei trübem Er wirkte auch auf andre Menschen nicht gut, aber diesen unfühlbar.

Paracelsus sagt: „Der Mensch ist aus den vier Elementen genommen und wird aus ihnen ernährt, aber nicht bloß sichtbar durch den Magen, sondern auch unsichtbar durch die magnetische Kraft, welche in der ganzen Natur ist und wodurch alle einzelnen Glieder ihre besondere Nahrung an sich ziehen. Durch diese Kraft zieht der Mensch von außen das Chaos an sich, und daraus folgt die Luftansteckung beim Menschen."

11. Inneres Leben – Geistiges Sehen

Das Menschenauge

Sooft Frau H. in das rechte Auge eines Menschen sah (wobei der Geisterblick ihres Auges noch aufs höchste gesteigert wurde und sie zuletzt jedesmal wie von einem elektrischen Schlage zusammenfuhr), sah sie in ihm, hinter ihrem sich in ihm abspiegelnden Bilde, immer noch ein Bild herausschauen, das aber weder ihrem Bilde, noch vollkommen dem Bilde desjenigen, in dessen Auge sie sah, glich. Sie hielt es für das Bild des innern Menschen von dem, dem sie ins Auge sah.

Bei manchen erschien ihr dieses innere Bild ernster als das äußere, oder umgekehrt, und es entsprach dies auch immer dem Charakter des Menschen, in dessen Auge sie sah, bei manchen schöner, verklärter, als das äußere. Sah sie in das linke Auge eines Menschen, so stellte sich in diesem immer das innerliche körperliche Leiden desselben im Bilde dar, zum Beispiel Magen, Lunge oder was sonst in ihm krank war, und dabei zugleich das Heilmittel. In meinem linken Auge sah sie Verordnungen für sich. Bei einem Menschen, der nur ein linkes Auge hatte, sah sie in demselben den innern Menschen und zugleich noch ein körperliches Leiden desselben und Verordnungen dagegen.

In dem rechten Auge der Tiere (zum Beispiel eines Hundes, eines Huhns) erblickte sie ein blaues Flämmchen, gewiß das Unsterbliche im Tiere, die Seele, dasjenige, von dem Schubert sagt: „Öfters scheint eine dem Auge verborgene geheime Welt aus dem Auge des Tieres hervor, wie durch geöffnete, beide

Welten verbindende Pforten, den Menschen, wenigstens auf Augenblicke, fragend und antwortend zu betrachten. Und es scheint öfters aus dem Auge des umsonst gemarterten oder unter den Händen des Menschen sterbenden Tieres der Strahl eines vorübergehenden, tiefern Selbstbewußtseins hervorzublicken, welches dein gedenkender Zeuge sein wird, aus dem Diesseits ins Jenseits."

Sie sagte: sie meine, daß sie dieses zweite Bild im Auge des Menschen nicht mit dem gewöhnlichen Auge, sondern mit einem geistigen Auge sähe, das im fleischlichen Auge liege, wie sie dies auch vom Sehen der Geister sagte. Wie eine Seifenblase, wie ein Spiegel (siehe unten), wie bei Jakob Böhme das Anschauen einer polierten Metallfläche ihr inneres Leben magnetisch erweckte, so schien es hauptsächlich das Anschauen des Menschenauges zu tun.

„Durch den jähen Anblick eines zinnernen Gefäßes kam Jakob Böhme in den Zustand, wo er zu dem innersten Grunde oder Zentrum der geheimen Natur eingeführt wurde, und allen Geschöpfen gleichsam in das Herz und in die innerste Natur hineinsehen konnte." (A. v. Frankenbachs Leben Böhmes.) „Solche Erkenntnis", sagt Böhme, „sehe ich nicht mit fleischlichen Augen, sondern mit denen Augen, wo sich das Leben in mir gebäret; in ihm stehet mir des Himmels und der Hölle Pforte offen, und spekuliert der neue Mensch inmitten der siderischen Geburt und stehet ihm die innere und äußere Pforte offen."

Glas und Spiegel

Auch diese glänzenden Gegenstände erweckten ihr geistiges Auge.

Vor zwei Jahren habe sie zufällig in ein Glas Wasser gesehen, das auf dem Tische gestanden, da sei ihr in ihm ein Gefährt erschienen, das sie, wie auch die Leute, die in ihm gesessen, ganz beschrieben habe, auch die Pferde und namentlich, daß eines eine Zeichnung am Kopfe, das andre keine gehabt.

Nach zwanzig Minuten sei alsdann ein Gefährt ganz so, wie sie es beschrieben, mit den gleichen Leuten und Pferden die Chaussee von B. hergefahren. Sie habe dazumal öfter in ein Glas gesehen und in ihm immer die Menschen gesehen, die unten am Hause, wohin sie nicht habe schauen können, vorübergegangen.

Sehen mit der Herzgrube

Folgende Erscheinung ist wohl der gleich, wo schlafwache Personen Geschriebenes, das man ihnen auf die Herzgrube legt, zu lesen (oder wohl auch nur durchs Gefühl zu erkennen) fähig sind. Ich gab Frau H. zwei Zettelchen, die ich fest zusammengelegt und im Verborgenen geschrieben hatte, im anscheinend wachen Zustande in die linke Hand. Auf dem einen stand: „Es ist ein Gott!" auf dem andern: „Es ist kein Gott!" und bat sie, zu unterscheiden, ob sie von dem einen oder dem andern etwas fühle. Nach wenigen Minuten gab sie mir das, auf welchem stand: „Es ist ein Gott!" und sagte: „Von diesem fühle ich etwas, das andre läßt mir eine Leerheit." Ich machte den Versuch noch viermal, und immer blieb er sich gleich.

Nun schrieb ich auf gleiche Art auf ein Zettelchen: „Es gibt Geister!" und auf ein andres: „Es gibt keine Geister!" Sie legte das eine auf die Herzgrube und sagte dann bald: „Auf diesem steht: Es gibt Geister!"

Nun schrieb ich wieder auf gleiche Art auf ein Zettelchen: „B–r, du sahest ihn." Sie legte es auf die Herzgrube und sagte nach einigen Minuten: „Es macht mich traurig; würde ich es lange liegen lassen, so müßte ich weinen." Sie fragte nun, ob sie es lesen dürfe; ich bejahte es, und sie sagte, als sie es gelesen, dies könne sie doch unmöglich traurig machen, sie wolle es wieder hinlegen. Sie tat es, sagte aber bald wieder: „Es ist doch so, es macht mich traurig."

(Fast nach einem Jahre hatte ein Brief dieser Person, den ich der Frau H. in ein Papier gewickelt, ohne daß sie wußte, was es war, zum Nachfühlen gab, die gleiche Wirkung auf sie, die

Ursache aber blieb ihr und mir rätselhaft. Das Gleiche in ihr erregte jedesmal die Anwesenheit dieser Person selbst.)

Ich schrieb auf ein Blättchen: „Dein liebes Kind Albert." Als sie dies einige Minuten auf der Herzgrube hatte, lächelte sie ganz freundlich und sagte: „Das macht mich ganz fröhlich, das ist von meinem Kinde, ich muß es immer sehen."

Ich ließ sie nun noch zwei ähnliche Zettelchen auflegen, und sie sagte, sie fühle nun nichts mehr, sie müsse, was bei den vorigen Zettelchen nicht stattgefunden, jetzt dies und jenes denken, was es wohl heiße; diese Kraft sei in ihr wie erschöpft worden, sie müsse mit dem Gehirne denken.

Sie sagte im Schlaf über dieses Gefühl: „Es geschieht dies durch das Ahnungsvermögen, das im Geiste, nicht in der Seele liegt."

Es gab mir mein Freund T. (den sie im somnambulen Zustande, weil er ihr öfters Mineralien aus seinem Kabinette zu Versuchen brachte, nur den Steinmann nannte) heimlich an, auf ein Zettelchen, ihr verborgen, „Steinmann T." zu schreiben, und es ihr zu geben, damit sie es sich auf die Herzgrube legen solle. Dies geschah, und nach kurzer Zeit verfiel sie in Krämpfe und durchging gleichsam eine Leiter derselben, wie bei den verschiedensten Steinen, und kam in halbwachen Zustand. Ich fragte sie in diesem, was sie in dem Zettelchen gefühlt, sie sagte: „Das weißt du so gut als ich, wecke mich, und ich will es sagen." Als sie durch Bergkrystall erweckt war, sagte sie: „Ich fühle nichts als Steine, ich muß immer an Steine denken, ich muß es wegtun, ich erhalte sonst wieder Krämpfe."

Ich schrieb nun wieder verborgen auf ein Zettelchen (es waren mehrere Neugierige anwesend) den Namen ihres Kindes und verschloß es. Einige Zeit, nachdem sie es auf der Herzgrube hatte, sagte sie freundlich: „Das ist von meinem Kinde." Sie hatte aber, um dies zu fühlen, viel längere Zeit als früher nötig.

Ich schrieb, als sie wieder wach war, auf ein Zettelchen: „Dein Kind verschlingt eine Nadel!" Sie legte es auf die Herzgrube und sagte: „Ich muß immer traurig an mein Kind denken, es wird doch nicht sterben?"

Ich gab ihr ein verschlossenes Zettelchen, in welchem mein Name stand. Sie legte es auf die Herzgrube und mußte schlafen. Ein Zettelchen, in dem der Name einer Person stand, die ihr entgegen ist, erregte in ihr das Gefühl von Zorn.

Ein Zettelchen, in welchem stand: „Du mußt nach Kürnbach", erregte in ihr das Gefühl von tiefer Wehmut. Dies ist deswegen merkwürdig, weil sie wach Sehnsucht dahin zeigte, im Schlafe aber Angst.

Ein Blättchen, auf welchem „tuo fratello" stand und eines, auf das „dein Bruder" geschrieben war, gaben ihr gleich das Gefühl von ihrem Bruder, ob sie gleich von der italienischen Sprache kein Wort versteht.

Ich schrieb verborgen auf ein Zettelchen: „Napoleon". Sie legte es auf die Herzgrube und sagte nach einigen Minuten: „Ich fühle weiter nichts, als daß mir immer die Melodie eines Marsches im Kopfe herumgeht, und den muß ich singen." Sie fing nun auch wirklich einen Marsch zu singen an. Wiederholte Versuche ergaben das gleiche Resultat, das völlig reine Tatsache ist.

Das Bild eines Baumes, eines Hauses, eines Garten, die ich mit der Feder auf verschiedene Zettelchen zeichnete und die sie auf die Herzgrube legte, erkannte sie augenblicklich.

Wer all diese Erscheinungen nicht selbst mit ansah, kann und darf sie durchaus nicht glauben, soll aber dabei nur immer sagen – daß er sie nicht mit angesehen.

Sehen innerer Teile

Das Sehen, besonders leidender Organe im Körper, im magnetischen Schlafe, war auch bei Frau H., wie bei allen Schlafwachen, etwas Gewöhnliches. Ich führe von dieser Art von Hellsehen nur folgende Beispiele an:

Einmal noch vor dem eigentlichen magnetischen Schlafe, anscheinend im wachen Zustande, fielen Frau H. die Augen zu, und sie vermochte sie nicht zu eröffnen. Sie sagte: sie sehe nun in der Magengegend eine Sonne, die sich langsam bewege, und wünsche nur, die Augen eröffnen zu können, damit sie diese Sonne nicht mehr sehe. Dieses Sehen einer sich langsam bewegenden Sonne in der Gegend des Sonnengeflechtes hatte sie auch später noch oft. Man sehe unten, was sie daselbst über jene sich in dieser Gegend langsam bewegenden Kreise sagt.

Oft sagte sie auch: sie sehe alle Nerven im ganzen Körper licht, und beschrieb von mehreren den Lauf ganz anatomisch richtig.

Bei Menschen, die ein Glied ihres Körpers, zum Beispiel einen Arm, einen Fuß verloren hatten, sah sie die ganze Form des verlorenen Gliedes, also das ganze Glied, noch immer im Bilde des Nervengeistes (durch den Nervengeist gebildet, man sehe auch unten ihre Äußerungen über den Nervengeist) am Körper, so wie sie zum Beispiel den verstorbenen Menschen (siehe die zweite Abteilung), ohne irdische Körperlichkeit im Bilde des Nervengeistes, als Geist in der Form sah, die er im Leben hatte.

Man könnte vielleicht aus diesem gewiß interessanten Phänomen folgern: daß bei Menschen, die ein Glied, zum Beispiel einen Fuß verloren haben, und immer noch das Vorhandensein desselben zu fühlen behaupten, diese Erscheinung daher kommt, daß dieses Glied im Nervengeiste noch immer unsichtbar vorhanden, noch immer im Zusammenhang mit dem andern sichtbaren Körper ist. Es ist dies auch der auffallendste Beweis, daß die Form durch den Nervengeist, nach Zerstörung der sichtbaren Hülse, noch immer beibehalten wird (siehe unten zweite Abteilung). Der alte Theosoph Oetinger sagt: „Die irdische Hülse bleibt in der Retorte, das bildende Öl geht als ein Geist mit völliger Form ohne Materie."

Sehen der Schutzgeister

Einen ihr sichtbar geistigen Führer (Schutzgeist) hatte Frau H. mit allen Somnambulen und vielen im Innern lebenden Menschen.

Von der Erscheinung ihres Schutzgeistes (der in allem ein ihr sichtbarer Leiter war) konnte Frau H. nie ohne tiefes Wehgefühl sprechen, aber auch über andre Erscheinungen und Mitteilungen aus der Geisterwelt sprach sie stets sehr ungern, ja es kostete sie oft die größte Überwindung, davon zu reden, und unaufgefordert geschah es nie. Verriet sie nicht zufällig oder drang man nicht sehr in sie, so verschwieg sie oft das Auffallendste, das ihr widerfuhr.

Dieses Sehen gereichte ihr aber offenbar auch zu innerem Kummer und war auch für ihren körperlichen Zustand von Nachteil. Ihre völlige Unbefangenheit und feste Überzeugung können viele würdige Männer bezeugen, die sie kennenlernten.

In diesen Zuständen des Sehens von Geistern, und auch bei Erscheinen ihrer Führerin, ihres Schutzgeistes (ihrer Großmutter; Gattin des alten Schmidgall) behauptet sie immer, ganz wach zu sein, sie war aber, wie gesagt, immer in einem Zustande des Innern. Diese erschien ihr jedesmal in der Gestalt, die sie im Leben gehabt, nur heller und freundlicher, und in einem Gewande, das sie im Leben nie getragen, in einem weißen Faltenkleide mit einem Gürtel. Ihr Kopf war mit einem schleierartigen Tuche bedeckt, das gerade um die Stirne ging und alles Haar bedeckte und dann in der Gegend der Ohren wie ein Schleier herunterlief. Mit dieser Kopfbedeckung erschienen ihr alle weiblichen Geister ohne Ausnahme.

Es wurde schon früher bemerkt, daß sie einmal die Erscheinung hatte, als würde sie von ihrem Schutzgeiste magnetisiert, wobei, wie dort schon angeführt ist, sich das Unbegreifliche zeigte, daß Gegenstände, deren Berührung ihr schädlich waren, ihr wie von einer unsichtbaren Hand genommen und an eine andre Stelle frei durch die Luft getragen wurden.

Ersteres geschah auch hier noch einmal, drei Uhr morgens. Das Gefühl davon dauerte eine Viertelstunde. Sie sagte: „Es war mit allen Fingern. Die Daumen fühlte ich zuerst (wie Luft) an beiden Augen angesetzt und die andern Finger über Stirne und Schläfe in Strahlen ausgebreitet. Dann ging der milde Zug äußerst langsam abwärts, während sich da die Hände des Geistes so drehten, daß die Daumen nach außen auf die Arme und die als Strahlen ausgestreckten Finger nach innen zu stehen kamen und zuletzt alle Finger in meiner Herzgrube ruhten. Auf dieses Magnetisieren konnte ich die Augen nicht mehr aufschließen, ich lag ruhig und mich sehr wohlfühlend da. Da sprach die Stimme meiner Großmutter: ‚Erhebe dich und schreibe!' Ich stand nun ganz gestärkt auf und setzte mich an den Schreibtisch. Die Großmutter sprach: ‚Also wie du hier magnetisiert wurdest, soll dich dein Arzt ferner magnetisieren, und wenn du dieses lesen wirst, wird dir beifallen, wie du magnetisiert wurdest, und wirst du es ihm sagen können.' Ich sagte hierauf: ‚Magnetisiere du mich selbst so immer!' Sie aber sagte: ‚Hätte ich zu diesem die Macht, so würde es bald heißen: stehe auf, nehme dein Bett und gehe heim!' "

Wie schon in einer ihrer früheren Perioden der Fall war, so geschah es auch hier zu W., daß sie oft hinter einem Menschen eine andre, aber geistige Gestalt sah. Oft schien es wie der Schutzgeist jenes Menschen zu sein, oft aber wie ein Abbild, ein Widerschein seines geistigen.

So erblickte sie einmal hinter einer Frau eine Gestalt (ein Wolkenbild), die sich in allen Teilen immerwährend zuckend bewegte und so gelenksame Glieder hatte, als wären sie nur mit Fädelchen untereinander verbunden. Diese Frau, die sie vorher nie gesehen und nie gekannt hatte, war auch von einem sonderbaren unruhigen Geiste.

Ein andermal ging eine ihr ganz unbekannte Person am Fenster, durch das sie sah, vorüber. Diese grüßte sie; sie aber sprang schnell vom Fenster zurück. Ich fragte sie um die Ursache und sie sagte mir, sie habe hinter einer Person, die soeben vorübergegangen, einen männlichen, widrig aussehenden Geist im grauen Wolkenkleide gesehen. Ich blickte nach der Person und erkannte in derselben ein auswärtiges, äußerst zänkisches und böses Weib, das aber der Kranken durchaus unbekannt war.

Hinter einem Mädchen aus meinem Hause sah sie sehr oft eine lichte Knabengestalt von ungefähr zwölf Jahren. Ich fragte das Mädchen, ob sie ein Verwandtes von diesem Alter gehabt, das sie verneinte. Bald nachher aber sagte mir das Mädchen, sie habe meiner Frage nachdenken müssen, und da sei ihr beigefallen, daß ihr Brüderchen, das im dritten Jahre gestorben, jetzt gerade zwölf Jahre alt sein würde.

Dieses Wachstum der Geister wird später berührt werden.

„Es wird künftig noch bewiesen werden (sagt Kant in den Träumen eines Geistersehers), daß die menschliche Seele auch in diesem Leben in einer unauflöslich verknüpften Gemeinschaft mit allen immateriellen Naturen der Geisterwelt stehe, daß sie wechselweise in diese wirke und von ihnen Eindrücke empfange, deren sie sich aber als Mensch nicht bewußt ist, solange alles wohl steht."

Voraussagende Träume

Zu einer anwesenden sehr sensiblen Frau sagte Frau H. in wachem Zustande, nachdem ihr diese die Hand zum Abschiede geboten hatte: „Träumen Sie diese Nacht, was ich nehmen solle, daß es mir besser werde (sie deutete auf ihre stockende Menstruation), und ich will es nehmen." Dieser Frau träumte es nun auch wirklich in der Nacht, sie habe von einem Zimmer, das wie ihr Schlafzimmer war, in ein größeres hinausgesehen, da sei Frau H. neben acht Sauerbrunnenkrügen gestanden und habe einen, auf dem „Fachinger Wasser" geschrieben gewesen, ihr gewiesen, als solle sie (die Träumende) diesen gebrauchen. Nun war aber das sonderbar, daß Frau H. in der gleichen Nacht den gleichen Traum hatte. Sie befand sich in einem mehr langen als breiten Zimmer (so ist das Zimmer neben dem Schlafzimmer jener andern Frau, das Frau H. aber nie sah), da waren acht Sauerbrunnenkrüge, von denen ihr jene Frau einen, der mit schwarzem Pech verschlossen war, als denjenigen bezeichnete, von dem sie zur Hebung jenes Übels trinken sollte. Sie tat es und es hatte den erwünschten Erfolg.

Es war das Traumbild hier umgekehrt, wie das Bild in Spiegeln.

In einer Nacht träumte ihr, sie habe das älteste Mädchen ihres Oheims zu B. mit einem kleinen Sarge auf dem Kopfe aus dem Hause gehen sehen. Nach sieben Tagen starb sein ein Jahr altes Kind, von dessen Krankheit man hier nicht das mindeste wußte. Den Traum hatte sie sogleich nach dem Erwachen mir und andern erzählt.

In einer andern Nacht träumte Frau H., sie sei durch ein Wasser gegangen und habe ein Stück faules Fleisch in den Händen getragen, da sei ihr Frau N. begegnet und habe sie ängstlich gefragt: was sie denn da mit dem Fleisch wolle? Sie erzählte diesen Traum, den wir nicht zu deuten wußten, morgens. Sieben Tage nachher kam Frau N. mit einem toten, schon in Verwesung übergegangenen Kinde nieder.

In einer andern Nacht träumte ihr: Frau L. (die sie nie kannte und nie sah) sei ihr mit einem toten Kinde auf dem Arme entgegengekommen und habe sie wie um Hilfe angefleht. Sechs Wochen nachher mußte diese Frau künstlich entbunden werden. Die Folge davon war ein totes Kind und große Lebensgefahr dieser Frau.

In einer Nacht, als sie noch in meinem Hause im untern Stocke wohnte, träumte ihr, bald nachdem sie Wasser getrunken hatte und eingeschlafen war: in der Wasserkufe, die sich im obern Stocke, wohin sie nie kam, befand, sei etwas, das nicht in dieselbe gehöre, weswegen sie sich die ganze Nacht im Traume abgemüht habe, diese Kufe auszuschöpfen. Morgens erzählte sie mir den Traum, und erst am Abend fiel es mir bei, diese

Kufe ausleeren zu lassen, wo sich dann auf ihrem Grunde eine sehr lange, völlig verrostete schwarze Stricknadel befand. Es ist möglich, daß Frau H., da sie für Metalle so große Empfindlichkeit zeigte, durch das Trinken von jenem Wasser ein dunkles Gefühl von Eisengehalt in ihm bekam, als ihr alsdann im Traume als etwas, das nicht in dieses Wasser gehöre, fühlbar wurde.

In einer Nacht träumte Frau H., sie sei auf einer einsamen Insel gestanden und habe auf der andern Seite ihr verstorbenes Kind in himmlischer Klarheit mit einem Blumenkranze auf dem Kopfe und einem Blütenzweig in der Hand gesehen. Dieses verschwand, sie wandte sich weg und sah mich bei einem Menschen, der blutete und dem ich Hilfe leistete, stehen. Auch dieses Bild verschwand, und sie sah nun sich selbst in heftigen Krämpfen, und als sie aus diesem Traume zu sich kam, sagte ihr eine Stimme: man habe mich geholt – da erwachte sie aber und sah, daß es ein Traum war und ich mich nicht bei ihr befand. Diese Traumbilder hatte sie in der Nacht vom 28. Januar 1828. Das Traumbild ihres verstorbenen Kindes ist nicht weiter zu deuten, aber in der Nacht vom 30. Januar (die Traumbilder erzählte sie mir am 29. morgens) wurde ich zu einem Menschen gerufen, der in derselben Nacht mit einem Messer in die Brust gestochen wurde, was die Erfüllung des zweiten Bildes in diesem Traume war. Die Erfüllung des dritten Bildes in diesem Traume ereignete sich an diesem Tage nachts acht Uhr, wo ich wegen besonders heftiger Krämpfe, die an ihr ausbrachen, zu ihr gerufen wurde.

Ein Voraussehen, das sie nicht im Traume, sondern im hellschlafwachen Zustande hatte, führe ich hier noch an.

Am 6. Juli 1827 sagte sie im magnetischen Schlafe nach Erstarrung: „Ich sehe N. im Monde, aber er lebt noch auf der Erde, ich sehe ihn wie zum voraus dort. In einem Vierteljahre stirbt er, und mein Vater erfährt zuerst, daß er gestorben ist." Diese von ihr benannte Person (die dazumal ganz gesund war) starb nach einem Vierteljahre, und ihr Vater erfuhr zu O. zuerst ihren Tod.

Das zweite Gesicht

Es ist bekannt, daß die Gabe des zweiten Gesichts sich an mehreren Orten endemisch zeigt, wie zum Beispiel unter den schottischen Inselbewohnern und in Dänemark. In Schottland haben die Menschen, die diese Gabe besitzen, den sogenannten Stechblick. Es ist dies der eigentümliche Blick, wo alles Geistige im Menschen wie auf ein Pünktchen im Auge konzentriert ist, das dann wie verlängert und leuchtend heraustritt, ein Blick, den ich an Frau H. in Momenten, wo sie sich selbst, oder wo sie Geister sah, oft beobachtete. Der schottische Seher ist im Augenblicke des Gesichtes starr, mit aufgerissenen Augenlidern, er sieht und hört (wie auch Frau H. beim Selbstsehen) nichts andres. Berührt der Seher im Augenblicke des Gesichtes einen andern, so entsteht dasselbe Gesicht auch in diesem, ja selbst in Tieren, die der Seher oder die Seherin gerade berührt.

Daß Pferde es sehen, zeigt sich durch ihr heftiges und schnelles Stutzen, wenn der Reiter oder Mitseher eine Vision irgendeiner Art bei Tag oder bei Nacht hat. Das Pferd geht dann nicht weiter, bis man einen Umweg macht, und ist voll Schweiß.

Oft sind aber Pferde einer Vision, auch der von Geistern fähig, und der Mensch, der auf ihnen sitzt, ist es nicht. Man weiß Stellen, an denen schon öfters Menschen Erscheinungen hatten, wo Pferde nicht ohne Scheu und Angstschweiß vorüber zu bringen sind. So haben auch Tiere, und namentlich Pferde, an Orten, wo schon seit Jahrhunderten Menschen begraben liegen, ein besonderes Gefühl von Unruhe. In dem Schlosse Schmiedelfeld (bei Gaildorf) wurde im Jahre 1823 Pferden ein neuer Stall gebaut; es ergriff sie in ihm die fürchterlichste Unruhe, und als man noch eine Veränderung an diesem Stalle vornahm, grub man aus seinem Grunde eine Reihe uralter menschlicher Gerippe aus.

In Schottland erbt sich diese Gabe des zweiten Gesichtes, wie einige glauben, in gerader Linie in einer Familie fort. Denn es gibt dort Eltern, die dieses Vermögen besitzen, während ihre Kinder nicht damit begabt sind.

Den 13. Januar 1827, in der Nacht gegen ein Uhr, verfiel Frau H. in magnetischen Schlaf und erklärte in ihm, daß sie innerhalb fünf Minuten einen fürchterlichen Krampf erhalten werde Dieser brach auch aus, und sie kam in halbwachen Zustand. Ich frage sie: warum sie diesen Krampf zur ungewöhnlichen Zeit erhalten? Und sie antwortete: „Das will ich dir im nächsten Schlafe sagen; spreche ich jetzt davon, so erhalte ich wieder Krämpfe. Ich sah es im Abendschlafe voraus, sagte aber nichts, um die Leute nicht zu beunruhigen."

Als sie erwacht war, fragte ich sie, ob sie nicht wisse, warum sie einen Krampf erhalten? Sie sagte: sie wisse es wohl, ich solle aber nur still sein, sonst würde sie wieder Krämpfe erhalten Sie erhielt nun auch wieder starke Krämpfe, nach deren Hebung ich mich entfernte.

Als sie am andern Tag durch das Spiel der Mundharmonika in halbwachen Zustand gekommen, wollte ich von ihr die Ursache des nächtlichen Krampfes wissen, um so mehr, als sie den ganzen Tag über äußerst traurig war. Aber sie sagte: „Im halbwachen Zustande bin ich mehr zurückgehalten, die Ursache zu sagen, weil in diesem mehr die Seele als mein Geist wirkt, aber im ganz schlafwachen Zustande, wo ich freier denke, da sage ich es." In diesem (abends) sagte sie nun: „Ich sage es, mein Geist denkt und spricht frei – ich sah eine Bahre und in ihr sterbend eine mich ganz nah angehende Person; die Person nenne ich nicht, darf sie nicht nennen, darf auch die Zeit nicht nennen, wann es geschieht. Noch zweimal muß ich diese Bahre sehen mit dieser sterbenden Person, morgen früh halb elf Uhr das zweite Mal. Dieses Ahnungsvermögen, was es ist? Es ist schauervoll! Würde ich diese Person nennen, sagen, wenn sie stürbe, o was wäre dies für ein Jammer!" Ich sagte ihr: sie müsse den Namen dieser Person sagen, denn es wäre ja wohl möglich, sie noch retten zu können, sie müsse durchaus darüber noch tiefer nachdenken und erforschen, ob das Gesicht von jener Bahre vielleicht nicht bloß als Warnung für jene Person erschienen sei.

Sie fiel hierauf in noch tiefern magnetischen Schlaf und sagte endlich ganz freudig nach langem Sinnen: „O wie danke ich dir, mein Gott und Vater, daß ich ein Mittel anzugeben weiß wie diese mich so nah angehende Person zu retten ist! Mein Bruder würde diesen Monat am 18., eine Stunde von seinem Ort entfernt erschossen. Er soll nur von dem Orte aus zwei Männer in den Wald schicken. Wenn sie aus dem Orte gehen rechts in den Wald an die große Eiche, die nicht ganz mitten in dem Walde steht, da sollen sie nur eine halbe Stunde stehen und passen und hören, dann wird dieser Kerl hervortreten. – Es darf aber nicht vergessen werden, daß man es sogleich meinem Bruder zu wissen tut. Ich sehe auch nun, nachdem ich fand, was dieses Gesicht bedeutet, dasselbe nicht mehr. Mein Bruder soll sich an diesem Tage ruhig verhalten, im Orte herumgehen, sich zeigen und so tun, als ginge er in den Wald hinaus."

Nach noch tieferem Zurückfallen in magnetischen Zustand und inneres Sinnen sagte sie: „Der, welcher den Anschlag auf meinen Bruder hat, ist ein Mensch von sechsundzwanzig Jahren, und er ist nicht in dem Orte, wo mein Bruder ist. Ich sehe nur wenige Häuser in dem Orte, wo er ist, links geht es hin, wo die Häuser sind, da ist er in einem zwei Stock hohen Hause. Aber es ist nun genug, und ich danke dir, mein Gott, daß ich weiß, daß nun mein Bruder gerettet ist." – Hierauf betete sie leise. In der Nacht gegen ein Uhr bekam sie wieder einen starken Krampf. Am Morgen, als sie halb wach war, fragte ich sie um die Ursache, und sie sagte: „Ich habe keine Erscheinung von jenem Sarge und der sterbenden Person mehr, aber ich erwachte zur gleichen Zeit, wo ich die Erscheinung gestern hatte, da fiel sie mir ein, und ich geriet in Entsetzen und Krämpfe, weil ich wach meinen Bruder ja noch nicht gerettet weiß."

Als sie ganz wach war, wo sie also von ihren Geständnissen im Schlafe durchaus nichts wußte, nötigte ich sie, mir die Ursache ihrer Krämpfe und ihrer Trauer zu sagen. Endlich sagte sie: „Ich sah, als ich völlig wach und nicht im Traume war, meinen Bruder sterbend im Sarge liegen, und das macht mir Sorge und Kummer. Der Sarg stand vor meinem Bette." –

Ich suchte ihr die Sache als leeren Traum zu deuten, allein sie behauptete, sie sei bei dieser Erscheinung völlig wach gewesen. Ich sagte ihr, da ihr Bruder sehr friedlich sei, so werde ihm von keinem Menschen etwas zuleide geschehen, worauf sie sagte, sie behaupte ja nicht, daß ihm von einem Menschen etwas zuleide geschehe, er könne ja an einer Krankheit sterben. Ich unterließ nicht, ihre Eltern und durch sie ihren Bruder von diesem ihrem Gesichte in Kenntnis zu setzen, und der Erfolg lehrte auch, daß es nicht überflüssig war.

Ihr Bruder ging an demselben Tage, aber gewarnt, nicht in derselben Stunde, sondern erst in der Abenddämmerung in jenen Wald, und ein ihm feindlicher Holzdieb schoß da auf ihn, der Schuß verfehlte ihn, ließ aber noch Spuren im Schnee und an einem Baume zurück. Der Täter hatte seine Wohnung an der von H. bezeichneten Stelle.

Nach einiger Zeit hatte H. abermals ein ihren Bruder betreffendes warnendes zweites Gesicht. Es erschien ihr zu wiederholten Malen ein Fuchs, und im magnetischen Schlafe wurde ihr kund, daß ihr Bruder auf einer Jagd, wo das erste Tier, auf welches er schieße, ein Fuchs sei, durch falsche Ladung des Gewehres verunglücke. Sie ließ ihren Bruder warnen. Das Gewehr fand sich wirklich, wahrscheinlich von boshafter Hand, überladen, und er entging der Gefahr. Sie sagte, daß sie von ihrem Bruder die Vorausahnungen hauptsächlich deswegen habe, weil er ihr früher sehr lange durch Handauflegen die Krämpfe gestillt, und sie dadurch mit ihm in magnetischen Rapport gekommen sei. Auch als ich sie magnetisch behandelte, war neben meiner Frau nur dieser ihr Bruder imstande, ihr durch Handauflegen die Krämpfe zu stillen, oder überhaupt auf sie magnetisch einzuwirken.

Am 8. Mai, morgens sieben Uhr, als sich ihre Schwester ihrem Bette näherte, sagte sie, sie fühle, daß in der Nähe ihres Bettes immer etwas Unsichtbares sei, sie solle ihr nicht zu nahe stehen. Dieses Gefühl hatte sie eine Stunde lang, und als sie sich im Bette selbst das Frühstück einschenkte, stand auf einmal ihr verstorbenes Kind und neben diesem ihr lebendes entferntes vor dem Bette. Das verstorbene sah sie fest an und deutete auf das lebende mit dem Finger. Dieses hatte in der rechten Hand eine Nadel, die es im Munde hielt. Die Kinder standen ihr so lebendig da, daß sie die Hand ausstreckte, um nach der Nadel des einen zu langen. Sie schrie: „Um Gottes willen, was ist das!" da verschwand das Gesicht. Das verstorbene Kind, das drei Vierteljahr alt war, als es starb, war ihr in der Größe eines vierjährigen Kindes (in dem Alter, das es gerade gehabt hätte, als es ihr erschien) erschienen, aber licht und durchsichtig. Beide aber hatten keinen gewöhnlichen Anzug, es war ihr jedoch unmöglich, ihn zu beschreiben. Sie ward durch diese Erscheinung sehr angegriffen und weinte. Ich suchte sie durch die Vorstellung zu trösten, daß diese Erscheinung wohl nichts bedeuten werde. Sie sagte, sie wolle auch nicht behaupten, daß es etwas bedeute, aber ich solle mich selbst in diese Lage denken, wenn mir einmal meine Kinder so erschienen, ob mich das nicht angreifen würde!

Im magnetischen Schlafe sagte sie nach vorhergegangenem Seufzen: „Würdest du nach einer solchen Erscheinung dein Kind nicht warnen?" Ich sagte ihr: „Das würde ich gewiß tun." Sie sagte: „Und wenn du es bei deinem Kinde nicht tun würdest, so muß ich es bei meinem tun. Von heute in sieben Tagen, morgens halb acht Uhr, würde mein Kind eine Stecknadel verschlucken, und dadurch sterben. Man würde nicht erfahren, woher sein Leiden käme und es Gichtern zuschreiben. Man muß meine Eltern (bei diesen war das Kind) davon benachrichtigen. Ich werde die Erscheinung noch dreimal, immer am hellen Tage, haben."

Am andern Morgen erschienen ihr die Kinder noch zweimal in gleicher Lage. Jedesmal erfolgten auf das Gesicht heftige Krämpfe.

Man benachrichtigte ihre Eltern drei Tage vor dem voraus= gesagten, für das Kind unglücklichen Tage davon, und sie schrie= ben: daß ihnen aufgefallen wäre, daß sie, sobald sie die Nach= richt gelesen, an dem rechten Ärmchen des Kindes eine Steck= nadel im Ärmel stecken gesehen, die sie nun auch sogleich entfernt hätten.

Drei Tage lang nacheinander vor dem Tode ihres Vaters, der am 2. Mai 1828, abends acht Uhr, erfolgte, und von dessen Krankheiten man damals hier noch nichts erfahren hatte, sah Frau H. zu verschiedenen Tageszeiten im wachen Zustande einen Sarg vor ihrem Bette stehen, der mit einem Leichentuche, auf dem ein weißes Kreuz lag, bedeckt war. Sie erschrak darüber sehr und bekam das beunruhigende Gefühl, daß ihr Vater krank sein müsse, oder gar gestorben sei. Ich tröstete sie damit, daß es auch eine andre Person bedeuten könne, und daß sie ja nur einen Sarg, aber nicht das Bild des Vaters in ihm gesehen, wor= auf sie selbst sagte: sie wisse dieses Gesicht allerdings selbst nicht recht zu deuten, indem dies das erstemal sei, daß ihr ein mit einem Leichentuch bedeckter Sarg erscheine, sonst sei ihr nur ein offener Sarg erschienen, in den die Person, die eine Krankheit getroffen, geschaut habe, oder habe sie vor dem Tode einer Person dieselbe als Leiche im Sarge liegen gesehen; was ein mit einem Leichentuche bedeckter Sarg bedeute, wisse sie nicht, doch habe sie das bange Gefühl, als betreffe dies Gesicht ihren Vater.

Am 2. Mai morgens kam die Nachricht hierher, daß ihr Vater an einer Lungenentzündung seit einigen Tagen sehr erkrankt liege. Abends acht Uhr an diesem Tage verfiel Frau H. in magnetischen Schlaf und sagte in diesem: „Soll ich nachfühlen, wie es mit ihm steht?" Dann machte sie mit den Armen die gewöhnliche Stellung, die sie macht, wenn sie im magnetischen Hellsehen aus sich geht, fuhr zusammen und sprach dann: „Heiliger Gott! soll ich sagen, was ich sah? Nein, ich will es unterdrücken, ich will es wach noch nicht wissen! Gott helfe mir! Man erwecke mich sogleich, und nach drei Minuten schlafe ich wieder."

Dies geschah und während des zweiten Schlafes betete sie dann nur stille und sprach auch von ihrem Vater nichts mehr. Am 3. Mai kam die Nachricht, daß ihr Vater am 2. Mai abends gestorben sei, hierher.

Dreimal sah Frau H. auch im wachen Zustande ihre Schwiegermutter vor einem Sarge stehen und über den Sarg hinsehen. Sieben Tage nachher erkrankte diese Frau sehr, erholte sich aber wieder.

Zwei Gesichte derart sah Frau H. öfters. Sah sie Menschen gestorben in einem Sarge, so bedeutete das ihren Tod, wie dies früher bei ihrem Großvater der Fall war. Sah sie sie lebend in einem Sarge, so bedeutete das ihnen eine sehr gefährliche Krankheit, und sah sie sie neben einem Sarge stehen, so deutete dies auf baldige Krankheit überhaupt. Daß der Frau H. vor dem Tode ihres Vaters ungewöhnlicherweise ein mit einem Tuche bedeckter Sarg erschien, und sie nicht die Leiche selbst sah, erklärte ich mir damit: daß ihr der Anblick des Vaters als Leiche im wachen Zustande aus Schonung nicht werden sollte.

Heraustreten aus sich selbst

An dem gleichen oben erwähnten 2. Mai, gegen neun Uhr nachts, verfiel Frau H. ungewöhnlicherweise wieder in magnetischen Schlaf, in dem sie wieder aus sich hinausgeführt wurde. Da rief sie: „Ach Gott!" Dieses Wort: „Ach Gott!" aber tönte wie gehaucht. Sie erwachte wie unter dem Ausrufen dieses Wortes und sagte: sie habe sich wie doppelt gehört, als hätten zwei aus ihr gesprochen. Nach zehn Uhr, ehe sie in natürlichen Schlaf verfiel, sagte sie in schlafwachem Zustande: „Gott! du hast ihn nun an deiner Hand, er schläft sanft bei dir!"

Am 3. Mai mittags elf Uhr, kam, wie oben gesagt, die Nachricht, daß ihr Vater am 2. Mai abends acht Uhr zu Oberstenfeld verschieden sei.

Am 2. Mai abends neun Uhr, zur gleichen Stunde, wo Frau H. im schlafwachen Zustande gleichsam aus ihrem Körper getreten und jenen Ausruf: „Ach Gott!" getan hatte, hörte Herr Dr. Föhr von Bottwar, der als Arzt des Verstorbenen noch im Zimmer zu Oberstenfeld (vier Stunden von Frau H.) nächst der Kammer, in der die Leiche lag, mit einem Oheim der Frau H. anwesend war, in dieser Kammer der Leiche, in der sich keine Seele befand, die Worte: „Ach Gott!" einigemal vernehmlich tönen, so daß er sogleich in die Kammer ging und nachsah, aber da nur die stumme Leiche fand. Der Oheim der Frau H. hörte nichts. Herr Dr. Föhr schrieb mir hierüber folgendes:

„Nach meiner Ankunft zu Oberstenfeld fand ich den Herr W. bereits tot, hörte aber, als ich mich im Wohnzimmer befand, das an ein Nebenzimmer, in dem der Tote war, grenzt, gegen neun Uhr nachts ganz deutlich eine Stimme (wie mir zu sein schien, die Stimme des Verstorbenen) in jenem Nebenzimmer, wo niemand als dieser war, ‚Ach Gott!' rufen. Erst auf das dritte Mal, wo ich diesen Ruf hörte, ging ich in das Zimmer, da ich vermutete, Herr W. sei vielleicht nur scheintot; denn ich konnte nicht anders glauben, als es sei dieser Ruf von ihm gekommen. Ich besichtigte deswegen den Toten ganz genau, weilte auch noch eine Stunde und versicherte mich von seinem Tode."

Herr W. starb an einer Lungenentzündung und Lungenlähmung, wo auch im Scheintode von ihm kein Schrei mehr zu vermuten war, aber für denjenigen, der diesen Schrei nun einmal hörte, da sich sonst keine Person um ihn befand, nicht anders als von ihm ausgegangen angenommen werden mußte.

Auch aus einem andern Zimmer, etwa dem, wo der Sohn sich aufhielt, konnte dieser Ruf nicht gekommen sein, da die Kammer, wo die Leiche lag, von jenem Zimmer zu entfernt ist, der Sohn auch in diesen Stunden nur in tiefem Schmerze verstummt war, und sich in keine laute Klage zu ergießen vermochte.

Frau H. sprach sich später hierüber also aus: „Durch Gram und das Nachdenken über das Kranksein meines Vaters, durch die Ahnung seines Todes und den Wunsch, im Augenblicke zu wissen, wie es mit ihm wäre, wurde ich so angestrengt und augenblicklich in den Zustand versetzt, daß meine Seele mit dem Nervengeiste außer mir dahin gehen konnte, aber sie ging mit dem vom Geist gekommenen Wort: „Ach Gott!" dahin. Mit dem Hauche: „Ach Gott!" trat die Seele heraus, und dieser Hauch trat in die Seele und offenbarte sich dort durch den Nervengeist und die Luft wiederholt. Bei ihrem Zurücktreten hauchte die Seele noch einmal diesen Ruf aus, der dann auch hier gehört wurde, mir aber war es, als hörte ich ihn doppelt, weil er im Moment des Zurücktretens geschah. Jenen ganzen Tag war ich in den fernen Arzt meines Vaters aufs stärkste eingedrungen, daß ihm Gott ein Mittel zur Rettung des Vaters eingeben möchte, und war dies besonders der Fall, ehe meine Seele so hinaustrat, daher es wohl kam, daß auch er meinen Ruf allein vernehmen konnte."

Da ich (und dies war schon ein Jahr vor dem Tode ihres Vaters) von ihren Eltern erfahren hatte, daß sie in ihrem früheren magnetischen Zustande fähig war, sich einer, zwar im Orte, aber in einem andern Hause wohnenden Freundin, während sie in ihrem Hause im Bette lag, nächtlich durch Anklopfen (wie man es von Sterbenden sagt) kundzugeben, so fragte ich sie im Schlafe (schon im Jahr vor obiger Geschichte), ob sie nicht auch imstande wäre, uns anzuklopfen, und wie weit sie dies tun könne? Sie sagte: „Ich werde es einmal tun, der Geist fragt nach keinem Raume, dies geschieht mit dem Geiste."

Als wir nun einen Tag nachher, nachts elf Uhr, in unserm

Hause, das von ihrer Wohnung (ihrer ersten allhier) mehrere Häuser entfernt war, zu Bett gegangen waren, und Dienstboten und Kinder schon fest schliefen, wir aber noch wachten, so klopfte es auf einmal wie über unserm Haupte in der Luft des Zimmers. Diesem Klopfer folgten noch sechs gleiche, jeder im Zwischenraume von einer halben Minute, so daß wir jeden einzelnen Klopfer genau hören und über dessen Art nachdenken konnten, bis wieder ein neuer Schlag geschah. Es war ein hohles und doch helles Klopfen, sanft und doch äußerst vernehmbar. Wir versicherten uns aufs bestimmteste, daß es von niemand geflissentlich hervorgebracht wurde, wie auch rings um uns niemand war und über uns ein geschlossener Boden ist, in dem sich kein Mensch befand. Auch steht unser Haus ganz einsam und frei, und hat kein andres Haus zur Nachbarschaft.

Im magnetischen Schlafe am nächsten Abend fragte sie uns, ohne daß wir gegen sie oder andre von jenem Klopfen etwas berührt, ob sie uns bald wieder anklopfen solle, was ich aber, da sie hinzusetzte, daß es ihr schade, ablehnte.

Sie versicherte mir später einmal: dieses Klopfen sei mit dem Geiste und der Luft, nicht mit der Seele geschehen, und zwar durch den festen Willen in tiefem magnetischen Zustande. Jener Ruf aber bei der Leiche ihres Vaters sei durch Heraustreten ihrer Seele mit dem Nervengeiste geschehen, welches durch Kummer und Sehnsucht veranlaßt worden.

Selbstsehen

Frau H. erzählte mir im wachen Zustande, daß sie sich vor einigen Jahren selbst gesehen. Sie sei in einem weißen Kleide auf einem Stuhle gesessen, während sie im Bette gelegen. Sie habe sich lange angesehen und schreien wollen, aber es nicht können. Endlich habe sie einen Schrei nach ihrem Manne getan, da sei das Bild auf einmal verschwunden.

Als sie in halbwachen Zustand kam, sagte sie hierüber folgendes: „Ich war dazumal sehr gesteigert, jeden Tag nahm mein Leiden zu, sieben Tage lang. Niemand erkannte meinen Zustand richtig, ich wußte mir nicht mehr zu helfen. Ich bat immer Gott, er wolle mir nur einmal wieder Ruhe geben. Nun verließ meine Seele die Nerven und bildete außer mir meinen Körper vermittelst der Luft, mein Geist nur war in mir, in meiner Herzgrube. Ich sah mich dann mit geistigen Augen. Die Seele ging aus meinem Körper, sie hatte gar keinen Anteil mehr an ihm, sie wurde geistig. Mein Geist und die Seele hingen aber immer noch zusammen, die Seele hätte sich doch nicht weiter vom Geiste trennen können. Aber dadurch, daß die Seele die Nerven ganz verlassen hatte, bekamen diese eine andere Stimmung, ich wurde ruhiger."

Als sie völlig schlafwach war, befragte ich sie wieder um den Zustand, in dem sich damals, als sie sich selbst gesehen, befunden, und sie sagte: „Es ist bestimmt Wahrheit, daß meine Seele aus mir ging und einen Körper bildete. Der Geist blieb in mir, ich hing doch mit ihm zusammen. Ich konnte kein Auge wegwenden, konnte auch nicht reden. Als mein Geist dachte, ich will es nicht mehr sehen, da kam die Seele zurück, und ich ließ einen Schrei. Sieben Tage lang war ich damals nie einen Augenblick mit meinen Gedanken auf der Welt, ich war zu sehr angegriffen. Ich wollte immer sterben, das war mir eine Sünde; daß ich mir immer den Tod wünschte, das machte mein Leiden. So dringend konnte ich noch nie beten, wie in jenen sieben Tagen. Ich fühlte meinen Heiland so deutlich, als hätte ich ihn gesehen, ich fühlte seine Hilfe in jedem Gebet, seine Kraft, die er mir gab, um neu fortzuleben."

Als ich am 28. Mai 1827, nachmittags drei Uhr, bei ihr allein im Zimmer war und mit ihr gerade nicht sprach, sah sie sich auf einmal selbst (wie sie mir nachher erzählte) in einem weißen Kleide, das sie nicht anhatte, aber so eines besitzt, auf dem von ihr gerade gegenüberstehenden Stuhle sitzen. Sie wollte schreien, konnte aber nicht, konnte sich aber auch nicht bewegen. Sie hatte ihre Augen weit aufgerissen, sah aber sonst keinen Gegenstand, als sich und den Stuhl, worauf sie saß. Sie hatte, während sie das Bild sah, nur einen Gedanken, den sie vorher nicht hatte, nämlich den:

„Einen Tag im Himmel leben
Ist mir mehr als tausend hier!"

Das Bild stand nun auf und lief auf sie zu, und erst als es fest an ihr war, fuhr durch ihren Körper wie eine elektrische Erschütterung, die ich sah, und nach dieser tat sie einen Schrei, und erzählte mir nun, daß und wie sie sich selbst gesehen.

Am 15. April, abends sechs Uhr, als sie allein im Zimmer war, sah sie wieder ihr eigenes Bild auf dem ihr gegenüberstehenden Stuhle sitzen, aber diesmal in einem schwarzen Kleide. Es hatte einen Arm, mit aufgehobenem Finger gegen sie deutend, ausgestreckt. Ich fragte sie, ob sie während dem Anschauen dieses Bildes nicht wieder nur einen Gedanken gehabt? Sie sagte: ja, aber sie könne ihn unmöglich sagen. Ich drang in sie, aber ich konnte sie nicht bewegen, mir diesen Gedanken zu sagen. Sie dachte dieser Erscheinung, die sie wegen der schwarzen Kleidung beunruhigte, nach, und wurde dadurch halbwach. In diesem Zustande sagte sie: „Ein solches Michselbstsehen bedeutet mir nie etwas Übles, und über die schwarze Kleidung will ich mich beruhigen, sie deutet wohl nur auf meine Schmerzen."

Als sie sich einmal wieder selbst sah, und ich es bemerkte, trat ich zwischen sie und das Bild. Sie sagte nachher, daß ihr dieses die angenehmste Empfindung gemacht habe, denn sie habe sich in diesem Moment wie von ihrer Seele abgeschnitten gefühlt.

Von den sehr vielen Beispielen von Selbstsehen, selbst solchen, wo das Bild auch von andern gesehen wurde, führe ich hier keines an. Sie schließen sich alle mehr oder weniger auch an die oben angeführten Beispiele des zweiten Gesichtes an.

12. Krankheit und Heilbestrebungen

Alle diese hier angeführten Versuche und Erscheinungen bei Frau H. sprechen von einem bei ihr in der größten Intensität gewesenen und in dieser frei gewordenen Nervengeiste, dem sich auch alle die Eigenschaften und Kräfte, die in den Natursubstanzen liegen und unserm gewöhnlichen gebundenen Nervengeiste insensibel sind, öffneten, und durch ihr ganzes organisches System die den Eigenschaften korrespondierenden Erschütterungen hervorbrachten.

Der Zug gegen das Gefühlsleben, der bei frommen Seelen ohnedies die Richtung nach innen nimmt, war bei Frau H. aufs höchste gesteigert; der Geist strebte nach den inneren Kreisen, und daran mußte auch der Leib, vermöge des Nervengeistes, der auch mehr nach innen strebte, teilnehmen. Dadurch entstanden nun (was später aber noch dargetan werden wird) alle jene anscheinenden Wunder, die in obigen Abschnitten bezeichnet sind. Dabei mußte sich aber notwendig eine Unordnung im Nervensysteme erzeugen und eine Armut an organischer Kraft, welche Kraft sich durch stärkern Verbrauch im Gefühlsleben vermindert, was nun die eigentliche Krankheit der Frau H. war. Es entstand ein instinktartiges Bedürfnis, von andern zu borgen, was nicht selbst ersetzt werden konnte.

Die Bestrebungen dieses gleichsam nicht mehr dieser Erde und ihrer Atmosphäre angehörenden Geschöpfes, sich noch in diesem Erdenraume zu erhalten, die Heilversuche, konnten nur auf Auffinden von Bindemitteln des so lose gewordenen Nervengeistes und auf Ansichziehen eines aus den Dingen entlehnten Lebensstoffes gehen. „Luft- und Nervengeist andrer", sagte Frau H., „bringen mir noch das Leben, von denen muß ich leben." Hauptsächlich sog sie aus Augen und Fingerspitzen andrer, stärkerer Menschen, von diesen oft nicht gefühlt, auch oft sehr gefühlt, ein Pabulum vitae in sich. Gleiches erhielt sie durch magnetisches Einwirken, Handauflegen, wirkliches Magnetisieren usw.

Wie jedes Magnetische überhaupt, wurde aber auch sie in ihrem Innersten zur Anschauung der Naturverbindung und von Urtypen geführt, aus denen ihre Verordnungen hervorgingen.

Sie erkannte die Zahl Sieben als die für ihr Individuum gesetzte Zahl, und aus dieser gingen alle ihre Berechnungen, auch für das Heilverfahren, das sie für sich anordnete, hervor. Immer war die siebente Stunde des Tages für sie die bedeutungsvollste, daher fand auch in dieser nur ihr Schauen ins Innere, ihr magnetischer Schlaf statt. Die erfühlten Heilmittel, besonders Pflanzenstoffe, ließ sie sich immer in der Siebenzahl reichen. „Alles", sagte sie, „ist für mich die Siebenzahl. Diese Zahl liegt in mir wie jene Sprache. Hätte ich die Zahl Drei, würde ich wohl eher gesund werden."

Unter den Pflanzenstoffen spielten bei ihr eine hauptsächliche Rolle: die China, die Kamille, der Kalmus, der Thymian, die Calendula, die Pomeranze, der Lorbeer und vor allem das Johanniskraut (hypericum perforatum), als Amulett und als Aufguß, aber nur, wie alle diese Stoffe, in wenigen Tropfen, meistens in der Siebenzahl und zu ungeraden Stunden gereicht.

Schon im hohen Altertume war der Glaube an eine besonders magisch wirkende Kraft des Johanniskrautes bekannt. Paracelsus sagt von ihm: „Dieses Kraut und seine Tugend ist nicht zu beschreiben, wie hoch sie ist. Keine Arznei ist in allen Rezepten, die alle Zufälle so gut und ganz heilet, als diese Perforata."

Auch Paracelsus wandte sie nicht nur innerlich, sondern auch zu Amuletten an, hauptsächlich gegen dämonische Einflüsse, Bei einem jungen Manne, der zur Melancholie geneigt war, und dem Frau H. im Schlafe dieses Kraut als Amulett und in starkem Aufgusse verordnete, erzeugte es einen besonderen Ausschlag, auf welchen völlige Genesung erfolgte.

Sehr oft waren die Heilansichten ihres Innern auch homöopathischer Art. Sie verordnete sich oft gegen Leiden in äußerst kleinen Dosen solche Mittel, die in stärkerer Gabe gerade diese Leiden bei ihr hervorgebracht hätten. Noch öfter waren ihre Mittel rein magisch, Wirkung des lebendigen Wortes, des Gebetes und der Amulette.

So verordnete sie sich einmal gegen heftiges Kopfweh im Schlafe folgendes:

„Drei Tage lang mußt du", sprach sie zu mir, „jeden Morgen sieben Uhr und abends sieben Uhr, im Fall du es gern und im vollen Glauben tun kannst, das Vaterunser, ohne daß ich es weiß, vor mir stehend beten, und wenn du an die Worte kommst: ‚sondern erlöse uns von dem Übel', so mußt du die Hand auf meine Stirne legen und dann langsam über sie herunterfahren. Ich liege alsdann halbwachend, und weiß es, bin ich erwacht, nicht mehr. Solche Mittel in vollem Glauben anwenden, das hat unendliche Kraft! Aber niemand soll es wissen. Unser Heiland sagte nicht, was er dachte, was er wollte, bis es vorüber war."

Als ich zur bestimmten Stunde zu ihr kam, um das Gebet über ihr zu sprechen, lag sie schon mit zusammengefalteten Händen im magnetischen Halbschlaf. Als einmal die Stunde beinahe vergessen wurde, sagte sie halbwach: „Wäre dies geschehen, so hätte ich Krämpfe erhalten, die bis zur Wiedererscheinung jener Stunde gedauert hätten." Ihre Schmerzen wichen aber hierauf gänzlich.

Amulette

Nicht sowohl zu ihrer als hauptsächlich auch zur Heilung andrer bediente sich die Seherin sehr oft der magischen Einwirkung von Amuletten.

Sie gebrauchte hierzu zwar auch hie und da vegetabilische Substanzen, namentlich das Johanniskraut, den Asant usw., gemeiniglich aber das geschriebene Wort, und das hauptsächlich in ihrer Sprache des Innern.

Dafür gingen ihr auch im Innern schwer näher zu bezeichnende magische Formeln auf, die dann durchaus nicht mehr in ihrem äußern Willen, ihrer Intelligenz, lagen, sondern mit einer tiefen Sympathie der Dinge und magischen Naturverbindung zusammenhingen, die nur in innerer magnetischer Anschauung liegt, und für die sich keine Worte finden.

„Der Mensch", sagt Poiret, „hat das Wort nicht bloß zu dem Ende empfangen, um seinesgleichen seine Gedanken mitzuteilen. Er konnte ursprünglich die ganze sichtbare Welt durch die geheimnisreiche Kraft und Wirkung des Wortes beherrschen, als Wort und Sache noch eins und dasselbe waren. Es war bloß eine Erneuerung dieser ersten Natur der Menschen, wenn die Heiligen der alten Zeit so große Dinge taten, wenn, nachdem Adam anfänglich den Tieren die Namen gegeben hatte, die mit ihrem Wesen einerlei waren, Noah solche in die Arche zu sich rief, oder Mose dem Roten Meer gebot, sich voneinander zu teilen."

Diese magischen Formeln der Seherin bestanden aus noch viel tiefer liegenden Wort- und Zahlzeichen, als ihre gewöhnliche Sprache des Innern, und kamen wahrscheinlich denjenigen, auch magischen Zahlzeichen nah, mit denen sie einmal den Tag ihres Todes unwillkürlich berechnete.

Diese magischen Wort- und Zahlzeichen nach eigenem Gutdünken zu geben, war ihr nicht möglich, sie enthielten Krankheiten und Heilung zugleich, und zu ihnen wurde ihr, gleichsam wie von einer inneren Mechanik, der sie nicht widerstehen konnte, nach innern Gesetzen, die Hand geführt.

Diesen ähnliche magische Zeichen finden wir auch in der alten Magie, wo sie wahrscheinlich aus gleichem innern Schauen hervorging. Man vergleiche die Pneumatologia occulta von Salamanca und Fausts Höllenzwang.

Die Seherin machte bei der Wahl der Amulette einen Unterschied zwischen Rücken und Herzgrube. Andre Zahl- und Schriftzeichen gebrauchte sie zu den Amuletten, die sie auf den Rücken, andre zu denen, die sie auf die Herzgrube hängen ließ. Bei Krankheiten, die mehr vom Gehirn und dem Rückenmark ausgingen, und wenn der Kranke mehr Gehirn- als Gefühlsleben hatte, ließ sie das Amulett auf den Rücken, ging die Krankheit mehr vom sympathischen System aus, so ließ sie das Amulett auf die Herzgrube hängen. Es könnte damit auch zusammenhängen, daß die Rückenseite des menschlichen Körpers wirklich mehr die solare (antimagnetische), die Vorderseite die tellurische (magnetische) Fläche des Menschen ist.

Wir sehen den Ursprung der Amulette und Talismane (letzteres ist selbst ein arabischer Name) wieder im Orient, der Wiege des Menschengeschlechtes.

Noch jetzt werden dort und auch bei uns unter dem Volke zu den sogenannten sympathischen (oder magischen, auch magnetischen) Heilungen, Kräuter und Wurzeln, mit oder ohne beschriebene Zettel, genommen, wo jene Vegetabilien gemeiniglich bei besonderem Stande der Gestirne und Zusammenkunft gewisser Planeten gesammelt werden; auch ist nicht gleichgültig, wer sie wählt und welche Hand das Amulett bereitet. Voller Glaube und kindliche Hingebung ist auch hier Bedingung, wie bei jedem magisch oder magnetisch wirkenden Mittel.

„Um magisch wirken zu können", sagte Frau H., „dazu gehört der vollkommenste Glaube an das Unsichtbare. Diese Einwirkung ist eine Seelenkraft, die durch den Geist unterstützt wird. Es gibt aber auch ein andres magisches Einwirken, das nicht von dem Geist unterstützt wird, von dem ich schweige."

Das letztere ist das Entgegengesetzte böser Art und kommt bei solchen Menschen vor, die sich, wie die Seherin sagt, den bösen Geistern unterwerfen. Das Evangelium redet vielfältig davon, aber die Vernünftlinge lachen darüber.

Was nun die Tatsachen betrifft, so sprechen sie alle für die Wirksamkeit der Amulette, welche die Seherin verordnete. Am auffallendsten sind aber die Tatsachen, welche in der zweiten Abteilung erzählt sind. Wenn ihr zweifelt, so gehet hin und prüfet; die Örter, die Personen, die es betrifft, und die Zeugen sind dort alle genannt.

Glaubet ihr aber nicht, wenn es von allen bezeugt ist, so würdet ihr auch nicht glauben, wenn ein Toter auferstünde und euch die Wahrheit bekräftigte.

Magnetische Manipulation und magnetischer Schlaf

Die magnetische Manipulation, die durch Frau H. wenigstens eine Zeitlang wieder so gehoben wurde, daß es schien, als sei durch diesen Einfluß wirklich stärkere Bindung ihres Nervengeistes bewirkt worden, gab dieselbe gemeiniglich selbst so an: zuerst sieben Striche mit den ausgereckten Fingern beider Hände, von der Stirngegend an rückwärts nach den Ohren und über die Seiten des Halses hinab (wodurch, wie sie sagte, auch auf das kleine Gehirn eingewirkt werde) über die Seiten der Brust bis an das Sonnengeflecht. Dann drei Striche von der Stirne über den Hals und die Arme bis an das Ende der Mittelfinger, und drei ebenso bis an die Knie. Alle mußten ohne Berührung des Körpers geschehen. Nach Umständen änderte sie Zahl und Weise der Striche, und meistens fanden sie nur bis ans Sonnengeflecht statt. Gegenstriche erweckten sie immer und waren ihr widrig. Ganz verkehrt und ihre Nerven wie verschränkend wirkten auf sie die Striche, die man mit gekreuzten Händen oder Fingern über sie machte, so daß die rechte Seite des Magnetisierenden auch ihre rechte, seine links auch ihre linke berührte, was auch für eine bestimmte Polarität der zwei verschiedenen Körperseiten spricht. Jedesmal, wenn sie in wirklichen magnetischen Schlaf verfiel, hatte sie ihre Arme auf der Bettdecke ausgestreckt und gekreuzt. Dann brachte sie dieselben gekreuzt über die Brust und betete leise. So auch betete sie am Ende des Schlafes mit auf der Brust gekreuzten Armen, wie man im Oriente betet. So viele magnetische Striche ihr anfangs des magnetischen Schlafes (der jedesmal abends sieben Uhr stattfand) gegeben wurden, so viele einzelne Schüttelungen gab es ihr vor dem Erwachen durch den ganzen Körper. Sie ließ sich immer durch einen Bergkrystall, den man ihr in die Hand gab, erwecken. Diesen legte sie, war sie im ganz schlafwachen Zustande, auf die Herzgrube; war sie nur im halbwachen Zustande, so ließ sie ihn nur in der Hand liegen, bis er ihr jene Erschütterungen gab.

Den gleichen magnetischen Einfluß, wie ich, hatte auch meine Frau auf sie, die in meiner Abwesenheit oft meine Stelle als Magnetiseur bei ihr vertrat. Sie schrieb diese gleiche Wirkung dem zu, daß meine Frau die gleiche Kraft, die von mir auf sie wirke, durch mich an sich habe.

Hielten sich mehrere Menschen an den Händen, von denen ich, ihr unbewußt, der letzte war, so mußten ihre Hände, Arme und dann der ganze Körper der Hand folgen, die sie als erste in der Reihe berührte. Trat ich aus der Verbindung, oder berührte sie diese Person allein, so war dies nicht der Fall.

Gleiche Folge aber mußte sie der ersten Hand leisten, wenn statt meiner meine Frau als letztes Glied, auch von ihr nicht gesehen, in die Kette trat.

Allein vermochte sowohl ich, als meine Frau, sie, wie gegen alle Gesetze der Schwerkraft, hielten wir unsre Finger an die ihrigen und war sie vorher sich nicht aufzurichten fähig, weit in die Höhe zu ziehen.

Als sie nach Verfluß des regelmäßigen Magnetisierens nicht mehr abends sieben Uhr für gewöhnlich schlief, dachte sie, wenn diese Stunde schlug, doch viel heller, obgleich, wie sie sagte, mit der Seele, und sprach auch leichter und besser als sonst.

Sie sagte in einer solchen Stunde: „Es ist mir nun ganz leicht, ich fühle von meinem Kopfe nichts, nur etwas von der Magengrube fühle ich, das aber nicht unangenehm ist. Periodisch fühle ich von Händen und Füßen gar nichts. Ich sehe mit geschlossenen Augen meine Finger und meine Hand, und würde ich nachdenken, so würde ich sehen, was ich wollte, aber ich fühle dieses Denken auf der Herzgrube und muß es gehen lassen. Es ist mir, als müsse ich zu jedem du sagen." Sie aß Suppe mit geschlossenen Augen und sagte: „Ich finde mit dem Löffel alles auf dem Teller, was ich will, weiß wo es liegt, weiß aber nicht, ob ich es sehe oder ob ich es fühle, auch alle die andern Gegenstände weiß ich nicht, ob ich sie sehe oder fühle.“ Sie beklagte sich oft, daß wenn sie außer dem Bette sei, sie auf einmal das Gefühl erhalte, als schlafe ihr Gehirn ein; sie fühle von dem Gehirn und dann bald auch vom ganzen Leibe nichts mehr, und es bleibe ihr nur noch ein Bewußtsein wie von der Herzgrube aus, sie könne deswegen nie lange auf sein.

Öffnete ich ihr im halbwachen Zustande durch ein paar Gegenstriche die Augenlider, so sah sie durchaus keinen Gegenstand als mich. Ihre Pupillen blieben ganz unbeweglich. Es war ihr ganz beängstigend, daß sie sonst keinen Gegenstand sah, sie sagte aber, sie wisse nicht, ob sie mich sehe oder fühle.

Erwachte sie aus magnetischem Schlaf und man sagte ihr sogleich, was sie in demselben gesprochen, so wirkte es auf sie sehr schädlich, und oft fiel sie dadurch wieder in magnetischen Schlaf. Als ich dies einmal getan hatte, wurde sie halbwach und schrieb auf ein Blatt:

„Mein Arzt, ich bitte dich,
Daß du, wenn ich erwache,
Mit mir doch nimmer also sprichst.
Die Ahnung meines Geistes
Ist wach in mir.
Dann denk' ich nach so lange,
Bis es mir gänzlich bange,
Ich such' etwas und find' es nicht,
Weil ich's nur hab' im halbschlafwachen Licht.“

Man sagte mir, daß ihr Bruder, mit dem sie in früherer Periode durch Handauflegen bei Krämpfen in magnetischen Rapport kam, sie durch das Wort: „Optinipoga“, das in ihrer innern Sprache „du mußt schlafen“, heißt, war sie wach, schlafend machen konnte. Ich versuchte es von da an öfters, und sie mußte darauf immer sogleich einschlafen. Dieses Wort, von jemand anderm zu ihr gesprochen, hatte nicht diese Wirkung. Auch mußte sie nicht schlafen, sagte ich dieses Wort zu ihr in gewöhnlicher Sprache. Sie sagte darüber: es wirke in jener Sprache magisch.

Um die Anziehung der magnetischen Kraft zu vermehren, trank Frau H. öfters einen Trank von Haselnußstaude.

Die magnetischen Krämpfe

Das Hauptbestreben des Innern der Frau H., um ihren Zustand zu bessern, ging immer, besonders sooft ein Gefäßleiden, ein fieberhafter Zustand sich einstellte, auf Hervorrufung heftiger Krämpfe, die dann immer eine wohltätige Krise verursachten und das Gefäßleiden hoben.

Dazu bediente sie sich oft heftiger Mittel. So verordnete sie sich einmal, als ein fieberhafter Zustand bei ihr eingetreten war, man solle ihr, sobald sie eine Stunde lang ohne Krampf sei, ihre Finger in einen halben Schoppen Essig tauchen, in dem drei Lorbeerblätter und ein Stahl sei, worauf jedesmal sich ein eine halbe Stunde langer Krampf einstellte. Dies mußte von morgens sieben Uhr bis abends sieben Uhr fortgesetzt werden. Sobald sie eine Minute lang den Finger in diesem Essig hatte, fühlte sie zuerst Krämpfe im Unterleib und Kreuz, nachher kam ein Druck im Kopf und dann Schlaf, und hierauf brachen jedesmal die fürchterlichsten allgemeinen Krämpfe aus. Das Fieber wich, aber der durch die Fingerspitzen eingesogene Essig teilte sich auch dem ganzen Körper mit, sie bekam Durchfall. Der Essig, sagte sie, wirkt auf mein Blut, der Stahl auf meine Nerven, und die Lorbeerblätter erhalten das Hellsehen.

Durch ein Versehen wurde am andern Tage mit dem Essig, in den sie die Finger gehalten hatte, geräuchert, ohne daß sie es wußte, und die allerfürchterlichsten Krämpfe brachen wieder an ihr aus.

Die Krämpfe brachen an ihr zu jeder Tageszeit, hauptsächlich aber vor der Stunde des magnetischen Schlafes aus, und dann waren sie magnetischer Art, sie hörte in ihnen nur mich sprechen. So fürchterlich sie auch oft waren, so daß sie gar keine Beschreibung zulassen (ihre Gesichtszüge wechselten oft in ihnen von denen der tiefsten Verzweiflung der Hölle bis zum höchsten Entzücken der Seligkeit), so dienten sie ihr immer zur Erleichterung. Je heftiger die Krämpfe vor dem magnetischen Schlafe waren, desto hellsehender wurde sie in ihm. Hauptsächlich in den magnetischen Krämpfen lag ein sichtbarer Rhythmus.

„Ein jeder Krampf", sagte sie (und dies wird man weiter unten besser verstehen lernen), „hat seine eigene Berechnung, eine jede Bewegung hat ihre Zahl. Zieht sich der Krampf auf die Brust, so darf ich nur sieben Bewegungen machen, und der Krampf muß aufhören, oder ich muß mich selbst magnetisieren. Hab' ich ihn in dem Kopf, so darf ich dreimal sieben Bewegungen machen, und ist er im Arme, Fuß oder sonst geteilt in dem Körper, so darf ich siebenmal sieben Bewegungen machen. Sind aber die Bewegungen gemacht und der Krampf wird nicht gestillt, so muß ich mich selbst magnetisieren, bei einem Halskrampf fünfmal, bei einem Brustkrampf ebenso oft, bei einem Kopfkrampf dreimal. Es liegt in mir, ich muß es tun, ich weiß, daß ich es tue, halte es aber nur wie eine andre Bewegung im Krampfe für den Krampf."

Gab sie sich, besonders in den Halskrämpfen, die sie sehr fürchtete, im halbwachen Zustand selbst magnetische Striche, was sie immer schwächte, so mußte ich ihr meistens so viel Striche, als sie sich gab, nachgeben.

„Auch die Krämpfe, die von meinem Kreuz ausgehen, muß man stillen", sagte sie. „Sie durchlaufen vom Kreuze aus den Unterleib und kommen dann den Hals herauf in den Kopf, wo sie die Gehirnnerven schwächen. Die Krämpfe, die vom Magen ausgehen, schaden mir weniger, sie toben auch mehr aus. Die

Nerven in meinem Kreuz, wo die Krämpfe stecken, sehe ich wie zusammengeschnürt. Sie werden immer mehr zusammengezogen, so entsteht Spannung, und dann kommt ein Krampf; es ist in diesen Nerven etwas, das sich auf ein Plätzchen hinzieht, es ist die Nervenkraft, aber nicht der Nervengeist. Wie kann sich diese auf einmal so auf ein Plätzchen absondern? Nur dieses Plätzchen ist noch im Nerven lebend, das übrige des Nerven ist wie abgestorben. Dieses Plätzchen ist zusammengeschrumpft und dicker als der übrige abgestorbene Nerv."

Die Krämpfe wurden ihr gemeiniglich durch Auflegung der Hand auf Kopf und Herzgrube gestillt, entweder von mir oder meiner Frau, in unserer Abwesenheit durch ein magnetisiertes Tuch oder durch magnetisierten gelben Schwamm (Zunder). Durch einen Ton mit meiner Mundharmonika war ich auch fähig, ihr augenblicklich die furchtbarsten Krämpfe zu stillen, aber sie kam hierauf in halbwachen Zustand, aus dem sie dann erst durch Bergkrystall erweckt werden mußte. Dies konnte auch vermittelst Berührung mit einer Haselnußstaude geschehen, sie verfiel aber auch hier aus dem Krampf in halbwachen Zustand. Auch mit Schwerspat konnte man ihr, wenigstens partiell, krampfhafte Verkrümmungen der Glieder heben.

13. Heilversuche an andern

Auch an diese Schlafwache geschahen von Kranken aller Art Anforderungen, ihnen Heilmittel aus ihrem Innern zu verschaffen, aber ihre eigene Gesundheit erforderte, nur wenige zuzulassen, und auch bei ihr zeigte die Erfahrung, daß sie, wie ich das gleiche bei andern Schlafwachen erfuhr, ihr Mittel meistens auf einen gleichen somnambulen Zustand berechnete, auf einen Zustand, wo der Körper, bei mehr oder weniger entbundenem Nervengeiste, auch mehr oder weniger getötet ist und schon das innere eigene Schauen keine Störungen, namentlich durch keine fremdartigen, unnatürlichen Nahrungsmittel zuläßt.

Nur in solchen Zuständen des entbundenen Nervengeistes, im magnetischen Leben, kann das einfachste Mittel die ihm eingepflanzte Eigenschaft äußern und Wunder wirken.

Ein Fall physischer Art, wo durch Schauen eine Heilung erfolgte, ist nachstehender:

Ein Mann hier zu W. hatte schon zum drittenmal das sogenannte delirium tremens (einen Wahnsinn der Säufer), und als er selbst durch die stärksten Gaben von Opium, dem sonst einzigen Hilfsmittel, nicht mehr zur Ruhe gebracht werden konnte, verordnete ihm Frau H. im schlafwachen Zustande: fünf Löffel voll Lindenblüte mit siebzehn Löffeln voll siedendem Wasser anzubrühen, darunter, solange es noch warm ist, eine Drachme Castoreum mit fünf Löffel voll Birkensaft zu mischen und dies von morgens sieben Uhr bis abends sieben Uhr auszutrinken.

Dabei gab sie in ihrer pythischen Begeisterung folgenden Spruch:

„Er ist nicht der Herr mehr
von Händen und Füßen,
Sie zittern, sie wanken,
Wie Hirn und Gedanken.
Doch soll er nicht zagen,
Ich muß ihm was sagen:
Muß sagen, daß er dies trinke aus!
Dann wird es ihm besser,
Kann schlafen, kann essen
und geht aus dem Haus!"

Und es war auch dem so. Nachdem der Verwirrte diesen Trank getrunken, verfiel er in den lang entbehrten Schlaf, den kein Opium mehr in ihm hervorbrachte, erwachte nach einem Tag und war wieder gesund.

Für die Krankheiten andrer besaß Frau H. ein so außerordentliches Gefühl, daß sie bei Annäherung eines Kranken, schon ohne dessen Berührung, aber noch mehr nach derselben, sogleich die gleichen Gefühle an Ort und Stelle, wo sie der Kranke fühlte, ohne daß sich dieser vorher ihr mündlich mitgeteilt hatte, fühlte, und zum größten Erstaunen des Kranken ihm alle seine Leiden aufs genaueste sagen konnte.

Meistens fühlte sie neben der physischen Beschaffenheit eines Menschen auch die psychische, und namentlich auch die augenblickliche innere Stimme von Trauer, Freude usw.; das Physische ging auf ihren Leib, das Psychische auf ihre Seele über.

„Diese Tatsachen", sagt Eschenmayer in seinen Mysterien, „können alle bezeugt werden. Auch ich bin Zeuge, denn sie erriet bei mir und einem Freunde durch bloße Berührung an der Hand den körperlichen Zustand genau. Diese Erscheinungen, so häufig sie auch bei Somnambulen vorkommen, bleiben immer merkwürdig. Denn da wir nicht annehmen können, daß an der Hand oder an irgendeinem Teil des Körpers sich der ganze Komplex einer Leibeskonstitution konzentrierte, um dann in dem erhöhten Gefühl der Somnambule das Mißverhältnis des Einzelnen zum Ganzen angeben zu können, so wird es sehr wahrscheinlich, daß es ein Durchfühlen ist bis in die Nervenmittelpunkte. Es entsteht gleichsam eine Nervenpolarität, in welcher die Korrelate gleicher Organe sich suchen, so daß das schadhafte Organ des Befühlten sogleich sich in dem gleichen Organ der befühlenden Somnambule nachbildet, woraus diese den Zustand der Person jedesmal errät: das Gefühl ist der indifferente Leiter zweier sich mitteilenden gleichnamigen Pole."

Hierüber wären Beispiele in Menge anzuführen, es mögen aber nur folgende eine Stelle finden.

Durch Auflegen meines Armes auf einen harten Stuhl schlief mein Arm bis an die Hand ein, und ich hatte in ihm die bekannte Empfindung von Ameisenlaufen. Während dieses Gefühls in meinem Arme gab ich Frau H., ohne etwas davon zu sagen, die Hand desselben Armes, und bat sie, mir nun zu sagen, was sie in meinen Arme fühle. Kaum nach Berührung desselben sagte sie: ich fühle nichts, als daß mir Hand und Arm einschläft und ich Stiche in denselben erhalte.

Frau H. berührte den Unterleib einer Frau, die am Bandwurm litt (ohne daß Frau H. es wußte), mit der linken Hand. Als sie dieselbe auf eine Stelle brachte, die hart und kugelförmig ausgedehnt war, so fühlte sie von ihrer Hand aus durch den Arm in den Magen und von da in den Bauch eine sonderbare, von ihr nicht zu benennende, widrige Empfindung strömen. Diese fühlte sie lange in der Herzgrube bis in den Hals, von da kam sie in den Kopf und verursachte ihr alsdann Trübsinn und düstere Gedanken. Diese Einwirkung verschwand erst, nachdem sie Tee von Johanniskraut getrunken und sich durch Steinmark künstlich einen heftigen Krampf erzeugt hatte.

Sie berührte einer Frau, die mit einem Kopfleiden behaftet war, den Kopf, und zwar auf dem Wirbel. Sie bekam hierauf ein betäubendes Gefühl, das sich von ihrem Oberkopfe über die Schläfe auf die Zunge erstreckte und ihr auf derselben eine Empfindung von Lähmung verursachte. Die leidende Frau sagte ihr ihr Leiden nicht ausführlich, sie hatte aber von demselben durchaus das gleiche Gefühl.

An einem Abend kam Frau Dekan Burk von Göppingen (sie war uns völlig unbekannt) zu uns. Die Frau stellte die Bitte an mich: sie von Frau H. in wachem Zustande wegen eines Schmerzes, den sie in der Gegend der Leber habe, befühlen zu lassen, aber sonst sagte sie mir von ihren Krankheitsumständen durchaus nichts.

Um nicht unfreundlich zu erscheinen, führte ich sie zu Frau H. Diese befühlte ihren Unterleib, wurde äußerst rot und sagte: sie fühle Herzklopfen und Schmerzen in der Lebergegend; was ihr aber sehr ängstlich sei, das sei, daß sie auf einmal aus ihrem rechten Auge fast gar nichts mehr sehe. Frau B. erstaunte und sagte: sie sehe schon seit vielen Jahren auf dem rechten Auge fast gar nichts mehr, ein Fehler, von dem sie mir nichts gesagt habe, da sie wohl wisse, daß dies ein altes, unheilbares Übel sei.

Man sah ihrem Auge auch den Fehler ohne genauere Untersuchung, da er eine Lähmung des Sehnerven war, durchaus nicht an.

Frau H. aber behielt mehrere Tage lang eine völlige Verdunkelung in diesem Auge, und seine Pupille war, wie beim schwarzen Stare, ganz reizlos geworden. Sie erhielt die Sehkraft auf demselben nur dadurch nach und nach wieder, daß ihr Menschen mit gesunden Augen mehrere Minuten lang fest in das verdunkelte Auge sehen mußten.

Am 5. September (1827) abends gab ich Frau H. ein Band in die Hand, auf welchem der Name einer kranken Frau (mir aber, wie ihre Krankheit, völlig unbekannt) eingenäht war, wahrscheinlich von dieser selbst, und das dieselbe vor seiner Absendung berührt oder an sich getragen hatte: es war von einer Frau M. in U. Kaum hatte aber Frau H. dieses Band einige Minuten in der Hand gehalten, bekam sie große Übelkeit, Ekel, Würgen und das heftigste Erbrechen. Hierauf fühlte sie Schmerzen, besonders im Knochen des linken Fußes, Bangigkeit auf der Brust und einen besonderen Reiz im Zäpfchen.

Ekel und fürchterliches Würgen dauerten fort, man mußte ihr mehrmals die Hand, in der sie das Band gehalten, waschen; aber nichts fruchtete; sie zerfiel zuletzt in völlige Erstarrung und Scheintod. Nur durch viele Lorbeeren, die ich ihr in die Hand drückte, kam sie endlich aus dieser Erstarrung in halbwachen Zustand und verordnete sich in diesem ein Blasenpflaster über den ganzen Magen und reichlichen Trank von Kamillentee. Das Blasenpflaster, das dick aufgestrichen war und sogleich aufgelegt wurde, auch die ganze Nacht lag, rötete aber nicht einmal die Haut; sie brachte die ganze Nacht in Erstarrung und Todeskälte zu, und erholte sich erst nach einigen Tagen nach und nach wieder.

Abends um sechs Uhr, als ich den Schwäbischen Merkur erhielt, las ich die Todesanzeige von der Frau, der dieses Band angehörte, in dieser Zeitung. Nach dieser war Frau M. schon mehrere Tage, ehe der Frau H. jenes Band in die Hand gegeben wurde, zur Erde bestattet worden.

Frau H. wurde offenbar durch dieses von jener Frau getragene oder berührte Band noch in eine Verbindung mit ihrem Körper, der aber nun eine Leiche und im Grabe war, (durch den Nervengeist) gebracht, daher ihr Ekel und Scheintod; wäre sie im hellschlafwachen Zustand gewesen, hätte sie wohl diese Frau wirklich als Leiche im Grabe gesehen.

Heilung der Frau Gräfin von Maldeghem durch die Seherin

Da hier nur die Tatsache in geschichtlicher Treue sprechen kann, so soll auch nur solche mit jener hier gegeben werden.

Am 28. März 1828 kam Herr Graf v. M. von N. zu mir, mit folgendem Brief seines Arztes, des Herrn Medizinalrates Dr. Endres von Ulm.

„Der Überbringer dieses Briefes ist der Herr Graf von Maldeghem von Niederstotzingen. Er hörte von einer schlafwachen Kranken, die in Ihrer Behandlung steht, und daß diese auch für andre Personen schon Heilmittel angegeben. Dies bewog den Herrn Grafen, diese Reise zu unternehmen, und einen Rat für seine Frau Gemahlin zu erbitten. Da der Herr Graf Sie selbst spricht, so berühre ich die Krankheitsgeschichte dieser Dame nur kurz.

Die erste Anlage zu ihren gegenwärtigen psychischen Störungen empfing die Frau Gräfin schon vor der Geburt noch im Mutterleib. Als ihre Frau Mutter, die noch jetzt lebende Frau Fürstin v. W., mit dieser ihrer Tochter schwanger war, hatte ihr Mann, der damalige regierende Fürst v. W., das Unglück, von einem österreichischen Streifkommando verkannt und vor seinem Schlosse zusammengehauen zu werden. Jedermann glaubte, die Frau Fürstin werde eine Fehlgeburt haben, allein zum allgemeinen Erstaunen erfolgte im achten Monate die Niederkunft zwar glücklich, aber das Kind, die jetzige Gräfin v. M., trug das

Bild ihres getöteten Vaters in den Zügen ihres Angesichtes. Lange behielt das Kind diese Totenfarbe, und man hatte Furcht, daß sie bleiben möchte. Endlich aber verschwand sie, und man bemerkte an der jungen Gräfin keine weitere Spur mehr davon.

Dagegen entwickelte sich allmählich eine höchst reizbare Stimmung des Nervensystemes, und es scheint, daß das Gangliensystem bei dieser Dame von ihrer frühesten Jugend bis zu ihrer vollkommenen Entwicklung eine mächtige Rolle gespielt habe. Mit dem neunten Jahre ihres Alters kam sie in ein Kloster und wurde dort bis in ihr achtzehntes Jahr erzogen. In ihrem dreiundzwanzigsten Jahr vermählte sie sich mit dem Herrn Grafen v. M. Sie lebten mehrere Jahre glücklich miteinander, und ihr jetziges psychisches Leiden datiert sich von dem zweiten Wochenbette.

Die Frau Gräfin hat einen sehr gebildeten Verstand, ihre Urteile sind oft scharf und treffend. Sie ist sehr religiös und ihr ganzes Benehmen im hohen Grade edel und liebenswürdig. Ihr Gemütszustand ist ein wachendes Traumleben.

Sie hat drei fixe Ideen, die gleichsam den Kreis bilden, in dem sich alle ihre Traumbilder bewegen, nämlich 1. Zweifel an der Persönlichkeit ihres Mannes und ihrer Kinder, 2. Erwartung, oder vielmehr heiße Sehnsucht nach einer Umwandlung ihres Wesens, 3. Erwartung einer überirdischen Erscheinung, durch welche ihre Verwandlung bewirkt werden soll. Die ersten Grundbegriffe ihrer Phantasie haben aber indessen viele und mannigfaltige Modifikationen und Variationen angenommen, was Ihnen alles der Herr Graf v. M. mündlich mitteilen wird."

Diese mündlichen Mitteilungen bestanden, neben der Bestätigung des angeführten, noch ungefähr in folgendem:

In ihrem sechsten Jahre schlief die Gräfin eines Tages in einem blühenden Mohnfelde ein, und lag in demselben, von ihrer Wärterin unbeachtet gelassen, einen halben Tag lang im tiefsten Schlaf. Als sie endlich mit Gewalt erweckt wurde, blieb ihr die Erinnerung so sehr getrübt, daß sie ihre Wärterin und Geschwister nur noch dunkel als ihr angehörend erkannte, auch lange an der Wirklichkeit ihr sonst ganz bekannt gewesener Personen und Dinge zweifelte. Obgleich dieser Zustand nur im minderen Grade länger andauerte, so wurde er doch bei Veranlassungen, wo das Gemütsleben mehr in Anspruch genommen wurde, bei einer wahrscheinlich schon von Geburt aus gegebenen Anlage immer wieder unverkennbar hervorgerufen, und dies geschah hauptsächlich, als die Gräfin im neunten Jahre von ihrer Heimat nach Wien, der Erziehung wegen, in ein Frauenkloster gebracht wurde. Auch hier konnte sie oft zu keiner klaren Überzeugung kommen, ob ihr ganzes Sein und Tun Wirklichkeit oder Traum sei. Dieser abnorme psychische Zustand war noch in ihr, als sie schon zur Jungfrau herangewachsen mit dem Grafen v. M. eine Verbindung einging. Auch da wurde sie oft von dem Gedanken gemartert: „Es sei doch nicht gewiß, ob der vor ihr stehende Graf wirklich auch derjenige sei, der ihr zum Gatten angetraut worden.“ Diese und andere Zweifel suchte sie aber vor der Außenwelt so viel als möglich zu verbergen und nur in sich zu tragen, bis am 31. Oktober 1827 in der vierten Woche einer Niederkunft, sie, nach einer psychischen Erschütterung aufs heftigste in ihr hervorbrachen und sie in ein Traumleben zurücktrat, das die Ärzte anfänglich Hirnentzündung und nachher Wahnsinn nannten. Ihre Hauptidee in diesem Traumleben war auch nun: sie sei gestorben und rettungslos verdammt, sie durchwandere finstere Klüfte, Bergwerke, unterirdische Gänge, wo sie Qualen aller Art erleide.

Ihr bekannte, sonst von ihr geliebte Menschen erschienen ihr in Gestalt von Tieren, namentlich der von Bären, und ihr Gatte und Kinder ließen sie völlig kalt, da sie ihr nur als Abbilder von der Wirklichkeit erschienen, die für sie nicht mehr existierte.

So konnte man ihr auch nicht begreiflich machen, daß das Gut N., auf dem sie lebte, und in das sie ehemals so große Freude setzte, noch ihr angehöre; sie behauptete, was sie sehe, sei nicht ihr N., es sei nur das Bild davon. Dabei hielt sie sich (sie, die so sehr lieblich ist) für ein Scheusal, vor dem alle Menschen zurückschrecken oder sich in Spott ergießen, wie sie auch immer sie schimpfende Stimmen zu vernehmen glaube, weswegen sie auch ihr Gesicht beständig vor den Menschen verbarg und allen Umgang mit ihnen floh.

Nachdem verschiedene Mittel gegen dieses Leiden vergebens gebraucht worden, machte der Graf mit seiner unglücklichen Gattin auf ärztliches Anraten eine Reise durch Deutschland; aber alle Gegenstände auf derselben gestalteten sich ihr in solcher Zerrüttung zum qualvollsten Traume. Merkwürdig ist, daß die Gräfin von Anfang der Krankheit in lichten Augenblicken immer äußerte, es müsse und werde ihr einst Hilfe auf einmal, wie durch einen Blitzstrahl kommen, und die könne ihr kein Arzt, sondern nur ihr Gatte bringen.

In diesem Glauben und mit diesen Erzählungen kam der Graf hierher und tat mir seine Wünsche in Hinsicht der Schlafwachen kund.

Ich äußerte mich frei, wie ich, wenigstens in körperlichen Leiden, und zwar aus den Gründen, die ich schon oben anführte, noch wenig Hilfe von Verordnungen Schlafwacher gesehen, daß aber das Leiden der Gräfin, das mir mehr zwischen magnetischem Traumzustand und Manie zu stehen schien, als daß ich es für wirkliche Manie halten könne, hier vielleicht eine Ausnahme mache, und daß in jedem Fall interessant wäre, wenigstens zu vernehmen, was das in so außerordentlichem Gefühlsleben und vielleicht in ähnlichen Kreisen des Innern begriffene Weib über diesen Zustand seiner Gattin äußere.

Der Graf begab sich nun mit mir zu Frau H. und erzählte ihr seine Angelegenheit, an der sie großen Teil nahm, und auch im wachen Zustande äußerte, daß sie die Gräfin mehr in einem regellosen Zustand als in wirklichem Wahnsinn befangen glaube.

Schlafwach, wo sie der Graf auch um Heilmittel bat, äußerte sie sich wörtlich also: „Ich fühle in ihr die Zahl drei, und aus dieser müssen die Verordnungen für sie hervorgehen. Neun

Tage lang muß sie dreimal drei Lorbeerblätter in einem Amulett anhängen, es darf ihr aber nicht gesagt werden, woraus das Amulett besteht. Neun Tage mußt du ihr (sagte sie zum Grafen) dreimal des Tages, jedesmal eine Viertelstunde lang, die linke Hand auf die Herzgrube legen, und zwar so, daß die Fingerspitzen deiner linken Hand auf die Herzgrube kommen. Die rechte Hand muß auf die Stirne. Kommt sie in diesen neun Tagen in Schlaf, so ist es gut; ist es nicht, so ist sie immer nur beruhigend zu behandeln. In diesen neun Tagen hat sie sich von allem zu enthalten, was nur im geringsten arzneilich wirkt, besonders vor allen aufreizenden Nahrungsmitteln und Gewürzen. Täglich hat sie dreimal drei Eßlöffel voll Johannistee zu nehmen, der aus fünf Blumen und neun Eßlöffel voll Wasser bereitet wurde. Würde dieser Tee stärker gemacht werden, so würde er schwächer auf sie wirken. An keinem Mittwoch darfst du mit dem Auflegen der Hände anfangen, aber jedesmal muß es morgens neun Uhr geschehen. Um dieselbe Minute, wo du ihr die Hände auflegst, schlafe ich hier ein, da darf man mich aber um nichts fragen, ich werde auch nicht sprechen – ich bete für sie."

Am 31. reiste Herr Graf v. M. von hier ab und fing mit seiner Gemahlin zu U., wo sie sich befand, und das dreißig Stunden von hier entfernt ist, am 3. April, morgens neun Uhr (wie ich erst nachher von ihm erfuhr) die Kur an.

Am 3. April, morgens neun Uhr, verfiel Frau H. auch, was sonst zu dieser Zeit nie geschah, in magnetischen Schlaf, sprach aber nichts, sondern hatte die Hände, wie sonst bei stillem, innerem Gebete, kreuzweise über die Brust gefaltet.

Von da fing auch in Frau H. ein besonderes Gefühl an, das sie immer auf die Gräfin v. M. bezog. Dies blieb sich gleich bis zum 7. Von da an steigerte es sich, sie konnte es aber nicht mit Worten näher ausdrücken, bis Mittwoch, den 9., wo es mittags an diesem Tage so hoch stieg, daß sie oft sagte: „Ich weiß mir gar nicht mehr zu helfen." – An diesem Tage, sechs Uhr abends, rief sie laut: „Werfet alle Eure Sorgen auf den Herrn, denn er sorget für euch!“ Sogleich nach diesem Ruf sagte sie: „Ich sah soeben einen Lichtstrahl, aus diesem trat ein Bild, bis ich es aber genau aufzufassen versuchte, war es wieder verschwunden. Ich weiß nicht, was das ist, aber ich mußte dabei aufs innigste an die Gräfin denken und meine, es sei eine Veränderung mit ihr vorgegangen.“ – Dies Gefühl für dieselbe blieb ihr, jedoch mit mehr Ruhe, bis Freitag, den 11., an welchem Tage sie morgens noch einmal schlief. Abends hatte sie wieder das Gefühl, als sei eine Veränderung mit der Gräfin vorgegangen, dann aber nahm jenes Gefühl für dieselbe wieder ab.

Am 14. erhielt ich von dem Grafen v. M. folgende Zeilen:

U., den 11. April 1828

„Schreiben Sie mir doch so bald als möglich: ob am Mittwoch den 9. April, sechs Uhr abends, Sie bei der Frau H. nichts Besonderes bemerkt haben, oder was sonst mit ihr in Beziehung auf meine Frau geschehen ist. Ich frage nicht umsonst und erwarte mit Medizinalrat E. Ihre Antwort mit Sehnsucht.“

G. v. M.

Ich konnte dem Grafen nichts erwidern, als was ich am 9. April, sechs Uhr abends, von Frau H. in Beziehung auf die Gräfin in meinem Tagebuche notiert hatte, was ich oben angab, und von dem auch noch andre Zeugen waren. Am 18., morgens, behauptete Frau H. das Gefühl zu haben, daß die Gräfin noch heute komme. Abends kam auch Herr Graf v. M. wirklich mit seiner Gemahlin hier an. Er erzählte, daß er sechs Tage lang die seiner Frau vorgeschriebene Kur fortgesetzt, ohne daß sich in ihren Umständen etwas Merkliches verändert. Am siebenten Tage aber, Mittwoch, abends nach sechs Uhr, habe ihn seine Frau aus einer Gesellschaft, in der er gerade gewesen, berufen und folgendes eröffnet:

Schlag sechs Uhr habe sie auf einmal aufs innigste an jene Frau denken müssen, und sei von da an nun wie gezwungen, dem Grafen zu sagen, was sie eigentlich in diesen Zustand gebracht, was sie noch keiner Seele gesagt und was auch dem Grafen unbekannt war. Von nun an, und namentlich nach dieser Eröffnung an den Grafen, seien die vorigen Verwirrungen weg gewesen und die Gräfin wie aus einer Traumwelt in die Wirklichkeit versetzt worden. Sie habe nun den Grafen und ihre Kinder wieder als die wirklichen erkannt und auch wieder nach ihrem Gute N. zu reisen begehrt. Ein großes Verlangen habe sie dabei aber auch nach jener Frau ergriffen, weswegen der Graf nun mit ihr hierhergekommen.

Der sehr vortreffliche Arzt des Grafen schrieb mir dabei sehr wahr: „Der Schlagbaum scheint nunmehr niedergerissen zu sein, der die Gräfin von der wirklichen Welt trennte und in eine Welt voll Träume versetzt hatte. Ihre fixen Ideen sind größtenteils niedergegangen, nur die Nachklänge von ihnen sind noch im Bewußtsein vorhanden, diese aber kommen oft sehr laut, doch nicht anhaltend. Unter welchen Umständen diese Veränderungen (wie durch Zauber) erfolgt sind, wird Ihnen der Graf selbst erzählen ... Nur ein Stein liegt noch im Wege, und bevor dieser nicht hinweggeräumt ist, kann ich mich nicht entschließen, an die Vollendung dieser Kur zu glauben, dieser Stein ist die Religion, die in dem Herzen dieser verehrungswürdigen Dame noch nicht wieder aufgegangen ist; sie fühlt sich in ihrem Herzen noch zu kalt und glaubt, daß ihr Gemütszustand noch nicht diejenige Festigkeit habe, um von diesen heiligen Geheimnissen, wie sie in der katholischen Kirche vorgeschrieben sind, Gebrauch machen zu können. Dies Gefühl von Kälte habe sie auch in Beziehung auf ihre Kinder und Umgebungen. Da der Glaube, daß sie gestorben und rettungslos verdammt sei, eine der Hauptideen ihrer Verwirrung ausmachte, so finde ich es natürlich, daß dieser Wahn nur durch einen lebendigen Glauben an die Barmherzigkeit Gottes, an die Verdienste unsers Heilandes und unsre Erlösung durch ihn, und endlich durch den Gebrauch der heiligen Sakramente vollkommen ausgelöscht und zum Schweigen gebracht werden kann."

Diese Ansicht war auch die völlig wahre. Die Gräfin sprach nun von ihrem früheren Leben als einer Verwirrung, in der sie gewesen, ganz klar, erzählte sehr häufig ihre bunten Träume in ihm und wie sie sich nun wieder in einem mehr wachen Leben befinde; allein oft noch konnte sie sagen: „Ich weiß doch noch nicht ganz bestimmt, ob dies mein Karl (der Graf) auch wirklich ist, und weiß es nur bestimmt, wenn ich ihn am Arme berühre und da seine Narbe fühle.“ (Der Graf hatte von einer Hiebwunde eine Narbe am Arme.)

Oft sagte sie auch: „Ich hörte wohl, daß man mich soeben wieder schimpfte.“ Auch hörte sie noch hie und da Stimmen, die ihren Namen riefen; und so fromme Gesinnungen sie auch äußerte, so vermochte sie doch noch nicht, sich zum Gebete zu wenden, und noch unmöglicher war es ihr, eine Kirche zu betreten.

Das Bestreben der Frau H., die von der Gräfin im wachen und schlafwachen Zustande häufig besucht wurde, ging nun auch hauptsächlich dahin, in dem Herzen der Leidenden wieder das Licht des Glaubens und Vertrauens anzufachen, welches nur durch Gebete geschehen konnte. Daher fragte sie dieselbe schon bei ihrem ersten Besuch im magnetischen Schlafe: „Wenn ich mit dir bete, willst du mit mir beten? Ich werde nie etwas gegen deinen Glauben mit dir beten, das fürchte nicht!“ (Frau H. war lutherischer, die Gräfin katholischer Konfession.)

Was die Gräfin bisher keinem Geistlichen tat, versprach sie dieser Frau, an die sie auch, wie durch unsichtbare Bande, immer mehr geknüpft wurde. Die weiteren Verordnungen der Frau H. bestanden in fernerem Handauflegen durch den Grafen zu gewissen Stunden des Tages und in wohlberechneten psychischen Aufgaben; zum Beispiel solle die Gräfin von dreiviertel auf zehn bis zehn Uhr morgens kein Wort von sich sprechen, und dies vorderhand sieben Tage lang tun.

Ferner solle sie, sooft ihr „so ein Gedanke“ komme, an sieben Tropfen Mandelöl, worunter ein Tropfen Rosmarinöl, riechen. Sooft sie vermeine, es rufe oder schimpfe eine Stimme, so soll sie bei sich sprechen: „Vater im Himmel, du hörest diese Stimme, nimm sie weg von mir", und soll dann an das Gehörte durchaus nicht weiter denken. Oft soll sie beten: „Eröffne, o Vater, mein Herz, daß ich Glauben und Vertrauen habe!"

Als die Gräfin fragte: „Wie kann ich denn aber diese beunruhigenden Gedanken vergessen?" antwortete sie ihr: „Vergessen wirst du sie nicht, aber bald wirst du sie mit andern Augen ansehen."

Sieben Tage lang betete nun Frau H. im schlafwachen Zustande mit der Gräfin Schlag sieben Uhr abends verschlossen, allein, während die obigen Verordnungen, worunter auch Gebrauch von Johannistee und Tragung eines Amuletts von Lorbeerblättern war, pünktlich befolgt wurden. Glaube und Vertrauen, und damit die innere Ruhe, wuchsen bei der Gräfin immer mehr, wiewohl noch nicht alles gehoben zu sein schien.

Dies geschah aber wiederum auf einmal wie durch einen Zauberschlag. Montag, den 28., früh halb fünf Uhr, erwachte die Gräfin im Bette, kleidete sich an und erweckte das ganze Haus mit der freudigen Erklärung, daß nun auf einmal auch die letzte Wolke in ihr verschwunden und sie nun aus einem viele Jahre lang mehr oder weniger in ihr geherrschten Traumleben getreten und jetzt völlig genesen sei.

Eine so schnelle, völlige Umwandlung war mir mehr verdächtig als erfreulich, und ich konnte mich nicht so verstellen, daß die Gräfin diese Zweifel nicht in meinem Innern las. Denn sie sagte: „Ich weiß, was Sie befürchten, aber es ist ohne Grund, ich bin und bleibe von nun an gesund", und – so war es auch; keine Spur des früheren Leidens wurde mehr sichtbar. Frau H. ließ nun das Amulett von Lorbeer mit einem von Johannisblumen und Haselnußstaude verwechseln, verordnete der Gräfin stärkende Kräuter auf den Unterleib und gab ihr auch noch einige andre magische Vorschriften, die sie (um sie nicht unkräftig zu machen) nicht sagen durfte.

Am 29. sagte Frau H. im magnetischen Schlafe zu ihr: „Freitags kannst du wohl in die Frühkirche gehen, was willst du tun? Willst du nicht Gott danken, daß es in dir besser ist, das mußt du tun, das tust du auch gern."

Die Gräfin fuhr am besagten Morgen zur Kirche, das erste Mal seit ihrem Erkranken, und fand sich durch Dank gegen Gott, den sie in vertrauensvollem Gebete ergoß, äußerst gestärkt und erheitert.

Das stille Beten mit der Gräfin setzte Frau H. jedesmal abends sieben Uhr in ihrem schlafwachen Zustande, wo ihr Gesicht wahrhaft wie in Verklärung leuchtete, bis zum 9. Mai fort und gab ihr am 10. noch folgende Verordnungen:

„Wenn du in dein Haus trittst, mußt du ein Amulett anhängen von drei Stückchen asa foetida, drei Johannisblumen und drei Messerspitzen voll Sand. Alle drei Wochen mußt du dieses frisch bereiten und das alte in ein fließendes Wasser werfen lassen. Alles, was dich hindert, mußt du von dir nehmen, und das kann nur durch Gebet geschehen, das aber wird von nun allein aus dir, aus deinem eigenen Innersten strömen."

Am 12. Mai verließ uns die Gräfin völlig gesund, und ist es jetzt nach achtzehn Jahren noch.

„Schwerlich existiert seit der Zeit des Magnetismus", sagt Eschenmayer in den Mysterien, „eine Geschichte, die in einem so reinen Fluß der Erscheinungen verlief, und uns eine so sehr magnetisch-psychische, ja magisch-religiöse Kraft darbietet."

14. Die verschiedenen Grade des magnetischen Zustandes der Seherin

Der magnetische Zustand der Frau H. teilte sich in vier Grade:

1. In den, in welchem sie immer war, in dem sie wach zu sein schien, aber es doch nicht war, in den ersten Grad eines Lebens im Innern. Sie sagte, daß in diesem Zustande manche Menschen seien, bei denen man nichts Magnetisches denke, und die es selbst nicht wissen.

2. In den magnetischen Traum. In diesem Zustande behauptete sie, befänden sich manche Menschen, die man für wahnsinnig halte (siehe die obige Geschichte), aber in ihm dann in keiner freien Bewegung wie sie, sondern wie eingesperrt seien.

3. In den Zustand, den ich den halbwachen nannte, und der sich besonders dadurch zu erkennen gab, daß sie in ihm jene Sprache ihres Innern sprach und schrieb, von der unten noch besonders die Rede sein wird.

Sie sagte: „Ich schreibe und spreche diese Sprache dann, wenn mein Geist sich mehr an die Seele schließt, wenn ich freier bin, im halbwachen Zustande; wachend kann ich es nicht, mein Körper will wachend nichts davon."

4. In den schlafwachen Zustand, wo sie in den tiefsten Kreis ihres Innersten trat, hell sah, Verordnungen machte.

Aber zwischen diesem dritten und vierten schien mir noch ein anderer magnetischer Zustand, und zwar der kataleptische, zu liegen, in welchem sie in Erstarrung fiel und Kälte empfand.

Früher sagte sie über dieselben folgendes: „Im halbwachen Zustande denke ich nur mit meinem kleinen Gehirne, vom großen fühle ich nichts, es muß schlafen. In diesem Zustande kann ich mehr mit der Seele denken, sie denkt heller als im ganzwachen Zustande, und der Geist hat auf sie zugleich mehr Einfluß, als wenn ich wachend bin, ich fühle ihn immer etwas von der Herzgrube aus. Im ganz schlafwachen Zustande hat mein Geist die Oberhand, ich fühle zwar auch die Seele, aber die Oberhand hat der Geist. Wenn ich ganz hellschlafwachend bin, denke ich ganz nur aus meiner Herzgrube mit dem Geist. Im ganzwachen Zustande fühlt man den Geist nur ganz wenig, nur etwas. Aber den Menschen, wie er in dieser Welt ist, muß die Seele am meisten regieren. Wenn die Menschen alle nur geistig sprächen, der Geist freien Spielraum hätte, was wäre das! Der Geist kann hinüberblicken, die Seele nicht so, und in dem Leben, das wir jetzt auf der Erde leben, darf der Mensch nicht hinüberblicken, nicht wissen, was künftig sei, daher muß die Seele im gewöhnlichen Zustande mehr wirken." Dies sprach sie schlafwach.

Der magnetische Traum

Der magnetische Traum war bei der Seherin mehr ein Zustand des wirklichen Traumlebens. Sie sagte: „Er ist nahe am schlafwachen Zustand und daher gewiß nie ohne Bedeutung, aber er geht doch mehr vom Gehirn aus und zeigt mehr ein Wiederkehren zum Gehirn an." Jedesmal nach dem Erwachen nach solchem blieb ihr gegenwärtig, was sie in ihm geträumt hatte, was im halbwachen Zustand und hellen Schlafwachen nicht der Fall war. Sie sprach in demselben meistens laut und hatte in ihm auch eine sehr ausdrucksvolle Mimik. Sie führte oft den Traum dramatisch selbst auf und sprach langsam und oft ganz rhythmisch. Oft lag zwischen ihren Reden die Antwort eines andern, wo sie dann innehielt.

Ein Traum magnetischer Art, den sie nach dem Erwachen mir erzählte, ist folgender:

„In der vorigen Nacht ging ich im Traume in einem Walde. In ihm waren viele Anlagen, Blumen und Lorbeerbäume. Sie gingen auch in diesem Walde. Sie entfernten sich von mir, um ein Kraut zu suchen, und ich befand mich nun allein in dem Walde. Nun zeigte sich mir ein Schaf, das ein hölzernes Kreuz auf dem Rücken trug, das ging vor mir her und sah mich oft an, als wollte es mit mir reden. Ich wand einen Kranz von Immergrün und Lorbeer. Auf einmal entstand ein Gebrüll und ich sah unter einem Baume sechs Wölfe, auf den Baum aber hatten Sie sich mit blutender Hand gerettet. Da nahm ich, um mich doch mit etwas zu verteidigen, dem Lamme das Kreuz von dem Rücken, da sprang das Lamm vorwärts und die Wölfe flohen."

Magnetische Träume unterschieden sich von gewöhnlichen auch dadurch, daß sie immer ein sinniges, oft sehr poetisches Gemälde waren, und nie in ihnen ein Gewirre bunter Bilder, wie in gewöhnlichen Träumen, durcheinander schwebte, auch daß sie, wurden sie in einer Nacht abgebrochen, sie in der andern Nacht gerade da wieder fortsetzten, wo sie in jener Nacht geendet hatten, und daß die Träumende durch Rufen und Rütteln nicht aus ihnen zu erwecken war.

Äußerungen der Seherin über die verschiedenen Grade des magnetischen Zustandes

Über die verschiedenen Grade des magnetischen Zustandes sprach sich Frau H. wörtlich also aus: „Der sogenannte schlafwache Zustand ist das Leben oder die Wirksamkeit des innern Menschen, und in ihm liegt ein Beweis des Fortlebens und Wiedersehens. Es ist die innere Tätigkeit des Menschen, die beim natürlichen, gesunden Menschen gleichsam schläft. Hauptsächlich schläft dieses innere Leben bei solchen, die das Leben sozusagen im Gehirne haben, die nur selten von ihrem Gefühl oder ihrer inneren Stimme etwas annehmen, welche doch, achtet man recht auf sie, der richtige Leiter im menschlichen Leben ist. Der schlafwache Zustand, der durch die magnetische Bestreichung hervorgebracht wird, ist ein sicheres Heilmittel, denn im Hellschlafwachen tritt der innere Mensch ganz hervor und durchschaut den äußern, welches aber weder im Schlafe noch im Traume geschieht, denn das ist das hellste Wachen, weil der innere geistige Mensch da ungebunden und frei von dem Körper lebt. Daher möchte ich das Schlafwachen lieber Hervortreten des innern Menschen, oder des Menschen geistiges Wachsein nennen. Dieses geistige Wachsein findet aber nur in den Augenblicken statt, wo sich das Schlafende in sich verliert, oder aus sich geht. In diesen Momenten ist alsdann der Geist ganz frei und kann sich von der Seele und dem Leibe trennen und gehen, wohin er will, gleich einem Lichtstrahl. Dann ist das Schlafende gewiß auch zu nichts Ungöttlichem fähig, wäre auch seine Seele mehr oder weniger unrein, gewiß kann es dann weder lügen noch täuschen. Diesen Grad möchte ich den dritten Grad des Hellsehens nennen.

Der zweite Grad des Schlafwachens ist ein minderer. Es ist ein Hervortreten des ganz innern Menschen von Seele und vom Geist zugleich, nicht von Geist allein wie im dritten Grade.

Es ist aber ein niederer Grad, weil sich hier die Seele mit dem Geiste wieder vereinigt, also der Mensch auch nicht mehr in dem Grade des so rein geistigen Sehens ist, da die Seele doch mehr oder weniger unrein ist: denn ganz rein möchte wohl keine Seele zu finden sein.

Den niedersten, den ersten Grad des Schlafwachens möchte ich einen gesteigerten Zustand des Nervenlebens nennen, einen Zustand, der doch mehr oder weniger auch im gewöhnlichen Leben vorkommt. Es ist dem Ahnungsvermögen gleichzustellen, das doch gewiß viele Menschen haben. Aber bei einem Schlafwachen tritt dieser Zustand, hauptsächlich durch die magnetische Einwirkung, stärker hervor und wird dann geregelter.

Im ganz geregelten Zustande hat die Seele mehr ihren Sitzpunkt im Gehirne, der Geist mehr auf der Herzgrube. In den magnetischen Zuständen nähert sich der Sitzpunkt der Seele mehr oder weniger dem des Geistes. Die Seele hat aber bei Menschen, die nur im Äußern leben, das Übergewicht über den Geist. Im magnetischen Zustande, und wo der Mensch mehr im Innern lebt, ist der Geist überwiegender und freier, und wird auch die Seele ihm ähnlicher, ihm befreundeter, und gleichsam selbst mehr zum Geiste; wo aber der Geist sich von der Seele, die doch nie seine Reinheit völlig erlangt, ganz befreien kann, da tritt (wie oben gesagt) des Menschen höchstes geistiges Wachsein ein."

15. Der Sonnenkreis und der Lebenskreis

Nach vielen Erschütterungen, die das magnetische Leben der Frau H. von der Außenwelt erleiden mußte, erklärte dieselbe am 18. Oktober 1827, als sie sich durch einundzwanzig Lorbeeren schlafwach gemacht hatte, daß sie am andern Tage abends sieben

Uhr zum letztenmal in hellschlafwachen Zustand kommen werde, und da werde sie hierauf mehr fürs äußere Leben erwachen, es werde ihr dann die vergangene Zeit wie ein Traum vorkommen, wir werden ihr alle fremd sein, ihr Blick werde natürlicher werden. Ich fragte: „Erscheinen alsdann die Geister nicht mehr bei dir?“ Sie sagte: „Das hängt nicht von meinem schlafwachen Zustand ab, sie erscheinen wie immer, aber sie werden mir neu sein, und ich werde über ihr Erscheinen erschrecken.“

In der Nacht bekam sie die heftigsten Kopfschmerzen, sie fühlte ein beständiges Zerren in Kopf und Brust und eine äußerste Schwäche im Magen. Sie sagte: „Es war die ganze Nacht wie ein Kampf in mir, als stritten zwei miteinander. Das eine sagte zu mir: du bist in Weinsberg, das andre: du bist in Löwenstein; auch wurden die Gegenstände um mich mir das eine Mal durchaus fremd, das andre Mal wieder bekannt.“

Am 19. morgens fiel es ihr äußerst schwer, in gewöhnlicher Sprache und nicht hochdeutsch zu sprechen, und nicht zu jedem du zu sagen. Sie sagte: „Es ist mir, als sollte ich meine Seele verlieren, oder als wollte jetzt etwas in mir absterben.“

Am 19. Oktober, abends sieben Uhr, verfiel sie, nach vorangegangenen sieben magnetischen Strichen, in völlig schlafwachen Zustand, und sprach nach stillem Gebet: „Ich fühle in mir, daß ich heute aus einem langen Traum erwache. Wie lange dauerte dieser Traum? Von dem Augenblick an, wo, als ich hierher kam, du so mit mir zanktest, und ich nun glaubte, es sei kein Mensch mehr um mich. Ich hatte immer meine Gedanken auf Menschenhilfe gesetzt, weil ich immer von Menschen und von bekannten und verwandten Menschen umgeben war. Nun sah ich mich von allen Menschen völlig verlassen, ich ging in mein Innerstes zurück, ich lebte seit dieser Zeit nie mehr, auch nicht eine Stunde lang mehr, auf der Erde, und schien ich auch noch so wach zu sein. Wie schrecklich wird es mir sein, wenn ich erwache, ich werde sogleich sagen. Ich habe von vielen

Menschen geträumt. Alle diese Menschen stellen sich mir im Augenblicke der Reihe nach wie in einem Traume vor."

„In neun Wochen, fünf Tagen, morgens halb fünf Uhr, werde ich wieder halbwach. Alles was ich um diese Zeit voriges Jahr fühlte, fühle ich jetzt wieder im mindern Grade auf den Tag hin. Die Erscheinung von Geistern hängt mit meinem somnambulen Zustande nicht zusammen, ich werde erschrecken, sehe ich jetzt die Geister im wachen Zustande, ich werde auch die, die jetzt schon lange kommen, um ihre Namen fragen, und alles wieder fragen. Ich werde Geister immer sehen. Ich fühle jetzt hauptsächlich in meinen angegriffenen Nerven so überhaupt, daß ich durch sie fähig bin, Geister zu sehen. So beschaffene Sehnerven haben aber auch Gesunde, die dann auch Geister sehen. Ist aber der übrige Körper vollends so gesteigert, wie der meinige, so sieht man sie leichter. Ich sehe mehr, als ich sage, ich sehe ganz in die Geisterwelt hinein. Man darf mir kein Wort sagen, daß ich so lange schlief, aber es ist notwendig, daß man mir etwas von den Geistern sagt, ich erschrecke zu sehr. Du kannst es mir jetzt nicht mehr so sagen, das soll mein Oheim tun. Er soll sagen: es sei doch ein möglicher Fall, daß auch hier Geister zu mir kommen könnten, und dann werden sie mir wie ein Traum einfallen. Ich fühle mich jetzt in der Nacht, wo ich hierher kam. Ich werde sogleich nach meinem Erwachen nach meiner Schwester Amalie, die dazumal bei mir war, rufen." Sie machte sich nun noch Verordnungen und sprach dann: „Ich möchte mich jetzt gerne wecken, aber ich habe bange auf die Zeit, wo ich erwache."

Sie betete nun, nachdem sie die Arme kreuzweise über die Brust gelegt hatte, und ließ sich dann durch den Bergkrystall erwecken.

Als sie erwachte, war es das erste, daß sie nach ihrer Schwester Amalie rief, um ihr einen langen Traum zu erzählen. Alle Umstehenden, gingen sie auch noch so oft in dieser Zeit mit ihr um, waren ihr unbekannt, sie erkannte nur noch diejenigen, die sie vor oder am 28. Oktober 1826 gesehen hatte. Sie verwunderte sich aber äußerst über ihren so gebesserten körperlichen Zustand, daß sie kräftiger sei, keinen Friesel mehr habe usw. Die Nacht über war es ihr sehr unheimlich zumute, weil sie sich in ihr Zimmer und die neue Lage gar nicht zu finden wußte. Morgens war sie beinahe gar nicht zu beruhigen. Jemand sagte ihr, sie habe durch ein Schlafpulver, das ihr der Arzt ihrer Heilung wegen gegeben, den Winter und Sommer über geschlafen. Dies machte sie aber noch unruhiger, sie weinte beständig und klagte, daß sie einen Winter und Sommer sollte hier gewesen sein, und daß dies nun alles ein Traum sei.

Sie erzählte auch klagend, daß sie heute nacht einen großen Schrecken gehabt. Nach ein Uhr sei auf einmal eine Gestalt ins Zimmer getreten und habe sich vor ihr Bett gestellt, es sei ein Mann gewesen, und der habe zu ihr gesagt: „Sage mir etwas Beruhigendes." Sie sei äußerst erschrocken und habe gesagt: „Was er denn von ihr wolle?" Da habe er erwidert: „Er habe ihr ja dies schon gesagt, er sei ja schon öfters bei ihr gewesen usw." Sie machte dann noch die fernere Erzählung, die in der Zusammenstellung der Geistererscheinungen zu lesen ist.

In den nächsten Tagen war sie immer sehr trauernd und oft wie in Verzweiflung, weil sie sich in ihr neues Leben gar nicht zu finden wußte. Es wurde der Fehler begangen, daß Unberufene ihr von ihrem magnetischen Leben zu viel gesagt hatten, es ergriff sie nun wie ein Heimweh und sie wollte durchaus nicht mehr hier bleiben.

Menschen, mit denen sie in diesem Jahre den genauesten Umgang hatte, erkannte sie, besonders der Stimme nach, gar nicht mehr, wohl aber stieg in ihr eine schwache Erinnerung an dieselben auf, blickte sie in ihre Augen. Sie sagte: „Das Sehen kommt mir geistiger vor als das Hören. Es scheint mir, als habe das Hören gar keinen Eindruck auf mich gemacht, wohl aber das Sehen. Ich kann mich aus diesem langen Traume keiner Sache erinnern, als hätte ich sie gehört, wohl aber, als hätte ich sie gesehen. Ich weiß es mehr durch die Augen, als durch die Ohren. Selbst bei dem, was ich hörte, kommt mir vor, als hätte ich es gesehen. Meine Ohren kommen mir in diesem langen Traume wie verstopft vor. Kommt mir der Gedanke, ich hätte etwas gehört, so wird es mir ganz bange, und ich muß denken: nein, ich habe es nur gesehen."

Wie vom Hören hatte sie auch vom Fühlen, Schmecken und Riechen keine Erinnerung mehr.

Unter allen Blumen konnte sie sich nur noch des Eindrucks der Aurikeln erinnern, aber auch da war es ihr, als hätte sie diesselben nur durch das Auge gerochen.

Ihr Aussehen ist dem Blicke nach kein andres als vor ihrem Erwachen, ihr Auge hat den gleichen Stechblick, nur ihre Stimme ist schwächer, auch vermag sie weniger lang aus dem Bette zu sein als vorher, die Füße tragen sie weniger, Mineralien und Pflanzen haben dieselbe Wirkung auf sie wie früher, aber mein magnetischer Einfluß auf sie ist ganz verschwunden, ihre Hände folgen nun, streiche ich über dieselben, nicht mehr wie früher unwillkürlich den meinigen.

Von allen Gedichten, die ihr in der vergangenen Zeit vorgelesen wurden, erinnerte sie sich nur des Klagegesanges der Frauen des Asan Aga von Goethe.

Aus allem und auch aus der Erklärung, die sie von ihrem vorigen Zustande gibt, geht hervor, daß sie noch nicht aus dem zwar zerrissenen magnetischen Kreise getreten ist, und daß sie wohl noch einmal erwachen wird.

16. Die Kreise selbst

Am dritten Tage entwarf Frau H. eine Zeichnung von zwei Kreisen. Sie entwarf die ganze Zeichnung selbst in unglaublich kurzer Zeit, und gebrauchte zu den mehreren hundert Punkten, in die diese Kreise geteilt werden mußten, keinen Zirkel oder sonstiges Instrument. Sie machte das Ganze mit freier Hand und fehlte nicht um einen Punkt. Bei dieser Arbeit kam sie mir wie eine Spinne vor, die auch ohne sichtbares Instrument ihre künstlichen Kreise macht.

Sobald sie sich eines Zirkels bedienen wollte, den ich ihr, weil ich ihr das Geschäft dadurch zu erleichtern glaubte, anbot, machte sie Fehler. Über diese Kreise sprach sie sich nach und nach also erklärend aus. Ich gebrauche durchaus ihre eigenen Worte ohne allen Zusatz.

Der Sonnenkreis

„Ich fühle die Zeit, wo ich eingeschlafen bin, bis dahin, wo ich erwachte, und noch die übrigen Teile (diese Zustände sollte man aber weder Einschlafen noch Erwachen heißen) wie einen Ring, der von der Herzgrube ausgeht und sich über die Brust verbreitet und da gegen die linke Seite hin wie befestigt ist. Dieser Ring liegt mir ganz schwer da und tut mir weh (er kratzt mich). Er gibt mir in seinem äußeren Kreise das Gefühl wie von Nerven. Es kommt mir aber vor, als sei auf den Nerven in dem Umkreise, wo ich jenen Ring fühle, noch etwas, das höher als Nerv ist, das mir das Gefühl von jenem Ringe gibt, und das ich Nervengeist nennen möchte. Ich fühle unter diesem Ringe noch fünf solche Ringe, und über ihm noch einen leeren, ich will aber jetzt nur von diesem sechsten sprechen. Dieser Ring hat zwölf Teile, und in diesen sehe ich die Haupteindrücke von dem, was mir in dieser Zeit begegnete. Er hat ganz die Größe von dem Ringe, den ich hier zeichnete, und so viele Punkte und Abschnitte in seinem Umkreise.

Mehr nach innen in diesem Ringe liegt noch ein kleinerer, der aber mehr Hauptabteilungen als der große, und zwar $13^3/_4$ Abteilungen hat, und von diesem hinaus ging meine Rechnung in den großen Ring über.

Außerhalb des großen Ringes liegt mir der wirkliche helle Tag und die Menschen, und ich sehe vor den verschiedenen Abschnitten deren mehr oder weniger. Ich bilde diese Menschen am liebsten als Häkchen ab. Ich fühle den Geist von allen Menschen, mit denen ich Umgang hatte, aber von ihrem Körper fühle und weiß ich nichts, nichts von ihrem Namen usw. So kann ich mir Sie (sagte sie zu mir) auch durchaus nicht als Mensch, als Körper denken, Sie am allerwenigsten; ich fühle Sie immer als blaue Flamme auf dem äußern Ringe jenen Punkten zu, immerwährend im Kreise gehen und mit Ihnen Ihre Frau im gleichen Kreise, aber diese in menschlicher Gestalt und etwas mehr nach außen, bis ich sie vor Ihnen an dem bezeichneten Punkte aus dem Kreise treten und Sie allein fortgehen sehe, bis auf den Punkt, wo ich erwachte. Von jenem Punkte dieses Austrittes an sehe ich Ihre Frau nur noch hie und da, aber auf der äußersten Kreislinie erscheinen. In der Zeit, wo ich nun ohne jene blaue Flamme im Ringe lebe, ist es mir, als kämen nur hie und da noch kleine blaue Flämmchen herein, die Sie darstellen.

Dieser äußere Ring mit der in ihm kreisenden blauen Flamme kommt mir wie eine Mauer vor, durch die nichts an mich konnte. Im Ringe selbst bin ich. Denke ich, ich sei außer diesem Kreise, so ist es mir fürchterlich, und mich befällt eine Angst; denke ich mich aber frei im Kreise, so bekomme ich wie ein Heimweh. Aber ich meine, ich könne jetzt besser aus dem Kreise zu den Menschen heraussehen als sonst, aber nicht herausgehen und nicht in die Ringe des Zentrums, wo ich sonst hinflüchtete, wenn es mir bange wurde.

Es kommt mir vor, als sei ich jetzt eingesperrt im Ringe, da wo er offen ist, wo die blaue Flamme aufhört, und da ist es mir nicht wohl, da kann ich nicht bleiben. Ich habe das Gefühl, als könne ich in jenem Raume um keinen Punkt weiter, als wie der Tag mich schiebt, immer nur um einen Punkt vorwärts. Mittags zwölf Uhr und nachts zwölf Uhr fühle ich etwas Besonderes in mir, da werde ich jedesmal um die Hälfte eines Punktes hinausgerückt. Nur mittags zwölf Uhr und nachts zwölf Uhr werde ich so geschoben; die andre Zeit bleibe ich ganz fest auf einem Punkt, was mir ein Wohlgefühl verursacht.

Sonst konnte ich in diesem Zirkel hin, wohin ich wollte. Je nachdem von außen her etwas an mich kam, konnte ich mich bald dahin, bald dorthin in dem großen Kreise flüchten. Es war mir dann, als wäre ich immer so einem nach dem Zentrum gehenden Strahl nach als wie ein Blitz in dieses Zentrum geeilt. Im ersten Ringe des Zentrums (mir ist es, als ständen darüber sieben Sterne) war es mir wohl, ich sprach in die Welt hinein, in der ich gewesen, und dann hörten Sie es allein, ich fühlte nur, daß Sie es hörten."

(Ich sagte ihr, daß sich dies nicht so verhalte, sie sei von jedem gehört worden, aber ich nur von ihr. Sie erwiderte: „Mir war es ebenso, als hätten nur Sie mich gehört.") „Im zweiten Ringe war es mir kalt und schaudernd, es muß eine kalte Welt sein. Da sprach ich nie, ich schwamm nur wie darüber hin, und ein paarmal sah ich hinein. Was ich da gesehen, weiß ich nicht mehr, ich fürchte mich, wenn ich daran denke. Da ist es fürchterlich kalt und arg. Dieser Ring hat das Licht des Mondes."

Noch später drückte sie sich über den Ring mit den Sternen und jenen Ring mit dem Licht des Mondes also aus:

„Diese Sterne sind und bedeuten nichts andres als Sterne, wie der Ring, wo ich die Kälte fühle, nichts andres als der wirkliche Mond ist. Man denke sich aber nicht, als wären (wie es in der Zeichnung zu sein scheint) jene Sterne der Außenwelt näher als der Mond, sie sind höher als er, der Mond liegt tiefer. Jene Sterne sind Wohnungen Seliger niedern Grades.

Jener kalte Ring (Mond) ist die Wohnung solcher, die selig werden, wohin viele aus dem Mittelreiche kommen, aber dieses Gefühl habe ich nur von einer Seite, der rechten Seite dieses Ringes. Der dritte Ring ist sonnenhell, aber sein Mittelpunkt ist noch heller als die Sonne. In ihm sah ich eine nicht zu durchschauende Tiefe, die je tiefer, desto heller war, in die ich selbst nie kam, nur hineinschauen durfte, und diese möchte ich die Gnadensonne nennen. Es kam mir vor, als schauten in diese Tiefe noch viele andre Geister mit mir und bestehe alles, was da lebt und webt, aus Fünkchen aus dieser Tiefe. Sah ich da hinein, so kam es mir vor, als hätte ich sogleich wieder herumgesehen und aus dem Ringe hinausgesprochen, aber da hörte mich kein Mensch als Sie, hier noch viel weniger als im ersten Ringe. In jener Klarheit dieses innersten Ringes, aber auch nicht in seinem Mittelpunkte, sah ich immer meine Führerin, und von da aus sind auch die Verordnungen gekommen, wie? weiß ich nicht mehr. Wollte ich in den mittleren Ring, so mußte ich immer auf seiner rechten Seite hinein. Die linke Seite konnte ich dann nicht sehen; wenigstens fühlte ich nichts von ihr. Wollte ich überhaupt in diese drei Ringe des Zentrums und war irgendwo anders im großen Ringe, so mußte ich mich immer in den Monat, Tag, Stunde, Minute und Sekunde, in denen ich war, vorher wieder begeben, indem ich jene Tage, Stunde usw., die vorwärts oder rückwärts waren, wieder durchlief und von da aus in geradem Strahl in diese Ringe eintreten. Nur in den größeren Ring, der die drei kleineren Ringe weit umgibt, konnte ich, wie ich wollte, von allen Seiten, und dieser größere Ring ist der Traumring. In ihm sehe ich mit dem Zwischenreich zugleich das Tierseelenreich, jedoch so, daß letzteres unter dem ersteren liegt. Ich meine, diesen Ring hätten hauptsächlich die Tiere in sich. Der innere Raum im ganz großen Ringe und in dem Traumringe ist heller als unser Tag, aber es ist in ihnen eine ganz andere, eine gleichförmigere Helle ohne Licht und Schatten.

In allen diesen Ringen konnte ich rückwärts und vorwärts, wie ich wollte, und konnte so sehen, was geschah und was geschehen wird. Auch in die andern fünf Ringe, von denen mir jeder auch ein Jahr zu umfassen scheint, und die unter diesen liegen, konnte ich zurückgehen. Nun fühle ich mich aber in jenem Zwischenraum eingeschlossen, kann nicht rückwärts und habe vorwärts nur ein banges Gefühl von einem Punkte. (Sie bezeichnete denselben. Es ist der 7. November.) Trat ich aus den kleinern Ringen wieder in den größern, so wußte ich nicht mehr, was ich in ihnen gesprochen hatte, oder wie es mir war, bis ich wieder in dieselben kehrte, aber was mit mir in den großen Ringen vorgegangen, wußte ich, und so wußte ich auch im großen Ringe, was mit mir im Traumringe vorgegangen.

Ist eine Schlafwache in dem Grade schlafwach, daß sie in den Mittelpunkt des Sonnenkreises sieht, so ist sie in den Augenblicken, wo sie das Schauen hat, bestimmt weder einer Lüge noch Täuschung fähig; denn da ist sie rein geistig; denn nur der Geist geht allein aus ihr, und die Seele bleibt mit all ihren Sünden zurück in dem Körper. Der Geist kann sich im schlafwachen Zustande ganz freimachen, hiermit auch von Sünden, die der Seele eigentümlich sind.

Ein Verstorbener ist nicht rein geistig, denn er nimmt bei seinem Hinscheiden seine Seele, wie auch die Sünden mit, das aber bei einer Schlafwachen nicht der Fall ist, sonst würde sie nie mehr erwachen. Ist aber eine Schlafwache in dem Grade schlafwach, daß sie nur bis an die bezeichneten Sterne kommt, auch der Geist sich dort noch mit der Seele vereinigt hat, so kann die Schlafwache, wenn der Grund in ihr zum Wahren und Göttlichen nicht vorherrschend ist, durch ihren ungebundenen Willen lügen und täuschen, und kann sie vom Einfluß der Außenwelt zu listigen Worten geraten, wenn sie durch Fragen und Proben zu sehr angegriffen wird. Doch soll man sich hier keine teuflische List und Bosheit denken, es sind nur ausweichende Worte, die aber von der Schlafenden keineswegs gebilligt werden können; denn auch dieses ist Sünde und wird ihr zur Sünde gerechnet, indem sie ihren freien Willen hat.

Noch fühle ich auf diesem sechsten Ring einen siebenten leeren (ein kommendes Jahr) liegen, von dem ich aber fühle, daß er nicht wie die andern ist; denn an diesem fühle ich den letzten Strich der Abteilungen, der mir eigentlich weh tut, in den Mittelpunkt geradelaufend, was ich in mir immer bei je einem siebenten Ringe sehe, wo sich mein Sonnenkreis jedesmal schließt und wieder neue sieben Jahre anfangen.

Alle sieben Jahre fallen bei mir diese sieben Sonnenkreise ab, und ihr ganzer Inhalt wird mit einer Ziffer auf einen Punkt gesetzt, in der dann der Inhalt aller Stunden, Minuten und Sekunden von den sieben Jahren enthalten ist. So kann man nach dem Tode in einer Zahl das ganze Leben überschauen.

Auch in diesen siebenten leeren Ring konnte ich. Würden in dem sechsten Ringe die Striche gerade auf den Mittelpunkt zulaufen, so müßte ich sterben. Außer dem großen Ringe, bei den Menschen, kann ich mir keine Geister denken; die Geister (das Zwischenreich) sind im Ringe innen, und es ist mir schauerlich, daß ich mit ihnen jetzt noch allein im Ringe leben muß. Diese drei Ringe im Zentrum und auch der Traumring und der große Ring bewegten sich immerwährend ganz langsam.

In jeder Hauptabteilung des großen Ringes (Monat) sehe ich noch solche drei kleine Ringe, wie in der Mitte des großen Ringes sind, und in diese sehe ich Strahlen von dem Mittelpunkte des innern Ringes, in dem ich die Zahl 7 sehe, auslaufen, welche die Zahl von Krämpfen, magnetischen Strichen, welche ich erhalten mußte, wie auch das mir für jeden Monat nötige Behauch, Anblasen und Handauflegen bezeichneten, was ich dann alles voraussah und angeben konnte; das Behauchen sah ich im innersten Ring, aber in dessen nach außen gekehrter Hälfte. Im zweiten Ringe, in dessen linker Hälfte, sah ich die linke Hand, die mir beim Handauflegen auf den Magen, und in dessen rechter Hälfte die rechte Hand, die mir auf den Kopf gelegt werden sollte. Die magnetischen Striche sah ich in der linken Hälfte des äußersten Ringes, und in dessen rechter Hälfte sah ich die Krämpfe, die aber immer wieder ihre Zahlen hatten. In dem Mittelpunkte des innersten Ringes sah ich die Zahl 7, von der aus alles ging.

In dem großen Ringe sah ich auch viele Strahlen nach auswärts gehen (die ich alle hier bezeichnete); es sind Schläfe, von denen ich das Gefühl habe, als wären sie mir von keinem Nutzen gewesen, als wären sie mehr für die Außenwelt, die

Menschen gewesen, oder wäre ich sonst in ihnen gestört worden.

(Sowohl diese braunen, nach außen gehenden, als die andern roten und grünen Strahlen, die den Ringen im Mittelpunkt zugehen, bezeichnen, ganz übereinstimmend mit dem Tagebuch, die magnetischen Schläfe, und namentlich die braunen, die in die Außenwelt gehen, Schläfe, in denen sie durch irgend etwas beunruhigt oder gestört wurde.)

Solcher in die Außenwelt gehender Schläfe, wo mir jedesmal ein Tag verlorenging, sehe ich sechsunddreißig im Ringe, da wo ich sie bezeichne, und noch eine Reihe von vierzig noch besondrer mir in die Außenwelt gefallener, verlorener Tage, die ich ebenfalls hier auf dem Ringe, und zwar mit Strichen, welche Häkchen haben, bezeichne."

Noch machte sie die unten gegebene Erklärung für auf den Ring gemachte, in verschiedene Tage fallende Zeichen, als für Punkte, von denen sie das Gefühl hatte, wie sie es dort aussprach. Sie versicherte aber, daß sie noch eine Menge Punkte und Striche in diesen Kreisen sehe, die aber auf dem Papier keinen Platz mehr finden, und die sie nur im ersten Tage ihres Erwachens, jetzt aber nicht mehr hätte mit Sicherheit angeben können.

So sah sie noch viele Punkte im großen Umkreise für Stunden, Minuten und Sekunden, noch eine ungeheure Anzahl von Strahlen, die nur in den äußersten Ring im Zentrum des großen Ringes gingen, und die halbwache Zustände bezeichneten; auch die Anzahl der Krämpfe und magnetischen Striche, Handauflegen, Behauchungen, wußte sie nun nicht mehr mit Sicherheit anzugeben, weswegen sie in den zwölf Ringen nur angedeutet werden konnten, da sie ja überdies der großen Zahl wegen in diesen Ringen gar keinen Raum gefunden hätten.

Oft wiederholte sie: daß dieser Ring zugleich unser Sonnenkreis sei, den jeder Mensch auf dem sogleich zu beschreibenden Kreise, dem Lebenskreise, der Seele, trage, wie sie dies auch unten bei ihren Eröffnungen über das Schauen näher aussprach.

Der Lebenskreis

Wie schon früher angeführt wurde, sah die Seherin, aber mehr nach innen von jenem Ringe (Sonnenkreis), noch einen etwas kleinern liegen, der aber statt 12, ihr 13³/₄ Abteilungen hatte, und den sie immerwährenden Lebensring und auch oft ihre Seele nannte. Auch von diesem verfertigte sie eine Zeichnung und sprach über ihn folgendes:

„Unter jenem großen Ringe (Sonnenkreis) sehe ich einen ebenfalls großen Ring liegen, der aber doch um etwas kleiner als jener ist und 13³/₄ Abteilungen hat. Diesen Kreis fühle ich nicht so schwer als wie jenen, und nicht so auf den Nerven laufend, sondern wie Luft, wie Geist, in mir liegen. Im Mittelpunkt dieses Kreises aber sitzt etwas, das Zahlen und Worte setzt, und das ist der Geist. Wie im Sinnenzirkel diese Welt liegt, so liegt in diesem Lebenszirkel (Seele) eine ganz andre, höhere, daher die Ahnungen, die in einem jeden Menschen von einer höhern Welt liegen. Wie auf dem äußern Ring, dem Sonnenring, ich meine Gefühle von jeder Abteilung mit gewöhnlichen Worten aussprach, so sehe ich sie auf diesem innern Ringe (von dem ich sie deutsch auf den andern übertrug) als Zahl und Zeichen stehen. Die Schriftzeichen sind auch zugleich Zahlen. Von dem Mittelpunkt des innersten Ringes, von den drei kleinern in diesem Ringe, ging meine Rechnung aus.

Von dort aus schaut der Geist in den Mittelpunkt des Sonnenkreises hinein. Auch die Seele schaut und fühlt aus dem Gebiete ihres Lebenskreises in das gleiche Gebiet des Sonnenkreises hinein, welches, je nachdem sie sich vom Geiste hat ziehen lassen, eine höhere oder niedere Stufe des Mittelreiches bezeichnet. Auch der Leib, und zwar das Bleibende in ihm, der Nervengeist, wirkt aus dem Gebiete seines Lebenskreises in das gleiche Gebiet des Sonnenkreises. Der Mittelpunkt des Lebenskreises ist der Sitz des Geistes, und in ihm ist er an seiner rechten Stelle, im Wahren. Der erste Kreis um den Mittelpunkt ist ein Ziehen der durch den Leib beherrschten Seele; der Geist bleibt jedoch noch rein, wenn er innerhalb des ersten Kreises weilt. Tritt er aber auf den Umkreis des ersten Kreises, so fängt er an, unrein zu werden. Der zweite Kreis bedeutet schon eine anfangende Trübung des Geistes in Beziehung des Guten, jedoch so, daß er noch imstande ist, aus sich zum Besseren zurückzukehren.

Der dritte Kreis bedeutet einen verminderten Grad des Guten, aber noch im Übergange, so daß es seiner Freiheit noch hingegeben ist, ganz in den innern Kreis zurückzukehren. Der dritte ist zugleich der letzte des Geistes. Da sehe ich die Zahlen, von denen aus meine Rechnung ging, ich sehe immer die Zahlen 10 und 17. Die eine Zahl, und zwar der Zehner, ist eine beständige bei jedem Menschen und zugleich die irdische Zahl, vermittelst welcher der Geist in die Außenwelt gehen kann.

Die zweite Zahl, der Siebenzehner, ist keine beständige, und kann bei jedem Menschen verschieden sein, ist aber zugleich die innere Zahl und zugleich die himmlische. Beide Zahlen sind aber immer vereinigt in der Rechnung, die das Himmlische und Irdische zugleich angeht.

Ist es aber etwas, das nicht vom Irdischen stammt, so genügt zur Rechnung schon die himmlische Zahl. Beide Grundzahlen sind zugleich auch Grundworte. In der Zahl 10, die jedem Menschen eigen ist, liegt das Grundwort für den Menschen als Mensch und für sein Verhältnis als Mensch mit der Außenwelt. In der andern Zahl, die bei jedem Menschen wieder eine andre sein kann, liegt das Wort der Bestimmung für diesen einzelnen, und dessen inneres Leben, das er nach dem Tode mitnimmt.

Man lege aber hierin nicht den Glauben, daß ein Mensch, der Böses tat, durch diese Grundzahl schon im voraus dazu bestimmt worden sei, sie verhindert in ihm nicht die Wahl des Bösen oder Guten. Ja, überwiegt das Böse, das zu tun und zu unterlassen im freien Willen des Menschen steht, diese Grundzahl, so verliert er dieselbe, und er ist alsdann dem Bösen und seinen Folgen durch eigenen Willen nun auch völlig anheimgestellt.

Was außer den Kreisen des Geistes liegt, gehört in diesen Lebenskreis zum Kreise der Seele, und diese ist sowohl mit dem Geiste als mit dem Körper verbunden. Läßt sich die Seele von dem Geiste ziehen, so entsteht das Übergewicht des Guten; wird sie aber mehr vom Leibe und der Welt gezogen, so entsteht das Übergewicht vom Falschen und Bösen. Solange die Seele in Gesinnung und Tat innerhalb des Lebenskreises bleibt, ist auch der Geist in seiner eigentlichen Sphäre. Wie sie aber, vom Leib und der Welt gezogen, ihren Kreis verläßt, so zieht sie auch den Geist aus seinen Kreisen. Wie aber die Seele ganz in die Sinnlichkeit und Welt versunken ist, so zieht sie auch der Geist ganz aus seiner Sphäre. Im ersten Zustande bleibt der Geist noch mit dem Heiligen und Göttlichen verbunden, im zweiten aber fällt er davon ab. In diesen Zuständen sind eben solche Gradverschiedenheiten wie in den Kreisen. Die auf die Geistessphäre schief auffallenden Striche (Radien) bedeuten die Bewegung in Schneckenlinien (Sparallinien), so daß die Tätigkeit des Geistes ohne Stillstand ist. Würden diese Linien (Radien) den Mittelpunkt treffen, so würde die Kraft des Geistes ruhen, wie es bei allen denjenigen ist, deren Seelen sich zu sehr ins Irdische versenkt haben. In diesem Lebenskreis werden alle Leiden und Taten in leiblicher und moralischer Hinsicht während der Lebensdauer eines Menschen eingetragen, und zwar so, daß das Böse mehr dem Umkreise, das Gute mehr den Kreisen des Geistes zufällt. Jene Zahlen 10 und 17 dienten mir, um den ganzen Monat mit durchzurechnen.

Alles, auf einen Tag, Stunde und Sekunde hinaus, bekam da seine Zahl. Kam ein Mensch, der übeln Einfluß auf mich hatte usw., so wurde ihm eine Zahl gesetzt, ob ich es wußte oder nicht, auch wenn ich wachte. Die Zahl setzte sich zusammengezählt, und jeder Tag notiert, und am Ende des Monats wurde alles, was gut und schädlich war, zusammengezählt und abgezogen und wieder notiert. Was schädlich war, fiel auf den Sonnentag über. Der Sonnentag durfte nicht mehr Zahlen als der Mondstag haben. Kamen drei bis vier Tage zusammen, daß die Zahl zu groß war, so fiel der Tag hinaus. Was nun Widriges in diesem Monat übrig war, wurde immer in den nächsten Monat mitgenommen, so auch das Gute, wofern es das Widrige überstieg, welches letztere aber nie geschah. Es ist schon viel, wenn die Zahl vom Guten den Tag so erfüllt, daß nichts Schlimmes herauskommt. Nur vom ersten Monat, wo ich hierher kam, fühlte ich nichts Widriges, nichts, das nicht erfüllt worden wäre, aber einen Überschuß vom Guten hatte ich da auch nicht. Die erste Hälfte des Monats rechnete ich mit dem Siebenzehner, die andre Hälfte mit dem Zehner. Ich rechnete immer in den Krämpfen am meisten. Ich hatte zur zweiten Hälfte des Monats andre Zahlen als zur ersten Hälfte.

Kamen die Zahlen nach der Rechnung im gewöhnlichen Leben gerade heraus (was mir ungerad war), so war es mir schädlich, umgekehrt gut, und je weniger Zahlen gebraucht werden durften, je besser war es. Die äußern Zahlen, die von diesem immerwährenden Lebensring auf den Sonnenring übergingen, sind den gewöhnlichen ähnlichere Zahlen, weil sie gleichsam in die Außenwelt übergehen müssen, die innern Zahlen, die mit Worten verbunden sind, sind andre von ihnen ganz verschiedene Zahlen. Mit diesen äußersten Zahlen kann ich nur bis siebenhundert rechnen; kann aber auf siebentausend rechnen mit den gleichen Zahlen, was aber meine höchste Zahl ist, wenn ich solchen Punkte und Striche beifüge oder aus ihnen dadurch gleichsam andre Ziffern mache. Hätte ich diese Zahlen nicht gehabt, so hätte ich mit der Außenwelt in keine Gemeinschaft kommen können. Mit diesen ging die Rechnung nach außen.

Es ist jedem Menschen eine Zahl gesetzt, mit der er auslangen muß. Jedem ist die Zahl 10 gesetzt, aber neben dieser irgendeine andre. Mir ist nun einmal 10 und 17 gesetzt. Diese Zahl ist für mich bestimmt, daß sie ganz gerade ausgehen soll, aber von der Außenwelt kann manches kommen, das macht, daß diese Zahl ungerade ausgeht, was mir dann schädlich ist. Kommen von der Außenwelt so arge Dinge, daß sie diese Zahl ganz übersteigen, noch so viel ausmachen, so ist es des Menschen Tod. Wem diese Zahl durch gar nichts gestört wird, der erreicht das höchste Lebensalter. Ich fühle, daß für jede Sünde, jeden bösen Willen, Gedanken, dem Menschen auch eine Zahl im Innern gesetzt wird; das Innere im Menschen notiert das, der Geist, der nichts Böses duldet, tut das, und nach dem Erwachen (dem Tode) im Mittelreiche, wo man gerade so isoliert dasteht, wie ich jetzt, und auch die Punkte so fühlt, wie ich jetzt, liegt dann alles klar vor einem, und ist dann der eigene Geist des Menschen der Richter. Es ist mir auch, als hätte der Mensch solchen Ring von der Geburt an in sich und auch solche Zahlen und solche Sprache, aber Zahlen und Sprache sind nicht bei allen gleich. Ich meine, solche Ringe gehen durch die ganze Natur, durch alles, was da lebt und webt, durch die ganze Schöpfung, von deren Anfang an.

Ich mußte an jenem Tage erwachen, weil dieser Ring (Lebenskreis) an demselben ein Ende hatte, um $2^3/_4$ Monate früher, als der Sonnenkreis ablief. Hätte er gelangt, bis das Jahr um gewesen, wäre es besser für mich. Aber durch die Störung von der Außenwelt (siehe die widrigen Striche) langte er nicht mehr. Diese erreichten die Zahl von 7000, das Höchste meiner magnetischen Grundzahl, zu bald, und ein neuer Lebensring fing an, was mir eine ganz widrige Empfindung macht und mir nicht gut ist, weil ich nun schon vom andern Jahr herunterlebe und ich immer sorgen muß, daß mir das nächste Jahr nicht noch mehr fehle. Ich glaube, daß wenn aus diesem Lebensringe 77 Tage und so viel Stunden, als ich verlor, verlorengehen, jedesmal ein neues Jahr in diesem Ringe anfangen muß, sei man im

Sonnenring, wo man wolle. Im Sonnenjahre bleiben dann immer so viele Tage und Stunden übrig.

Ich verliere, wie gesagt, diese Tage in diesem innern Ring (dem Lebensring) durch die Außenwelt. Was man aber durch die Außenwelt verliert, ist Gewinn für das Innere, bessert den inneren Menschen, Kreuz, Jammer usw., und dadurch verlor ich zwar zuerst die Tage im innern Ring (Lebensring), da sie aber für diesen Ring (inneres Leben) kein Verlust sind, sondern eigentlich mehr Gewinn, so werden sie nun in den Sonnenring übergetragen und gehen da ab am wirklichen Leben. Der Lebensring bewegt sich viel schneller als der Sonnenring. Andre Personen, die zu viele Tage verlieren, die ihnen am Leben abgezogen werden, und die sich dann auch so eingesperrt und isoliert dastehen fühlen, wie ich mich in jenem Abschnitte, können leicht melancholisch und wahnsinnig werden oder sterben.

In dem Lebenskreis fallen $3^{3}/_{4}$ Monate weg, die zusammen 74 Tage betragen. In dem Sonnenkreis fallen 67 Tage weg, und zugleich in 77 Tagen einzelne Stunden, die zusammen 7 Tage betragen. Dieser Lebensring ist das innere Leben, und dieses währt fort in Ewigkeit; hingegen gibt es nach dem Tode keinen Sonnenkreis mehr."

Sie legte den gezeichneten Sonnenkreis in der Lage auf die Brust, in der sie ihn in sich liegen fühlte. Die Mitte vom April lag auf der Herzgrube, und der Tag, an dem sie erwachte, mitten auf der Brust gegen den Hals hin. Das Ende des Dezembers, wo die erste magnetische Behandlung von mir stattfand, und der Anfang vom Januar lagen dem Herzen zu, und der Juli auf der entgegengesetzten rechten Seite. Legte man ihr die Zeichnung anders, so fühlte sie dies, ohne es zu sehen, sogleich, und sie drehte sie solange, bis sie jene Lage bekam.

Solange sie nun seit ihrem sogenannten Erwachen in jenen Raum eingesperrt war, fand nie ein magnetischer Schlaf oder halbwacher Zustand mehr statt, aber doch konnte sie nicht das

Gefühl verleugnen, daß sie auch jetzt nicht in einem natürlichen Zustande sei. Sie klagte immer über das widrige Gefühl, in diesem engen Raume sich eingeschlossen zu fühlen, und sich nun, treffe sie etwas Unangenehmes, nicht mehr in das Licht der innern Kreise flüchten zu können. Vor dem Einschlafen habe sie dies widrige Gefühl, als sei sie nur in die zwei Ecke (so nannte sie immer jene zwei Abteilungen) eingesperrt. Sowie sie einschlafen wollte, müsse sie sich wie heben, damit sie gleichsam in dem leeren Eck liegenbleibe, nicht hinaus- oder zurückfalle. Oft legte sie die Bibel auf die Brust, wodurch sie, wie sie sagte, Linderung der widrigen Empfindung bekomme, die ihr der Ring in der Brust oder vielmehr ihre eingesperrte Lage in ihm verursachte.

17. *Die innere Sprache*

In ihrem halbwachen Zustande sprach Frau H., wie schon erwähnt, öfters eine Sprache, die einer orientalischen Sprache ähnlich zu sein schien. Sie sagte im halbschlafwachen Zustande, diese Sprache liege von Natur in ihr, und es sei eine Sprache, ähnlich der, die zu Zeiten Jakobs gesprochen worden, in jedem Menschen liege eine ähnliche Sprache. Diese Sprache liege in den innern Zahlen des Menschen; in ihr (da sie zur innern Zahl den Zehner und den Siebzehner habe) in diesen Zahlen Zehn und Siebzehn. Aus diesen gehe in ihr die Schrift mit den Zahlen hervor, weil Schrift und Zahl immer miteinander verbunden seien. So seien auch ihre Zahlen Zehn und Siebzehn zugleich Grundworte fürs äußere und fürs innere Leben.

Diese Sprache war äußerst sonorisch. Sie blieb sich in ihren Ausdrücken für das, was sie in ihr sagen wollte, ganz konsequent, so daß Menschen, die längere Zeit um sie waren, sie nach und nach verstehen lernten. Sie sagte öfters: in dieser Sprache könnte sie ihre innersten Gefühle ganz ausdrücken, und sie müsse, wenn sie etwas deutsch sagen wolle, es erst aus dieser ihrer innern Sprache übertragen; sie denke diese Sprache aber nicht mit dem Kopfe, sie komme ebenso aus ihr hervor, es sei keine Sprache des Kopfes, sondern eine des innern Lebens, das von der Herzgrube ausgehe. Daher konnte sie Namen, Würden usw., die sie in jener Sprache nicht fand, auch nur schwer oder gar nicht aussprechen, und sie mußte sich in diesem Falle jener nach der Außenwelt gehenden Zahlen bedienen, in die sie jene Worte übertrug.

Sie konnte sie nur im halbwachen Zustande sprechen und schreiben, im wachen wußte sie von dieser Sprache durchaus nichts. Auch nur während sie schrieb, wußte sie die Bedeutung der Worte, blieb sich aber in deren Schreibung immer völlig konsequent.

Sollte das Wort für eine Sache in dieser Sprache aus ihr hervorgehen, ohne daß es innere Anregung war, wenn man sie bloß danach fragte, so mußte sie die Sache vorher ansehen, und dann löste sich aus ihr das Wort. Sie sagte dann: „In diesem Wort liegt nun auch zugleich Wert und Eigenschaft dieser Sache, was im gewöhnlichen Worte nicht liegt." So gab sie auch Personen in dieser ihrer innern Sprache Namen, in denen dann zugleich Wert und Eigenschaft der Person lag. So hieß ihr z. B. der Name Emelachan: „Dein Geist ist ruhig und still, deine Seele ist zart, dein Fleisch und Blut ist stark, leicht brausen die beiden wie die Wellen im Meer, dann spricht das Zarte in dir: komm und beruhige dich!"

Sprachkenner fanden in dieser Sprache auch wirklich hier und da den koptischen, arabischen und hebräischen Worten ähnliche Worte. Das Wort Elschaddai, das sie öfters für Gott gebrauchte, heißt im Hebräischen der Selbstgenügsame oder Allmächtige. Das Wort dalmachan scheint arabisch zu sein. Die Redensart bianachli, die sie allein auf ihrem Lebensringe noch auszusprechen wußte, und auf dem Sonnenringe mit widrigem Gefühl übersetzte, heißt nach dem Hebräischen: „Ich bin in Seufzen."

Ich setze noch folgende Worte und Redensarten aus dieser

ihrer innern Sprache hierher: Handacadi – Arzt. Alentana – Frauenzimmer. Chlann – Glas. Schmado – Mond. Nohin – Nein. Nochiane – Nachtigall. Bianna fina – vielfarbige Blume. O pasqua non ti bjat handacadi – willst du mir nicht die Hand geben, Arzt? O mia criss – ich bin. O mia da – ich habe. Un – zwei. Jo – hundert. Quin – dreißig. Bona finto girro – man soll fortgehen.

Girro danin chado – man soll dableiben. Optini poga – du mußt schlafen. Mo li orato – ich ruhe. O minio pachadastin – ich bin eingeschlafen.

Posi anin cotta – der Ring wird voll. Elohim Majda Djonem – gebrauchte sie in ein Amulett.

Die Schriftzeichen dieser Sprache waren ihr immer mit Zahlen verbunden. Sie sagte: „Will ich diese in mir liegende Sprache schreiben, ohne dadurch etwas Tieferes, etwas, das mich recht innig angeht, auszudrücken, so schreibe ich sie ohne Zahlzeichen, aber ich brauche alsdann längere Worte und muß mehr Häkchen machen. Das Wort, zu dem ich kein Zahlzeichen setze, ist mir von weniger Bedeutung, es drückt wohl das Wort aus, aber ohne tiefern Sinn. Gott ohne Zahlzeichen heißt mir schlechtweg nur Gott, aber mit Zahlzeichen drückt es mir das ganze Wesen Gottes aus, es wird durch die Zahlen gleichsam erleuchtet, man wird in seine Tiefe eingeführt. Die Zahlen ohne Schriftzeichen sind mir im Grunde heiliger als die Worte, aber zu unbedeutenderen Sachen braucht man keine Zahl, zum ganzen Vollständigen aber muß ich mich der Schriftzeichen in Verbindung mit der Zahl bedienen."

Ein vollständiges Abc von dieser Sprache konnte sie nicht angeben. Sie sagte: es sei oft ein einzelner Buchstabe auch zugleich ein ganzes Wort. Jeder Buchstabe aber war ihr auch gleichsam eine Zahl, aber eine andre unbedeutendere, die erst durch andre darüber und darunter gesetzte erhöht werden mußte. Sie hatte öfters im schlafwachen Zustande gesagt, daß eine ähnliche Sprache auch die Geister sprechen, ja, sie sprach einigemal mit ihnen wider ihren Willen, als wäre sie im somnambulen Zustande in dieser Sprache. Sie sagte im ganz schlafwachen Zustande: „Obgleich die Geister die Gedanken lesen und keine Sprache nötig haben, so gehört diese Sprache doch zur Seele, die Seele nimmt sie hinüber, weil die Seele den Menschen regiert und dort seinen Körper bildet. Sie sprechen sie immer nur nach ihren Geisteskräften; denn es geht doch immer stufenweise auch dort. Mit der Seele geht diese Sprache über, wenn sie für den Geist einen schwebenden Körper bildet."

18. Das Schauen

Über das Schauen drückte sich die Seherin mit Hinweisung auf jene Kreise also aus:

„Der Sonnenzirkel (Kreis) ist die Welt, unser Sonnenkreis, und diesen hat jeder Mensch in sich auf dem Lebenszirkel (Kreis) der Seele. Wie im Sonnenzirkel diese Welt liegt, so liegt im Lebenszirkel eine ganz andre höhere, daher die Ahnungen, die in einem jeden Menschen von einer höhern Welt liegen. Im Schauen tritt der Geist aus dem Lebenszirkel (Lebenskreis) heraus und in das Zentrum des Sonnenkreises hinein, und da ist dann dasjenige Schauen, was die Menschen fassen und begreifen können, dem Menschen aber jetzt dunkler wurde, als es ihm ehemals war. Hier schaut der Mensch dann die Welt, in der er ist, in ihrem eigentlichsten Wesen, ohne Schleier und Scheidewand zwischen ihm und den Dingen, welcher Schleier und Scheidewand sich sonst zwischen ihn und dieselben stellt. Schaut der Geist länger in dieses Zentrum des Sonnenkreises, so schaut er aber nur wie ein Blitzstrahl, zugleich von diesem Zentrum auch in das Zentrum des Lebenskreises. Dieses letztere Schauen nimmt der Geist mit sich in seinen Sitzpunkt im Lebenszirkel und trägt es aber dann in diesem, ohne es aussprechen zu können, ohne Bewußtsein, nur wie eine Ahnung da in sich. Dieses Schauen, das viel tiefer ist, also das bloß im Zentrum des

Lebenszirkels, das der Geist wohl auffassen, aber nicht von sich geben kann, hat der Geist nur, wenn er in den Sonnenzirkel geht und von dem Zentrum desselben in das Zentrum des Lebenszirkels, sein eigenes Zentrum, sieht, er hat es nie bloß in seinem Zentrum. In diesem seinem eigenen Zentrum sieht er wohl nichts andres, als eine andre höhere Welt, die wir nicht begreifen und nicht fassen, die der Mensch aber ebenso im Lebenszirkel in sich trägt, wie er die Welt, in der er lebt, im Sonnenzirkel in sich trägt. Daher in jedem Menschen, wie schon gesagt, die Ahnungen von einer solchen höheren Welt. Ein Somnambules kann kein andres Schauen aussprechen, als dasjenige im Zentrum des Sonnenkreises, und das bezieht sich allein auf unsern Sonnenkreis und aufs Mittelreich, das in unserm Luftraum ist usw. Das tiefere Schauen im Zentrum des Lebenszirkels hat noch keine Somnambule ausgesprochen.

Bei der Trennung des Geistes von der Seele im Tode könnte es der Geist der Seele noch aussprechen, wäre er nicht so unmächtig gemacht."

19. Trennung des Geistes im Sterben

Zur Zeit, als die Seherin jenen Strich nur einen Tag vor sich voraus hatte und dann auch nicht weiter als einen Tag vorausschauen konnte, kam sie hie und da in einen magnetischen Zustand, wo sie nachher sagte: „Ich ging durch den Sonnenring und den unter ihm liegenden Lebensring hindurch, unter dem Ringe heraus und dann auf der andern Seite jenes Striches, den ich wie einen Schlagbaum auf mir liegen fühle, wieder über dem Sonnenringe, wodurch ich den Strich umging, hinein, und dann konnte ich die Tage sehen, die nach diesem Striche liegen. Dieser mein Austritt unter dem Sonnenringe ist aber immer ein Sterben, und so ist es im Tode. Bin ich gesund und trete ich aus dem Ring einmal ins rechte Leben heraus, so trete ich über dem Ring, nicht unter dem Ring heraus.

Bei einem solchen Austritt von unten ist mein Geist weder in der Herzgrube noch im Gehirne, er ist dann geschieden von der Seele, und weiß gar nichts, als daß der Körper mit der Seele daliegt. In diesem Zustande sprechen Geist und Seele miteinander wie zwei verschiedene Personen. Von der ganzen übrigen Welt weiß aber da der Geist gar nichts, einzig nur von sich selbst, alles übrige geht ihn nichts an.

Der Geist kann sich da auch von gar nichts Geistigem unterhalten, sondern nur von dem ihn selbst angehenden Körper, weil er von allem andern nichts weiß. In diesem geschiedenen Zustande (und ich meine, daß in einem gleichen simpelhafte Personen seien) könnte der Geist zum Beispiel fragen: Was ist das: und die Seele antwortete: Mein Arm, mein Kopf und dergleichen.

Der Geist, der sich jetzt von Seele und Nervengeist geschieden, ist geschwächt und leer und ohne Einfluß, ohne die mindeste Verbindung mehr mit ihnen. Die Erfahrung einer solchen Trennung des Geistes von der Seele habe ich in Momenten dieses magnetischen Zustandes, aber ich weiß, daß die gleiche Lage, das gleiche Sterben des Geistes auch im Momente des Todes statthat. In diesem Momente tritt der Geist auch so heraus ohne Seele und Nervengeist. Er tritt da durchs Zentrum des Sonnenkreises, mitten durch den Lebenskreis, durch die Seele hindurch und heraus.

Dieses Durchgehen durch die Seele findet beim Geiste sonst nie bei seinem Heraustreten statt, als im Sterben und in jenem besondern magnetischen Zustande, den ich mit dem Sterben vergleiche. Durch dieses Durchgehen durch die Seele geht alsdann im Geiste etwas Besonderes vor, was macht, daß er dann so unmächtig ist. Was dieses ist, fühle ich, kann es aber nicht aussprechen. Tritt nun der Geist hinaus, so kann er nicht in sein magnetisches Zentrum, weil der Sonnenkreis abfiel, und ohne die Seele auch nicht in den andern Zustand. Der so herausgetretene Geist ist dem Sterbenden nah und ferne, es findet für ihn kein Raum statt. Er weiß nun wohl noch, daß die Seele zu ihm gehört, hat aber nicht das Vermögen, sie an sich zu ziehen, kann nichts dazu tun, muß nur warten. In diesem Augenblick weiß der Mensch auch nicht, was ferner geschieht. Das jetzt Kommende ist ihm verborgen, und in diesem Momente kann er sich auch nicht aussprechen. Der Geist steht nach dieser Trennung auch deswegen so unmächtig da, damit kein Weiterschauen desselben ins Künftige stattfinde, das er der Seele mitteilen und diese aussprechen könnte, was nun einmal nicht sein soll. Daß Menschen um die Zeit des baldigen Sterbens (aber nicht im Moment des Sterbens, von welchem hier allein die Rede ist) oft schon sagten: sie wissen nun gewiß, daß ein andres Leben sei und dergleichen, kommt daher, daß in dieser Zeit die Seele vom Gehirn und seinen Einrichtungen getrennt wird, welches ihnen im Leben, als die Seele noch in ihnen war, die in sie von der Natur eingepflanzte Hoffnung und Aussicht verdunkelte (wegstritt), welches Eingepflanzte aber nun nach der Scheidung der Seele vom Gehirne wieder klar in ihr hervortritt.

Hat nun der Geist sich losgemacht, so tritt in der Seele der unwiderstehliche Trieb ein, sich auch zu lösen, sie fühlt, daß sie ohne den Geist nicht mehr sein kann, sie muß heraus, und dies ist nun ihr einziges Geschäft. Der Mensch kann da sprechen, aber verwirrt. Alle Kräfte wollen nun herrschen, weil der Geist sein Reich verlassen. Dies ist ein Moment großer Verlassenheit; denn der Geist, bleibt er der Seele gleich nahe, kann auf sie nicht einwirken, und die Seele ist auch nicht mehr mit ihm, sondern nur mit dieser Ablösung beschäftigt. Dies ist der Moment des Todeskampfes, wo aber, statt des nun unmächtigen Geistes, selige Geister der Seele beistehen. Diese Lösung der Seele vom Leibe geschieht auch schneller oder langsamer (bei natürlichem Tode), je nachdem die Seele sich vom Irdischen schwerer oder leichter losmachen kann.

Im Momente, wo diese Lösung geschah, nicht früher, suchen und vereinigen sich nun Geist und Seele mehr oder weniger:

denn wenn die Seele das Wüste, was an ihr ist, vollends ablegte, ist sie so rein wie der Geist, sie ist seine Hülle, aber als der allerreinste Lichtstrahl. In diesem Momente steht dann auch dem Geiste das vergangene Leben in einer Zahl und Wort da, und ist er am Orte seiner Bestimmung nach dieser Zahl und Wort."

20. Vom Nervengeist

Die Seherin drückte sich zu verschiedenen Zeiten über das Geistige auf den Nerven, was sie Nervengeist nannte, also aus: „Es kommt mir vor", sagte sie schon bei Erklärung ihres Sonnenkreises, „als sei auf den Nerven, in dem Umkreis, wo ich jenen Ring fühle, noch etwas, das höher als Nerv ist, das mir das Gefühl von jenem Ringe gibt, und das ich Nervengeist nennen möchte."

„Durch diesen Nervengeist", sagte sie später, „ist die Seele mit dem Leib und der Leib mit der Welt verbunden. Bei mir wird der Nervengeist so leicht von der Seele und den Nerven lose, und dies macht hauptsächlich meinen ungewöhnlichen Zustand. Dieser Nervengeist geht mit der Seele (ist sie nicht ganz die reine eines Seligen) nach dem Tode über und ist unzerstörbar. Durch ihn bildet die Seele eine ätherische Hülle um den Geist. Er ist nach dem Tode noch eines Wachstums fähig, und durch ihn bringen die Geister des Zwischenreichs, in Verbindung mit einem besonderen Stoffe, den er aus der Luft anzieht, Töne hervor, durch welche sie sich den Menschen hörbar machen können; auch sind sie durch ihn imstande, die Schwerkraft in den Körpern aufzuheben, so daß sie also solche von der Stelle zu rücken oder zu heben, zu werfen usw. fähig sind, auch vermögen sie durch ihn sich dem Menschen fühlbar zu machen. Ein Mensch, der in einem ganz reinen, seligen Zustande stirbt, das aber nur wenigen Menschen wird, nimmt diesen Nervengeist nicht mit hinüber, bei diesem bleibt er, aber auch unzerstörbar, im Körper zurück, und bildet alsdann nach der allgemeinen Auferstehung, wo er sich mit der Seele wieder vereinigt, den neuen, reinen, ätherischen Leib. Selige Geister, denen dieser Nervengeist nicht anhängt, können sich nicht hörbar machen, spuken nicht. Unselige Geister sind dies am meisten zu tun fähig. Je reiner des Verstorbenen Seele wird auf höhern Stufen des Zwischenreichs, desto mehr verliert sie diesen Nervengeist, der immer wieder zur Erde kehrt."

Bei all diesen hier niedergeschriebenen Eröffnungen unsrer Seherin bediente ich mich immer ihrer eigenen Worte, sie sind ganz ihr Eigentum und enthalten nicht den mindesten Zusatz, weder von mir noch von andern.

Betrachten wir den sogenannten Sonnenkreis zuerst nur in individueller magnetischer Beziehung, so sehen wir, daß er hauptsächlich verschiedene Zustände in Hinsicht auf das magnetische Leben bezeichnet, in welchem Tieferes als im wachen Leben aufgeschlossen ist. Was über den äußern Ring fällt, wäre dann natürliches Wachen und Hinausgehen in die Sinnenwelt. Der Ring selbst bezeichnete den Umfang des Gefühlslebens, welches dann, gesteigert durch den Magnetismus (der durch die blaue Wellenlinie bezeichnet ist), in den zweiten Ring, als den ersten Grad des Somnambulismus, überging. Zwischen diesem Ring und dem weiten gegen die Mitte zu liegenden läge das Hellsehen und der Aufgang der Geisterwelt. Auf dem gegen die Mitte liegenden größeren Ringe, dem Traumringe, lägen kleine Kreise, welche Zahlen enthalten, womit die magnetischen Krisen alle berechnet werden.

Innerhalb der Sterne wäre die stärkste Konzentration der Seele, aus welcher alle die Verordnungen und Divinationen hervordringen. Jene Sterne und der Ring, der der Seherin der Mond zu sein scheint, sind ihr zugleich die Wohnung der Halbseligen, während ihr im Traumring das Tierseelenreich, das Zwischenreich aber, nämlich die Wohnung der noch unseligen Geister, in jenem Traumringe, doch höher als das Tierseelenreich und in jenem großen Ringe erscheint. In der Tiefe jenes Mittelpunktes aber, durchschauend durch diesen Sonnenkreis in das Zentrum des Lebenskreises (den Sitz des Geistes), geht ihr die Gnadensonne auf, ist ihr die Wohnung der Seligen und der Urborn alles Lebens, wo sie unaussprechliche Dinge schaute, die noch keine Menschenzunge, und somit auch sie nicht, zu sagen vermochte.

Eine allgemeinere und tiefere Bedeutung erhält aber dieser Kreis dadurch, daß die Seherin sagt: „Der Sonnenzirkel ist unser Sonnenkreis, und diesen trägt jeder Mensch in sich auf dem Lebenszirkel, der Seele.

„In den Zuständen des Innern, und namentlich im magnetischen Zustand, werden dem Menschen mehr oder weniger diese Kreise, oder was in ihnen liegt, offenbar, gehen sie auch nicht immer in dieser Klarheit und diesem gerundeten Bilde auf."

Den Lebenszirkel, der ihr die Seele ist, legte sie auch unter den Sonnenkreis, so daß dieser Sonnenkreis auf ihm gleichsam als in einem Spiegel erscheint, und das ist, was schon van Helmont und was auch Leibniz aussprachen: „Die Seele ist ein Spiegel des Weltalls."

Offenbar ist dieser Sonnenkreis der Seherin das dem Menschen eingeborene Sonnensystem, der Kreis, der den Menschen hier hauptsächlich angeht, und mit dem er hier in inniger Naturverbindung steht.

Der zweite leichtere, geistigere Kreis, auf dem der Sonnenkreis sich spiegelt, ist der Seherin der Kreis der Seele und des Geistes, dem sie im Zentrum desselben seinen Sitz anweist. Solange Seele und Geist an diesen Körper, und damit auch an den in ihm liegenden Sonnenkreis gebunden sind, stehen sie mit ihm in einem besonderen Wechselverhältnis, in einem Naturnexus, welchen der Geist, wenn er (im Schauen) in das Zentrum des Sonnenzirkels tritt, hauptsächlich inne wird.

Da erblickt der Geist alsdann die Welt in allen ihren Gesetzen, Gleichungen und Proportionen, welche allen in Raum und

Zeit eingebildeten Dingen eingepflanzt sind, oder, mit andern Worten: es geht ihm da ein Erkennen unsres Sonnensystems mit allen seinen auf die Dinge und den Menschen Bezug habenden Verbindungen und Einflüssen auf. Alles Typische dieses Sonnensystems, die ganze Mathematik seiner Natur, das in sie eingepflanzte Zahlenverhältnis, wird ihm da mehr oder weniger offenbar, und er findet dessen Beziehung und Anwendung auf alle Dinge und auch auf seine Hülle, den Leib.

„Hier schaut", sagte die Seherin, „der Mensch dann die Welt, in der er ist, in ihrem eigentlichsten Wesen, ohne Schleier und Scheidewand, zwischen ihm und den Dingen, welcher Schleier und Scheidewand sich sonst zwischen ihn und dieselbe stellt. Aber dieses Schauen ist dem Menschen jetzt dunkler geworden, als es ihm ehemals war."

Dieses Schauen wurde dem Menschen dunkel, als er aus den Zentren seiner Kreise wich. Nun versteht der Mensch die Natursprache der Dinge nicht mehr, Zahl und Namen gingen ihm verloren, und er muß sich mit mühsamen Experimenten abgeben, um nur ein bißchen von ihren Eigenschaften herauszufinden. Wären wir noch in jenen Zentren, so würden wir mit dem Namen des Dings die Zahl und mit der Zahl die Eigenschaft und den Wert desselben, im allgemeinen Naturzusammenhang durchschauen, wie unsre Seherin im magnetischen Zustande die Eigenschaften der Dinge schon bei der Berührung durchfühlte und dem Dinge aus ihrer Natursprache einen seinen Wert und Eigenschaften umfassenden Namen schöpfte.

Wenn Schubert sagt: „Das, was bei uns Wissenschaft ist, war in jener ältesten Zeit mehr Offenbarung eines höhern Geistes an den Menschen", so heißt das nach unserer Seherin: „Es war einmal der Geist des Menschen auch im gewöhnlichen Leben fähig, in das Zentrum des in jeder Menschenseele liegenden Sonnenkreises zu treten und die Welt, in der er war, in ihrem eigentlichsten Wesen ohne Schleier und Scheidewand zwischen ihm und den Dingen zu schauen, welches Schauen ihm später, als er immer mehr und mehr aus jenen Zentren wich, verlorenging, ihm jetzt aber nur noch einzeln in magnetischen und andern Zuständen, wo der Geist wieder in jene Mittelpunkte kehrt, hervortritt."

Daher kommen wohl auch all die nur aus einem innigen Erschauen der tiefsten Naturverhältnisse und der wahrsten Eigenschaften der Dinge hervorgehenden Aussprüche und Verordnungen Schlafwacher, und das auf jede andre Art unerklärliche Wissen alter Völker. So hat das Zeitmaß des Hellsehens Analogie mit uralten Zahlensystemen, namentlich mit den Zahlen, die in den Büchern Mosis so oft vorkommen, und, auf religiöse Gegenstände angewandt, als heilige Zahlen erscheinen, zum Beispiel 3, 7, 40, ferner Ähnlichkeit, mit denen die Propheten die Zukunft verkündigen, wie zum Beispiel die mystische Zeitrechnung Daniels von den 70 Wochen. So sehen wir im höchsten Altertume namentlich astronomische Arbeiten, denen nur aus den tiefsten Naturverhältnissen entlehnte Zahlen, wie wir sie im magnetischen Schauen finden, zugrunde liegen. Jene astronomischen Tafeln der Inder, die sich auf die Schiefe der Ekliptik beziehen, waren schon vor mehr als 6000 Jahren genau, und die spätern Zeiten haben die Abweichung derselben von der Wahrheit nicht mehr zu berichtigen vermocht. Uralte indische Gedichte sprachen von den Naturkräften der Pflanzen, von der Bedeutung ihrer Gestalt und Farben, von dem Geiste der Steine und Metalle.

So schreibt sich jene Lehre der alten Magie offenbar von einer Urzeit her, wo der Geist des Menschen noch mehr dem Mittelpunkt jener Kreise zugerückt war. Daher, wie bei Magnetischen, in dieser alten Magie die Erkenntnis der Zeit und Zahl, Wert und Kraft des Gebets und des lebendigen Worts. Und so zeigte sich bei unsrer Seherin eine Sprache und Rechnung des Innern, wie nur eine ähnliche in Völkern sich kundgibt, welche die ersten des Menschengeschlechts sind. Gewiß ging das System alter Philosophen auch nur aus einer solchen innern Naturanschauung hervor, und war wohl Plato vor allen in einer solchen. Wie große Ähnlichkeit hat das pythagoreische Zahlensystem, soviel wir von ihm wissen, mit der innern Zahlenmystik Schlafwacher und namentlich unsrer Seherin! Wie sehr werden wir an jene Kreise und innere Zahlenmystik gemahnt, wenn wir in Plato lesen: „Die Seele ist unsterblich und hat einen arithmetischen Anfang, so wie der Leib einen geometrischen hat. Sie ist das Bild eines überall verteilten Geistes; hat selbst Bewegung und durchdringt von der Mitte aus den ganzen Körper rund herum. Sie ist aber nach übereinstimmenden Zwischenräumen geteilt und macht gleichsam zwei miteinander verbundene Kreise." Den einen nennt Plato die Bewegung der Seele (was der Lebenszirkel unsrer Seherin), den andern nennt er die Bewegung des Alls und der Irrsterne (was der Sonnenzirkel unsrer Seherin ist). „Auf diese Art", sagt Plato, „ist die Seele in Verbindung mit außen gesetzt, erkennt was ist und besteht harmonisch, weil sie in sich selbst die Elemente nach einer bestimmten Harmonie hat."

So dient auch Plato die Kenntnis der Naturzahlen zur Untersuchung des Guten und Schönen. Er preist denjenigen glücklich, der die geistigen Zahlen versteht, und den mächtigen Einfluß erkennt, welchen das Gerade und Ungerade auf die Erzeugung und die Kräfte der Wesen hat. „Ohne dieses Geschenk der Gottheit", sagt er, „kennt man weder die menschliche Natur, noch ihren göttlichen und sterblichen Teil, noch den Grund der wahren Religion. Die Zahlen sind die Ursachen der Weltharmonie und der Erzeugung aller Dinge. Wen daher seine Zahl verläßt, der verliert alle Gemeinschaft mit dem Guten und wird allen Unregelmäßigkeiten zuteil."

Dies ist das gleiche, was unsre Seherin, die den Plato nicht einmal dem Namen nach kennt, sagt: „Überwiegt das Böse, das zu tun und zu unterlassen im freien Willen des Menschen steht, diese Grundzahl, so verliert er dieselbe, und er ist alsdann dem Bösen und seinen Folgen durch eigenen Willen auch völlig anheimgestellt." Der Sinn der pythagoreischen Zahlenlehre ist, daß die Zahlen die Elemente aller Dinge und selbst aller Wissenschaften sind; er wandte die Zahlen aber auch auf die Geisterwelt an und löste somit Rätsel, die der jetzigen Arithmetik völlig unbekannt sind. Man vergleiche hiermit so manche Äußerungen unsrer Seherin.

Auch neuere Seher ahnten eine besondere Zahlenmystik in der Natur. „Die Zahlen", sagt S. Martin, „sind nichts andres als eine Übersetzung der Wahrheiten und Gesetze, deren Grundtext in Gott, dem Menschen und der Natur enthalten ist." Und Novalis schreibt: „Es ist sehr wahrscheinlich, daß in der Natur auch eine wunderbare Zahlenmystik stattfinde: ist nicht alles voll Bedeutung, Symmetrie, Anspielung und seltsamem Zusammenhang?"

Es ist sehr zu bedauern, daß jene innere Zahlenmystik unserer Seherin, wie auch die mit ihr verbundene Sprache, so sehr sie sich Mühe gab, auch andre darüber zu verständigen, dennoch zum größten Teil für uns verlorenging, oder unverständlich blieb, da sie einzig nur aus innerer Anschauung hervorging, die wir in äußern Kreisen Lebende nur schwer zu fassen vermögen.

Auch in Swedenborg, von dem unsre Seherin nicht das mindeste weiß, finden wir eine Anmahnung an diese Kreise. „Daß das Böse und Falsche", sagt dieser Seher, „seinen Sitz im natürlichen Gemüte (in mente naturali, was der Sonnenzirkel unsrer Seherin wäre) hat, kommt daher, daß dieses Gemüt eine Welt im kleinen oder im Bilde ist (in forma seu in imagine mundus), das geistliche Gemüt oder (was der Lebenszirkel unsrer Seherin wäre) ein Himmel im kleinen oder im Bilde (in forma seu in imagine coelum), und im Himmel das Böse nicht wohnen kann. Beide Gemüter sind in Kreise ausgebogen."

So setzte unsre Seherin eine Naturwelt in den Sonnenkreis und eine höhere geistigere Welt in den Lebenskreis.

Auch dieser Seher nimmt eine höhere als die uns sichtbare Sonne (die Gnadensonne unsrer Seherin) an, wenn er sagt:

„Über dem Engelhimmel ist die Sonne, die reine Liebe; sie erscheint feurig wie die Sonne in der Welt. Die Wärme dieser Sonne gibt den Menschen und Engeln Wollen und Liebe. Das Licht, Verstand und Weisheit, was daraus entsteht, heißt geistlich. Was aber aus der Sonne der Welt entsteht, heißt natürlich und enthält das Leben. Die Ausdehnung des Lebensmittelpunktes ist die geistliche Welt, diese besteht durch ihre Sonne: und die Ausdehnung des natürlichen Mittelpunktes ist die natürliche Welt, welche ebenfalls durch ihre Sonne besteht. Das Feuer der Sonne der Welt oder der Natur kommt aus der Sonne des Engelhimmels her, welches die göttliche Liebe ist, die zunächst von Gott ausgeht, welcher sich in ihrer Mitte befindet."

Gehen wir nun auf einige Einzelheiten des Sonnenkreises unsrer Seherin zurück, so ist bemerkenswert, daß sie jenem Ringe, den sie Traumring hieß, auch noch eine Beziehung auf die Tiere erteilte und ihn in das Tierseelenreich setzte. Nach ihr bewegt sich das Tier hauptsächlich in diesem Traumringe, und es ist auch wahr, daß die Tiere mehr oder weniger als in einem Traumleben begriffen anzunehmen sind. Die Seherin setzte um diesen Ring (in jenen zwölf kleinen Kreisen, welche Zahlen in sich enthalten, womit die magnetischen Krisen alle berechnet werden), als wäre er zugleich Repräsentant des Gangliensystems, auch ihren magnetischen Instinkt, die Sympathien und Antipathien und Voraussagungen, die eben im Tierreiche und namentlich im Reiche der Vögel und der vom Gangliensysteme so sehr beherrschten Insekten so hervorspringend sind.

Hier könnte auch bemerkt werden, daß vielleicht ebendaher Tiere (zum Beispiel Pferde, Hunde) noch weniger isoliert als Menschen von der Geisterwelt sind, Annäherungen aus ihr noch leichter als Menschen fühlen.

Auch das Kindesalter und dann wieder das Greisenalter scheint vorzüglich in diesem Kreise zu leben. Es ist in dieser Beziehung merkwürdig, daß die Träume des Greisenalters, wie auch dessen waches Leben (das doch auch nur ein Traumleben ist) hauptsächlich wieder zur Kindheit zurückkehren: die meisten Träume Älterer sind von der Kindheit. Dies könnte dahin deuten, daß der Mensch in die innern Kreise, von denen er naturgemäß ausging, zuletzt wieder zurückkehrt, bis er im seligen Tode wieder in das verlorene Zentrum tritt.

Auch die Kindheit des Menschengeschlechts lebte mehr in diesem Kreise, daher, wie oben schon bezeichnet, ihr dem Schlafwachen mehr ähnliches inneres Leben und Wissen.

In gleichem Kreise lebt der wahre Heilende und der Dichter, und in dem dem Zentrum noch näherliegenden der Seher, wie diese drei im Altertume auch (in Apollo) den gleichen Gott hatten.

Außen um den Traumring zeichnete die Seherin diejenige Stufe des Mittelreichs, die der Erde näher und also niederer ist, in der die Seelen ihr oft selbst unter den Tierseelen stehen.

Ein höhere Stufe des Mittelreiches ist ihr die im Traumringe, unter der aber, jedoch tiefer hinab, das Tierseelenreich liegt. Dies könnte damit zusammenhängen, daß solche Geister aus niederer Stufe des Mittelreichs oft ganz tierisch, ja selbst oft in Leibern von Tieren erscheinen. Ganz unter das äußere Mittelreich setzt die Seherin die Hölle. Der so feste Glaube aller Völker an einen Himmel, ein Zwischenreich (Hades) und eine Hölle ließe sich auch daraus erklären, daß jene Zustände im Sonnenkreise sind, die von Natur aus auf jeder Menschenseele (dem Lebenszirkel) wie auf einem Spiegel erscheint, der jedem in das Innere kehrenden Menschen in stärkerer oder schwächerer Hellheit hervortritt.

Wie diesem Sonnenkreise der Naturwelt im Menschen, gab die Seherin auch dem Lebenskreise der Seele, auf die sie jene Naturwelt legte, eine Kreisform.

Warum die Seherin jenen Lebenskreis, die Seele in 13³/₄ Teile teilt, ihm also die Einteilung des Mondes gab, konnte sie später nicht mehr angeben. Gewiß aber liegt auch hierin eine tiefe Bedeutung. Daß das Psychische im Menschen, wie wir namentlich in psychischen Krankheiten sehen, so sehr dem Einfluß dieses Gestirnes unterworfen ist, würde, wüßten wir die Ursache jener Einteilung, vielleicht auch eine Beziehung finden. Außer dieser Naturwelt, wovon der Mensch den Eindruck im Zentrum seines innern Sonnenkreises trägt, gibt es aber, nach unserer Seherin, für den Geist noch eine höhere und sozusagen innerste Welt, die in seinem eigenen Zentrum (dem Zentrum des Lebenskreises) liegt.

Solange der Geist in seinem Zentrum ruht (im Zentrum des Lebenskreises), sieht er aus jener Region bloß heraus, aber nicht hinein. Wie er aber vom Zentrum des Sonnenkreises einen Lichtstrahl dahin sendet, so erhellt sich ihm wie ein Blitz jene höhere innere Welt, und er nimmt nun ihr Andenken wie eine Ahnung in sich auf, findet aber keine Worte, sie auszusprechen. Dies ist, wie Jakob Böhme sagt: „Davon kann ich's nicht weiterbringen, als vom Herzen ins Hirn, vor den fürstlichen Strahl der Sinne, da wird es in den Festen des Himmels verschlossen und geht nicht wieder zurück durch die Quellgeister in die Mutter des Herzens, daß es könnte auf die Zunge kommen; so dies geschähe, wollte ich's mündlich sagen und derselben verkündigen. Will es daher in seinem Himmel lassen stehen und nach meinen Gaben schreiben. Der Seelen nach sehe ich's wohl, aber die Feste des Himmels ist dazwischen, in welcher sich die Seele verbirgt und alldaselbst ihre Strahlen vom Lichte Gottes (vom Geiste, der im Zentrum sitzt) empfähet, geht derowegen durch die Feste des Himmels, wie es wetterleuchtet (Blitze eines Schauens, einer Erleuchtung, für die sich keine Worte finden), aber ganze sanfte gleich einer lieblichen Wonne."

Jener Lichtstrahl, den die Seele ins Zentrum des Lebenskreises sendet, ist der religiöse Lichtstrahl aus höherer Sphäre, der unsere Seele füllt, und diese Fülle auf alles andre ergießt, so daß wir die ganze Welt in einem ganz andern Lichte betrachten, als wir es aus der Nebelhöhle unsers sinnlichen und sündlichen Seelenlebens zu tun vermögen. Ins Heilige aber, wohin jener

Lichtstrahl geht, gibt es nur ein verhülltes (mystisches) Schauen, und dieses verhüllte Schauen ist der Glaube, der zwar schon alle Kraft der Wahrheit in sich trägt, aber verhüllt wie die Blume in der Knospe. Dieses verhüllte Schauen wird jenseits für den, der es hat, einst ein offenes Werden, und dann wird sich der Glaube, wie Paulus will, in ein Schauen verwandeln, und aus der Knospe wird sich die Lichtblume entfalten, und dies ist Christus.

21. Die innere Sprache

Unsere Seherin füllte nicht nur das Innere ihres Lebenskreises mit einer Schrift aus, die einer orientalischen nahezukommen scheint, sondern sie sprach auch eine solche Sprache, wie oben ausführlicher angegeben wurde, in halbwachem Zustande und nannte sie die Sprache des Innern.

Sie sagte zugleich, daß ein einziges Zeichen dieser Sprache, oder ein Wort, oft mehr bedeute als ganze Reihen von Charakteren in unserer Sprache, und daß man nach dem Tode in einem einzigen solchen Zeichen sein ganzes Leben überschauen könne.

Wir finden schon, nicht nur bei Menschen, die durch schlafwachen Zustand in ihr Innerstes geführt wurden, sondern auch bei anderen Gottbegeisterten (z. B. bei Jakob Böhme und andern Sehern), daß sie für das, was sie in ihrem Innersten fühlten und ausdrücken wollten, keine Worte fanden, sie mühten sich ab, selbst Worte zu erfinden, die aber auch wohl noch weit nicht ausdrückten, was sie fühlten, was sich ihnen offenbarte, und die uns oft auch nur halbverständlich blieben. So erfand Jakob Böhme eine ganze Reihe eigener Worte. Auch im Kinde gehen oft für seine Empfindungen eigene Worte auf, die es oft nur spät und ungern mit erlernten äußern vertauscht.

Auch im wachen Zustande genügt unserer Seherin der Ausdruck für viele Dinge nicht, und sie konnte öfters sagen: es ist mir fast unmöglich, dies so zu benennen, ich möchte es so gerne anders heißen.

Wir sehen in dieser von unsrer Seherin zutage geförderten Sprache des Innern sehr viel Übereinstimmendes mit den Sprachen des Orients, und dies gewiß nur daher, weil jene Sprachen der Länder, wo die Wiege des Menschengeschlechtes war, gewiß auch die Überbleibsel der Ursprache des gefallenen Menschen sind. Unsre jetzige Sprache ist für den Zustand des Innern und seine Empfindungen nicht zureichend, sie ist, wie eine tiefe Seherin sagte, „laut, aber wenig Ausdruck darin".

So ist es auch Menschen im innern Zustande unmöglich, sich konventioneller Titel und Namen der Außenwelt, und namentlich der Anrede mit Sie zu bedienen. „Lieber wollte ich sterben", sagte Frau H. schlafwachend, „als jemand anders als mit du anreden."

Das Abmühen, jene Figuren für ihre Empfindungen hervorzubringen, erzeugte bei Frau H. jene Schrift, wie jene Zeichnung von Kreisen. Unsre Sprache ist Sprache der Konvention und des intellektuellen Lebens, und man findet in ihr wohl nur schwer Worte für Dinge und Gefühle, die aus ganz andern Kreisen hervorgehen.

Folgende Mitteilung von Herrn Eschenmayer über diesen Gegenstand wird dem Leser genügen.

„Unsre Seherin zeichnete in den Lebenskreis die uns ganz unbekannten Charaktere einer Natursprache ein, und sprach diese Sprache auch sonst im magnetischen Zustand in Worten, von welchen der Sprachverständige nur Annäherungen in den Sprachen des Orients findet.

Sie sagte ferner (in Beziehung auf jenen Lebenskreis), daß diese Charaktere hauptsächlich den bleibenden moralischen Wert oder Unwert enthielten, in einer Sprache, welche der Seele sich erst nach dem Tode ganz aufschließe, und vermittelst welcher jeder Mensch in sich selbst lesen werde, wie der ganze Verlauf seines Lebens in Gesinnung und Handlung beschaffen war. Wir dürfen wohl annehmen, daß in einer solchen Sprache ein einziger Charakter einen ganzen Zyklus von Jahren umfasse, und in der Seele ein geistiges Abbild des Lebens erwecke und zur Wiedererinnerung bringe. Unsre konventionellen Sprachen sind tot, und nehmen gleichfalls teil an dem Zustande unsrer verlorenen Integrität; wenn sie die Geschichte eines Lebens schildern, so geschieht kaum in tausend Blättern, was die innere Sprache in wenig Abbildern lebendig und anschaulich vor die Seele führt. Diese innere Sprache ist zugleich eine Kraft, die mit den Taten aufs innigste verbunden ist, und je nach dem moralischen Wert oder Unwert einen verschiedenen Zug bildet. Auf der einen Seite lebt in ihren Charakteren die Energie der moralischen Schwere, die aus den bösen Neigungen, Leidenschaften, Begierden und überhaupt allen Lastern und Bosheiten die Sündenschuld und Sündenlast zusammensetzt; auf der andern Seite lebt in ihnen die Energie des moralischen Lichts, welche in den guten Neigungen, Gesinnungen und Taten, überhaupt allen Pflichten, Rechten und Tugenden besteht.

Wo nun das Übergewicht hinfällt, sei es auf die Seite des Verdienstes im Guten oder der Schuld im Bösen, dahin wird auch die Seele gezogen, entweder aufwärts gegen den Himmel, oder abwärts gegen die Hölle, und jeder Zug richtet sich in Höhe und Tiefe genau nach der Größe des Übergewichts. Das Reich des moralischen Lichtes und der moralischen Schwere ist geistiger Art, und alle Wesen darin leben in geistiger Mitteilung, wobei Raum und Zeit nur die niedersten Elemente bilden, indem die Gemeinschaft in unermeßbarer Geschwindigkeit geschieht und nicht nur Gedanken, sondern selbst Systeme in bildlicher Darstellung erscheinen und angeschaut werden. Wahrheit, Schönheit und Tugend glänzen wie drei Sterne, durch welche der Geist das Heilige anschaut. Dies ist die innere Sprache der Geisterwelt.

Aber es gibt auch eine äußere, wie Tiedge sagt: ‚Gott spricht durch die Natur, der Mensch durch seine Tat.' Die Sprache Gottes ist die Schöpfung. Jedem Dinge ist sein Name gegeben und mit dem Namen sein Wert, das heißt seine Zahl und Eigenschaft. Das Universum gleicht einem Zahlensystem, in welchem jedem

Dinge gleich der Ziffer sein Wert durch die Stelle, die es darin einnimmt, angewiesen ist. Dem rein erschaffenen Menschen war die Macht gegeben, jedes Ding an seinem Namen und an dem Namen seinen Wert und seine Eigenschaften zu erkennen und in jedem System der Dinge die Gesetze und Gleichungen anzuschauen. So vermochte der Mensch vereint mit der Natur zu leben und ihre stumme Sprache zu verstehen, aber sein Abfall in die Sünde verdunkelte alles. Die Natur fing an, seine Feindin zu werden und durch die mannigfaltigsten Störungen sein Leben zu gefährden, ja endlich zu verzehren; denn auch der Leib, der der Tempel des Geistes hätte sein sollen, verlor seine Integrität und ergab sich der Welt. Jetzt hat der Mensch unzählige Beobachtungen und Experimente nötig, um die Eigenschaften der Dinge zu finden, und doch versteht er sie nicht, und noch hat er kaum einige Grundlinien ihres Systems entdeckt.

Verlassen von jener Ursprache und Urschrift, schöpft er jedem Dinge einen willkürlichen Namen, der mit dem innern Werte der Dinge gar keine Beziehung hat. Eine stumme, aber reelle Sprache hat übrigens das potenzierte Nerven- und Gefühlsleben, wenn es, wie es bei unsrer Seherin der Fall war, die Eigenschaften der Mineralien und Pflanzen schon bei der Berührung empfindet, und die gleichen Erschütterungen davon empfängt, als wenn sie an die innern Organe und an das innere Nervensystem gebracht würden. Ohne Zweifel gab es eine Originalsprache, welche, je näher wir auf die Urbildung des Menschengeschlechtes zurückgehen, desto reiner war und mit dem gleichen Worte und Sinne sich fortpflanzte, sich aber immer mehr verwirrte und vervielfältigte, je mehr der Mensch von dem Stande der Integrität abwich. Es kann hier jedes Ding und jeder Begriff nur ein vollständig passendes Wort und Zeichen geben, so daß jeder, der das Wort nennen hört und das Zeichen erblickt, sogleich den nämlichen Sinn damit verbinde. Die tiefern Sprachforscher geben an, daß die hebräische Sprache eine der

Sprößlinge sei, welche der allgemeinen Muttersprache noch am meisten gleich geblieben.

Wohl gibt es auch eine Ideensprache, welche alle Gundbegriffe eines Systems in ein Schema bringt, aus welchem derjenige, der die darin enthaltene Idee anschaut, das ganze System zu entwickeln versteht. Einst wird der wissenschaftliche Geist in lauter Schematen zu uns reden. Von diesem Gesichtspunkt aus können wir das Bestreben unsrer Seherin beurteilen, die in ihr liegende Sprache und Schrift, sowie den ganzen Entwurf der beiden Kreise uns mitzuteilen.

Überhaupt ist das magnetische Leben, das im Fühlen und Anschauen das wieder vereint, das wir im Denken und Wissen getrennt haben, ein Versuch, sich wenigstens auf Momente in den Stand der Integrität zu versetzen, von dem wir abgewichen sind, und eine Erinnerung an den Verlust, den der Geist erlitten hat. Wer dieses Leben in seiner wahren Fülle begreift und sich durch Erfahrung überzeugt, daß die moralische und religiöse Seite ein konstantes Phänomen der höhern Grade desselben ist, und wer sich nicht durch einseitig medizinische, psychische, philosophische und selbst dogmatische Theorien hindern läßt, in das Innere dieses Seelenlebens einzudringen, der wird kein Wunder darin suchen, sondern nur das Integrat des Geistes in seinem freien Schaffen darin erkennen, was freilich höher liegt, als die alte und neue Scholastik zu fassen vermag."

22. *Trennung des Geistes im Sterben*

Durch den Leib ist der Nervengeist mit der Welt, durch den Nervengeist die Seele mit dem Leib, durch die Seele der (intellektuelle) Geist mit dem Nervengeist und durch den Geist das Göttliche mit der Seele vermittelt.

So zieht sich durch beständige Vermittlungen ein gemeinschaftliches Band vom untersten bis zum höchsten Gliede hindurch.

Hätte sich der Mensch im Besitze der Zentren gehalten, so würde der Geist durch die Fülle der Offenbarung erleuchtet, auch seine Seele befruchten, der Leib würde ein Tempel des Geistes sein, und selbst im Naturstäubchen würde die Abspiegelung des göttlichen Daseins nicht fehlen. Gott würde alles in allem sein, und der Mensch würde alle Dinge in Gott erschauen, wie Malebranche sagt. So aber ist alles im Menschen verdunkelt worden durch den Fall in die Sünde und durch die Herabwürdigung seiner ganzen Natur, welche dem Tode anheimfiel. Darum ist jetzt auch eine Trennung des Geistes und der Seele von dem Leibe notwendig geworden, damit eine Reinigung und Läuterung von der Sünde stattfinden möge. Die Art, wie sie sich trennen, hat die Seherin (siehe oben) aus ihrem Insichschauen angegeben.

Ist die Hülle faul und morsch und nahe am Einsturz, so ist ohne Zweifel der Geist das erste, was sich scheidet, weil er jedenfalls von der Sünde unabhängiger ist als die Seele. Je mehr aber die Seele in den Leib und die Welt sich eingewöhnt hat, desto schwerer löst sie sich und will ihr Indigenat um keinen Preis fahren lassen, bis sie muß. Hier mag es sein, daß der Geist ganz verlassen und öde wird, und zwar um so verlassener und öder, je weniger er während des Lebens von der göttlichen Ätherquelle geschöpft hat. Von der Seele halb getrennt und halb noch an ihr hängend steht er eigentlich brotlos da, indem ihm alle Nahrung, die er sonst aus der Seele, die Seele aus dem Leib und der Leib aus der Welt schöpfte, ganz entzogen ist. Ratlos muß er warten, bis auch die Seele sich abgelöst hat, um seine Wanderung zu beginnen. Hier mag es sein, wo der Fromme und Gottlose ihre entgegengesetzten Richtungen erhalten. Zieht die Seele ihre Sündenlast hinab an den Ort der Unglückseligen, der nach einem steten Geistergesetze dem Maß ihrer Schwere angemessen ist, so zieht sie auch den Geist mit hinab, der, weil er nach Plato seine Flügel gelähmt hat, ihr notgedrungen folgen muß.

Ist hingegen der Geist von jenem göttlichen Lichtstrahl erfüllt und während des Lebens mit der höhern Welt in Verbindung geblieben, so sind ihm die Flügel wieder gewachsen, und er zieht die losgerissene Seele mit sich hinauf an den Ort der Seligen, der nach dem gleichen Geistergesetz dem Maß des christlichen Äthers angemessen ist.

Der Nervengeist bleibt unverändert mit der Seele vereint (nach der Seherin aber nur da, wo die Seele nicht in völliger Reinheit hinübergeht), weil er weder durch eine psychische noch eine andre organische Kraft (nach der Seherin dies selbst, wenn er in der Hülle zurückbleibt) zerstörbar ist. Bleibt er mit der Seele, so nimmt er die Farbe und Gestalt der Seele an. Ist die Seele von Sünden entstellt, so scheint sie durch das plastische Luftbild des Nervengeistes hindurch wie ein Scheusal. Ist der christliche Äther durch den Geist in ihr vorherrschend (in welchem Falle aber nach unsrer Seherin gar kein oder nur wenig Nervengeist mit der Seele übergegangen wäre), so erscheint sie in engelreiner Schönheit und Milde.

So mag es einen Himmel geben für die Gerechten und Heiligen und eine Hölle für die Ungerechten und Gottlosen, aber der größte Teil der Menschen scheint doch nach dem Tode im Zwischenreich hängenzubleiben.

Im Tode fällt der Sonnenkreis ab, und kein neuer steigt mehr herauf, daher verliert der Geist seinen festen Standpunkt an der objektiven Welt und hat kein Bleiben mehr, sein Austritt mitten durch die Seele trennt auch ihr festes Band mit dem Leib, und darum löst sie sich ab, um sich wieder, und zwar auf immer, mit dem Geiste zu vereinigen. Der Nervengeist umgibt (da wo die Seele nicht völlige Reinheit hat, was wohl selten ist) wie ein Luftbild die Seele den Geist, und in diesem Zustande verharren sie nach Maßgabe ihres moralischen Wertes oder Unwertes nach der Schrift bis zur Wiederauferstehung, wo die plastische Kraft des Nervengeistes wieder fähig gemacht wird, einen Leib, aber einen unverweslichen, anzuziehen.

23. Görres über die Kreise der Seherin, besonders über den Unterschied zwischen dem Schauen Magnetischer und dem Schauen Heiliger

Dem Hellsehenden ist die innere Welt, die hinter dem Traume liegt, aufgeschlossen; er wandelt in ihr im vollen Tageslicht; in die Peripherie seines Daseins gestellt, schaut er hin gegen seinen verhüllten Mittelpunkt; alle Strahlen der Einflüsse, die von oben in denselben fallen und durch ihn hindurch sein Inneres durchströmen, schlagen gegen ihn, der mitten in ihre Strömung, das Antlitz gegen ihren Quellpunkt hingerichtet, sich gestellt, in scharfem Wellenschlage an; sein Inneres wird ihm objektiv, und er schaut es in allen seinen Tiefen an, und blickt aus demselben hindurch in jene Strahlen hinüber in eine andre geistige Welt, aus der sie herübergeschienen. Aber in demselben Verhältnis, wie die anschauende und jede andre Tätigkeit, indem sie aus dem höchsten geistigen Mittelpunkt in den untergeordneten des Lebens herabsteigend in den Umkreis eingetreten, für die geistige Welt in ihrer Würde und Bedeutung sich geniedert hat, ist sie dagegen ins gesteigerte Zentrum aller natürlichen Dinge, das im Leben des Menschen beschlossen ruht, versetzt, der Naturmitte selber nähergekommen, und indem sie sich in ihr zentriert und dadurch im Naturgebiete zu höherer Würde sich gesteigert, hat sie diese Würde in sich selber aufgenommen. Dem Hellsehenden steht alsdann die Welt nicht mehr gegenständlich gegenüber, sie ist vielmehr subjektiv in ihn eingegangen; nicht hereinschauend in ihre Natur strebt er von ihrem Äußern in ihre Mitte hereinzublicken, er schaut vielmehr wie aus ihrer Mitte heraus, und nur in die geistige hinein. Denn niedersteigend vom geistigen Zentrum ist er näher zum Weltzentrum hinangestiegen; den Blick gegen jenes gerichtet, hat er diesem gleichsam den Rücken zugewendet, und empfängt seine Einflüsse, als ob sie von hinten und innen heraus in diesem Zustande gesehen, verwandelt sich daher in eine geistige; denn hinter den Schleier getreten, erblickt die Anschauung unmittelbar die Naturkräfte und Tätigkeiten, die im Naturleibe die Mannigfaltigkeit der Erscheinung einwirken, und mit den Naturgeistern knüpft sich aller Verkehr des gesteigerten Sinnes; alle Naturkräfte aber wirken durch Gegensätze; mit ihrer gesteigerten Wirksamkeit beginnt daher das Spiel der Polaritäten, das man bei Hellsehenden wahrgenommen; es greifen die Metalle ein je nach der Stelle, die sie in der gegliederten Reihenordnung ihrer Gattung vermöge ihrer einwohnenden Kräfte eingenommen; ebenso ordnen sich je nach diesen Kräften die Erdarten, so daß die in sich Erstarrten erstarrend und nestelknüpfend wirken, die in sich Gelösten aber den in Krämpfen gebundenen Zauber wieder lösen; es befolgen die Strahlen des gefärbten Lichtes in ihrer Erregung die Ordnung, in der sie im Farbenbilde liegen, so daß der rote Strahl bindet und erweckt, der violette löst und tiefer in den Schlaf und die Nachwelt hinüberdrängt, ebenso die Töne, indem die Molltöne der dunklern Farbe, die Durtöne dem Rot entsprechen; es ordnen sich in gleicher Weise auch die Pflanzen, so daß der Lorbeer gegen die innere Welt, die Haselstaude gegen die äußere Welt hindeutet; es ordnen sich endlich selbst die Menschen der Umgebung in solche, die mehr der Außenwelt, und andre, die im nähern Rapport der innern angehören. (Man sehe die Einwirkung der Metalle, Pflanzen und Menschen auf die Seherin.) Und all diese Verhältnisse werden durch eine Art von Gemeinsinn wahrgenommen, in den alle andern Sinne aufgegangen, der dem Geistigen näher verwandt, weniger an Raum und Zeitverhältnisse gebunden ist, und weil er die Dinge nicht von außen hinein, sondern von innen heraus in ihren lebendigen Kräften und im Spiegel der geistigen Welt erschaut, durch die Undurchdringlichkeit der Materie minder gehemmt erscheint. Und da mit der geistigen Erregbarkeit und allen Sinnen auch die vitale Selbsttätigkeit sich umgewendet, daß sie nicht ferner von oben und von innen heraus ihre Anregung erhält, sondern mehr von unten herauf und von außen herein, und dafür, wie sie zuvor aus dem Geistigen in die Natur hinausgewirkt, so werden nicht bloß die eigentümlichen Lebensbewegungen jetzt enger in die Kreise der Naturbewegungen aufgenommen, auch selbst die willkürlichen werden, wie bei den Nachtwandlern, von außen bedingt, und die Bewegungsorgane folgen passiv, gegen die Gesetze der Schwerkraft, der Hand, die sich mit ihnen in Rapport gesetzt, oder auch metallische Massen, die ihnen nahen, ziehen ihrerseits diese Massen, wie sie von ihnen gezogen werden, und selbst der ganze Körper muß bei gesteigerter Wirkung diesem Zuge folgen; denn der erhöhte Affekt und in ihm die Natur beherrscht jetzt die Leiblichkeit. Nach innen zurück ist dem schauenden Sinn eine neue geistige Welt nun aufgegangen, und sie liegt vor ihm in derselben Klarheit, wie im wachen Zustande die äußere Natur. Wie in der äußern Anschauung der Leib sich in bestimmte Lebensgebiete teilt, und so auch die Sonnenwelt sich in geordnete Kreise löst, und diese Kreise mit jenen Gebieten in einem bestimmten Verkehr stehen: so teilt sich dieser innern Betrachtung nun auch die Seele in Gebieten und die geistige Welt in Kreisen ab, die ebenfalls in geordneten Beziehungen wechselseitig sich verknüpfen. Das sind diese Kreise, mit denen jene Hellseherin, deren Zustände J. Kerner in reiner, scharfer Beobachtung aufgefaßt und mit gewissenhafter Treue geschildert hat, ihr Inneres umschrieben: jener Sonnenkreis, in dem die sichtbare Naturwelt liegt; der Lebenskreis, der der Seele angehörend, einer höhern geistigen entspricht; zwischen beiden der Traumring mit der Mittelwelt, und im Innern des seelischen Lebenskreises die drei andern, die dem Geiste angehören. Es ist ihr aber der innerste dieser drei Kreise sonnenhell, sein Mittelpunkt aber selbst noch heller als die Sonne; in ihm sah sie eine nicht zu durchschauende Tiefe, je tiefer, um so heller, die sie die Gnadensonne nennen möchte, und von der es ihr schien, als bestehe alles, was da lebt und webt, durch Fünkchen aus dieser Tiefe. (Man sehe der Seherin Äußerungen hierüber.) Von dort gingen auch die Wurzelzahlen ihres Daseins aus, in denen sie die Rechnung ihres Zustandes führte; von dort und den nächsten Kreisen kamen alle Anweisungen für ihre Heilung: von dort aus bildete sich die eigene innere Sprache, in der sie dachte und innerlich verkehrte. Man sieht leicht, der Standpunkt in dieser Perspektive liegt im innersten Mittelpunkt des Lebens und seinem Sensorium; der Augenpunkt fällt in den Mittelpunkt des Geistes, in den jenes höhere Licht hineinleuchtet, indem er von der Schauenden aufgeglänzt; im Vordergrunde und den Mittelgründen liegen die untern und die höhern Seelenvermögen, und alles steht mit dem geistigen Kosmos ebenso im Verkehr, wie der Leib durch die Sinne mit dem natürlichen.

Das bisher Gesagte setzt uns das Verhältnis, das zwischen diesen Anschauungen und denen der Heiligen besteht, ins klarste Licht. Vom Mittelpunkt des Lebens bis zum Mittelpunkt des Geistes geht das Gebiet des magnetischen Hellsehens; dies ganze Gebiet wird dem innern aufgewachten und einwärts gewendeten Sinne objektiv, und wie er es in allen seinen Gründen und Abgründen durchforscht, so durchwirkt er die gleichfalls rückwärts gewendete Selbsttätigkeit; gerade wie im wachen Zustande umgekehrt, mit nach auswärts gewendeten Sinnen und Tätigkeiten der Leib ebenso durchforscht und durchwirkt wird. Wie aber nun im letzten Zustand ein aktiver und passiver Verkehr mit den Erdelementen und ihren Kräften sich vermittelt, und darauf eine Physik sich begründet, und ebenso ein optischer Verkehr mit den sichtbaren Himmelskörpern sich einleitet, auf den sich die Astronomie basiert: so erbaut sich in der andern Lebensform eine gleiche Physik im Bezuge zu den geistigen Momenten, die umher auf Erden noch lebendig wirksam sind, die dem sogenannten magnetischen Rapport ausgesetzt erscheint, und der physischen Himmelskunde tritt eine psychische gegenüber, ruhend auf jenen feineren Beziehungen, die zwischen der Seele und solchen Geistern bestehen, die, nicht mehr dem Diesseits angehörig, in die Welt jenseits abgeschieden: Beziehungen, die nun zur Wahrnehmung gelangen. Daran knüpft sich das Durchschauen der Menschen, die den Hellsehenden nahen; der unmittelbare Gedanken- und Willensverkehr, der sich zwischen ihnen und den Assonierenden schnell vermittelt, einerseits und anderseits das Sichselbstsehen und das Geistersehen, der Umgang mit den Schutzgeistern, das Sprechen mit den Abgeschiedenen, das Eindringen in die Zukunft, und ähnliches, was damit in Verbindung steht. Es öffnet sich daher in diesem Zustande allerdings ein andrer Himmel, aber dieser Himmel ist der unterste, der Hades und die Mittelwelt, dem Naturkreise am mittelbarsten und nächsten angehörig, weswegen eben auch die Schutzgeister durchgängig die Laren des Hauses sind. Die Anschauungen der Hellsehenden gehören daher ganz und gar dem wissenschaftlichen Gebiete an; ihre Psychologie ist nur eine subjektive, und als solche Ergänzung der gewöhnlichen objektiven; ihre Weltweisheit ergänzt in gleicher Weise die ordentliche der Schule, und in ihnen setzt sich nur eine Geistes- und Geisterphilosophie der Natur und Naturphilosophie entgegen. Das Tun der Somnambulen ist daher auch beinahe ausschließlich ein heilkundiges und am liebsten gegen sich selbst gewendet; darum rechnen sie und zählen sie immerfort, verordnen und fordern alle Naturkräfte gegen ihren Zustand auf, dem als einem krankhaften sie sich zu entziehen wünschen. Aber wo das Gebiet der Hellsehenden eben in ihrem tiefsten Augenpunkte seine Grenze findet, dort beginnt ein höheres, und das ist eben das der Heiligen. Jener Seherin von Prevorst war der Zugang zu allen Kreisen offen, aber in jene Tiefe, die sie die Gnadensonne nennt, kam sie nie; sie durfte nur hineinschauen, und es kam ihr vor, als schauten noch viele andre Geister mit ihr in die Tiefe; auch ihre Führerin sah sie in der Klarheit des ersten Ringes, aber noch nicht in seinem Mittelpunkt. Anderwärts setzt sie dem Gesagten merkwürdig und entscheidend hinzu: „Ein Somnambules kann kein andres Schauen aussprechen als dasjenige im Zentrum des

Sonnenkreises, und das bezieht sich allein auf unsern Sonnenkreis, auf Sonne, Mond, Erde und sonstige Planeten, aufs Mittelreich, das in unserm Luftraum ist; das tiefere Schauen im Zentrum des Lebenszirkels aber hat noch kein Somnambules ausgesprochen." Dieses Schauen im innern geistigen Kreise aber ist nun eben das Schauen der Heiligen, und ihnen allein ist es vergönnt gewesen, das dort Erschaute auszusprechen. Es sind bei ihnen keine innern und äußern Natureinflüsse, in deren Wirkungskreis sie wider Willen eingetreten und deren störende, verstimmende, einschneidende Tätigkeit die geforderte Polarisierung des untern Lebens herbeigeführt; es ist nicht die Welt, die, indem sie in scharfen Gegensätzen auf den in Harmonie geordneten Organismus angegangen, die krankhafte Zersetzung in ihm hervorgerufen, und nun mit den wachgewordenen Polen fortdauernd im Rapporte bleibt, und den Willen, dessen sie sich bemeistert, nur noch enger ans Band der allgemeinen Naturnotwendigkeit anknüpft. Nein, es ist die ernste, strenge, freiwillig übernommene Askese, aus der jene Scheidung hervorgegangen; nicht der Natur und ihren Einwirkungen hat der fromm Begeisterte notgedrungen sich hingegeben, aus freiem Willensentschluß ist er in sich selbst bis zur tiefsten Tiefe seines innern Lebens hinabgestiegen, und nachdem er zuvor durch jene Askese die Kraft der widerspenstigen Natur gebrochen, demütigt er sich vor Gott und öffnet sich in unbedingter Hingebung seinen Einwirkungen. Und nun ist es auch nicht die Natur, die sich, wie dort, mit ihm in Rapport versetzt; es ist die Gottheit selber; sie ist es, die in ihm jene ewigen Pole von Licht und Liebe hervorruft, die ohne Unterlaß auf ihr tiefstes und innerstes Wesen deuten, und die Krankheit, die sich an diese innere Scheidung knüpft, ist keine natürliche, sondern eine heilige, mit Freiheit als Kreuz und Prüfung übernommen, und eben darum nicht bindend, sondern befreiend und vom Naturbau lösend. Und in diesem Rapport mit Gott wird die Seele von Stufe zu Stufe mehr und mehr gesteigert, und schnell über sich selbst und alle jene Kreise der Hellsehenden hinausgehoben; was diesen als der tiefste, in sich beschlossene, leuchtende Mittelpunkt erschienen, das zeigt sich nun bald als einzelner Punkt in einer Peripherie höherer Ordnung, der im Innersten ein noch höheres Zentrum angehört, dessen Tiefen bei der Fortdauer der Gotteswirkung sich abermals erschließen und den Blick in eine noch höhere Mitte gestatten, bis endlich die Seele im engsten Verkehre, dessen sie empfänglich ist, nur Gott allein noch erkennt, und er Wohnung in ihr genommen, und seine Gedanken in sie denkt, und sie in allem seinem Willen gehorcht, der in ihrem Willen will, nachdem er ihn zuvor von allen Banden des bösen Zwanges befreit. Hier also erst öffnen sich jene tiefern Himmel, die der Naturhimmel in sich beschließt; jene drei Seelenkreise, die die Betrachtung in jenem tiefern Zustande gescheut, zeigen sich nun als die symbolischen Andeutungen jener drei höhern Zustände, in die sich uns das innere Leben der Heiligen aufgeschlossen. Alles wird zugleich kirchlich, was zuvor profan gewesen, und erhält kirchliche Weihe und Gewähr; ein andres Heil als das leibliche wird Gegenstand der Sorge; eine höhere Rechnung beginnt, weil die Wurzelzahlen des Lebens ihre Exponenten in Gott gefunden, und um alles mit einem Worte auszusprechen: es ist esoterische Mystik, die sich hier begründet; im Gegensatz der exoterischen, die im Hellsehen sich gestaltet.

24. Der siebente Sonnenkreis

Schon einige Tage, bevor Frau H. den Tod ihres Vaters erfuhr, schon am 1. Mai 1828, sagte sie: daß am 8. Mai etwas Besonderes mit ihr vorgehen werde, was, wisse sie aber nicht, sie hoffe, es gereiche ihr zum Besten. Nach der Nachricht von dem Tode ihrer Vaters am 2. Mai (wie sie denselben voraussah, ist anderswo angegeben) hörten bei ihr die Krämpfe mehr auf, aber dessen ungeachtet trat ein stärkerer magnetischer Zustand ein, und sie wurde täglich zu öftern Malen tief schlafwach.

Am siebenten Morgen sagte sie: Sie könne nun wieder in ihrem Sonnenkreis nicht weiter vor- und rückwärts, als nur wie der Tag sie schiebe, aber sehr oft könne sie in einem Striche in den dritten Ring gehen, wo es ihr dann wohl sei.

Durch die Verluste, die sie erlitten, und namentlich durch den schweren, den Tod ihres Vaters, laufe nun derjenige Strich, der in ihrem siebenten Lebensring im Dezember in das Zentrum hätte laufen sollen, schon am 2. Mai gerade hinein, er sei wie auf den 2. Mai vom Dezember herübergesprungen, und habe sie nicht so viel Kraft, ihn zurückschieben zu können, so befürchte sie, das sei ihr Tod. Dadurch sei ihr siebentes Jahr abgeschnitten, und was sie in diesem Kreis gelebt und noch hätte leben sollen, für sie verloren.

Sie befürchtete, sie werde morgen erwachen und in das Jahr zurückkommen, wo ihre Krankheit angefangen, so daß sie alsdann die Erinnerung an alles bis auf jene Zeit verloren habe.

Am 7. wechselte den ganzen Tag bei ihr ein Zustand von verwirrtem Traumleben und Erstarrung. Einmal erschien ihr ihre Führerin und deutete auf sie und auf einen halboffenen Sarg, welches sie, das Gesicht auf eine Lebensgefahr, die ihr bevorstehe, deutend, erzählte.

Abends verfiel sie in schwachen magnetischen Schlaf, war aber in ihm nicht zu sprechen fähig. Die ganze Nacht hindurch lag sie bald in einer Schwäche, bald in kataleptischer Erstarrung.

Morgens am 8., vor 7 Uhr, wurde sie auf wenige Minuten schlafwach und sagte, daß ich ihr Punkt 7 Uhr auf die Herzgrube rufen müsse: „Vergesse doch ja dieses Jahr nicht bis auf diesen Abend!" auch müsse ich ihr im gleichen Augenblicke ein Amulett um den Hals hängen, in dem geschrieben stehe: „Die Heilige Dreieinigkeit Gottes stärke dich und zerstöre alles, was nicht sein soll." Geschehe dies nicht, so sei ihr die Erinnerung an alle die durchlebten Jahre bis zum ersten Tage ihres Krankwerdens zurück weggestrichen, welches Gefühl sie nicht aushalten könnte.

Schon vor 7 Uhr verfiel sie in völlige Erstarrung und Scheintod. Punkt 7 Uhr rief ich ihr jene Worte auf die Herzgrube, und sie fuhr aus diesem Scheintode mit einem Schrei des Entsetzens und der Miene eines Verzweifelten sich schauerlich schüttelnd auf, fiel aber sogleich wieder in dieselbe Erstarrung zurück.

Nach einigen Minuten erwachte sie, wußte sich aber in ihre Umgebung nicht recht mehr zu finden. Sie sagte: „Wüßte ich doch nur, wohin jener Strich gekommen, ich konnte ihn nicht zurückschieben, ich fiel wie unter ihn hinunter und muß nun unter ihm durchschlüpfen. Heute nachts 12 Uhr bin ich an diesen Strich gestoßen und jetzt (morgens 7 Uhr) kam ich unter denselben. Ich fiel in den Lebensring hinein, den ich nicht, wie den Sonnenring, zerrissen, sondern noch ganz, aber voller Zahlen. Was nach jenem Striche kommt (vom 2. Mai bis Dezember), das ist für mich jetzt bestimmt verloren, gehört mir nicht mehr an, ist weggeschnitten, und dieser ganze siebente Sonnenring fällt ab, und ob ein neuer beginnt, weiß ich nicht, denn ich sehe keinen Tag mehr voraus, ich sehe nur noch den heutigen Tag in ihm; denn der morgende Tag ist schon weggeschnitten. Ich muß mich auch ganz festhalten, um nicht die Erinnerung zu verlieren, und es scheint mir die Zeit meines frühern Eingesperrtseins nun immer die nächste zu sein."

Den 9. gab sie schlafwach an: man müsse ihr nachts 11 Uhr, wo sie in den neuen Sonnenkreis trete, wenn sie schlafe, mit aller Macht zurufen: „Wache!" Sie war um diese Stunde völlig schwach und beinahe kein Pulsschlag an ihr zu fühlen, sprach auch kaum noch, und als sie Punkt 12 Uhr einschlafen wollte, schrie ihr Gatte, der anwesend war, ihr: „Wache!" zu. Sie kam dadurch wieder mehr zu sich und fühlte sich nun im Anfange eines neuen Sonnenkreises, aber wie sie sagte, wie in einer öden, leeren Gegend, es war ihr, als hätte sie jener Strich, der in das Zentrum des vorigen Sonnenkreises ging, wie in den neuen hinuntergedrückt und liege nun auf ihr. Zwei Tage lang hatte sie das Gefühl, als bliebe dieser Strich so auf ihr liegen, und würde mit jedem halben Tage mit ihr geschoben.

Am 11. ging er von ihr weg, aber nur so, daß er immer einen Tag vorauskam und sie alsdann nicht weiter als jenen Tag voraussehen konnte.

Am 15., am Himmelfahrtstage, abends 7 Uhr, verschwand ihr auf einmal das Gefühl von jenem neuen ganzen Sonnenkreise. Dagegen erhielt sie von da an auf Augenblicke, und wie stoßweise, oft wieder die Erinnerung an Dinge aus jener Zeit, für die sie das Gedächtnis verloren hatte. Sie sagte im halbwachen Zustande, daß dies daher komme, weil sie in diesen letzten Tagen vor jener Zeit etwas erwacht sei.

Das Letzte, was sie von jenem neuen Sonnenkreise fühlte, war jener in das Zentrum gehende Strich, den sie immer auf dem Mittelpunkt des unter dem Sonnenkreis liegenden Lebenskreises (also auf ihrem Geiste und so wie auf ihr selbst) liegend fühlte.

Von da an hatte sie von jenen Kreisen durchaus kein Gefühl mehr, und war ihr alles von ihnen wie ein Traum. Es war ihr auch die Zeit, in der sie jene Kreise machte, ganz fern gerückt und dunkel, und es schien ihr die Zeit, die aus ihrem Gedächtnisse verschwunden war, nach ihrem sogenannten Erwachen am 19. Oktober (die Zeit vom 25. November 1825 bis 19. Oktober 1827) nun näher als die letzte Zeit gerückt zu sein; doch hatte sie dennoch nur schwache Erinnerungen aus ihr, und es schienen überhaupt sechs Jahre und fünf Monate, also die ganze Zeit ihres magnetischen Zustandes, bis dahin, wo er anfing, aus ihrem Gedächtnisse mehr oder weniger verwischt zu sein, was sie ja selbst am 8. Mai befürchtete und sich dagegen jenes Amulett verordnete, was aber diesen Übelstand doch nicht durchaus zu heben schien.

Nach einigen Wochen glich es sich aber wieder aus, und sie bekam da auch wieder völlig die Erinnerung an die aus ihrem Gedächtnis verschwunden gewesene Zeit vom 25. November

1826 bis 19. Oktober 1827, und zwar so vollkommen, daß sie sich nun der allerunbedeutendsten Dinge aus ihr so lebendig erinnern konnte, als wären sie erst im Augenblicke geschehen. Sie waren wie ungebraucht, frisch in ihr erhalten worden.

Dem 2. Mai ging ein magnetischer Traum der Seherin voran; sie sprach ihn wie gewöhnlich, er wurde aber nur unvollkommen nachgeschrieben:

„Ich stehe auf einem Berge, rechts möchte ich hinunter, wo das schöne mit Blumen erfüllte Tal ist, über das goldene Wölkchen ziehen ... Links sehe ich nichts als Grab und Verwesung ... Vor mir sehe ich nichts als die Welt in ihrer Eitelkeit ... Hinter mir sehe ich Menschen, wie die Löwen und Drachen, sie streiten und kämpfen miteinander ... Ich stehe auf der Spitze dieses Berges, da ist kein Gras, kein Moos ... Um diesen sind noch sieben Berge ... Du, meine Führerin, mit dir will ich gehen, du Heilige! ... Es ist ein Fels, auf dem ich stehe, er hängt ja. Ha! Das ist der Abschnitt, die vier Monate ... Warum sagst du zu mir: ich soll links hinunterschauen? Da ist ja Grab und Tod! ... Rechts lächeln mir die Blumen freundlich zu – aber lieber will ich hin, wo Grab und Tod ist ... Soll ich denn hinunterstürzen unter den Strich? ... Du, führe mich, wohin du willst ... o banger Traum! ... Führe mich! ... Soll ich denn in den Abgrund stürzen? ... Mächtig bist du, stark genug ... Verstehe ich dich recht oder nicht? ... Muß ich stehenbleiben auf diesem Berge? ... Ja! Ich muß stehenbleiben, bis die Stunde da ist, doch bist du bei mir Tag und Nacht ... Bist du nicht bei mir, so falle ich ... O laß mich erwachen aus diesem bangen Traum! ... Laß mich riechen, daß ich erwache – laß mich an diesem riechen, daß ich keine Ahnung habe und es vergesse." Es war nun, als würde ihr etwas zum Riechen dargeboten, sie roch, erwachte, und hatte von diesem Traume, gegen die sonstige Weise eines magnetischen Traumes, durchaus keine Erinnerung mehr.

Am 2. Mai, abends 7 Uhr, verfiel sie in magnetischen Schlaf.

Um diese Stunde fielen in ihr jene vier Monate ab und machten einem neuen Zyklus von sieben Sonnenkreisen Raum, von denen sie besonders den ersten fühlte.

„In diesem neuen Kreise“, sprach sie, „stoße ich ganz unten an der zweiten Linie an und fiel also in den magnetischen Raum dieses Kreises. Aber dieses neue magnetische Leben ist nur ein inneres tiefes Schauen für mich. Ich kann in diesem Kreise wieder hin, wo ich will, bin ich aber tief schlafend (wie kann man es aber doch schlafen nennen!), spreche ich mich nicht aus, wie früher; aber was ich da sah und empfand, geht als wie eine Ahnung mit mir in das wache Leben über, doch wird es auch da von mir selten ausgesprochen. Der ins Zentrum laufende Strich fiel mit den vier Monaten ab, ist nicht mehr auf mir. Habe ich aber eine heftige Gemütsbewegung, so springt der von diesen neuen sieben Kreisen ins Zentrum laufende Strich auf mich. Mein Körperliches bleibt, wie es ist, mein Körper ist lebendig tot, aber meine Seele ruhiger und freier, wie noch nie. Auf meinen Körper darf keine Rücksicht mehr genommen werden, kein Mensch darf sich darum eine Sorge machen, ich denke gar nicht mehr an dieses zerrissene Kleid und empfehle nur, o Vater, in deine Hände meinen Geist!“

Das war die Vorahnung ihres baldigen Todes!

Ihre sonst so ängstliche Sorge um ihren Körper fiel nun auch ganz hinweg. Zwar war dieser noch nicht fähig, organische Kraft aus sich selbst zu schöpfen, und ihr Zustand blieb, wie er es schon lange war, ein ins wache Leben getretener magnetischer; aber ihr Wesen hatte sich seit ihrem Aufenthalte hier günstig verändert, sie war hier mehr zu einer innern Klarheit und Ruhe gekommen, ihr Geist hatte hier oft Aufrichtung und Erheiterung gefunden, die in ihrem Innern fortwirkten, lag es auch nicht in ihrer Freunde Macht, vieles, das auf ihren Körper nachteilig in dieser Zeit einfließen mußte, von ihr abzuhalten.

Sie kehrte am 5. Mai 1829 zu den Ihrigen nach Löwenstein ihrer Vollendung entgegen.

ZWEITE ABTEILUNG

Eröffnungen über das Hereinragen einer Geisterwelt in die unsere

1. Vorbemerkung

Dieser Abschnitt führt dem Glauben an das Hereinragen einer Geisterwelt in die unsre das Wort und sucht es mit Tatsachen zu beweisen; was Wunder, daß er derjenige ist, der ein Heer von Gegnern sich zuzog und die Seherin bei den Aufgeklärten in großen Mißkredit brachte? Der Mensch, je hartnäckiger er in einer Gehirneinrichtung lebt, die ihn von der Welt der Geister isoliert, vermag in solcher Einrichtung Dinge nicht zu erkennen und zu entscheiden, die nun einmal in solcher nicht zu erkennen und nicht zu entscheiden sind, und so mußte der großen Zahl solcher Menschen gerade der Abschnitt dieses Bändchens zum Anstoß und Verfolgung gereichen.

Diejenigen solcher Menschen, die nicht geradezu diesen ganzen Abschnitt für Lug, Trug und Täuschung erklärten, bildeten zur Erklärung seiner Tatsachen Theorien, die gewiß gewagter und phantastischer sind als die ganze einfache naturgemäße Annahme der Möglichkeit eines Hereinragens einer Geisterwelt in die unsre.

Ich bekenne, daß solche Theorienbildungen mir so wenig gefallen, als mir gefällt, wenn auf diese Erscheinungen in der Natur sogleich religiöse Theorien gebaut werden, und ich gestehe, daß von diesem Fehler dieser Abschnitt nicht frei ist.

Ich habe später eine Reihe ähnlicher Erscheinungen teils selbst beobachtet, teils von glaubwürdigen Personen mitgeteilt erhalten und auf naturforscherischem Wege (nicht auf religiösem) verfolgt. Dies geschah meistens in den inzwischen erschienenen zwölf Heften der „Blätter aus Prevorst“ und in den zwei Bänden des „Magikons“, das noch immer in seiner Fortsetzung begriffen ist. Auch gab ich in der Schrift: „Eine Erscheinung in dem Nachgebiete der Natur, durch eine Reihe von Zeugen gerichtlich bestätigt. Stuttgart und Tübingen, J. G. Cotta'sche Buchhandlung, 1836“, den Naturforschern ein Bedenken, ohne alle Theorie, nur als Tatsache getreu und durch die glaubwürdigsten Zeugen bekräftigt –, aber noch bis jetzt erwartet es von solchen seine Lösung: denn die an diesem Phänomen auch schon hie und da versuchte elektromagnetische Theorie reicht zu dessen Erklärung noch lange nicht hin. Hier, wie auch in hundert andern ähnlichen Phänomenen, war auch keine Somnambule im Spiele (was man gegen die Realität der Erscheinungen unserer Seherin so oft aufführte), und ich mahne besonders an die Erscheinungen, die oft an gewissen Stellen, zum Beispiel an gewissen Häusern haften, Erscheinungen, die in der Natur vorhanden sind und nicht weggestritten werden können, wissen und erkennen wir auch noch nicht ihr eigentliches Wesen.

Ich wiederhole noch einmal: „Daß durch diese rationalistische Geisterfurcht, durch das fade Geschrei, im 19. Jahrhundert noch an Geister zu glauben, diese so merkwürdige Nachtseite der Natur bisher der Beobachtung gänzlich entzogen wurde, indem, wo sie sich der Beobachtung auch noch so sehr aufdrang, der Beobachter sogleich scheu vor ihr zurücktrat, oder aus Furcht vor jenem Geschrei die Beobachtung in sich verschloß, oder sich dieselbe am Ende selbst mit gläsernem Gehirne wegstritt. Man will nicht den Glauben aufdringen, als seien die Phänomene nichts andres als das Hereinragen Verstorbener in dieses Leben; es ist aber davon die Rede, solche Phänomene genauer, als bisher geschah, zu untersuchen, wo sie als wirkliche, objektive, für sich bestehende Realitäten in der Natur werden erkannt werden.“

Wenn sich nun aber die Naturforschung noch nicht nach Wunsch an die Beobachtung dieser Phänomene machte, so hat der Abschnitt dieses Buches doch inzwischen das Verdienst, reichlichere Anregung zur Besprechung dieser Phänomene in der Natur in den verschiedensten Kreisen gegeben zu haben; auch kam es dadurch soweit, daß hie und da auch Naturforscher sie mit ernsteren Augen zu betrachten anfangen und ihrer nicht mehr, wie früher geschah, nur mit verächtlichem Achselzucken erwähnen.

Herr Dr. E. W. Hagen zu Erlangen schrieb in dem zweiten Bande von R. Wagners „Handbuch der Physiologie" den Artikel: Psychologie und Psychiatrie.

Was er in solchem über das Nachtleben der Seele, vorzüglich aber über Geistererscheinungen, sagte, stimmt mit unsern Ansichten und mit dem, was wir in vielen unsrer Schriften aussprachen, aufs vollkommenste überein, so daß wir uns nicht enthalten können, diese wahren Worte auch den Lesern dieses Artikels mitzuteilen. Möchten sie die Naturforscher beherzigen! Derselbe schreibt also:

„Wir berühren einige weitere Erscheinungen, als das Doppeltsehen, das zweite Gesicht, die Ahnungen, die Geistererscheinungen auch nur insofern, als wir unsre durch die Gewalt der Tatsachen uns aufgedrängte Überzeugung von der Realität dieser Phänomene hier offen auszusprechen uns veranlaßt fühlen. Es gehört in unsern Zeiten ein gewisser Mut dazu, dies zu tun, weil jeder, der sich zu dieser Ansicht bekennt, fürchten muß, man möge dieselbe entweder seiner Phantasterei oder seinem Mystizismus, oder seiner Unwissenschaftlichkeit und bornierten Leichtgläubigkeit zuschreiben. Wir trösten uns aber mit Kant, bei dem es sicherlich nicht Mangel an Wissenschaft oder Respekt vor Ammenmärchen war, wenn er die Möglichkeit dieser Dinge zugestand; auch hoffen wir, in den bisherigen Abschnitten gezeigt zu haben, daß unkritisches Annehmen oder mystische Spekulation nicht entfernt unsre Sache ist. Auch wir gehörten früher zu den hartnäckigsten Gegnern eines zuweilen sich vernehmenlassenden Verkehrs einer andern Welt mit der unsrigen, und sind noch jetzt der Überzeugung, daß eine große Anzahl von Visionen, ja der überwiegend größte Teil derselben in krankhaften Zuständen der Sinnesnerven und des Gehirns ihren Grund hat, und daß man immer erst nach einer strengen, die Möglichkeit subjektiver Entstehung völlig ausschließenden Kritik eine objektive Einwirkung annehmen dürfe. Wer sich aber mit den zahlreichen glaubwürdigen Berichten über solche Fälle bekannt macht, und sich nicht absichtlich gegen die evidentesten Beweise verhärtet, der wird sich zuletzt, wie wir, für besiegt erklären und gestehen müssen, daß viele Fälle jeder physikalischen oder pathologischen Erklärung und jedes Versuches, sie auf die Phantasie oder die Vorurteile der Beobachter, oder gar auf Betrug zu deuten, spotten. Vornehmes Absprechen und mitleidiges Heruntersehen auf die Leute, die sich so abergläubisches Zeug aufbinden lassen, ist freilich der bequemste Weg, der Sache los zu werden; wir aber halten es dem Geiste echter Wissenschaft schnurstracks zuwider, dergleichen Tatsachen a priori bloß deshalb abzuleugnen, weil sich dieselben aus unsern gegenwärtigen physiologischen und physikalischen Kenntnissen nicht genügend erklären lassen. Man ist ja doch in der Wissenschaft alle Augenblicke gezwungen, zu gestehen, dieses und jenes sei noch höchst dunkel, dieser und jener Punkt bedürfe noch vielfältiger Forschung, und namentlich vom Gehirne bekennen alle, daß sie noch blutwenig wüßten; wenn nun aber die Reihe an das Nachtgebiet der Natur kommt, so spreizt sich die ‚Wissenschaft', und wirft sich in die Brust, und behauptet, sie wisse schon so unendlich viel, sie sei schon so vollständig in die Natur aller Dinge eingedrungen, daß sie mit unzweifelhafter Gewißheit jedermann versichern könne, an jenen Dingen sei nichts, gar nichts, es sei nach der von ihr erkannten Weltordnung ganz unmöglich, daß dergleichen existiere. Wir sind weit entfernt, aus diesen unsern Überzeugungen irgendeine, sei es medizinische oder psychologische oder religiöse Theorie zu ziehen, im Gegenteil räumen wir dem, was sich daraus ebenfalls, obwohl nur hypothetisch, folgern ließe, nicht den geringsten Einfluß weder auf unsre wissenschaftlichen Bestrebungen, noch auf unsre sonstige Weltanschauung ein, deren Prinzip nie den Geist in die Fesseln von Vorurteilen schlagen lassen wird; aber ebenso entschieden glauben wir gegen jenen Terrorismus auftreten zu dürfen, welcher eine Reihe von Erscheinungen ohne weiteres aus der Gemeinschaft der Erfahrungen exkommunizieren will, weil sie der zufälligen Richtung der Wissenschaft und einer dadurch gesetzten einseitig befangenen Anschauungsweise unbequem in die Quere kommt. Das mögen diejenigen bedenken, welche gegen dieses Gebiet immer nur anführen, daß dergleichen ja in der Erfahrung gar keine Analogie habe, und dann doch die Erfahrungen, welche dafür sprechen, mit ihren theoretischen Gründen niederschlagen wollen. Unsre Absicht bei dieser ganzen Erörterung ist nur, darauf zu dringen, daß man sich endlich einmal bequeme, die Tatsachen nicht mehr abzuleugnen. Die Wissenschaft versinkt dadurch keineswegs in Aberglauben, der Teufel kommt nicht mehr zurück und wir würden mit in den vordersten Reihen gegen seine Wiedereinführung fechten. Aber die Wissenschaft soll die Augen nicht vor diesen Phänomenen verschließen, sondern sie unbefangen betrachten, wie sie sich darstellen, soll aber dabei nicht wähnen, noch so wenig erforschte Dinge unter das Fachwerk der bisher gekannten Gesetze zwingen zu können, sondern damit anfangen, zu gestehen: Es gibt mehr Dinge im Himmel und auf Erden, als wir in unseren Schulsystemen träumen."

2. *Eingang*

Mein Lieber, der du diese Blätter ließest, wärest du auch erst in der Blüte deiner Jahre, siehe, das noch vor dir liegende Leben vergeht schnell, wie ein Traum, und dann – und dies ist eine Frage, die unsern Weltsinn und Weltverstand so sehr wie keine unterbricht – und dann – was wird aus dir werden? Wieviel wird dein Wissen, mit dem du so viel Ruhm und Ehre gesucht hast, einst auf der Waagschale wägen?

Du glaubst an eine Fortdauer des Lebens, aber gedankenlos bleibst du über die Beschaffenheit derselben. Ungerne lässest du dir bestreiten, daß dein Leben lange dauere, und widrig ist dir der Spiegel, der dir deine alternde Gestalt zeigt. Ja, du suchst durch Zerstreuungen der Außenwelt sehr gerne die Mahnung des geheimen Wächters in dir an den Schlag der ernstesten deiner Stunden, den deiner letzten, zu übertäuben.

Aber dieser Wächter in dir ist die allerbarmende Liebe, der nie zu erlöschende Funke Gottes, der, wenn wir auch noch so viel Asche und Staub um ihn sammeln, wohl unterdrückt, aber nie (weil er von Gott stammt) erlöscht werden kann. Stürze dich in alle Vergnügungen, verwickle dich in das geschäftsvollste Leben der Außenwelt – du kannst es durch alle Zerstreuungen wohl nicht dahin bringen, daß dir nicht oft mitten in ihnen jener geheime Wächter zuruft: „Du mußt sterben!"

Wie oft hört man die Redensarten: „Ich sterbe gerne, ich fürchte den Tod nicht, er komme!" und o wie wird bei solchen doch meistens so gar nichts gedacht!

Und droht dir der Tod nun einmal ernstlich, wie ängstlich, wie zutrauensvoll hängst du dich, Mensch, an die schwachen Künste der Welt. Ja, da kommt es, daß du dich oft mit all deinen Hoffnungen an eine Arzneiflasche mit einer Ängstlichkeit klammerst, wie du früher kaum den höchsten Gewinn deines Lebens umfingest.

Lieber! Und ergreift dich auch wirkliche Sehnsucht nach dem Tode, bist du wirklich des Lebens satt (freilich oft nur wie von einer Speise, von der du schnell und zu viel genossen), so treibt es dich, dieses Leben von dir zu geben, oft nur, weil in dir der Glaube ist, nach ihm nun schnell wieder ein frischeres, besseres einzunehmen.

Was mit dir war und was mit dir werden wird, wie ungerne, wie flüchtig denkest du hierüber nach, und wie vertraust du so gerne blindlings dem Glauben, es gehe deine Seele nach dem Tode, frei von allen Leiden der Erde (denn zur Hölle denkest du dich doch zu gut und deinen Richter zu gnädig), in die ewigen Wonnen himmlischer Seligkeit ein!

Diese Blätter, mein Lieber, von denen die Menge sagen muß: „Sie gefallen mir nicht!" denn sie sprechen zu sehr gegen die Wünsche der Menge, möchten sie in dir, wenn auch nach außen gegen sie Spott und Verleugnung, doch in deinem Innersten sei es auch nur ein stilles Bedenken erregen!

Wohl weiß ich, mein Lieber, daß man zu sehr die gewohnten Ansichten von Welt und Leben, Seele und Geist, Diesseits und Jenseits ändern muß, um das, was diese Blätter geben, für wahr zu halten. Ehe man dieses Opfer bringt, verwirft man lieber alles, und hat der Zufall den glücklichen Wurf getan. Unter solchen Umständen bleibt dem Forscher nichts übrig, als die gute Absicht und die Benutzung des Geschehenen zum Guten, und so kann er sich geruhig in seinen Mantel hüllen und dem Ungetüm Trotz bieten.

Betrachtest du, mein Lieber, auch nur oberflächlich, den Gang der Natur, so siehst du, wie in ihr alles eine zusammenhängende Kette bildet, wo das kommende Glied schon immer im vorhergehenden liegt, und überall, wenn auch oft nur leise Übergangsstufen und Verbindungen, nirgends schroffe Übersprünge, stattfinden. So siehst du schon im niedern Steine die Pflanze, in der Pflanze das Tier, in dem Tiere den Menschen, und in diesem den höhern, unsterblichen Geist. Und gleich wie in der Raupe schon die Flügel des Schmetterlings nachzuweisen sind, so werden dir im Menschen, besonders in gewissen Zuständen seines Lebens, die Flügel einer höhern Psyche offenbar, zu der er sich nach kurzem Erdenleben entfaltet, ja, du erkennst, mein Lieber, eine höhere, überirdische Welt, vor allem in dem über Zeit und Raum gesetzten magnetischen Menschen.

Schleier und Scheidewand, die im gewöhnlichen Leben zwischen uns und der Welt der Geister stehen, sind jenem schon mehr oder weniger niedergefallen, die Isolierung ist mehr oder weniger aufgehoben.

Der magnetische Mensch ist freilich, selbst in dem ausgebildeten Grade, wie ihn diese Blätter aufweisen, auch immer nur ein unvollkommener Geist. Im Polypen, der die Übergangsstufe von der Pflanze zum Tiere macht, siehst du ein unvollkommenes Tier, wie eine unvollkommene Pflanze, aber doch siehst du ihn, während er als Pflanze an die Erde geheftet bleibt, mit seinen Armen in die Tierwelt ragen und von dieser dir ein Zeuge sein.

Und so siehst du auch, mein Lieber, den magnetischen Menschen, während er noch immer an den Körper und somit an die Welt der Sinne gebunden ist, mit verlängerten Fühlsfäden hinaus in eine Welt der Geister ragen und von dieser dir ein Zeuge sein. Ein solches Bestreben, ein solches Hinüberragen in eine Welt der Geister, sehen wir auch mehr oder weniger in allen magnetischen Menschen, aber in diesem unserm Falle in einem so ausgezeichneten Grade, daß noch kein gleicher bis jetzt bekannt ist.

Du sahst, mein Lieber, in den vorigen Blättern, wie dem freigewordenen Nervengeiste jenes, gleichsam durch irgendeine Fixierung im Sterben aufgehaltenen, geisterhaften Wesens, der Geist aller Dinge fühlbar wurde, der Geist von Dingen, die uns bei gebundenem Nervengeiste völlig gleichgültig und unfühlbar sind. Du sahst, wie jenes Wesen, gleichsam selbst zum Geiste geworden, sich über Raum und Zeit setzend, aus loser Hülle zu treten und sich in Entfernungen hin kundzugeben vermochte, und warum solltest du dich dann, lieber Leser, noch verwundern, daß diesem Wesen durch das gleiche Verhältnis auch der Geist ihm so verwandter überirdischer Organisationen fühlbar wurde, für den wir, die wir für den Geist, selbst so vieler irdischer Dinge, kein Gefühl haben, isoliert sind, keine Sinne, wenigstens in dem Umfange, besitzen.

Überhaupt ist der Mensch nur ein Mittelglied zwischen einer höhern Potenz (selige Geister) und einer tiefern Potenz (unselige Geister), oder zwischen Engeln und Dämonen. Er steht aber nicht isoliert zwischen beiden, sondern auf mannigfache Weise in ihrer Wirkungssphäre, jedoch so, daß seine Selbständigkeit nicht dadurch verlorengeht. Freilich passen die Naturgesetze, soweit sie uns bekannt sind, nur mehr auf die Mittelsphäre, in der wir denken, fühlen und wollen, aber weniger auf die leise Verbindung mit der höhern und niedern Potenz. Wer von letztern keine Ahnung hat, leugnet sie gerade, und dies ist ja der Fall bei all den starken Geistern, welche nichts glauben, als was sie sehen und begreifen.

Bei H. hat der Nervengeist eine eigene Rolle, sie fühlt bei allen Menschen gleichsam in die Atmosphäre desselben hinein und taxiert sie nach dem Gefühl, das sie davon hat. Dieser Nervengeist ist nach ihr das Bleibende des Körpers, und umgibt auch nach dem Tode die Seele wie eine ätherische Hülle. Da er die höchste organische Kraft ist, und somit auch über allen physischen Potenzen steht, so kann er weder durch eine physische und chemische, noch auch durch eine andre organische Kraft besiegt und zerstört werden, er folgt daher, wenn der Leib sich löst, dem Zuge der Seele.

Wie er während des Lebens das einzige Band ist, das den Leib und die Welt mit der Seele vermittelt, so ist er auch nach dem Tode die einzige intensive Kraft, wodurch die Seelen derjenigen, welche in das Zwischenreich verbannt sind, sich manifestieren können.

Nach ihr bildet irgendein feines Vehikel der Luft das Werkzeug, dessen er sich wie eines Leibes bedient, wenn die Seele noch eine Rückwirkung machen will oder kann. In unserm gewöhnlichen Zustande sind unsre Sinne nicht geeignet, solche Erscheinungen aufzunehmen, so wenig als wir imstande sind, das Prinzip, welches das Sehen und Hören in uns hervorbringt, was eben der Nervengeist zunächst ist, selbst wieder zu sehen und zu hören, indem das Subjekt sich nicht zugleich Objekt sein kann. Aber in dem außerordentlichen Zustande des magnetischen Lebens können solche Bedingungen wohl eintreten. Der Nervengeist, der im wachenden Leben durch die Sinne und überhaupt in der objektiven Welt verbraucht wird, wird im magnetischen Leben mehr zusammengehalten und in sich selbst reflektiert, wodurch der innere Gemeinsinn (sensorium commune) eine ungewöhnliche Energie erlangt.

Es bilden sich nun Sinne aus, und wir sehen manche inneren Nervenherde zu Sinnen werden, während die nach außen führenden Sinne mehr und mehr sich verschließen. Ebenso wird das Gefühlsleben der Seele gesteigert, und das Erkenntnis- wie das Willensvermögen scheinen ihre Kraft an die Gefühlsseite abgetreten zu haben.

Ebenfalls nimmt auch der Geist seine Richtung gegen sein ursprüngliches Zentrum, und das Wissen erhebt sich zum Schauen.

In diesem Zustande mag es sein, daß nicht nur der Geist in die Mittelpunkte seiner Kreise sich versetzen kann, sondern daß auch das, was dem gewöhnlichen Auge verborgen bleibt, wie die Wesen des Zwischenreichs, dem magnetisch gesteigerten Sinn aufgeschlossen wird. Wenn wir das häufige Hinzudrängen jener Wesen zu Frau H., das allmähliche Aufhellen ihrer dunklen Gestalten während der Gebete, welche sie täglich mit ihnen hielt, und überhaupt alle die Momente, welche sie von einem Zwischenreich angibt, nicht für eine Schimäre halten, so scheint es der Sache angemessen, wenn wir annehmen, daß aus dem potenzierten Gefühlsleben nicht nur ein neues Auge, die Geister zu unterscheiden, sich erzeugte, sondern daß auch dieses Auge wie ein helles Flämmchen leuchtete, an dem sich jene finstern Wesen zu sammeln und zu sonnen suchten. Ja, vielleicht ist das magnetische Leben solcher Personen geeignet, daß eben diese verbannten Seelen durch sie hindurch einen Blick in die Gnadensonne, die für das finstere Reich gänzlich untergegangen ist, zu tun vermögen und dann eine Art Sehnsucht empfinden, sich an ihren Strahlen zu wärmen. Es ist bemerkenswert, daß Frau H. die Gnadensonne und die Wohnung seliger Geister, sowie auch das Erscheinen ihrer Führerin und andrer reiner Lichtgestalten in das Zentrum des Sonnenkreises setzt, während das Erscheinen der unseligen Geister in der Mittelregion des Sonnenkreises gewahr wird. Die erste Region gehört zur Übernatur, die zweite zur Unnatur; zwischen beiden liegt die Natur des Menschen, welche in einem solchen, magnetischen Leben, wie es nun in unsrer Seherin war, mit beiden in Berührung zu stehen schien.

3. Äußerungen der Seherin über das Geistersehen

Das Sehen der Geister (so drückte sich unsre Seherin teils schriftlich, teils mündlich über ihr Sehen von Geistern aus) kann von Menschen, die im Gehirne, oder von solchen, die auf der Herzgrube leben, momentan geschehen, aber immer geschieht es mit dem geistigen Auge durch das fleischliche.

Der Mensch kann zwar wohl mit der Seele Ahnungen und Gefühle von geistigen Dingen haben, aber nie wird es zum Schauen kommen. Wird aber der Geist durch die Seele aufgeregt, so können Ahnungen und das Sehen der Geister hervortreten, welches dann bei Menschen, die nur im Gehirne leben, momentan ist und ihnen das Gehirn sogleich wieder wegstreiten kann.

Sieht man sie aber, wie ich sie sehe, oder hat man das Leben so auf der Herzgrube, wie ich es habe, so kann man sich weder selbst dieses Sehen wegstreiten, noch kann es von andern geschehen.

Gewiß male ich mir diese Gestalten nicht selbst aus, denn ich habe nicht die mindeste Freude an ihnen; im Gegenteil, dieses unglückselige Schauen ist mir ganz zuwider, auch denke ich nie an sie, außer ich sehe sie, oder man fragt mich über sie, welches mir aber immer leid ist: denn ich möchte so gerne von ihnen gar nicht sprechen. Leider ist mein Leben nun so beschaffen, daß meine Seele wie mein Geist in eine Geisterwelt schauen, die gleichsam auf unsrer Erde ist, und somit sehe ich die Geister nicht nur einzeln, sondern oft in großer Menge von verschiedener Art, je nachdem diese abgeschiedenen Seelen sind.

Ich sehe oft viele, mit denen ich in keine Berührung komme, und dann wieder solche, die sich zu mir wenden, mit denen ich rede, und die oft monatelang wie in meinem Umgange bleiben. Ich sehe sie zu den verschiedensten Zeiten bei Tag und Nacht, ob Menschen da sind oder nicht. Ich bin jedesmal ganz wach, fühle nicht, daß in mir etwas andres vorging, oder daß dies Sehen durch irgend etwas hervorgerufen würde. Ich sehe sie, wenn ich mich stark oder schwach fühle, wenn ich vollblütig scheine oder Blutverlust hatte, in Schmerzen und im Wohlbehagen, auch in den größten Seelenleiden oder Freuden, wenn ich zerstreut bin oder nicht, so sehe ich sie, kurz, ich kann ihnen gar nicht ausweichen. Nicht daß sie immer vor mir ständen, sondern sie kommen zum Teil zu mir, wie die Menschen, die mich besuchen, ich mag in einer geistigen oder körperlichen Lage sein, in welcher ich will. Selbst wenn ich den besten, ruhigsten Schlaf habe, so wecken sie mich, wie, das weiß ich nicht, aber ich fühle, daß sie mich wecken, und daß ich nicht erwacht wäre, hätten sie, die nun vor meinem Bette stehen, und die ich nun mit wachen Augen sehe, mich nicht erweckt.

Ich machte auch die Erfahrung, daß ein Geist, der vor meinem Bette steht, mich erweckt und mir fühlbar und sichtbar ist, andern, die in demselben Zimmer schlafen, oft (und selbst sein Begehren) im Traume kund wird; sie sprachen nach dem Erwachen von dieser Erscheinung, die sie im Traume gehabt, ohne daß ich eine Silbe äußerte, daß ich die gleiche wachend hatte.

Während ich die Geister sehe und sie mit mir sprechen, sehe und höre ich auch andre Gegenstände, die sonst um mich sind, vermag auch alles andre zu denken, aber meine Augen sind doch wie an ihr Bild gebannt (fixiert), so daß es mir schwerfällt, mich von ihnen mit den Augen zu wenden, ob ich es gleichwohl zu tun imstande bin; ich komme mit ihnen wie in magnetischen Rapport.

Ihr Aussehen ist mir gleich einer dünnen Wolke, die man zu durchschauen glaubt, was wenigstens aber ich nicht kann.

Ich sah nie, daß sie einen Schatten warfen. Im Sonnen- und Mondscheine sehe ich sie heller als im Dunkeln, ob ich sie aber auch in ganz finsterer Nacht sehe, weiß ich nicht, da ich das nie erproben konnte. Durch Gegenstände, die vor sie treten, können sie mir bedeckt werden. Mit geschlossenen Augen sehe ich sie nicht (auch nicht, wenn ich mich nicht nach ihnen umschaue), aber ich fühle ihre Gegenwart so genau, daß ich den Standpunkt, wo sie stehen, mit geschlossenen Augen, oder nicht nach ihnen schauend, angeben kann. So höre ich sie auch bei verstopften Ohren sprechen. Stehen sie sehr nahe an mir, so kann ich sie nicht ertragen, sie schwächen mich. Manche Menschen, die sie nicht sehen, fühlen sie, wenn sie in meiner Nähe sind, durch ein besonderes Gefühl auf der Herzgrube, Beengung, Anwandlung von Ohnmacht. Sie machen wie einen Gegendruck auf die Nerven. Auch Tiere fühlen ihre Nähe. Ihre Gestalt ist immer so, wie sie wohl im Leben war, nur farblos, grau; so ist auch ihre Kleidung, wie sie im Leben war oder gewesen sein mochte, aber farblos wie aus einer Wolke. Nur bei den hellern, bessern, sehe ich eine andre Bekleidung, immer ein langes helles Faltengewand wie mit einem Gürtel um die Mitte des Leibes. Ihre Gesichtsform ist auch wie bei Lebenden, nur auch grau und meistens traurig und düster. Die Augen sind hell, oft wie ein Feuer. Haupthaare sah ich noch nie bei einem solchen Geiste.

Alle weiblichen Geister erscheinen mir in ein und derselben Kopftracht (haben sie auch über diese noch die Bedeckung, die sie im Leben trugen), in einer über die Stirne herlaufenden, alle Haare bedeckenden Verschleierung. Die bessern Geister erscheinen mir in hellerer, die bösern in dunkler Gestalt.

Ob sie sich mir nur unter dieser Gestalt sichtbar machen können, oder ob mein Auge sie nur durch diese Gestalt sehen und mein Sinn sie nur so auffassen kann, ob sie für ein geistigeres Auge nicht geistiger wären, das kann ich nicht mit Bestimmtheit behaupten, aber ahne es fast.

Ihr Gang ist mir wie der Gang Lebender, jedoch insofern verschieden, als die hellern, bessern, wie schweben, die dunklern, bösern, schwer auftreten, so daß man sie zuweilen hört, und zwar nicht allein ich, sondern auch andre Menschen.

Töne, außer der Sprache, bringen sie verschiedener Art zuwege, um die Aufmerksamkeit, besonders von solchen auf sich zu richten, die sie nicht zu sehen fähig sind, und was noch schwerer zu sein scheint, die ihre Sprache nicht vernehmen können.

Diese Töne bestehen hauptsächlich in Klopfen, in Tönen, als würfe man mit Kies oder Sand, im Rauschen wie mit Papier, in Tönen, als rollte man mit einer Kugel, in Schlürfen wie in Socken und Pantoffeln, in Seufzen usw.

Neben diesem sind sie aber auch imstande, selbst schwere Gegenstände zu bewegen, sie zu werfen, die Türen hörbar auf und zuzumachen.

Letzteres geschieht sehr oft, und auch von solchen, die wohl, ohne eine Türe zu eröffnen, durch sie oder durch die Wand kommen könnten.

Ich beobachte, daß je dunkler ein Geist ist, desto stärkere Töne er hervorzubringen und desto mehr spukähnliche Dinge er zu treiben vermag.

Diese Töne und dieses Bewegen bringen die Geister durch die Luft und den Nervengeist hervor, welchen letztern sie mit sich hinübernahmen.

Nie sah ich einen Geist in der gleichen Zeit, in der er irgendein Geräusch machte, so daß ich glaube, daß sie sich nicht sichtbar und hörbar zugleich (das Sprechen ausgenommen) machen können. So sehe ich auch keinen Geist, während er die Tür auf- und zumacht, sondern immer nur gleich nachher.

Ihre Sprache ist so verschieden wie bei den Menschen, jedoch der Ton der Stimme immer gleich, wie ein Hauchen. Bei bösern ist der Ton der Stimme stärker als bei bessern. Sie bewegen dabei wie Menschen den Mund.

Mit ihnen reden, was ich will, kann ich nicht, auch können sie mir nicht alles beantworten, was ich will. Bösere Geister würden dieses mehr tun; allein vor dem Ansprechen dieser hüte ich mich.

Diese kann ich von mir und auch von andern, durch das gesprochene oder auch geschriebene Wort (magisch), zum Beispiel in einem Amulette, entfernen.

Oft sogen Geister, besonders dunklere, sprach ich religiöse Worte, dieselben wie in sich ein, und ich sah sie dadurch wie heller und leichter werden, wodurch ich aber sehr geschwächt wurde. Das Erscheinen seliger, lichter Geister stärkt mich und gibt mir eine ganz andre Empfindung als das unseliger. Oft fühlt' ich, daß bessern Geistern auch daher schwerfällt, irdische Fragen zu beantworten, weil sie im Irdischen so gar nicht mehr sind, ihnen dieses so ganz fremd ist, wie es bösen Geistern schwerfällt, vom Himmlischen zu reden, ja, wie sie dieses gar nicht fähig sind zu tun, weil sie von solchem so weit stehen. Mit höhern, seligen Geistern bin ich nicht imstande zu sprechen, höchstens kann ich an sie nur eine kurze Frage machen.

Man sagte mir zwar, daß ich mit meiner Führerin, auch einem seligen Geiste, schon oft im schlafwachen Zustande gesprochen, was ich nicht weiß; ist aber dem so, so konnte dies nur mein Geist allein, in Momenten, wo er von der Seele getrennt war. Ist meine Seele mit dem Geiste vereint, kann ich mit seligern Geistern nicht so sprechen.

Diejenigen Geister, die meistens zu mir kommen, sind in den untern Stufen des Geisterreichs, das in unserm Luftraume ist, in einem sogenannten Zwischenreiche, wiewohl ich es, der Mißdeutungen wegen, nur ungerne mit diesem Namen benenne. Das sind Geister, deren Geist in diesem Leben, teils durch Hinziehen nach der Außenwelt, nieder blieb, teils sind es solche, die nicht im Glauben an die Erlösung durch Christum starben, oder solche, denen noch irgendein irdischer Gedanke an die Seele im Sterben anklebte, den sie mit hinübernahmen und der sie nun auch an diese Erdennähe bindet.

Viele Menschen, auch die nicht sogleich nach dem Tode verdammt, aber auch nicht sogleich nach dem Tode selig werden können, kommen in verschiedenen, oft hohen Stufen in dieses Reich, je nach der Reinheit ihres Geistes.

In den untersten Stufen sind diese Geister noch der Verführung des Bösen ausgesetzt, in den obern, wo sie schon zu viel göttlichen Genuß haben und die Reinheit der Seligen fühlen, nicht mehr.

Man glaube aber nicht, daß dort die Besserung leichter sei als hier, denn dort geht die Besserung einzig aus sich selbst. Der Geist ist sich nun selbst anheimgestellt. Seine Grundneigung mußte heraus. Da ist keine Zerstreuung, keine Weltbeschäftigung, das ganze sündliche Leben liegt dem Geiste klar in einem Zeichen vor Augen, und er hat nun die Wahl zwischen Himmel und Hölle. Die in den untern Stufen, die noch die größere Schwere haben, sind in einer immerwährenden schauerlichen Dämmerung, die aus ihnen selbst hervorgeht, wo nichts ist, an dem sie ihre Augen weiden könnten. Diese Dämmerung ist nicht die des Ortes, in dem sie sind, sondern sie geht aus ihrer Seele hervor; der Sonnenkreis verschwand ihnen bei ihrem Hinscheiden, und sie haben kein Schauen mehr für unsre Erde, obgleich sie in unserm Luftraume sind. Nur durch ihre innere Besserung nimmt ihr Schauen und ihr Licht zu. Haben sie wieder Licht in ihrer Seele, dann können sie aus unserm Raum, und sie schauen auch wieder Licht. Das sind diejenigen, die meistens zu mir kommen, weil ich leider so beschaffen bin, daß sie mich sehen und fühlen, wie ich sie sehe und fühle. Sie kommen, daß ich ihnen ein Wort des Trostes sage, und ihnen durch Gebet aufhelfe.

Oder sind sie auch der irrigen Meinung, daß ihnen noch jetzt das Aufdecken einer Untat, die auf ihrem Geiste lastet und die sie im Leben verübt, Ruhe bringen könne. In solchem Irrwahne beunruhigt sie oft mehr eine einzelne hervorspringende Untat in ihrem Leben, als die Schlechtigkeit des ganzen. Andre kommen auch aus diesem Reiche zu mir, denen sonst noch irgendeine irdische Angelegenheit, ein Gedanke, der ihrer Seele im Sterben noch anklebte, anliegt.

Die Geister könnten sich ebensosehr an andre Menschen, welche sie sehen können, wenden, als an mich, am besten aber würden sie tun, sich an bessere, selige Geister zu wenden; aber ihre Schwere zieht sie eher noch zu Menschen als zu seligen Geistern. Ohne meinen Willen geschieht es, daß sie sich zu mir wenden, und ohne mein eigenes Zutun erblicke ich sie.

Dieses kommt nun vielen Menschen allerdings sehr unglaublich, ja einfältig vor, besonders denen, die meinen, ein Geist wisse ja doch mehr als ein schwacher Mensch. Diesen sag' ich, daß dies bei diesen Geistern mitnichten der Fall ist, daß sie sehr nieder stehen und meistens in Irrtümern befangen sind, und daß es ihnen bei ihrer geistigen Schwere noch leichter ist, sich an sündliche Menschen (haben diese eine dazugehörende Nervenbeschaffenheit) zu wenden als an selige Geister. Jene Menschen sollen wissen, daß ein Geist, der sich im Leben hier oben so sehr verdunkelte, nach dem Tode nicht sogleich heller wird. So ein geschwächter Geist ist nach dem Tode, wo er die Unterstützung der Seele nicht mehr hat, die nun bloß ihm zur Hülle geworden ist, nur schwächer, oder vielmehr seine Schwäche kommt, bei seinem Alleinstehen, jetzt erst recht an den Tag.

Ein sündiger irdischer Mensch kann mit seiner Seele verständig scheinen, einen recht guten Weltverstand haben, und in dieser

Welt leuchten: aber sein Geist ist nur desto schwächer und dunkler, und kann nie in sein Inneres dringen. Ist nun ein solcher Mensch gestorben, so ist die Seele, die ihn in der Welt allein noch hob, nur noch die Hülle von seinem Geiste, der schwache dunkle Geist ist nun der Herrscher und dann – welcher?

So kommt es nun, daß im Geisterreiche ein solcher Geist viel weniger ist, als er im Reiche der Sinne durch Vorschiebung seiner weltklugen, verdorbenen Seele zu sein schien.

Hat ein Mensch schon hier Geist und Seele gleich hoch ausgebildet (unter welcher Ausbildung aber noch Höheres verstanden wird, als was man gewöhnlich unter Bildung versteht), so kann er nach dem Tode als Geist nie in eine solche Lage kommen, nie so unmächtig und schwer werden.

Auch im unmächtigsten Geiste ist, wenn er nicht ganz zum Teufel geworden, nie der Funke Gottes völlig erloschen, er sucht immer die Seele an sich zu ziehen, die seine Sorge bleibt, bis sie völlig gereinigt ist; dann geht sie wie in ihn über und wird selbst zum Geiste. Dies geschieht aber nur, wenn sich der Geist zuvor aus sich selbst gehoben, was ihm oft sehr schwerfällt und lange ansteht. Solche Geister sind, wenn der Geist noch nicht die Reinheit eines höhern Geistes erhielt, zwar noch in diesem Zwischenreiche, aber schon in einem Grade von Seligkeit, in dem sie nur höher kommen, nicht mehr sinken können. Diese Geister erscheinen mir dann in lichten Gestalten, und mit höherer geistigerer Bekleidung, kurz, in geistigerem Bilde.

Zu diesen Äußerungen der Seherin über Geist ist noch zuzusetzen, was dieselbe auf mehrere Fragen und namentlich in Briefen an Eschenmayer eröffnete, und was sich noch auf das Schauen der Geister und das Wesen derselben bezieht.

Er fragte sie:

„Können alle Menschen Geister sehen oder nur diejenigen, bei welchen das geistige Auge durch das leibliche hindurchleuchtet?"

Hierauf antwortete sie:

„Das Sehen der Geister liegt wohl in allen Menschen, wird aber nur selten zum Schauen, indem immer ein Hervorrufen des innern Menschen stattfinden muß auf irgendeine Art, was aber alsdann von den meisten wieder durch ihre Vernunft weggestritten und unterdrückt wird, weil das Sehen der Geister bei den meisten nur momentan ist."

Über das Wachstum der Kinder in der andern Welt äußerte Frau H.:

„Ich fragte einmal einen Geist, ob man nach dem Tode noch wachse? (Weil mir mehrere, die in zarter Jugend starben, in größerer Gestalt erschienen) und er antwortete:

„Ja, wenn man sich von der Erde trennen muß, ehe man ausgewachsen ist. Die Seele bildet sich allmählich eine größere Hülle, bis sie so groß ist, als man hier werden kann. Diese hat bei den Kindern eine undenkliche Klarheit, ebenso bei den ganz Seligen."

Als man sie einmal fragte: wie es sich mit den noch unentwickelten Kräften früh verstorbener Kinder verhalte, sagte sie:

„Die unentwickelten Kräfte eines Kindes bilden sich allerdings noch nach dem Tode aus, vermittelst des Nervengeistes, der gleichsam in der Seele liegt. Die Kraft und Reinheit aber, welche Kinder haben, können wir uns nicht denken, nicht ahnen, Kinder haben weder durch Worte noch Werke ihre Seele und den Körper geschwächt und daher die volle Kraft, die der gute Gott ihnen schenkte.

Darum soll aber der Mensch dennoch nicht wünschen, daß er möchte als Kind gestorben sein, denn so er ein Gott wohlgefälliges Leben führt, erreicht er nach dem Tode doch eine höhere Stufe. Würden wir durch unsre Gedanken, Worte und Werke die Kraft unsrer Seele nicht so sehr schwächen – welche Schönheit, ja ich möchte sagen Erhabenheit, könnten wir nicht schon auf der Erde haben? Unser Fleisch würde sich verfeinern und alle Kräfte würden sich stärker äußern."

Die Schwierigkeit, noch ein ferneres Wachstum anzunehmen, scheint nach der Theorie der Seherin nicht groß. Eine in ihren Anlagen und Vermögen noch unentwickelte Kinderseele muß sich jenseits noch entwickeln, denn dies gehört zur Seligkeit, und ebenso hat die plastische Kraft des Nervengeistes in einem Kinde seinen Typus noch nicht ausgebildet und wird auch dann noch parallel mit der Seele ihn ausbilden.

Über den Zustand der Heiden nach dem Tode äußerte sie sich so:

„Vor einigen Tagen fragte ich einen Geist, der eine ziemliche Klarheit hat, wo er sei und womit er und überhaupt alle die Geister am gleichen Orte sich beschäftigen? Da gab er mir die Antwort: ‚Ich bin nicht im Zwischenreich, ich bin schon in einer Seligkeit, und zwar in derjenigen, wo die Heiden und überhaupt alle die Seelen sind, die ohne ihr eigenes Verschulden unsern Herrn und Heiland nie kennenlernten. Da werden wir von Engeln unterrichtet, bis wir reif sind zu einer höhern Seligkeit.' "

Auf die Frage: ob Menschen die Geister erlösen können, antwortete sie:

„Nicht ich erlöse die Geister, sie müssen sich selbst aus ihren Banden losmachen. Viele, die auf Erden gebannt sind, suchen bei noch lebenden Menschen Hilfe, sie haben den Wahn, der Mensch könne sie erlösen, weil sie von dem großen Welterlöser keinen Begriff haben. Es kann der Mensch nur die vermittelnde Person sein, wie ich es bei diesen Geistern bin. Ich suche sie immer von dem Wahne abzubringen, daß ich oder andre Menschen sie erlösen können. Ich bete nur dringend und inständig mit ihnen, und führe sie so nach und nach zum großen Welterlöser zurück, aber es kostet unendlich viel Mühe, bis eine solche Seele sich wieder an den Herrn wendet. Wo kein Trieb zum Guten in dem Unseligen ist, da kann nur ein solches Gebet stattfinden, wie wir im allgemeinen für unsere Nebenmenschen und hauptsächlich für die auf Irrwegen beten sollen. Die Geister, welche ich sehe, können sich ebenso gut auch an andre Menschen wenden, welche Geister sehen, vorzüglich aber an bessere und seligere Geister. Es ist also nicht mein Wirken, und wäre es, wie die Geister sagen, daß ich zu ihnen blicke, so geschieht es ganz ohne mein eigenes Zutun. Es gibt der Anstalten genug, worin sich die Halbunseligen wieder aufrichten können. Sie bestehen darin, daß sie ihren freien Willen haben, an höhere Geister sich zu wenden, d. h. an Seligere, die sie mit Freuden unterrichten, da es dann weit schneller geht, als wenn sie sich nur an Menschen halten wollen."

Aus diesen Äußerungen erhellt hinreichend, daß die Erlösung dieser Geister nicht von zufälligen Somnambulen abhängt. Sie können sich vielmehr auch an andre Menschen und vorzüglich an seligere Geister wenden, um die lange vergessene und vernachlässigte Christusreligion wieder aufzufrischen. Wer die in den tausend Lastern eingefleischte Welt sucht, und die in selbstgemachten und selbstverschuldeten Irrtümern eingewurzelte Selbstsucht ihrer psychischen Wurzel zu schätzen weiß, wird sich nicht mehr über Hartnäckigkeit wundern, womit diese sich selbst überlassenen Geister ihre falschen Neigungen und ihre Irrtümer festhalten und wie Böhme sagt, über Gottes Sanftmut ausfahren und die Hilfe verschmähen. Nur das Gebet, die Lehre und der Name Christi kann noch helfen, und dazu scheint ein vermittelndes Organ wenigstens so lange, bis der erste glimmende Funke des Guten angefacht ist, nötig zu sein.

Ebenso erhellt aus jenen Äußerungen der Seherin, daß tugendhafte Heiden und überhaupt alle rechtschaffenen Menschen ein seliges Los zu erwarten haben. Aber die Idee der christlichen Kirche ist eine ewige im Himmel und nur durch sie hindurch geht es in das Reich Gottes. Nur durch das den Glauben füllende Wort der Wahrheit kann der Geist sich freimachen und zu jenem Reiche befähigen. Darum müssen alle zu früh verstorbenen Kinder, alle Heiden und alle, die ohne ihr Verschulden den Erlöser nicht kennenlernten, noch jenseits im Worte der Wahrheit unterrichtet werden und werden auch von Engeln unterrichtet; denn ohne an dem Erlösungswerke teilzunehmen und durch das Wort der Wahrheit sich fähig und reifzumachen, können sie nicht in jenes Reich eingehen, in welchem Christus sich mit den Seinigen vereint. Wenn Christus sagt: „Ich werde alle zu mir ziehen", so gilt dies auch den gestorbenen Heiden; wenn er sagt: „Es wird ein Hirt und eine Herde sein", so gilt dies nicht nur für die Erde, sondern noch mehr für das Himmelreich; – wenn er das Evangelium zu den Heiden sendet und die Fülle derselben einsammeln läßt, so dürfen wir gewiß annehmen, daß er sie zu einer andern Seligkeit vorbereiten will, als sie für sich erlangen können.

Es war dieses Sehen der Geister in der Familie der Frau H. zwar allein ihr in diesem ausgezeichneten Grade eigen, weil sie allein von solcher außerordentlicher Nervenbeschaffenheit; doch haftete es im mindern Grade noch an andern Gliedern ihrer Familie, und besonders ist es auch ihrem Bruder gegeben.

Manche Erscheinungen der Frau H. sah dieser im Augenblicke, wo sie vor ihr standen, oder wenn sie zu ihr durchs Zimmer gingen: auch wurden ihm schon in früheren Zeiten, wo seine Schwester sich nicht um ihn befand, Geister sichtbar.

Einmal sagte er still zu mir: „Hier geht soeben ein Geist durchs Zimmer in die Kammer meiner Schwester", und kaum hatte er es ausgesagt, hörte man Frau H. mit einem Geiste, der anscheinend nun vor ihr stand, sprechen.

Aber nicht immer hatte er diese Fähigkeit, die Frau H. immer hatte: denn als am andern Abend dieser Geist wieder bei Frau H. stand, und sie den Bruder mit mir in die Kammer rief, ihn nun wieder zu sehen, war er dies nicht imstande, während Frau H. den Geist immer sah, nur da nicht, als ich, ohne es zu wissen, zwischen sie und den Geist trat.

Auch das Kind der Frau H., ein Knabe von 3 Jahren, gab, leider nur zu oft, untrügliche Beweise, daß auch er mit diesem unglücklichen Sehen begabt sei.

Eine Schwester der Frau H. (ein ganz unbefangenes kindliches Mädchen) hatte für die Geister ein so feines Gefühl, daß es ihr zum völligen Schauen wurde. Sie fühlte, ohne ihn mit den wirklichen Augen zu sehen, doch die ganze Gestalt eines anwesenden Geistes, so daß sie, wie sie sagte, ohne ihn zu sehen, dennoch sein Aussehen (mit dem Sehen der Frau H. übereinkommend) meistens zu beschreiben fähig war.

Sie sagte: „Ich sehe ihn nicht mit meinem gewöhnlichen Auge, ich sehe ihn wie mit meinem Innern"; und doch war dieses Mädchen nie in einem somnambulen Zustande, und immer völlig gesund.

Novalis meint, daß bei Erscheinung eines Geistes wir notwendig inspiriert (momentan magnetisch erweckt (werden müßten.

Dies war auch bei Frau H. gewiß der Fall. Da Glas, auf die Herzgrube gelegt, sie sonst in einen mehr wachen Zustand brachte, so gab sie einmal ihrer Schwester auf, sobald sie bemerke, daß sie einen Geist sehe, ihr ein Glas auf die Herzgrube zu legen. Dies geschah, und als das Glas eine Minute lang auf der Herzgrube der Frau H. lag, sah sie das Bild des Geistes gröber, wie dunkel-schwarz, und es ergriff sie, was sonst nie geschah, vor ihm die größte Furcht.

Offenbar wurde da ihr Sehen zwischen Sonnengeflecht und Gehirn geteilt, daher das dunklere Sehen und die Furcht vor diesem Sehen. Daraus scheint auch hervorzugehen, daß einem geistigeren Auge die Geister unter hellerer, geistigerer Gestalt erscheinen und deswegen wohl kein Seher behaupten kann, es sehe ein Geist in der Wirklichkeit so aus, wie er ihn sieht; wie Frau H. auch selbst vermutete.

Ein sehr rechtschaffenes, wahrheitsliebendes Mädchen von Löwenstein, das bei der Frau H. mehrere Nächte lang wachte, konnte nicht lange die Wärterin derselben bleiben, weil sie alle Geister, die in dieser Zeit zu jener kamen, schon im äußern Zimmer, durch das sie zu ihr in die Kammer gingen, erblickte, wenn

Frau H. darüber auch keine Silbe kundgab, so daß sie mit völliger Bestimmtheit deren Gestalt und Wesen mit den Aussagen der Seherin übereinstimmend, nur immer dunkler und roher als diese beschrieb. Sie war auch die einzige mir bekannt gewordene Person, die diese Geister wie Frau H. sprechen hörte.

Manchen andern teilte sich die Anwesenheit und Nähe dieser Geister durch ein unheimliches Gefühl, durch ein Gefühl von Beklommenheit von der Herzgrube aus, die sich bei einigen bis zur Ohnmacht steigerte, mit.

Menschen, die im Zimmer der Frau H. schliefen, während ihr wachend Geister erschienen und zu ihr sprachen, teilte sich das Gefühl ihrer Anwesenheit im Schlafe oft wie ein Traum mit, den sie dann nach dem Erwachen erzählten. So scheinen Tod, Geisterleben, Schlaf und Traum miteinander verwandt zu sein und oft ineinander überzugehen.

Frau H. behauptete, daß Menschen, die nicht mit eigentümlichem Sehen der Geister begabt seien, dieselben im Winter noch eher als im Sommer zu sehen fähig seien, weil im Winter der Mensch mehr nach innen, im Sommer mehr nach außen lebe.

Hörbar waren diese Geister den verschiedensten Menschen, aber nicht wenn man auf sie paßte, man mußte zufällig anwesend sein. Diese Geistertöne bestanden (wie sich schon Frau H. aussprach) hauptsächlich in Klopfen oder vielmehr Klöpfeln, das man bald wie an der Wand des Zimmers, bald wie an einem Tisch, einer Bettstatt, bald wie in der Luft des Zimmers zu vernehmen glaubte. Hie und da bestanden sie auch in wirklichen, fast erschütternden Schlägen. Oft hörte man ein Gehen wie auf Socken, ein Täppeln wie von Tieren, oft Töne wie das Rauschen von Papier, das Rollen einer Kugel. Sehr häufig kamen aber auch, besonders bei der Erscheinung eines gewissen schwarzen Geistes, Töne vor, als würfe man mit Kies, Sand oder Speis, verbunden sogar mit wirklichem Werfen, welches besonders einmal, selbst mit großen Kalkstücken, auf die auffallendste Weise stattfand.

Die hier beschriebenen Töne ließen sich aber nicht bloß im Zimmer der Frau H. hören, sondern man hörte sie, solange dieselbe den untern Stock unsers Hauses bewohnte, auch sonst im Hause und namentlich in unserm Schlafzimmer im oberen Stocke.

So geschah es auch in den andern zwei Wohnungen, in denen Frau H. sonst noch hier war. Auch in diesen fand oft (was früher nie der Fall war), solange sie sich in ihnen befand, in Zimmern, die andre Menschen bewohnten, nämlich ein Klopfen, bald da, bald dort, ein Aufgehen verschlossen gewesener Türen, ein Gehen wie auf Socken, ein Werfen wie mit Kies, ein Erwecken der Schlafenden, wie durch ein besonderes Gefühl von Pressung usw. statt. Ja, jene Töne, als würde geworfen, gingen sogar in Häuser über, in denen Frau H. nicht wohnte, und wohin sie nie kam (wie sie ja hier überhaupt nur wenige Monate lang aus dem Bette kam, und nie in ein andres Haus gehen konnte), waren nur Personen in ihnen, die sie zur Zeit besucht hatten, als jener schwarze Geist sie oft belästigte.

So erzählte mir Herr Kaufmann Zenneck von Stuttgart, der Frau H. mit seiner Gattin an einem Abend besucht hatte, und der nicht eine Silbe von jenem schwarzen Geiste wußte, morgens als eine sonderbare Sache, daß es in seinem Zimmer (in einem von Frau H. nicht sehr entfernten Hause), dessen Fenster und Türen verschlossen gewesen, nach Mitternacht auf einmal getönt habe, als würfe man Kies oder Sand mitten ins Zimmer. Ich vermutete die Ursache, gab sie ihm aber nicht kund. So hörte auch Herr Maler Wagner von Heilbronn, als er Frau H. abends besucht hatte, in der Nacht im verschlossenen Zimmer eines von ihr entlegenen Hauses auf einmal jenes Werfen, durch das sich dazumal jener schwarze Geist so oft kundgab.

Während solche Töne gehört wurden, sah Frau H. keinen Geist, aber meistens jedesmal sogleich nach ihnen.

Ich selbst sah nur einmal einen Geist, wo Frau H. einen zu sehen behauptete. Ich sah ihn nicht in bestimmten Umrissen wie sie, sondern in Form einer grauen Nebelsäule von Menschengröße, vor ihrem Bette, auf die sie ihre Augen starr, und leise sprechend, gerichtet hatte, und die sie mir nachher als den Geist eines großen ältlichen Mannes beschrieb, der nun zum drittenmal bei ihr erscheine. Auffallend war, daß diesen Geist bei seinem ersten Erscheinen ihre Schwester (aber mehr wie durchs Gefühl) sah, und eine andre Person völlig klar wie Frau H.

Jenes obenerwähnte Mädchen von Löwenstein sah die Geister (wie gesagt) immer in dunklerer Farbe als Frau H., und eine andre Person einmal einen auch als graues Wolkenbild, aber mit viel bestimmtern Umrissen als ich.

Auffallende Übereinstimmung in jenen Tönen haben auch andre Erzählungen von Geistererscheinungen mit denen der Frau H. Auch diese sprechen häufig von Tönen, als würfe man mit Sand, Kies usw., von Tönen, als ginge jemand auf Socken, als rollte man mit einer Kugel, von Klopfen usw., vermutlich weil diese sich in unsern Sonnenkreis hereindrängenden Wesen in solchen Eindrücken auf die Sinnenwelt sehr beschränkt und es für sie nur mühsame, kindische Versuche sind, sich noch zu offenbaren.

Frau H. gab an, je finsterer, dunkler ein Geist sei, desto mehr vermöge er sich durch Töne und auch andern durch sogenannten Geisterspuk kundzugeben.

Da sie äußerte, dies seien die Geister imstande, durch den Nervengeist und die Luft zu tun, nach ihrer Annahme aber der Nervengeist hauptsächlich noch unseligen Geistern anhängt, so wäre die Folge, daß solche Geister (eben weil ihnen noch hauptsächlich jener Nervengeist anhängt) auch am meisten sich durch Töne, Werfen usw. offenbaren können, ganz konsequent.

Dieser Nervengeist ist zwar für unser Auge, etwa wie die Luftarten, unsichtbar, gehört aber doch als ätherischer Stoff zu den Potenzen der Natur, obgleich nicht der physischen, sondern der organischen.

Dieser Nervengeist hat die größte Energie oder höchste Intensität der Kraft in sich, was wir ja selbst in uns wahrnehmen.

Die Muskeln an sich wären totes Fleisch, wenn sie nicht durch die organische Potenz des Nervengeistes zur Kontraktion angetrieben würden. Die Kraft, womit wir unsre ganze Masse gegen den Zug der Schwere wie beim Bergsteigen heben und große Lasten tragen, rührt doch zunächst nicht von den Muskeln, sondern von dem Nervengeiste her, der seine Kraft denselben mitteilt: denn die bloße Anlage der Fleischfasern zur Kontraktion ist noch keine Kraft. Erst wenn durch den Willen der Nervengeist in die Fleischfasern einströmt, äußert sich die Kraft der Kontraktion. Solange wir nun durch einen Leib mit der Objektivität vermittelt sind, kann die Energie des Nervengeistes sich nicht anders als durch ihn äußern, es kann aber wohl (nach der Frau H. Annahme) nach Abfall des Leibes diese höchste organische Potenz sich mit einem geistigen Prinzip in der Luft verbinden und dadurch auf die Welt der Sinne und die Materie einwirken, solche physische Wirkungen, wie jene Töne, hervorbringen und sich sichtbar machen.

Hiermit wäre die Frage des Zweiflers: wie es denn möglich sei, daß ein Geist klopfen, werfen, heben und tragen könne? – beantwortet. Doch Frau H. war eine Betrügerin! Alles war Betrug!

Ich besuchte Frau H. wohl dreitausendmal, verweilte öfters stundenlang bei ihr, kannte alle ihre Umgebungen besser als sie selbst, gab mir unsägliche Mühe, ausgesprengte Gerüchte zu untersuchen, und konnte doch die Feinheit dieses Betruges nicht entdecken! – Aber andre, die sie nie sahen, nie sprachen, die nichts hörten, nichts fühlten, nichts untersuchten, die von ihr wie Blinde von der Farbe sprechen, die werden diesen Betrug auswittern! –

Frau H. sprach unaufgefordert nie von diesen Erscheinungen, es machte ihr Schmerz, davon zu sprechen. Sprach sie, aufgefordert, aus Gefälligkeit gegen mich oder andre von ihnen, so geschah es mit einer solchen Unbefangenheit und innern Überzeugung, durch die sie selbst oft Ungläubige wankend machte.

Sie fühlte sich durch dieses Sehen (auch wegen des Geredes der Menschen) so unglücklich, daß sie Gott oft auf das inbrünstigste bat, doch diese Gabe von ihr zu nehmen. In einem Brief an einen Freund schrieb sie darüber: „Und wäre ich nur imstande zu verhindern, daß diese Geister von mir wissen und mich sehen, könnt' ich sie doch ganz von mir wegbringen, oder wäre ich imstande zu machen, daß sie auch andre Menschen sähen (was ich aber keinem wünsche), so wäre mein Zustand um vieles erleichtert. So aber fühle ich mich oft recht allein und verlassen und von vielen Seiten mißverstanden. Doch ich denke: so ist es des Herrn Wille, und schweige."

„Wenn die Vorteile und Nachteile ineinandergerechnet werden", sagt Kant in den Träumen eines Geistersehers, „die demjenigen erwachsen können, der nicht allein für die sichtbare Welt, sondern auch für die unsichtbare in gewissem Grade organisiert ist, so scheint ein Geschenk von dieser Art demjenigen gleich zu sein, womit Juno den Tiresias beehrte, die ihn zuvor blind machte, damit sie ihm die Gabe zu weissagen erteilen könnte."

Wer Frau H. näher beobachten und prüfen konnte, fand in ihr ein reines und frommes Gemüt. Das Außerordentliche der Tatsachen ging aus ihr ganz einfach, ungesucht, und ohne Neugierde und Wichtigkeit erregen zu wollen hervor.

Sie sagte bloß, was sie sah und hörte, und dies meistens nur gebeten, man untersuchte und fand es wahr. Diese Wahrheit besteht aber nicht bloß aus dem Munde eines oder zweier Zeugen, sondern aller derjenigen, die sie hier genauer kennenlernten.

Andre Menschen von der Realität dieser ihrer Erscheinungen zu überzeugen, lag der Frau H. nie an. Sie sagte: „Eine Überzeugung von solchem gehört nicht zur religiösen Überzeugung und hat der Mensch nicht nötig, um Gott gefällig zu werden, daher auch die Heilige Schrift davon nur wenig spricht. Hab' auch ich die völlige Überzeugung, will ich doch keinen andern zu ihr veranlassen, und auch nicht sagen, man solle oder müsse solch geistiges Leben glauben, und will mir gerne sagen lassen es sei Vision oder Gesichtstäuschung. Leider ist nun einmal mein Leben so beschaffen, daß ich in diese Geisterwelt sehe und sie mich sieht, an diesem Außernatürlichen nehme kein andrer Mensch teil. Keinem ist der Glaube an sie zuzumuten: denn nichts streitet das Gehirn dem Menschen so leicht hinweg als dieses Geisterschauen, Fühlen oder Hören, was ich aus eigener Erfahrung weiß, weil es mir anfänglich damit selbst so erging."

Es gab Menschen, welche behaupteten: „Durch diese meine Sucht, Geister sehen zu wollen, seien erst diese Geister in Frau H. gelegt worden"; und andre, welche sagten: „Alles kam aus dieser Wahnsinnigen in den Arzt und ihre Umgebung." Denn Geister sollen nicht sein, weil sie nun einmal nicht in die Ideen jener Herren von Gott und Himmel passen.

Frau H. war allerdings für sich stehend und nicht im mindesten mit einer von dem Willen eines Magnetiseurs abhängenden Somnambulen zu vergleichen; aber sie wirkte dennoch nicht mit solchem Übergewicht auf ihre Umgebung, daß auch diese durch ihre Einwirkung in magnetischen Wahnsinn (wie die Scharfsinnigen den Seelenzustand dieser Frau zu nennen pflegen) verfiel und mit ihr dann ein und eben dasselbe Schauen und Glauben hatte. Sie erschien jedem, der sie kennenlernte, als eine ganz verständige Frau (so sprach sie auch von weltlichen Dingen, zum Beispiel von allen nur möglichen Geschäften einer Hausfrau, stets mit Verstand und Umsicht), die aber in einem außerordentlichen, in einem höhern Seelenzustande als der Alltagsmensch begriffen war, mit dem der Leib nicht gleichen Flug halten konnte, die aber dennoch immer noch im Leibe und dessen Hemmungen und Fehlern unterworfen war.

Schon aus der ersten Erscheinungsgeschichte, die sich hier ereignete, ist zu ersehen, daß ich diese anfänglich auch nur für eine Vision hielt, und in diesem Sinne machte ich der Frau H. auch Widersprüche gegen sie. Erst das große, durch keinen Kritikus geschwächte Resultat brachte mich auf die gleiche Meinung der Frau H., aber ohne daß ich die folgende Erscheinung und Geschichten, ohne ihr zu widersprechen, mit ihr auch sogleich in gleichem Glauben angenommen hätte.

Selbst als ich mich durch die auffallendsten Tatsachen überzeugte, daß hier mehr als Vision sei, unterließ ich doch nicht, der Frau H. alle möglichen Einwürfe gegen ihre Annahme einer wirklichen Realität ihrer Erscheinungen zu machen.

So hielt ich ihr, wie unten näher bemerkt ist, jene Theorie magnetischer Ansteckung lange vor, und man sehe unten, was sie darauf erwiderte. Aus der im Jahre 1826 zu Bonn von Herrn Professor Müller erschienenen Schrift: „Über phantastische Geistererscheinungen und Gesichtstäuschungen", die ich ihr zulieb erkaufte, machte ich sie mit den Visionen von Nicolai usw. bekannt, bat sie, ihre Erscheinungen zu prüfen, sie mit den dort gegebenen zu vergleichen, sich belehren zu lassen – allein die Geister kamen nach wie vor, auch andern oft hörbar und fühlbar, und eine überzeugende Tatsache folgte der andern

Noch wenige Monate vor ihrem Tode schrieb mir Frau H. als ich ihr schriftlich meinen Zweifel über die in der Geschichte Bellons (siehe unten) vorgekommene Rechnung mit den 9 Groschen bei Durchgang dieser Geschichte äußerte: „Ich hätte darüber allerdings noch mehr Auskunft erteilen sollen, aber Sie wissen ja selbst, wie viele Widersprüche und Einwürfe mir immer entgegengehalten wurden, ich wurde da manches zu sagen müde, behielt es lieber für mich, und Sie erhielten wohl oft nur unzusammenhängende Bruchstücke."

Aus dem Umstande, daß ich von Frau H. nach all den hörbaren Erscheinungen auch endlich einmal verlangte, einen Geist zu sehen, und daß sie bei der Geschichte jenes schwarzen Geistes sagte, als ich ihr eigentlich befahl, sich doch nicht mehr so mit diesen Geistern zu befassen: das hätte früher geschehen können, nun aber, wo ich so in sie gedrungen, zu bewerkstelligen, daß ich auch einmal einen Geist sehe, könne das nicht mehr sein –

machen gewisse Herren mir das größte Verbrechen und ziehen daraus schnurstracks den Schluß: ich Geistersüchtiger hätte diese Frau H. erst zu diesem wahnsinnigen Sehen gebracht.

Aber abgesehen davon, daß Frau H., noch ehe sie hierher kam, Geister sah und jahrelang in ihrem Umgange war, gerade wo sie einen Magnetiseur hatte, der durchaus nicht an Geister glaubte, zum Beweis, wie wenig sie von jeher von dem Glauben andrer abhängig war, so resultiert aus jenen Stellen gar nichts, als daß ich noch nicht so geistergläubig als Frau H. war, von ihrem Glauben noch abwich, wie ich auch ihr Schauen nicht hatte, und ihr zu verstehen gab (was wenigstens ihren Glauben nicht wird unterstützt heißen), es können andre bei all dem Unbegreiflichen, was man durch andre Sinnen vernahm, noch nicht die völlige Überzeugung gewinnen, komme es bei ihnen nicht auch bis zum Schauen. Und ich frage: war dieses endliche Verlangen, da die Geistererscheinungen bei Frau H. ja doch durch keine Vorstellung von mir und andern, wie man unten sehen wird, aufhörten, ein Verbrechen? – Jene Worte: „das hätte früher geschehen können", bezogen sich einzig und allein nur auf die Geschichte jenes schwarzen Geistes, durchaus nicht auf frühere Geschichten, wie man ihnen irrig unterlegt. Ich hatte Frau H. schon früher oft im schlafwachen Zustande gesagt: sie solle ein Mittel angeben, wodurch diese Erscheinungen von ihr abzuwenden seien; allein sie erwiderte: sie dürfe das nicht, sie könne das nicht, es wäre ihr Sünde; dennoch wiederholte ich oft, auch in ihrem Wachen, den Vorschlag, ihr selbst ein Amulett gegen diese Erscheinungen zu bereiten, sei sie es nicht zu tun imstande; aber sie lehnte es immer, wie mit einem innern Schauer, ab. War nun dieses endliche Verlangen bei jenen Geschichten, die mein ganzes Haus auf die beunruhigendste Weise betrafen, mir wohl ein Verbrechen?

In diesen Geschichten fand nämlich in meinem Hause, was die reinste Wahrheit ist, nicht nur jenes unbegreifliche Werfen, Klopfen, Gehen statt, sondern es wurde auch (siehe unten) ein kleiner Tisch, ohne äußere, sichtbare Berührung und Ursache, ins Zimmer geworfen, die Zinnteller in der Küche, dem ganzen Hause hörbar, untereinander geschleudert, und was dergleichen mehr war, was andern freilich lächerlich und albern ist und es mir auch wäre, hätte ich es nicht erfahren, jedesmal auf der Stelle mit gesunden Sinnen untersucht. Mitten im Gelächter und dem Spotte andrer kann mich das aber nur zum Ernst und Nachdenken stimmen, besonders, wenn ich es mit andern Erscheinungen der Art, bei denen kein Somnambules mit im Spiele war, vergleiche, deren ich manche unten anführe.

Als Frau H. und ihre Mutter und Schwester mir vieles von jenen so sehr hörbar gewesenen Erscheinungen zu Oberstenfeld erzählt, und auch hier schon so manches Auffallende der Art sich ereignet hatte, ersuchte ich den Herrn Prälaten v. Märklin zu Heilbronn, einen Freund der Wahrheit, von dem ich aber zuvor wußte, daß er an keine Erscheinungen von Geistern glaubt, Frau H. zu besuchen, sich die Geschichte ihrer bisherigen Erscheinungen erzählen zu lassen, und sie durch seine Ansichten und Einwürfe zu belehren. Herr Prälat von Märklin besprach sich mit Frau H. mit seiner gewohnten Menschenfreundlichkeit und Offenheit, ließ es auch an etwas kaustischer Lauge nicht fehlen, Frau H. brachte ihm Gegengründe vor, hörte ihn mit Vergnügen an – allein die Geister kamen nach wie vor.

Meine Gattin, die, besonders als Frau H. in unserm Hause wohnte, sehr oft in ihrem Umgange war, und ihr bei Tag und bei Nacht, was wohl selten noch die Frau eines Arztes tat, viele hundert Krämpfe mit Auflegen der Hände stillte, nährte in Frau H. den Geisterglauben nicht im mindesten, sie lag hierüber oft mit ihr in Widerspruch und freundschaftlichem Streit, ob sie gleich eine auffallende Geisterlehre (siehe die vierte Tatsache) erhalten hatte.

Von einem Freunde, der Frau H. oft besuchte, und der auch an keine Geister glaubte, wurde sie einmal auf die Probe gestellt. Er las mir und ihr aus einem Briefe vor, daß ein Bekannter von ihr, den wir krank wußten, und der ihr versprochen hatte, einmal auch nach dem Tode zu ihr zu kommen, vor einigen Wochen gestorben sei. Die Nachricht war ihr und mir ganz glaublich. Ich und der Freund, der mich auf meinem Glauben ließ, warteten alle Tage, um bald von Frau H. zu hören, der Bekannte sei als Geist zu ihr gekommen; es verstrichen aber Monate – er kam nicht, und jetzt erst tat der Freund uns seine Täuschung kund, die ihm Frau H. aber doch nicht ganz gut aufnahm.

Auf eine andre Probe wurde Frau H. durch einen Freund von mir in St. gestellt. Es kam schon seit langem der Geist eines Verstorbenen zu Frau H., den sie im Leben nie gesehen, von ihm auch nie etwas gehört hatte. Der Freund bat Frau H., den Verstorbenen um das Jahr seiner Geburt zu befragen, das weder er noch ich wußte.

Es geschah. Der Freund erkundigte sich bei den Verwandten zu St., ob das wirklich das Jahr der Geburt jenes Mannes gewesen, und erhielt „nein" zur Antwort. Der Freund schrieb es sogleich hierher, und ich las es Frau H. vor mit der Bemerkung, das wäre doch nun ein gewaltiger Beweis gegen die Realität ihrer Erscheinungen. Frau H. ließ sich aber nicht irremachen, sie sagte mir ganz ruhig: so frage ich noch einmal! Sie fragte noch einmal, und der Geist gab abermals die gleiche Jahreszahl an. Da schrieb ich wieder nach St., und als man bestimmter nachforschte, erkannten die Verwandten, daß sie sich geirrt hatten; die zuerst von Frau H. und der Erscheinung angegebene Jahreszahl war wirklich die richtige.

Solche und andre auffallende, unwiderstreitbare Tatsachen, deren viele, die in Privatverhältnisse zu sehr eingreifen, nicht öffentlich gegeben werden können, brachten in mir und andern Freunden den uns von der Welt so übelgenommenen Glauben an die Möglichkeit der Mitteilung verstorbener Menschen und die Realität dieser Erscheinungen der Frau H. hervor, der um so stärker werden muß, wenn wir sie mit vielen unbestreitbaren, ihnen ähnlichen Tatsachen, wo keine Somnambule mit im Spiele war, noch zusammenhalten. Können andere nicht den gleichen Glauben gewinnen – so wird dadurch der unsre nicht geschwächt, und wir drängen ihn keinem auf. Frau H. konnte von ihrem Glauben nicht lassen, trotz der vielen Widersprüche, die sie stets erhielt, weil sie von dessen Wahrheit die völligste Überzeugung hatte. Jenes Sehen hätte ihr auch durch alle Widersprüche und psychischen Manipulationen nicht genommen werden können, weil es ihr von Kindheit auf eigentümlich, weil es mit ihr geboren war, wie es noch manche Menschen gibt, welche die gleiche Eigenschaft, ohne sich im magnetischen Zustande zu befinden, und bei ganz robustem Körper, haben. Es ist dies eine eigene Gabe, die noch nicht genug beachtet wurde, weil man, wo man sie bemerkt, sogleich nur von Wahnsinn spricht. Bei Frau H. erhielt die natürliche Gabe nur größere Ausbildung und Steigerung durch den Magnetismus. Hätte sie diese Gabe nicht gehabt, so hätte sie können magnetisch sein, ohne in diesem Grade Geister sehen zu können.

Diese Gabe, Geister zu sehen, ist zwar wohl selten einem sonst gesunden Menschen in dem Grade wie unsrer Seherin eigen; doch gibt es gewiß mehr Menschen, als wir vermeinen, die diese Gabe, wenn auch in geringerem Grade, besitzen, Menschen, die mehr oder weniger im Zustande des inneren Schauens sind, und dazu erfordert es nicht immer gerade einen krankhaften Zustand, diese Gabe ist gerade oft mit dem gesundesten Körper verbunden.

4. Das Mittelreich

Nicht selige Geister sind es, die aus diesem Zwischenreiche erscheinen, nicht reine, durch himmlisches Licht erleuchtete Geister; nein, es sind Hinübergegangene aus der gemeinen Menschenwelt, denen ihre Werke, ihre Begierden und Gewohnheiten, die Irrtümer, die sie in dieser Welt hatten, nachfolgten.

Von diesem Gesichtspunkt aus nehme man die unsrer Seherin aus diesem in unsre Welt hereinragenden Geisterreich im Luftbilde des Nervengeistes sichtbar und hörbar gewordenen Wesen, ihr Begehren und Glauben mit all seinem Irrwahn, und sei nicht der Meinung, Geister können nur geistig sein, und sollten wenigstens vermittelst eines ästhetischen Reizes die Phantasie befriedigen. Hier fällt alles Idealische weg, eben weil die menschliche Hülle wegfällt, die den Heuchler, den Boshaften usw. deckte, und erscheint nun jedes Laster und Verbrechen in seiner Nacktheit, weil es sich in dem leichten Überwurfe, der der Seele noch bleibt (dem Nervengeiste), weit deutlicher ausdrückt als in Fleisch und Blut.

Man denke sich einmal den vom Leibe losen Geist eines Menschen, dessen Seele im Leben selbst sich nur halbtierisch kundgab; und wie viele Menschen der Art sieht man auf dem Markte des Lebens! Die Neigungen und Laster eines solchen Menschen, fällt der Leib ab, bleiben nicht im Leibe, sie bleiben in der Seele zurück, der der Leib gehorchen mußte, und wie wird sich dann ein solcher Geist gebärden, in dem immer noch jene Leidenschaften und Neigungen leben, für den aber kein Leib und keine Sinnenwelt mehr existiert, die sie ausführen! – Wird so ein Geist mit seiner Schwere nicht immer noch zur Sinnenwelt zurückstreben, wo sein Schatz ist? – „Wo euer Schatz ist, da ist auch euer Herz."

Hat der Mensch im Leben immer nur die Welt geliebt und in ihr seinen Schatz gesucht, so bleibt auch nach dem Tode sein Herz (sein Geist) an dieselbe gebunden und kann sich nicht losmachen. Aber eben dieses Nicht=losmachen=Können ist eine Pein, weil zum Genusse des Irdischen der Körper fehlt, der Genuß der höheren Glückseligkeit aber verboten ist, und das ist die gerechte Strafe des Erdenbannes, dem diese Unseligen zu ihrer Besserung hingegeben sind.

Jakob Böhme, dieser Seher, sagt (siehe dessen Menschwerdung Christi, III. T. 4, 3):

„So nun der Leib zerbricht und stirbt, so behält die Seele ihre Bildnis als ihren Willensgeist. Jetzt ist er zwar von dem Leibesbilde weg, denn im Sterben ist eine Trennung; alsdann erscheint die Bildnis mit und in den Dingen, was sie allhier hat in sich genommen, damit sie ist infiziert worden, denn denselben Quell hat sie in sich. Was sie allhier liebte und ihr Schatz gewesen und darein der Willensgeist einging, nach demselben figuriert sich nun auch die seelische Bildnis. Hat einer bei Lebenszeiten sein Herz und Gemüt zum Beispiel in Hoffart gewendet, so quillet derselbe Schatz im Seelenfeuer in der Bildnis immer auf, und fährt über die Liebe und Sanftmut als über Gottes Freiheit aus, und kann diese nicht ergreifen noch besitzen, sondern quillet also in sich in solcher Angstqual, und figuriert sich der Willensgeist immer nach den irdischen Dingen, darein sein Wille ging. Glänzet also damit im Seelenfeuer und steiget immer in Hoffart auf, und will im Feuer über Gottes Sanftmut ausfahren; denn er kann nun keinen andern Willen schöpfen, und nicht in das heilige Mysterium eingehen, darin er möchte einen andern Willen fassen, sondern er lebt nur bloß in sich selber, und hat nichts, mag auch nichts erreichen, als was er bereits im äußern Leben in sich gefaßt. Und also geht es auch einem Geizigen, welcher in seiner Bildnis die Geizsucht magisch hält, und der immer viel haben will, und dem nun immer in seinem Willensgeiste das figuriert wird, damit er bei Leibesleben umging; weil ihn aber dasselbe Wesen verlassen und sein Wesen nicht mehr irdisch ist, so führet er doch den Willensgeist in dieser Gestalt, plaget und quälet sich doch damit."

Man meint, J. Böhme habe in dieser Schilderung alle jene Gestalten unsrer Seherin vor sich gehabt, so sehr sehen sie einander gleich. Nach H. nimmt die Seele ihren moralischen Wert oder Unwert als bleibend in ihren Lebenskreis auf, während der Sonnenkreis, der der Seele zur Bewegung nach außen und zur Reflexion nach innen diente, nach vollendeten Zyklen mit dem Tode abfällt. Der moralische Wert oder Unwert figuriert sich nun im Willensgeist nach Art und Weise, was die Seele während des Lebens vorzugsweise geliebt hat: denn wo euer Schatz ist, da ist ja auch euer Herz. Jedes Laster, jede Schuld, jedes Verbrechen, überhaupt jede schwere Sünde figuriert sich im Willensgeiste gerade so, als ob er seine Richtung noch in die Welt hätte. Das Figurieren selbst geschieht durch den Nervengeist, den die Seele mit sich nimmt, und der eben die bloß moralischen Charaktere und Gepräge plastisch in sich aufnimmt und ihnen Gestalt gibt, d. h. die Seele nimmt, wie sie ist, durch ihn bildliche Form an. Da aber die falsche Erkenntnis und das Gefühl schon im Willensgeiste steckt, so muß er jetzt in sich selber leben, da ihm alle Hilfsmittel neuer Erkenntnisse und neuer Gefühle, die ihm während des Lebens offenstanden, mit der Trennung entschwunden sind. Hier fühlt man erst, was es um die Liebe im christlichen Sinne ist, denn sie öffnet dem Willensgeist alle Wege zum Himmelreich, und beflügelt ihn mit himmlischem Äther, während der in die Selbstsucht sich hineinlebende Willensgeist sich alle Wege verschließt, und durch die Last der Sünde immer weiter abwärts gezogen wird. Böhme spricht hier beispielsweise nur von Hoffart und Geiz. In den Gestalten unsrer Seherin figuriert sich auch die Schuld und das Verbrechen.

Die andre Welt ist eine aufrichtige Welt, wo der Heuchler uns nicht täuschen kann: denn die Lüge wird an ihrer Farbe erkannt, jedes Laster wird zur Grimasse, der Betrug zum Scheusal und schwere Verbrechen zum Ungeheuer. Unsre Seherin besitzt bloß die Kunst, die Form an sich, d. h. ohne Stoff, und das Kleid der Farben an sich, d. h. ohne Zettel und Eintrag zu sehen. Denn warum sollte die Form und die Farbe nicht auch etwas an sich sein, in einer Welt, wo der Stoff nicht mehr gilt? Wenn unsre Logik überall Form und Stoff unterscheidet, so muß sie doch auch zugeben, daß es eine Form ohne Stoff gebe, und daß die Form noch übrigbleibe, wenn der Stoff wegfalle.

Es gibt Spiegel, welche das einfallende Bild so reflektieren, als ob dasselbe vor dem Spiegel im Raum schwebte, und mit allen Farben und Zeichen daselbst sichtbar wäre. Was hat jetzt ein solches Bild für einen Stoff? Bei den abgeschiedenen Seelen ist es nicht anders. Alles was in ihnen ist, wird zum stofflosen Bilde. Der Wüstling wird in Gestalt – vielleicht irgendeines Tieres erscheinen, zu welchem er sich schon während seines Lebens bekannte. Die Missetat etwa einer Kindsmörderin wird im Bilde heraustreten, und ein solches Weib mag dann mit einem erwürgten Kinde auf dem Arm erscheinen. Und so durch alle Rubriken durch. – Wo der Stoff abgeworfen ist, da wird jede Seele die andre an dem Luftbilde erkennen, welches Geistes Kind der vormalige Mensch war. In den Metamorphosen fällt immer das unterste Glied weg, während oben ein andres sich ansetzt. Lassen wir auf dieser Welt den Stoff hinweg, so wird dann die Form das unterste Glied und vertritt die Stelle des Stoffes.

Darum dürfen wir wohl annehmen, daß die plastische Kraft des Nervengeistes, soweit er sich während des Lebens in seinem Typus ausgebildet hat, auch nach dem Tode mit der Seele vereint bleibe und die Seele des weggefallenen Stoffes vertrete, der ja nur das Vehikel des Bildens war. Nur auf der Erde ist ein so grobes Vehikel zum Bilden nötig. In der andern Welt ist die Stoffheit auf ein Minimum reduziert.

Für die Frommen gibt der Himmel seinen Äther her, und der Nervengeist bildet aus ihm ein weißes Lichtgewand, das moralische Licht verbildlicht sich im äußern Lichtstoff; für die Gottlosen gibt die Hölle einen schwarzen Dunst her, in welchen sie sich kleiden: denn auch die moralische Schwere (die Sünde) verbildlicht sich im finstern Dunste. „Weiß", sagt Pythagoras, „ist das Licht und alles Gute; schwarz die Nacht und das Böse." Nur in dieser Welt hat die Seele einen so massiven Leib nötig, um das, was ihr aufgetragen ist, auszuführen. In der andern Welt hat sie eine andre Aufgabe, wozu sie des groben Stoffes nicht mehr bedarf.

Was wir Raumfüllung nennen, ist nichts als ein Widerstand

den zwei Körper einander erfahren, d. h. der Kopf kann nicht durch die Wand hindurch, außer er bohrt sich vorher ein Loch; der Widerstand aber gilt nur, wo Stoff dem Stoff begegnet, wo hingegen die Stoffheit aufhört, da gibt es auch keinen Widerstand im Raume. Daher treten die stofflichen Bilder der abgeschiedenen Seelen ebenso leicht durch die Wand hindurch als durch ein offenes Fenster.

Alles liegt daran, daß man den Nervengeist nicht mit den Imponderabilien und noch weniger mit den Ponderabilien verwechselt; er steht um eine ganze Potenz höher als alle physischen und chemischen Kräfte. Wo er frei wirkt, wie in den abgeschiedenen Seelen, da gibt es für ihn keinen Widerstand aus der physischen Welt, vielmehr vermag er die physischen Kräfte sich als eines Vehikels zu seinen Äußerungen zu bedienen, ohne daß wir sehen, wie dieses zugeht.

Unsre Seherin hat recht, die Seelen aus dem Mittelreiche müssen weit unwissender sein, als sie im Leben waren. Denn eben weil sie aus dem Weltzusammenhange herausgerissen sind, in welchem ihre ganze Weisheit bestand, so bleibt nichts mehr übrig, als ihre alte Neigung ohne Befriedigung und das Andenken an ihre Schuld. Plato sagt: „Wer hier lasterhaft lebte, ist nach dem Tode tierischer, als er hier war."

Es läßt sich leicht denken, daß gleich zu gleich sich geselle und alle zusammen in gleicher Geistesarmut sich befinden, wo weder Lehre noch Unterricht mehr möglich ist. Ist einmal die Scheidung des Guten von dem Bösen geschehen, so muß es dem letztern unendlich schwer werden, sich aus sich selbst emporzuhelfen, da sie von den Guten nichts mehr lernen und absehen können. Darum ist die Zeit der Versäumnis auf dieser Erde für immer verloren, weil eine lange, lange Nacht darauf folgt, die eine zehnfache Mühe erfordert, das letzte glimmende Fünkchen des Guten nicht ersterben zu lassen, und die moralische Schwere, die stärker zieht als die physische, zu überwinden. Die moralischen Gesetze für Lohn und Strafe nach dem Leben sind ebenso genau abgewogen als die physischen auf der Erde, und jeder Geist wird Lohn oder Strafe als die natürliche Folge seiner Handlungen erkennen. Der Böse trägt seine Sündenschuld in einem einzigen Bild in sich, unvertilgbar, wie in eine Tafel eingeätzt. Demnach muß es eine Menge Stufenordnungen geben nach den Graden der Verklärung oder Verworfenheit. Aber zwischen dem Reiche des Lichts und der Finsternis ist das Reich der Dämmerung, und so ist zwischen Himmel und Hölle das Zwischenreich. Wer in der Hölle ist, der steigt nicht mehr herauf in die Welt; wer im Himmel ist, der steigt nicht mehr herab, außer aus Liebe und zum Schutz für die Menschen. Es bleiben daher nur die Weltsüchtigen noch übrig, welche das Reich der Dämmerung füllen. Diese sind es, welche mit ihren Grundneigungen an die Erde gebannt sind, und zahlreich, wie ein luftiges Heerlager, sie umgeben. Aus diesem Reiche sind die Gestalten, welche sich bei unsrer Seherin auch aus früheren Jahrhunderten einfanden, und wovon mehrere sich durchs Gebet erhellten und verschwanden. Die Buße führt bei den Empfänglichen auch zur Besserung; aber wie lange mag es anstehen, bis nicht nur Betrug, Mord und alle Laster gebüßt, sondern auch die Grundneigungen, welche sie hervorbrachten, vertilgt sind? Hier erkenne der Mensch die Zeit der Versäumnis! Denn im Leben sind alle Gnadenwege geöffnet, und Jahre vermögen das schon, was nach dem Leben Jahrhunderte nicht vermögen.

Wohl weiß ich auch, daß, ehe der Verstand des Menschen, der sich seinen Gott, seinen Himmel und seine Hölle, nach seinem Belieben und seinen Wünschen immer gerne selbst konstruiert und gern überall die ihm so ganz bequeme Gnade und Liebe Gottes vor sich herschiebt, sich so gefangennimmt, an das zu glauben, was kraft seines Stolzes und seiner Lebenslust ihm zu glauben so höchst unangenehm und widrig ist, er lieber alle Künste des Scharfsinns und der Dialektik beschwört, kann er sich dadurch nur in diesem kurzen Moment des Lebens eine ihm bevorstehende Zukunft anschwatzen, die seinen Wünschen und Gefühlen in diesem Leibe entspricht. Wohl fällt es auch dem Stolze des Menschen gar schwer, zu glauben, daß er einst in einen Zustand komme, in dem die Nichtigkeit seines Innern erst ans Licht trete, wo die Maske fällt, unter der er sich hier im Leben zu verstecken und auf dem Markte zu glänzen suchte. Schwer auch fällt es dem sogenannten Geistreichen, an Geister zu glauben, die sich nicht geistreich zeigen. Jeder Mensch sollte es nach dem Tode doch wenigstens zur geistreichen Erkenntnis eines Hegel gebracht haben. Nun aber kommen hier Geister läppisch und albern, nach Bibelstellen und Gesängen schmachtend, beim Namen Jesu helle werdend und behauptend, daß nur in diesem Freude und Frieden zu finden sei. An solche Geister können die sogenannten Geistreichen nun vollends gar nicht glauben, und es sind solche Erscheinungen ihnen nur Produkte der kranken Phantasie einer von einem württembergischen Schulmeister einst gut dressierten Schülerin.

„Daß jede im Mittelreiche befindliche Seele an jeden höhern Geist (und deren wird es hoffentlich keine geringe Anzahl geben) sich wenden könne, um durch Anleitung und Unterricht mit Gebet und Glauben sich für das höhere Leben zu befähigen, und daß in diesem Falle die Fortschritte weit größer seien, als wenn sich die niedrigen Geister nur an Menschen halten — daß es übrigens sehr schwer halte, bis solche verstockte Seelen sich wieder zu Gott aufrichten." — So sagt die Seherin ausdrücklich.

Das so oft schon für die Unsterblichkeit der Seele als Symbol gebrauchte Bild der Raupe weist uns auch auf einen solchen Mittelzustand (Hades, Zwischenreich) nach dem Tode hin.

Aus der Raupe entsteht nach dem Hinsterben nicht sogleich der Schmetterling, sondern es geht diesem ein langer Zwischenzustand, der der Puppe, voraus.

In diesem sich selbst anheimgestellt, ohne die gewöhnliche irdische Ernährung, abgeschlossen vom Sonnenlicht und dem Grünen der Flur, gleichsam in dem Lande der Schatten und des Todes, bildet sich nach und nach der Schmetterling, der um so vollkommener und glänzender sich entfaltet, je mehr Stille und Dunkel den Ort der Verwandlung umgab.

Diejenigen, welche vermeinen, sogleich nach dem Tode in einen Sternenhimmel voll Seligkeit aufgenommen zu werden, diejenigen, welche uns vorwerfen, daß wir vor Sternschnuppen die Sterne nicht sehen, möchten sich wohl gerade so täuschen, als der Wanderer sich täuscht, der ein glänzendes Schloß auf der Höhe erblickt und sich der baldigen Aufnahme in dasselbe erfreut, dem aber das tiefe finstere Tal noch bedeckt ist, das er erst zu durchgehen hat, bis er jenen Glanz nach vielen Mühen erreicht.

Wohl ist mir bekannt, daß die sogenannten Verständigen und auch die sogenannten Geistreichen dieses, und überhaupt auch unsern Glauben, Phantasterei nennen.

Möchten sie doch bedenken, wie nicht unsre Phantasie, sondern ein ganz naturgemäßer Weg uns zu diesem Glauben führt! Viele Erfahrungen glaubwürdiger Menschen, die Erscheinungen magnetischer Zustände, aus welchen bis zur geschichtlichen Evidenz erhobene Tatsachen hervorgingen und manche Andeutungen göttlicher Offenbarung, waren unsre Wegweiser, ganz gegen unsre eigene Phantasie.

Dagegen nehmen diejenigen, die uns Phantasten nennen, ihren Himmel und ihre Hölle aus ihrem eigenen, eitlen Wissen und aus ihrer durch Weltbildung irren Phantasie.

Auch ihnen sind Geistererscheinungen willkommen, aber nur in Novellen und Romanen, und sie sind die starken Geister, die bei wirklicher Erscheinung eines Geistes in Wahnsinn versetzt würden, ihr Glasschädel und ihr ganzes Wissen und Wesen würde dadurch zu mächtig zerrissen. Aber mit welchem Verwundern werden um so mehr sie dereinst nach dem Verschwinden ihrer Isolierung durch den Tod, in einem von ihnen so streng verworfenen, nie geglaubten Zustand erwachen!

Nehmen wir alles zusammen, unerschütterlich bleibt:

1. Daß die moralische Schwere (die Sünde) ebenso gut wie die

physische Schwere nach unten zieht und ihre Verwandtschaft mit der Welt nicht fahrenlassen kann.

2. Daß, wenn der Stoff (die Fleischmasse) abgeworfen ist, die Form noch übrigbleibt.

3. Daß die Form, eben weil sie ohne Stoff ist, sich nur in dem plastischen Schema oder typischen Luftbilde darstellen kann.

5. Vorwort zu nachstehenden Tatsachen

Zu nachstehenden Tatsachen bin ich dem geneigten Leser noch folgende Erklärung schuldig:

Von den meisten dieser Tatsachen war ich größtenteils selbst Zeuge und Beobachter.

Was das Hörbare bei diesen Erscheinungen betrifft, so sei hier ein für allemal gesagt, daß ich, um von ihnen eine natürliche Ursache zu ergründen, immer die strengste Untersuchung anstellte, aber dessen ungeachtet nie eine solche entdecken konnte. Stets versicherte ich mich auf das bestimmteste, daß jene Töne am allerwenigsten von der Seherin selbst, sei es im wachen oder im schlafwachen Zustande hervorgebracht wurden, um, wie der Zweifler meinen könnte, zu täuschen und ihre Aussagen vom Sehen der Geister (was ja aber nie ihr Bestreben war) glaubwürdiger zu machen. Auch eine Reihe andrer glaubwürdiger Zeugen, von denen so viele, als es tunlich war, in diesen Geschichten mit Namen aufgeführt sind, versicherten sich aufs bestimmteste, daß jene Töne weder von Frau H. noch von andern Menschen ausgingen.

Frau H. war es nicht im mindesten um die Ehre zu tun, Vertraute von Geistern zu sein, in eine Geisterwelt zu sehen, vielmehr war ihr diese Gabe, wie ich schon bemerkte, höchst lästig. So muß ich ebenfalls wiederholen, daß Frau H. gegen mich und andre von diesen Erscheinungen nur mit Widerwillen sprach. Was ich von ihr über sie erfahren konnte, und in den nachstehenden Blättern niederschrieb, erhielt ich von ihr meistens nur mit innerem Widerstreben, so daß ich oft selbst weiter zu fragen müde wurde. Wäre dieses nicht so gewesen, so wären manche dieser Geschichten auch vollständiger und deren mehrere geworden. Nur dadurch, daß diese Erscheinungen so häufig mit Hörbarem verbunden waren, erfuhr man dieselben oft noch hie und da von Frau H.

Ihr Glaube, daß der Glaube an solche Erscheinungen nicht zum religiösen Glauben, und daß dieses Sehen in eine Geisterwelt nicht in dieses Leben gehöre, ihre Überzeugung, daß dieser Glaube auch nicht andern Menschen, die nicht solche Erfahrungen wie sie gemacht, und sich nicht in einem solchen Nervenleben befinden, zuzumuten sei, war die Ursache, warum sie nie unaufgefordert und sehr oft nur gezwungen mit andern von dieser Materie sprach. Frau H. und ihr ganzes Wesen mußte man auch durchaus selbst kennengelernt haben, um den hier folgenden Geschichten Glauben beimessen zu können. Die Zumutung an andre, sie zu glauben, kann deswegen allerdings nicht groß sein, wie Frau H. selbst diesen Glauben nie einem Menschen zumutete, auch kein Mensch, der an diese Geschichten nicht glaubte, in ihrem Zutrauen nur das Geringste verlor, da ihre völlige Überzeugung war, daß dieser Glaube keinen Menschen besser machen könne. Dagegen war sie von der Realität dieser ihrer Erscheinungen im stillen so sehr überzeugt, daß sie mir oft sagte: sie wüßte gar nicht, was sie von allem Sehen (sie verstand damit auch das gewöhnliche Sehen) denken sollte, wären diese Erscheinungen nicht wirkliche Realitäten, ein Gedanke, der sie wahnsinnig machen könnte. Wohl aber gab sie zu, daß diese Gestalten vielleicht in der Wirklichkeit anders seien, als sie sie sehe, daß sie nun einmal durch das Medium ihres irdischen Körpers von ihr nicht anders gesehen oder aufgefaßt werden könnten, selbst durch das geistige Auge im fleischlichen, weil auch dieses immer noch von dem fleischlichen getrübt sein könne, oder daß diese Geister sich ihr, da sie doch immer noch, und wenn auch nur mit ihrer einen Hälfte, in diesem Leben sei, sich eben nur vielleicht in solcher Gestalt als existierend kundmachen könnten. Aber nie gab sie zu, daß sie durchaus nicht existierend, leere Visionen und Gesichtstäuschungen seien.

„Die Einflüsse der Geisterwelt (sagt Kant in seinen „Träumen eines Geistersehers") könnten in das persönliche Bewußtsein eines Menschen, wenn auch nicht unmittelbar, aber doch so übergehen, daß sie nach dem Gesetze der vergesellschafteten Begriffe diejenigen Bilder machen, die mit ihnen verwandt sind, und analogische Vorstellungen unsrer Sinne erwecken, die wohl nicht der geistige Begriff selber, aber doch deren Symbole sind, wie unsre höhern Vernunftbegriffe, die sich den geistigen ziemlich nähern, gewöhnlich ein körperliches Kleid annehmen, um sich in Klarheit zu setzen. – Die empfundene Gegenwart eines Geistes würde sich in das Bild einer menschlichen Figur, Ordnung und Schönheit der immateriellen Welt in Phantasien, die unsre Sinne sonst im Leben vergnügen, kleiden usw."

Öfters hielt ich der Seherin die Theorie entgegen, welche solche Erscheinungen bei Magnetischen als Phantasiebilder betrachtet, die durch die psychisch-magnetische Wirkung des Somnambulen auch auf ein zweites und drittes übergehen könnten, wie durch die organisch-magnetische Wirkung des Somnambulen Übertragung des Somnambulismus auf andre stattfinden könne. Aber sie meinte, wenn auch eine solche Übertragung wirklich erwiesen wäre, so wäre das nichts, als daß ein magnetischer Rapport mit ihr eingeleitet werden könne, vermöge dessen derjenige, bei dem er eingetreten, dann auch mit all dem in Rapport gesetzt werde, mit dem sie in einem solchen sei, und also auch mit jenen Geistern, mit welchen sie allerdings in einen solchen Rapport hauptsächlich bei deren jedesmaligem Einwirken auf sie komme. Erwiesen aber sei damit noch nicht, daß jene Erscheinungen bloß aus ihr hervorgegangene Bilder der Phantasie seien.

Aber sie bewies auch durch Tatsachen, daß Menschen, die mit ihr nicht entfernt in Rapport stehen konnten, die von ihrem Sehen nichts wußten, so wie sie von dem ihrigen nichts wußte, vor ihr oder nach ihr schon gleiche Erscheinungen an gleichen Stellen hatten.

Will man nun auch das Hörbare und Fühlbare, mit welchem jene Erscheinungen so oft bekleidet waren, ebenfalls bloß von magnetischer Ansteckung herleiten, so kann man auf diesem Wege auch fortfahren, zu erklären, daß sich selbst schwere Gegenstände, sichtbar, wie von unsichtbarer Hand bewegten, geworfen wurden usw. Dies tat nach solchen mir wohl bekannten Erklärungen alles das magnetische Fluidum oder das magnetische Ich der Frau H., wodurch aber ein anscheinendes Wunder durch ein noch viel größeres Wunder erklärt würde, weil man, aus Furcht, in eine andre Welt als die unsrer gemeinen Sinne zu geraten, alles der Erklärung unserer Naturgesetze, die nicht mehr für jene Welt passen, unterwerfen will, wodurch man, in Wahrheit, in viel größere Absurditäten gerät, als die eingebildeten sind, denen man oft hauptsächlich nur darum auszuweichen strebt, um der allgemeinen, nun einmal angenommenen öffentlichen Meinung zu huldigen und in der bequemen Ruhe nicht gestört zu werden.

Gegen solche Erklärungsart können aber auch andre Tatsachen von Geistererscheinungen angeführt werden, bei denen kein Schlafwacher mit im Spiele war, Tatsachen, die eine überraschende Ähnlichkeit mit denen unsrer Seherin haben, und für deren Wahrheit sehr achtbare Zeugen sprechen.

Die auffallendsten Tatsachen (zu denen ich nicht einmal die hier gegebenen unsrer Seherin rechne) liegen für die Annahme des Hereinragens einer Geisterwelt in die unsre, gerade so wie unsre Seherin sie angibt, vor; aber noch nie würdigte man solche einer ernsten, unparteiischen Untersuchung. Wir gehen über solche, oft von den achtbarsten Zeugen bestätigte Erscheinungen zu schnell und absprechend hinüber. Während wir ahnend diese Sache nicht verwerfen, sprechen wir wieder, wie uns unsrer Ahnung schämend, den Gelehrten, den Gebildeten und Verständigen zulieb, hochtrabend über sie ab.

Indem ich die nachstehenden Tatsachen der Öffentlichkeit übergebe, ist mir das Wesen der jetzigen Zeit gar wohl bekannt, und ich weiß wohl, daß ich auf den Glauben dieser verzichten, und einzig auf die Fortschritte späterer Jahrhunderte hoffen muß, wo der Mensch, vielleicht durch Ernst und Trübsal gezwungen, wieder mehr in die innern Kreise kehrt, und dann werden wohl diese Geschichten, so absurd und unglaublich sie jetzt scheinen mögen, besseren Zusammenhang und Erklärung finden.

6. Tatsachen in Oberstenfeld

1. Tatsache zu Oberstenfeld

Das Haus, das der Vater der Frau H. zu Oberstenfeld bewohnte, machte einen Teil des alten ehemaligen katholischen Stiftes aus. Von langer Zeit her (und die verschiedenen Bewohner desselben sind des Zeuge) hörte man in diesem Hause oft nächtlich ein unerklärliches Gehen, Klöpfeln an den Wänden und Fässern des Kellers, dann Töne, als würfe man mit Kieseln, oder rollte eine Kugel auf und ab. Oft auch hörte man melodische Metalltöne, fast wie von einem Triangel, auf welche von Frau H. und auch andern ihrer Familie, hie und da die Gestalt eines weiblichen Geistes erblickt wurde. In einem untern Zimmer des Hauses, das ihr Vater immer zum Schlafzimmer gebraucht hatte, ging es oft nächtlich hin und her, und der Vater wollte da nicht mehr arbeiten, weil ihm auf der Achsel oder den Füßen oft ein ihm unbekanntes Tier saß. In demselben Zimmer hörte man auch manchmal ein Klingeln, als säßen in ihm Leute bei einem Trinkgelage, die mit den Gläsern zusammenstießen. Die genauesten Nachforschungen gaben nie eine Ursache zu erkennen. Es war die Nacht des neuen Jahres 1825, da saß Frau H. unter ihrer Familie und spielte und sang ein geistliches Lied, als man auf einmal auf dem Hausflur den Ton vernahm, als fiele auf sie ein schweres Gewicht nieder. Sogleich untersuchte man, fand aber nichts. Man bekümmerte sich um den Vorfall nicht weiter, und Frau H. ging mit Schwester und Magd in einem untern Zimmer zu Bette. Als sie eine Viertelstunde zu Bette und noch wach war, bewegte sich der mitten in der Stube stehende und mit einem brennenden Lichte versehene Nachtleuchter immerwährend hin und her, so daß man seine Bewegung hörte und sah. Alles, hauptsächlich der Tisch, auf dem der Leuchter war, stand fest und stille. Dadurch aufmerksam, sah sie auf und sah vor ihrem Bette eine graue Gestalt stehen, wie in der Kleidung eines Ritters, aber wie ein Nebel, durch den sie vermeinte durchsehen zu können.

Diese Gestalt sprach ganz hohl und wie hinhauchend zu ihr: „Gehe mit mir, du kannst mir erleichtern die Bande, in denen ich bin.“ Diese Stimme, die wie ein Hinhauchen, ein leises Wehen war, hatten ihre Geister immer, keine eigentliche Menschenstimme. Sie sagte: „Ich gehe nicht mit dir!“ Aus Schrecken sprang sie aber sogleich in ihrer Schwester Bett und schrie dieser und der Magd zu: „Sehet ihr nichts?“ Diese verneinten es, und sie schwieg, um sie nicht auch in Schrecken zu bringen. Sie ließ nun die Magd in ihr leeres Bett liegen, weil dieses vor den andern stand, und sie durch die Magd sicherer zu sein glaubte. Die Magd nahm ein Bettstück von den ihrigen mit, dieses wurde ihr aber von einer unsichtbaren Macht aus der Hand gezogen, und sie vermochte auch nicht, dasselbe wieder von dem Boden aufzuziehen, sie mußte es liegen lassen. Es erfolgte nun nichts mehr, und sie schlief mit den andern zwei Mädchen ruhig ein. Um sich von dieser Erscheinung, im Fall sie wiederkehren sollte, auch zu überzeugen, legte sich in der andern Nacht, nach dem Willen der Eltern, der erwachsene Bruder, ein beherzter Mensch, in dieselbe Stube auf ein paar Stühle. Punkt 12 Uhr, nachdem der Leuchter mit dem Lichte wieder auf dem Tische, sichtbar und hörbar von allen, hin und her schaukelte, erschien ihr die Gestalt wieder. Sie schrie: „Da ist er wieder!“ Der Bruder und die zwei andern sahen und hörten wohl, wie sich der Leuchter wie von selbst auf die sonderbarste Art hin und her bewegte, sie sahen jedoch keine Gestalt. Diese aber (der Bruder rief sie vergeblich an) blieb ruhig vor ihrem Bette stehen, und sie konnte nun in ihr genauer ein Bild wie das eines Ritters erkennen, doch nicht wie ein natürlicher Mensch anzusehen, sondern wie ein Nebel, durch den man sehen konnte. Der Ausdruck des Gesichtes war zornig und der eines fünfzigjährigen Mannes. Nun fingen ihre und ihrer Schwester Bettstellen (auch dem Bruder sichtbar) an zu wanken, und die Gestalt hauchte zu ihr hin: „So du nicht mit mir gehest, stürze ich dich aus dem Fenster!" Sie sagte: „Im Namen Jesu tue das!" Da verschwand die Gestalt, erschien nach einigen Minuten wieder und hauchte zu ihr hin: „Ich werfe dich in den tiefen Keller!" Sie erwiderte: „Im Namen Jesu tue das!" Da verschwand sie abermals, kam aber nach einigen Minuten wieder, und drohte sie zu erstechen, sie aber sagte: „Dazu hast du nicht die Macht!" Die Gestalt verschwand, und kam drei Nächte nicht mehr.

In der dritten Nacht stellte sich die Gestalt wieder vor ihr Bett und sagte: „Du mußt mit mir gehen, ich habe einen Schreibzeug versteckt. Unter der Sandbüchse liegt etwas Schriftliches und wenige Münze. Diesen Schreibzeug muß ich dir geben, dann habe ich Ruhe." Sie sagte: „Ich gehe nicht mit dir, dieses Schreibzeug kann dich nicht selig machen." Da verschwand die Gestalt wieder. Diese Erscheinung griff sie sehr an, so daß sie wieder kränker wurde und das Bett nicht mehr verlassen konnte. Ihre Eltern ließen sie nun nicht mehr in dem untern Zimmer schlafen, sondern machten ihr das Bett in ein oberes, wo sie beide selbst schliefen, in der Hoffnung, daß nach Wechselung des Zimmers die Erscheinung vielleicht ausbliebe. Es war aber nicht der Fall: denn nun erschien ihr die Gestalt schon am Abend, und sie verfiel wieder in somnambulen Zustand, weil sie die Erscheinung aufs fürchterlichste angriff. Sieben Tage lang erschien ihr der Geist im wachen wie im somnambulen Zustand, bei hellem Tag, zwischen Licht und bei Nacht. Sie wies ihn in ihren Gesprächen mit ihm (die aber immer nur kurz waren) auf das Wort Gottes und dahin, daß nur der Heiland sein Erlöser sein könne, lehrte ihn sich zum Gebete wenden und betete oft stundenlang mit ihm, wo sie ihn immer kniend sah. Er eröffnete ihr auch, warum er nach seinem Tode in diese Lage gekommen sei: Er habe einen Mord an seinem Bruder begangen und sei aus der Familie der Weiler vom Lichtenberg. Er habe anfänglich immer den Wahn gehabt, wenn jenes Schreibzeug mit dem Papier von ihr erhoben werde, so sei er in einen bessern Zustand versetzt. Oft habe er ihr ein gewisses Gewölbe in der Kirche zu O. als ein besonderes bezeichnet, als wäre dort auch etwas von Wichtigkeit verborgen. Sie aber stellte ihm dagegen immer vor: daß nicht sie ihn erlösen könne, sondern nur der Erlöser: er müsse beten lernen, um sich zu diesem wenden zu können. So brachte sie ihn von dem Wahne mit dem Schreibzeug und dem Schriftlichen in demselben ab, und er sprach nun nach und nach bei seinen Erscheinungen nichts mehr von diesem, aber stets vom Gebete und der Kraft, die er nach und nach durch dasselbe in sich fühle.

In den ersten drei Nächten, als er ihr im obern Zimmer erschien, hörten auch ihre Eltern, jedesmal vor seinem Erscheinen, einen Knall am Fenster, und zersprang eine Fensterscheibe.

In der siebenten Nacht, 12 Uhr, wo sie völlig wach war, erschien ihr der Geist wieder, er dankte ihr, daß sie ihn zum Erlöser geführt, und kündigte ihr an: daß die Stunde seiner Befreiung komme. Er kniete nieder (so sah sie ihn) vor ihrem Bette und betete mit ihr zum letztenmal. Seine Gestalt war nun viel lichter und freundlicher anzusehen. Auf einmal erschienen sieben Kinder, weiß, freudig und licht, es waren seine Kinder, erwachsen, die schlossen einen Kreis um ihn und sangen, aber nur ihr hörbar, in unbeschreiblich schönen Tönen. Der Geist sang mit und sie auch. Durch diesen Gesang verfiel sie in Schlaf, in dem sie immer noch laut und äußerst schön fortsang, aber bald wieder in wachen Zustand kam und in demselben mit dem

Geiste sprach, der ihr nun ein Zeichen in die Hand machen wollte, das sie aber nicht zugab. Er wich nicht eher von ihr, als bis ihre Führerin, ihre Großmutter, wie sie einst lebte, zwischen sie und den Geist trat. Da nahmen ihn zwei der Kinder bei der Hand und schwebten mit ihm und den andern davon.

Lange ging ihr die Entfernung des Geistes nach; es blieb lange in ihr ein gemischtes Gefühl von Freude und von Wehmut.

2. Tatsache zu Oberstenfeld

Frau H. hatte dazumal die Gewohnheit, ihr Gebet in einer untern verlassenen Küche allein, kniend zu verrichten. (Sie war immer noch im somnambulen Zustande.) Als dies eines Morgens 9 Uhr geschah, trat eine schwarze, mit einer dunklen Kutte bekleidete Gestalt mit einem runzlichten, alten Gesicht, klein und mit etwas vorwärts hängendem Kopfe, vor sie, blieb mehrere Minuten vor ihr stehen, sah sie starr an, was sie auch gegen die Gestalt tat. Aber es ergriff sie ein Schauer, sie sprang zu den Menschen ins obere Zimmer, sagte jedoch nichts von dieser Erscheinung.

Um die gleiche Zeit und an der gleichen Stelle trat die Gestalt am andern Tage wieder während des Gebetes vor sie und sprach: „Siehe, ich komme zu dir, daß ich den Erlöser kennenlerne.“ – Nun erschien ihr dieser Geist ein ganzes Jahr durch zu den verschiedensten Zeiten des Tages im wachen und im somnambulen Zustande, regelmäßig aber immer, abends 7 Uhr, bei ihrem Gebete, und verlangte da immer, daß sie mit ihm beten solle. Er sagte zu ihr: „Du mußt mich wie ein Kind behandeln und auch in der Religion ganz von vornherein unterrichten.“ Er eröffnete ihr, daß auf ihm die Schuld eines Mordes und vieles Wüste liege, und daß er schon lange Jahre irre, und sich bis jetzt noch nicht habe zum Gebet wenden können.

In den vielen Stunden, in denen er ihr erschien, gab sie ihm nun einen vollständigen Religionsunterricht, wie der Geistliche dem Kinde, und je länger er kam, desto heller und freundlicher wurde seine Gestalt. Ehe er ihr erschien, wurde jedesmal sein Nahekommen allen Anwesenden, auch den verschiedensten Menschen (und es sind dafür mehr als zwanzig völlig glaubwürdige Zeugen vorhanden), durch Klopfen und Klatschen, bald an dieser, bald an jener Wand, bald mitten in der Stube durch ein Geschnalz in der Luft und andere Töne, kund.

Die Treppe polterte es bei Tag und bei Nacht herauf, und suchte man aufs genaueste nach, so wurde doch kein Heraufgehendes bemerkt. Im Keller währte das gleiche Klopfen (das man schon früher, nur nicht in dem Maße, bemerkte) nun stärker fort. Sprang man im Momente, so es hinten an einem Faß klopfte, um nachzusehen, nach hinten, so klopfte es vorne, und war man vorne, so klopfte es hinten. So war es auch bei dem Klopfen an den Wänden des Zimmers der Fall. Klopfte es an der Wand außen, und man sprang nach außen, so klopfte es vor allen Anwesenden innen, und so umgekehrt.

Verschloß man abends die Küchentüre noch so fest, und band man sie sogar mit Stricken zu, so stand sie dennoch jeden Morgen offen, und oft hörte man sie laut auf- oder zuschlagen, und eilte man noch so schnell, um nachzusehen, so sah man doch nie jemand, der aus- oder eingegangen wäre. Oft tat es auch, als würfe man in der Küche alle Zinnteller durcheinander; sah man nach, war alles in Ordnung. Oft schien es morgens um 3, 4 Uhr, als zerbräche man Holz und schöbe es in den Ofen. Der Ofen knallte, wenn ein Feuer in ihm wär, und sah man nach, bemerkte man nichts in ihm.

Sehr oft hörte man auch jene oben berührten Metalltöne wie von einem Triangel, nach welchem mehrmals von Frau H. und andern ihrer Familie (was auch schon früher geschah) eine geisterhafte Gestalt in weiblicher Tracht erblickt wurde.

Einmal fing nachts 11 Uhr ein solches Toben im Hause an, als würde es aus allen seinen Fugen gerissen und die schwersten Balken auf dem Boden und in den Zimmern hin und hergewälzt. Der Vater faßte da beinahe den Entschluß, aus diesem

Hause den andern Tag zu ziehen. Aber auf dieses Toben verfiel die Kranke in magnetischen Schlaf und sagte: „Die bösen Geister wollen diesen halten, daß er sich nicht von ihnen wende." Zwei Stunden lang blieb sie unter inbrünstigem Gebete in magnetischem Schlaf. Das Toben und Krachen im Hause wurde sogar auf der Straße gehört. Auch sonst vernahmen die stärkeren Töne im Hause und Keller Vorübergehende, die dann horchend stehenblieben. An dem Tage, wo jenes Toben stattfand, wach, wie in der Nacht, als sie somnambul war, erschien ihr der Geist, schwarz und in drohender Gestalt. Sie entsprang ihm und fiel über die Schwelle einer Türe. Sie wollte sich aufrichten, aber konnte nicht. Da fühlte sie an dem rechten Arme eine Hand, und sah eine weiße Gestalt, von der die Hand ausging, die sie aufhob.

Am andern Tage mittags war sie im Begriffe, die Treppe hinabzufallen, sie hatte schon einen Fuß falsch gesetzt, da hielt sie die gleiche weiße Gestalt aufrecht. Sie war beidemal in völlig wachem Zustande. Am Abend desselben Tages erschien ihr der Geist wieder zur gewöhnlichen Stunde und dankte ihr, daß sie im Gebet festgehalten, und betete wieder mit ihr. Einmal erschien er ihr zur Stunde des Gebetes in Begleitung einer Frau, die lang und abgezehrt war und ein erstgeborenes Kind in den Armen hielt; diese kniete mit ihm nieder und betete mit. Sie erkannte in ihr jene schon früher gesehene weibliche Geistergestalt, vor deren Erscheinung man meistens Töne wie von einem Triangel hörte.

Auch wenn sie auf dem Felde spazierenging, und es war 7 Uhr, so erschien der Geist. Dann lief er gewöhnlich gegen sie her und schwebte vor ihr voraus.

So ging sie einmal mittags mit ihren Eltern, ihrem Bruder und einer Freundin nach Bottwar. Als sie im Rückweg gegen den Garten des Stifts kamen, schlug es 7 Uhr. Da kam der Geist ihr entgegen, und sie war nun gezwungen, über die Maßen zu laufen. Ihr Bruder und die Freundin liefen ihr nach und riefen ihr zu: warum sie denn so laufe? Sie sagte: „Der Geist schwebt vor mir!“ Da hörten es alle, wie es vor ihr, bald in der Luft, bald an der, bald an jener Wand eines Hauses, an dem sie gerade vorübersprang, hinklatschte. Es ging ihr wie Händeklatschen die Staffeln voraus. Sie ging in die verlassene Küche und betete da mit dem Geiste. Einmal ging sie nach Gronau mit ihren Eltern und Schwestern. Es war, als sie vor Gronau herauskamen, 7 Uhr vorüber. Da kam der Geist, und sie mußte mehr fliegen als laufen; man sah ihre Füße im eigentlichsten Sinne nicht mehr auf dem Boden, der Geist schwebte immer vor ihr her, hielt oft ein wenig stille und hauchte zu ihr hin: „Bete für mich! Bete für mich!“ Keinem Menschen war möglich, ihr zu folgen. Sie mußte an jene Stelle zum Gebet mit dem Geiste. Er kniete mit gefalteten Händen neben ihr, sah ruhig aus und betete. Jedesmal nach diesem Beten sagte der Geist einige kurze Sprüche zu ihr, von denen aber leider keine aufgeschrieben wurden; oft auch nur Sätze wie: „Nun gehet eine Sonne in mir auf!“ oder: „Die Sonne scheinet jetzt in mir!“

Einmal fragte sie ihn, ob er auch andre Menschen höre? Er antwortete: „Ich höre sie durch dich!“ Sie fragte: „Wie?“ Er antwortete: „Wenn du andre hörest, so denkst du, was du hörest, und die Gedanken von dir kann ich lesen.“

Einmal fragte sie ihn: warum er denn so klopfe und klatsche? Und er erwiderte: „Es ist mir dies eine Erleichterung und Erholung, weil man da wieder an mich denkt.“

Sobald sie am Klavier saß und sang, fing der Geist gemeiniglich vor allen Anwesenden an den Wänden zu klopfen an, und dieses Klopfen wurde besonders bei dem Gesang des Liedes „Wie groß ist des Allmächt'gen Güte!“ stark.

Von den Hausgenossen sah den Geist keines, außer mehrmals der Vater, der Bruder und die jüngere Schwester. Einmal lief es wie eine silberne Schlange am Fenster umher, und als diese die jüngere Schwester greifen wollte, so war sie auf ihrem Rücken, und als Anwesende nach ihr schlugen, verschwand sie doch erst nach einigen Minuten. Am andern Tage zeigte sich die gleiche Erscheinung auf dem Bette der Mutter, und einmal die gleiche Silberschlange auf der Schwelle eines untern Zimmers vor einem Eintretenden. Die Mutter sah den Geist nie, wurde aber öfters von ihm angeblasen, und auf gleiche Art wurde er einmal der ältern Schwester fühlbar, aber nie sichtbar. Einmal ging die Kranke mit ihrer Mutter zum heiligen Abendmahl, da ging der Geist mit ihr in die Kirche. Er ging an der Stiftsdame von W., von dieser wie ein Schatten gesehen, vorüber, zu Frau H. hin. Abends sagte der Geist zu ihr: „Du hast es auch für mich genommen!" Er meinte das heilige Abendmahl. Ein Forstmann Böheim, der diese Erscheinung nicht glauben konnte, wollte sich dadurch überzeugen, daß er sich an das Bett der Kranken stellte, zur Stunde, wo der Geist gewöhnlich erschien. Er war allein bei ihr, und zwar kaum einige Minuten, so hörte man das Klopfen des Geistes, und später hörte man einen Fall. Böheim war in Ohnmacht gefallen. Als er wieder zu sich gekommen, erzählte er, es sei nach dem Klopfen an der Ecke der Wand eine graue Wolke entstanden, die sei immer näher zu ihm und der Kranken gerückt, und je näher sie gekommen, desto deutlicher habe er in ihr eine menschliche Gestalt erblickt. Diese habe sich gerade vor die Kranke und die Türe gestellt, so daß er nicht habe von der Stelle können; sowie aber die ihm zu Hilfe gekommene Person eingetreten, sei die Gestalt gewichen und habe ihr Platz gemacht. Er wunderte sich, daß die Person gerade auf die Gestalt zulief, ja, wie durch sie lief, und nichts bemerkte.

Ein schwarzer Dachshund, der im Hause war, fühlte immer die Annäherung und Anwesenheit des Geistes. Sobald der Geist im Zimmer erschien, lief er immer ängstlich auf die Menschen zu, oft mit heftigem Geheul, und nächtlich wollte er nie mehr allein sein.

Oft wurden die Gläser, selbst einmal eine Bouteille, wie von unsichtbarer Hand vom Tische genommen und auf den Boden gestellt. In der Schreibstube wurde sehr oft vor dem Vater Papier von unsichtbarer Hand vom Tische genommen und mit demselben nach ihm geworfen. Als Frau H. im November 1825 nach Kürnbach abreiste, ging ihr der Geist auch dahin nach. Er sagte: „Wo du bist, bin auch ich, aber bald werde ich nicht mehr so unruhig sein. Es kommt mir schwer, mit dir zu gehen."

Jede Nacht von 11 bis 12 Uhr belehrte sie ihn auch dort immer wie ein Kind über Gegenstände der Religion. Auch dort hörten ihn die verschiedensten Personen durch sein Klopfen und Klatschen an den Bettstellen, in der Luft des Zimmers, an den Wänden usw. In einer Nacht sagte er da zu ihr: „Ich komme jetzt sieben Tage lang nicht mehr zu dir, weil jetzt dein Schutzgeist mit etwas anderem, Wichtigem beschäftigt ist und du mich ohne diesen nicht ertragen könntest. In deiner Familie geht jetzt etwas Wichtiges vor, das du am Mittwoch erfahren wirst."

Sogleich am Morgen erzählte sie die Aussage des Geistes. Am bestimmten Mittwoch kam ein Brief mit der Nachricht, daß ihr Großvater, der Gatte ihrer Führerin, den man auch nicht entfernt krank wußte, gestorben wäre.

Nach sieben Tagen nun erschien der Geist wieder, da fragte sie ihn: warum sie ihr Schutzgeist in dieser Zeit verlassen habe, und er antwortete: weil er um den Verstorbenen sehr beschäftigt war.

Der Geist sagte da auch: „Ich bin schon so weit, daß ich den Verstorbenen durch ein schönes Tal gehen sah. Bald bin ich in ein schönes Tal aufgenommen."

Während sie nun in Kürnbach war, ließ sich der Geist dennoch zu Oberstenfeld durch Klatschen und Klopfen hören, aber erst morgens, 1, 2 oder 3 Uhr, je nachdem er sich länger mit ihr zu Kürnbach beschäftigt hatte.

Als sie hierauf von Kürnbach nach Löwenstein reiste, ging der Geist mit ihr auch dahin. Er schwebte von Willsbach bis nach Löwenstein, immer von ihr gesehen, neben dem Gefährte her. Er war nun auch in Löwenstein bei ihr, und wurde, wie an den andern Orten, von den verschiedensten Personen durch Klatschen und Klopfen gehört. Aber dieses nahm nach und nach immer ab, je lichter der Geist selbst wurde. Am 6. Januar 1826 (es war der Tauftag ihres Kindes) erschien ihr der Geist zum letztenmal. Nachts zuvor kam er und sagte: „Bald bin ich das letzte Mal bei dir." Er dankte ihr, daß sie sich seiner so angenommen, und bat sie, daß man morgen, am Tauftage ihres Kindes, wenn alles versammelt sei, das Lied: „Befiehl du deine Wege!" seiner Ruhe zulieb, singen solle. Wegen Anwesenheit vieler Fremden nahm man nach der Taufe des Kindes Anstand, dieses Lied zu singen. Als nun alles am Mittagessen saß, die Frau aber sich allein mit der Wärterin in einem andern Zimmer befand, öffnete sich die Türe dieses Zimmers hörbar und ging hörbar wieder zu. Die Wärterin verwunderte sich, sie aber verbarg ihr, daß der Geist eingetreten. Er hatte sich vor ihr Bette gestellt und sie ermahnt, daß doch jenes Lied jetzt gesungen werden solle, dann verschwand er wieder. Sie ließ nun die Mutter holen und sagte ihr, was der Geist gesprochen. Diese meinte, man sollte warten, bis die Fremden das Haus verlassen, dann könne es ja noch geschehen. Aber nach zwei Stunden ging die Türe wieder sichtbar und hörbar auf. Es trat der Geist ein, stellte sich wieder vor sie und sagte mit kläglicher Stimme: „Es ist jetzt die höchste Zeit, daß man das Lied singt"; da verschwand er wieder. Hierauf ließ sie die Mutter abermals rufen, und diese sagte es endlich ohne Scheu allen Anwesenden, und alle fanden sich sogleich bereit, dieses Lied zu singen. Einer der Taufpaten setzte sich an das Klavier und spielte das Lied, während es alle Anwesenden sangen. Da sah während des Gesanges der Vater neben dem spielenden Paten den Geist licht und freudig stehen. Der Vater wurde gerührt und trat in die Kammer nächst dem Zimmer.

Da sah er das lange hagere Weib stehen, das ganz trauernd ein Kind auf den Armen hielt – den weiblichen Geist, den er sonst öfters auch schon gesehen hatte, und vor dessen Erscheinen meistens Töne wie von einem Triangel vorausgingen. Während des Gesanges lag Frau H. in Tränen. Man grub an einer von Frau H. bezeichneten Stelle, unweit jener Küche gegen den Hof hinaus, in der Stille nach, da fand man in der Tiefe noch Moder und Gebeine von einem kleinen Kinde.

7. Die Erscheinung zu Löwenstein

Frau H. hatte, wie im ersten Teile bemerkt wurde, im Jahre 1824 wegen andauernder Reizbarkeit, wenn auch nicht mehr völlig magnetischen Zustandes, in zweiter Schwangerschaft, im Hause ihres Oheims zu Löwenstein drei Wochen lang Bäder gebraucht. Es war dies die Zeit, während ihr immer jener zweite Geist auch zu Löwenstein erschien. Da sah sie in der Nacht, im Hause ihres Oheims einen ältlichen Mann in einer langen Weste, einer weißen Zipfelkappe, kurzen Hosen und Pantoffeln, Akten unter dem Arm, aus der innern Stube in die äußere, wo sie war, treten. Der Geist legte jedesmal die Akten auf den Tisch und blätterte sie von vorne bis hinten durch, und war dies geschehen, ging er wieder in die innere Stube zurück. Sie sprach ihn nie an, und auch er blieb immer stumm. Diese Erscheinung hatte sie gegen dreißigmal.

Diese Erscheinung wurde später auch von andern teils gesehen, teils gehört und bestätigt.

8. Tatsachen zu Weinsberg

1. Tatsache zu Weinsberg

Frau H. war am 25. November 1826 nach Weinsberg gekommen. Sie hatte im hiesigen Orte keine Bekannten, auch ich war ihr unbekannt. Ihre Wohnung war in einem kleinen Zimmer zur ebenen Erde, im Nebenhause des großen Hauses von Herrn F.

Unter beiden Häusern lief ein großes Weingewölbe hindurch, was der Frau H., auch seinen Einrichtungen nach, völlig unbekannt war, aber ihre Bettstelle stand auf ihm. Der Besitzer desselben, Herr F., war ihr gleichfalls völlig unbekannt, sie ohne sein Wissen und seinen Willen in jenes Haus aufgenommen worden, und er kam erst im Verlaufe der jetzt zu berührenden Geschichte, aber nie früher, durch mich bewogen, zu ihr.

Ob Frau H. schon früher wußte, daß ein gewisser K. (der mehrere Jahre hier zuvor gestorben war) die Geschäfte des Herrn F. zu dessen großem Nachteil geführt hatte, ist zwar möglich, doch war es ihr nicht erinnerlich. Nie hatte sie aber diesen K. selbst gesehen, stand auch mit keinem Menschen in Verbindung, der sich für die Angelegenheiten des Herrn F. und K. (von welchen dazumal im Publikum nicht im mindesten mehr gesprochen wurde) interessiert hätte.

Noch ehe Frau H. von mir einer magnetischen Behandlung unterworfen wurde, schon in den ersten Abenden ihres von freien Stücken erfolgten magnetischen Schlafes, sprach sie immer von einem Manne, den sie nicht weit von sich in einer sehr traurigen und bemitleidenswerten Gestalt sah; es scheine, als begehre er etwas von ihr, was, könne sie noch nicht begreifen. Am 24. Dezember sprach sie sich hierüber im magnetischen Schlaf also näher aus:

„Jener Mann ist wieder vor mir. Stets kommt er zur Stunde meines Schlafes aus dem Gewölbe empor. O bliebe er doch nur ferne, denn er stört stets meinen Schlaf, und ich kann ihm nicht helfen. Ich wollte die Stelle bezeichnen, wo er in dem Gewölbe sitzt, die er jedesmal zur Stunde meines Schlafes verläßt, sie ist hinter dem vierten Fasse, das in diesem Gewölbe steht. Ha! Wie sein rechtes Auge über das linke hinüberschielt. Er will vorwärts schreiten! O bleibe nur, ich kann dir nicht helfen! Sieht ihn denn niemand als ich? Immer winkt er mir, und will mir etwas anvertrauen."

Am 25. Dezember sprach sie: „Da ist jener schon wieder und stört mich in meinem Schlafe. Was zeigt er mir? Ein Blatt von nicht ganzer Foliohöhe voll von Zahlen. Oben in der rechten Ecke ist eine kleine Einbiegung, in der linken Ecke eine Zahl.

Lese ich nicht unter den ersten Zahlen acht und null? Ich kann es noch nicht völlig! – Es beginnt dann J – weiter kann ich nicht. Dieses Blatt liegt unter vielen Akten, man beachtet es nicht. Er will haben, ich soll es meinem Arzte sagen und durch diesen soll eine Warnung ergehen. Warum muß er denn aber auch mich so quälen und stören, könnt' er es denn nicht seiner Gattin sagen? Er wollte es noch vor dem Tode sagen, er glaubte aber nicht, daß er sterben werde, und nahm es sterbend mit der Seele hinüber wie ein Stück von seinem Körper." Sie beschrieb nun außer jenem schielenden Auge die Gestalt jenes Mannes so genau, daß ich in ihr den verstorbenen K. erkennen mußte, dann sprach sie: „Ich muß von ihm weg, ich kann heute nicht länger mit ihm verweilen."

Am 26. Dezember lag sie im tiefsten magnetischen Schlaf und im innern Schauen. In diesem Schauen bestrebte sie sich, sich an den Ort zu versetzen, wo jenes Blatt liege, auf das jener Mann immer hindeute, und endlich sagte sie: „Dieses Blatt liegt in einem Gebäude, das sechzig Schritte von meinem Bette steht. (Es ist zu bemerken, daß Frau H. jenes Gebäude noch gar nie gesehen hatte.) In diesem sehe ich ein großes, dann ein kleineres Zimmer. In diesem sitzt ein langer Herr oben an einem Tisch und arbeitet. Soeben geht er hinaus, und jetzt kommt er wieder herein. Nach diesem Zimmer kommt noch ein größeres, in dem stehen Kästen und eine lange Tafel, auch sehe ich in ihm eine längliche Kiste. Einen Kasten sehe ich, der steht am Eingang, und an diesem Kasten ist die Tür etwas offen. Diese Kisten und Kästen gehen aber jenen Mann nichts an. Aber oben an der Tafel steht etwas von Holz, ich kann es nicht benennen, und auf diesem liegen Papiere, und die sehe ich in drei Haufen liegen. Rechts im Haufen ist nichts von diesem Mann, aber in den zwei andern fühle ich von ihm, und zwar im mittlern, ein wenig unter der Mitte, jenes Blatt, das ihn so quält."

Nach diesem Hellsehen erwachte sie äußerst geschwächt und leidend.

In dem von Frau H. bezeichneten Gebäude erkannte ich das hiesige Oberamtsgericht, das auch abgemessen in der bezeichneten Weite entfernt war. Ob ich gleich diese Erscheinung der Frau H. immer noch für ein Traumbild hielt, so ging ich am andern Tage doch zu Herrn Oberamtsrichter H., erzählte ihm diese Erscheinung und Aussprüche der Frau H., wie sie hier aus dem Tagebuche gegeben sind, und bat ihn, mit mir jene von Frau H. bezeichneten Aktenfaszikel zu durchgehen, nur um sie (weil man doch nichts finden werde) zu überweisen, daß jene Erscheinung nur ein leeres Traumbild sei.

Herr Oberamtsrichter H., der inzwischen aus dieser Sache auch nichts weiter als einen Traum machen konnte, bestätigte mir übrigens sogleich, daß Frau H. wenigstens darin recht gesehen, daß er zu jener Stunde auf der von ihr bezeichneten Stelle, wo er sonst selten sitze, gearbeitet habe und einmal in das andre Zimmer gegangen sei, wo er bemerkt, daß jener Kasten an der Türe halb offen stehe. So sehr dieses Zutreffen uns beiden auffiel, so sehr wurden wir wieder in unserm Glauben an einen bloßen Traum der Frau H. bestärkt, als wir die bezeichneten Akten, die übrigens auch richtig in der von Frau H. angegebenen Lage waren, durchgingen (freilich nur etwas zu schnell), das betreffende Blatt aber nicht fanden.

Dennoch bat ich den Herrn Oberamtsrichter H., sich selbst von diesen sonderbaren Aussagen der Schlafwachen zu überzeugen und abends 7 Uhr zur Stunde ihres Schlafens zu ihr zu kommen, was er auch tat.

Nach gemachten Selbstverordnungen sprach die Frau H. abermals von dem Verstorbenen, der wieder dastehe und ihr keine Ruhe lasse. Sie hatte schon früher erwähnt, daß sie ihn nächtlich im Gewölb hinter dem vierten Fasse sehe und nannte ihn deswegen öfters: den Mann hinter dem vierten Fasse. Sie klagte mich an, daß ich das Blatt nicht mit Eifer suche und beschwor mich aufs angelegentlichste, es doch zu finden, da es so leicht zu finden sei. Nun beschrieb sie wieder die Lage jener Aktenfaszikel und jenes Blatt, und gab noch an, daß es unter andern Papieren mit starkem grauem Papier umschlagen liege, welche Angabe sie früher noch nicht gemacht hatte.

Ich sagte ihr, daß ich das Blatt vergebens gesucht, und daß sie uns beiden nicht verübeln werde, diese ganze Sache so lange für einen Traum, der sie täusche, zu halten, als ein solches Blatt nicht aufzufinden sei. Da versicherte sie aber ganz ruhig, man müsse und werde dieses Blatt noch finden.

Als sie im Abendschlafe vom 28. sich wieder abquälte, die Stelle, wo jenes Blatt liege, noch näher zu bezeichnen, gab ich ihr ein altes Blatt in die Hände, das mit vielen Zahlen überschrieben war, worunter sich auch die Zahl 80 befand. Herr F. wohnte auf mein Ersuchen hier wieder ihrem Schlafe bei. Ich sagte vor Herrn F. zu ihr: „Da ist nun das Blatt, das du suchest, Herr F. hat es gefunden." – „Nein", sagte sie, „das ist nicht jenes Blatt, das ist noch an seiner Stelle, und auf ihm sind die Zahlen viel regelmäßiger untereinander gesetzt."

Am 29. gab ich ihr im wachen Zustand, in welchem sie von jener Erscheinung und dem Blatte nicht das mindeste wußte, folgende auf ein Blättchen geschriebene Reime:

„Könntest du doch nur ergründen,
Wo das wicht'ge Blatt zu finden,
Wollt' ich gerne glauben ja,
Daß er alle Abend da,
Daß er nicht ein Traumgesicht,
Daß er wirklich ist und spricht."

Sie las diese Reime zu wiederholten Malen und sagte dann, sie verstehe sie nicht, aber sie erhalte durch sie wie einen Zorn, oder eigentlich das Gefühl, wie wenn sie etwas wider diese Reime sagen müßte. Sie mußte nun auch diese Reime eine halbe Stunde lang immer wieder von neuem lesen, verfiel dadurch in Schlaf, begehrte eine Feder und schrieb folgendes auf die Rückseite:

„Glaube, leicht ist zu ergründen,
Wo das wicht'ge Blatt zu finden,
Magst es glauben oder nicht,
Halt es für ein Traumgesicht.
Könntest du nur mitempfinden,
Was des Geistes Auge spricht,
Such im Oberamtsgericht!"

Am 30. bat sie im schlafwachen Zustande wieder auf das herzangreifendste, nach jenem Blatte zu suchen, weil ihr der Verstorbene keine Ruhe lasse, immer zur Zeit ihres Schlafes erscheine und sie in ihren Selbstverordnungen und Schauen in ihr Inneres störe. Vergebens suchte ich sie zu belehren, daß diese Erscheinung ein Traum sei, sie brach in die bittersten Klagen aus und behauptete, der Geist weiche nicht von ihr, bis das Blatt gefunden sei. Ich trieb auch am andern Tage mit dieser Sache immer noch meinen Scherz, da ich diese Frau, besonders in Hinsicht dieser Erscheinungen, noch nicht in dem Umfange kannte, wie ich sie nachher kennenlernte, und gab ihr im wachen Zustand abermals ein Blättchen, und zwar mit folgendem Reime:

„Wenn man nun das Blatt nicht findet,
Und der K., R., A., F., K.,
Nimmermehr von dir sich wendet,
Sage, was geschieht denn da?"

Sie wußte nun wach abermals nicht, was sie aus diesem Rätsel machen sollte, dachte darüber lange nach, verfiel endlich in somnambulen Zustand, in dem sie folgendes auf die Rückseite des Blättchens schrieb:

„Will man nun das Blatt nicht finden,
Und der K., R., A., F., K.,
Der mir alle Abend nah,

Nimmer sich von mir will wenden,
Sag' ich: was geschieht mir da?
Dann bin ich so lang gequälet,
Bis das Blatt auch nicht mehr fehlet.
Oh! so bitt' ich alle noch,
Suchet doch,
Daß die längst verstorbne Seele
Wird befreit aus ihrer Höhle."

Am 31. kam sie zur Stunde des Schlafes bald wieder auf jenen Mann hinter dem vierten Fasse. Sie sagte: „Immer droht er mir, mich in meiner Heilung zu stören, wenn das Blatt nicht gefunden wird, aber das kann er doch nicht. Mit einem Gedanken, auf den dieses Blatt deutet, starb er; diesen irdischen Gedanken nahm er mit sich, und der bindet ihn noch an diese Welt und läßt ihm keine Ruhe. Wird dieses Blatt gefunden, so verläßt ihn dieser irdische Gedanke, und er kann sich durchs Gebet eher an den Heiland wenden, was er in diesem Leben zu sehr versäumte. Ich bitte euch alle um Gottes und Jesu willen, alles aufzubieten, daß dieses Blatt, das ich euch ja genau bezeichnete, gefunden werde. Könnte ich gehen, so wäre es schon vor aller Augen."

Sie war nach dem Erwachen wieder aufs augenscheinlichste angegriffen, und es war offenbar, daß ihr alle Schläfe, seit sie sich um jenen Verstorbenen in ihnen immer abkümmerte, mehr zum Schaden als Nutzen gereichten, und sie sichtbar zurückfiel. Dies bewog mich am andern Tage nachmittags abermals zu Herrn Oberamtsrichter H. zu gehen. Ich stellte ihm vor, wie Frau H. mit einer doch sehr auffallenden Bestimmtheit und einer innern Wahrheit, die sich nicht wieder erzählen lasse, auf der Realität jener Erscheinung und der Existenz jenes Blattes beharre, und bat ihn, mit mir noch einmal eine Durchsuchung jener Aktenfaszikel vorzunehmen. Dies geschah, und wir fanden in einem Umschlag, der ganz so war, wie ihn die Seherin bezeichnete, ein Blatt, mit Zahlen und Worten von der Hand jenes Mannes, dessen erste Zahl 80 und dessen erster Buchstabe J war, und das am obern Ecke (bei welchem Anblick mich eigentlich ein Schauer anwandelte) wirklich, wie schon vor langer Zeit her, eingebogen war. Dieses Blatt enthielt einen Beweis, und zwar den einzigen, daß K. ein Geheimbuch führte, das aber nach seinem Tode nicht mehr gefunden wurde, und in welches er wahrscheinlich vieles eingetragen hatte, was jetzt nicht mehr an den Tag kam; auch war schon zur Sprache gekommen (doch kam es bis jetzt noch nicht zur Wirklichkeit), daß seine hinterlassene Gattin mit einem Eid beschwören sollte, daß sie nicht wisse, wohin jenes in diesem Blatte von K. selbst bezeichnete Buch geraten sei. Das Blatt selbst war bis jetzt gar nicht in gerichtliche Anregung gekommen!

Herr Oberamtsrichter H. und ich kamen überein, von dem Funde dieses Blattes gegen jeden Menschen zu schweigen, und ich bat ihn, diesen Abend wieder dem Schlafe der Frau H. beizuwohnen. Ich sprach nichts darüber gegen Herrn Oberamtsrichter H., war aber im stillen der Meinung, er werde dieses Blatt zum Schlafe der Frau H. bringen, um es ihr vorzulegen.

Er erschien. Frau H. war in Schlaf verfallen, und nach den gemachten Selbstverordnungen kam sie wieder auf jenen Verstorbenen. Sie sprach: „Da steht er wieder, aber er sieht beruhigter aus. Wo ist das Blatt? Es muß gefunden sein! (Ich glaubte nicht anders, als es sei in der Tasche des anwesenden Herrn Oberamtsrichters H.) Ich muß es suchen!"

Ich sagte: „Ist es denn gefunden? Wo ist es?" Sie verfiel in Erstarrung und tiefes inneres Schauen, wobei sie das Aussehen eines völlig Gestorbenen, mit verklärten Zügen, hatte, und sprach nach einiger Zeit: „Es sind die Papiere nicht alle mehr da; der erste Haufe ist gar nicht mehr da, und die andern Papiere sind auch nicht mehr in der andern Lage. Aber das wundert mich! – Da liegt ja das Papier, das der Mann gewöhnlich in der Hand hatte, offen da. Nun, da kann ich mehr lesen: – In das

Geheimbuch einzutragen – auf das Mittlere dieser ersten Zeilen deutet er immer, er will wohl auf dieses Buch deuten. Was soll man nun mit diesem Blatte machen? Ha! Mich schaudert, denke ich, was jene arme Frau tun könnte, warnt man sie nicht! – Eine Warnung soll an sie durch dieses Blatt ergehen, dann hat er Ruhe, ist vom Irdischen mehr entbunden und kann sich durchs Gebet mehr dem Erlöser nahen!"

Herr Oberamtsrichter H. war über jene Aussage der Seherin von der Lage der Akten und namentlich jenes Blattes (wie er mir erst außer dem Zimmer derselben sagte) erstaunt, da er dieselben, um ihr Schauen auf die Probe zu stellen, verrückt und jenes Blatt, gerade wie sie angab, offen hingelegt hatte. Ich aber war, wie ich oben sagte, der völligen Meinung, Herr Oberamtsrichter H. habe das Blatt in der Tasche und wolle auf diese Art die Seherin auf die Probe stellen, weswegen ich, bis Herr Oberamtsrichter H. sich aussprach, nach jenen Reden der Seherin wirklich glaubte, sie habe sich jetzt sehr getäuscht.

Im magnetischen Schlaf vom 1. Januar sprach sie wieder von dem Verstorbenen, und daß er haben wolle, man solle seine Gattin warnen, etwas zu tun, wodurch sie unglücklicher als er würde. Sie sprach auch davon, ihr am andern Tage selbst einen Brief im Schlafe zu schreiben.

Als ich am 2., morgens, zu ihr kam und sie ganz wach war (wo sie von dieser Geschichte K.s gar nichts wußte), sagte sie zu mir: „Diese Nacht hatte ich große Angst. Ich hatte gegen 9 Uhr etwas zu essen gefordert, die Magd gab es mir, legte sich in das Bett, das neben mir steht, und schlief dann sogleich ein, ich aber blieb wach. Da hörte ich auf einmal an jenem Tischchen, nicht weit von mir, ein Knistern, als schreibe an ihm jemand, und als ich hinsah, sah ich am Tischchen einen Mann sitzen, der schrieb in ein Buch, das auf dem Tischchen lag. Ich erschrak und schloß die Augen, weil ich nicht mehr das Herz hatte, sie zu öffnen, und schlief ein."

Im magnetischen Schlafe fragte ich sie: ob jene Erscheinung, von der sie diesen Morgen gesprochen, wohl nicht bloß ein Traum gewesen? Da sagte sie: „Nein, es war kein Traum, es war Wirklichkeit. Dieser Mann war jener Verstorbene, er wollte mir mit jenem Buche auf sein Geheimbuch deuten. Er hatte einen weißlichen, abgetragenen Flausrock an und Pantoffeln, wie er wohl gekleidet war, wann er in dieses Buch schrieb. Er wollte mich dadurch noch mehr bewegen, seine Gattin zu warnen. Aber das Buch selbst aufzufinden, wird mich große Anstrengungen kosten, und ich werde um sieben Tage zurückfallen."

Da mir nicht nur wegen der Familie des Verstorbenen diese Erscheinungsgeschichte unangenehm war, Frau H. auch dadurch offenbar zum Schaden ihrer Gesundheit in einen noch tiefern magnetischen Zustand geführt würde, so bat ich sie, in diesem Schlafe nur allein in sich und für sich zu schauen, und solche ihr fremde Angelegenheiten durch diejenigen ausmachen zu lassen, die sie betreffen. Sie sagte: „Es ist mir von jenem Verstorbenen wenigstens diese Warnung zur Pflicht gemacht, und wie würde mir, wenn ich ihm nicht folgen würde?"

Am 3. Januar sagte sie mir im wachen Zustande: „Heute nacht, 3 Uhr, als ich völlig wachte, kam jener Mann wieder zur Türe herein. Die Türe schlug vernehmlich zu, und der Mann setzte sich ans Tischchen und schrieb wieder in das Buch. Er hatte einen weißen Flausrock an, auf dem Kopfe eine weiße Kappe und an den Füßen Pantoffeln." Eine weibliche Person, die in dem Zimmer der Frau H. schlief, behauptete, am Zuschlagen der Türe erwacht zu sein. Sie habe aufgeschaut und habe dann eine Gestalt wie eine graue Wolke – Menschenbildung habe sie nicht an ihr wahrnehmen können – auf das Tischchen zugehen sehen. Sie habe hierauf der Frau H. zugerufen, diese aber sei ruhig liegengeblieben, worauf sie ein Schrecken angewandelt, in welchem sie sich unter die Decke verborgen habe.

An diesem Tage diktierte Frau H. ihrer Schwester im schlafwachen Zustande folgenden Brief an die Gattin jenes Verstorbenen:

„Der bedaurungswürdigen, unschuldigen Frau muß ich schreiben und sagen: daß dein verstorbener Mann mir jeden Abend im Schlafe erscheint und mich bisher eines Blattes wegen, das im Oberamtsgericht liege und mit den Worten: ‚Ins Geheimbuch einzutragen', bezeichnet ist, quälte. Jenseits noch würde mich diese verstorbene Seele anklagen, unterließe ich, dich zu warnen, und würdest du, unschuldige Frau, bis zu einem Eide getrieben. Um des Erlösers und deines Mannes willen bitt' ich dich, behalte nichts Geheimes in deinem Herzen, nehme nichts jenseits hinüber, was dich dort quälen könnte. Mir darfst du nicht böse sein, ich bin unschuldig; auch weiß ich wach nichts von dieser Sache. Ich habe deinen Mann nie gekannt und nie gesehen, so wie ich auch dich nie sah. Auch aus keiner Erzählung weiß ich etwas, aber er kam zu mir, ließ nicht nach, bis ich das Blatt suchte, weil er mit diesem Gedanken abgestorben ist und ihn mit nach jenseits nahm. Tue nun, was deine innere Stimme, dein Richter, in dir spricht! Der allerbarmende Gott wolle dir mit deiner Familie gnädig sein! Er segne deine Unschuld!"

Frau H. hatte keine Ruhe, bis der Brief der Frau jenes Verstorbenen mitgeteilt wurde, wobei man derselben sagte: man halte jene Erscheinung zwar für eine bloße sonderbare Phantasie einer Kranken, es wäre aber zu wünschen, daß sie mit ihr selbst (was Frau H. auch durchaus begehrte) in ihrem Schlafe spreche, wozu sie sich auf einiges Zureden nicht abgeneigt zeigte.

Am Abend vor dem Schlafe der Frau H. gab ich derselben im wachen Zustande folgende Reime, die sich auf das Kommen jener Frau bezogen. Ich gab sie ihr hauptsächlich in der Absicht, um ihr diese Angelegenheit und ihre Folgen, besonders für die mir unschuldig scheinende Frau des Verstorbenen, noch einmal ans Herz zu legen:

„Wenn die Frau nun kommt und weint
Und sich ganz unschuldig meint,
Und auch ganz unschuldig wär',

Sage, fällt dir dann nicht schwer,
Ihr zu sagen, daß ihr Mann
Selbst im Tod nicht ruhen kann?"

Sie las die Reime und sagte: „Kommt denn eine Frau, die weint?" Ich sagte: „Das ist ein Rätsel, dem ich Sie nachzudenken bitte, um seinen mir sehr unangenehmen Sinn zu erraten." Darauf las sie diese Reime immerwährend, verfiel dadurch in schlafwachen Zustand und schrieb (mit geschlossenen Augen) auf die **Kehrseite:**

„Wenn die Frau nun kommt und weint
Und sich ganz unschuldig meint,
Und auch ganz unschuldig wär',
Soll ich sagen, ob's mir schwer,
Ihr zu sagen: daß ihr Mann
Selbst im Tod nicht ruhen kann?
Fällt es schwer mir oder nicht,
Fleisch und Blut dawider spricht,
Spricht mein Geist doch fort ganz frei,
Warnend sie, was künftig sei."

Frau K. kam nun wirklich in Begleitung des Herrn Stadtschultheißen P. zum Abendschlafe der Frau H. Als ich dieser die gewöhnlichen magnetischen Striche gegeben hatte, sagte sie: „An was dachtest du, als du mir die Striche gabst? Ich fühle in dir eine ungewöhnliche Spannung." Ich erwiderte: „Ich dachte an die Gattin jenes Verstorbenen, die hier anwesend ist, um mit dir selbst über seine Erscheinung zu sprechen." Sie sagte: „Es ist mir lieb, daß sie gekommen, ich werde mit ihr sprechen, sobald ich in mich eingegangen bin und mir Verordnungen gemacht habe."

Als sie sich verordnet hatte, wandte sie sich gegen jene Frau und sprach zu ihr schlafwach mit erhabener Stimme:

„Was ich jetzt mit dir spreche, davon weiß mein Fleisch und mein Blut nichts, es ist allein mein Geist, der zu dir spricht, und würd' ich es wachend wissen, so wäre es mein Tod.

„Höre, ich kenne weder dich noch deinen Mann, sah euch nie niemand sagte mir etwas von euch, ich bin hier Fremdling. Solange ich aber auf diesem Gewölbe schlafe, erscheint mir immer zur Stunde meines Schlafs dein verstorbener Mann und nötigt mich, ein Blatt aufzufinden, durch das du zu warnen seist keinen irdischen Gedanken, wie er, mit hinüberzunehmen, dich nicht verleiten zu lassen, hier noch etwas zu tun, was dich unruhiger als ihn machen könnte. Das Blatt ist gefunden, du bist davon benachrichtigt, und nun blickt er auch ruhiger."

Frau K. gab die feste Versicherung, daß sie nie etwas Geheimes mit hinübernehmen werde, daß ihr Gatte ihr nie Mitteilungen von seinen Geschäften gemacht, sie von keinem Geheimbuch wisse, wie man ihr auch deswegen noch keinen Eid abgefordert habe.

Frau H. verwies sie dagegen auf eine spätere Zeit, wo das noch geschehen werde, und fragte, ob sie das Geheimbuch suchen solle.

Lange lag sie wider Gewohnheit in völliger Totenkälte und Todesblässe in ihr Innerstes gekehrt, aus welchem ich sie, aus Besorgnis für ihre Gesundheit, dadurch mit Gewalt zurückbrachte, daß ich ihr mit Auflegung meiner Hände fest befahl, alles Forschen, was nicht auf sie Bezug habe, zu unterlassen, und sich in dieser Geschichte damit zu begnügen, daß sie nach dem Willen des Verstorbenen die Gattin gewarnt habe.

Auf dieses kam sie wieder zurück und betete für jenen Verstorbenen und seine Familie, was Frau K. mit vieler Rührung anhörte und die Schlafwache sehr bewegt verließ.

Die Wahrheit und Unbefangenheit dieser vorstehenden Geschichte kann niemand einsehen, der nicht die Personen, die sie betrifft, und vor allem Frau H., persönlich kennt, und der nicht von Anfang dieser Geschichte bis zu ihrem Ende persönlich gegenwärtig war. Der aber, der alles mit ansah und anhörte, Verhältnisse und Personen kennt und dann noch von Betrug und Täuschung spräche, der spräche aus bösem Willen.

Es konnte nicht fehlen, daß teils Abgeschmacktheit, teils geflissentliche Lüge auch dieser Geschichte dem Weltsinn angemessene Erklärungen zu geben suchte, die in ihrer Nichtigkeit bleiben mögen. Dagegen bin ich (ich, der die Wahrheit dieser Geschichte allein am besten kennt) zum Belege dieser Wahrheit notgedrungen, einen Aufsatz mitzuteilen, den Herr Oberamtsrichter H. über sie, insoweit sie ihn selbst befaßte, auf die Anfrage mehrerer guter Freunde niederschrieb, ob er ihn gleichwohl nur zur freundschaftlichen Privatmitteilung bestimmt haben mochte. Er ist folgender:

„Frau H. von K. ist seit einigen Monaten als eine Nervenkranke hier, einem Orte, an dem sie früher nie gewesen. Sie sucht bei Dr. K. im Magnetismus Hilfe. Sie wohnt bei Herrn N. in der Miete, welcher ein Nebenhaus des Handlungsgebäudes von F. als Mieter bewohnt.

Die Handlung von F. hatte früher hier einen Geschäftsführer in der Person des verstorbenen und dann in Gant geratenen St. K. Seit 1819/20 wird dessen Gantverfahren, wobei die Handlung interessiert ist, behandelt. In dem letzten Halbjahre 1826 sind die letzten Verhandlungen in der Sache gehalten, das Urteil gefällt, und es sind den Gläubigern ihre Schicksale bekanntgemacht worden, wobei die Handlung von F. einen Verlust von mehreren tausend Gulden erleidet, welche in ihren schon 1820 eingerichteten Rezessen die Familie des K. für den Verlust eventuell mit in Anspruch nahm und namentlich dessen Witwe und Kinder mit einem Manifestationseid, besonders auch über die Herausgabe des von K. geführten Geheimbuchs bedrohte, welches laut eines zu den Akten gegebenen, von K. geschriebenen, ‚ins Geheimbuch einzutragende' Notizen enthaltenden Blattes als existierend nachgewiesen wurde.

So wenig mit all diesen Verhältnissen Frau H., ehe sie hierher kam, bekannt war, so wenig hat sich irgend etwas erfahren lassen, daß sie damit in der Zeit ihres Hierseins wäre bekanntgemacht worden. Indessen bewohnt ein F.s Familienglied das Hauptgebäude, nämlich Herr Kameralverwalter Fezer. Er kam auch zuzeiten in das Zimmer der Kranken, die von lauter hier unbekannten Personen, die sie mitbrachte, bedient ist. Sein Zweck war der der Neugierde. Mehr ist durchaus nicht bekannt."

(Hier muß der Herausgeber dieser Blätter einschalten, daß Herr F. nie zu Frau H. kam, als auf des Herausgebers Ansuchen, als sie schon mehrere Abende von jenem Verstorbenen gesprochen hatte, und daß er auch da nur ein stummer Zeuge blieb. Man muß diese Geschichte so kennen, wie der Herausgeber sie kennt, um lebendig überzeugt zu sein, daß Herr F. nicht die mindeste Schuld an ihr und auch durchaus keinen Gewinn von ihr hatte, wie nachher nur die Lüge und die Verleumdung ausstreuen konnte.)

„Einige Tage vor Weihnachten sah die Kranke in ihrem magnetischen Schlafe die Erscheinung eines Verstorbenen, der sie kläglich anschaue und ein Papier in der Hand halte, um es ihr zu zeigen, welches nach ihrer Beschreibung in der linken Ecke oben eine Zahl hatte, in der rechten Ecke eine kleine Einbeugung zeigte, mit J in der ersten Linie begann (die andern Buchstaben könne sie nicht klar erkennen), meist aus Zahlen bestehe und in der obern Zahlenreihe 8 und daneben eine 0 habe. Eine weitere Beschreibung, außer daß das Papier nicht ganz Foliohöhe habe, machte sie nicht. Den Mann beschrieb sie nach seiner Gestalt und Kleidung als den leibhaften K.

Ich war mit diesen mehrere Abende hindurch wiederholten Schilderungen und Wiedererscheinungen ganz unbekannt, als am letzten Weihnachtsfeiertage Dr. Kerner mich besuchte, um eine Eröffnung davon zu machen.

Er sagte, daß Frau H. am letzten Abend wiederholt sehr in ihn gedrungen habe, doch das Papier aufzusuchen, welches der Mann bezeichne, mit dem Bemerken, daß es in einem 60 Schritte von ihr entfernten Gebäude liege; sie habe sich jenen Abend zuvor in dieses Gebäude versetzt und folgendes gesehen: Zuerst sei daselbst ein geräumiges, dann ein minder geräumiges Zimmer, in welchem ein langer Mann allein oben an einem Tische arbeite, darauf komme ein noch geräumigeres als die zwei früheren Zimmer, worin Kästen und eine lange Tafel stehen; es sei auch eine längliche Kiste darin. An einem der Kästen, der der Eingangstüre am nächsten, stehe die Türe halb offen. Alle jene Kästen und Kisten gehen jenen Mann nichts an. Dagegen stehe oben an der Tafel etwas, das sie nicht benennen könne; auf diesem liegen Papiere in drei Haufen. Der Haufe rechts gehe den gedachten Mann nichts an, die zwei andern Haufen gehen ihn an. Im mittleren, etwas unter der Mitte, sei das Papier enthalten, dessen Bild jener Verstorbene ihr vorhalte.

Kerner hatte hierin meine Wohnung und mein Amtszimmer erkannt, und es wurde ihm sogleich von mir bestätigt, daß ich am gedachten Nachmittage und Abend bis 8 Uhr auf der bezeichneten, mir sonst ungewöhnlichen Stelle gearbeitet habe und allein gewesen sei, auch daß ich abends einmal in das dritte, das Gerichtssitzungszimmer, gegangen sei, und das Halboffenstehen des Bibliothekkastens wahrgenommen hatte. Er ersuchte mich, ihm die Musterung der bezeichneten Schrift zu erlauben. Ich begab mich mit ihm an diese Akten, sagte ihm aber sogleich, daß, da alle Akten, welche hier vorliegen, bloß im Laufe des Gantverfahrens durch die Parteien beigebracht seien, ich darin kein von K. herrührendes Blatt vermuten könne. Dagegen zeigte ich ihm zwei auf dem dritten Aktenhaufen liegende Faszikel, welche Originalakten von K. enthielten. Wir durchsuchten diese, fanden das bezeichnete Papier nicht, und Kerner verließ mich nun mit der Aufforderung, abends um 7 Uhr selbst zu Frau H. zu kommen, wo sie dann schon magnetisch schlafe.

Ich traf ein. Sie fing, nachdem sie sich mit ihrem Krankheitszustand beschäftigt hatte, wieder mit der Geschichte jenes Mannes an, der noch immer traure und in sie dringe, doch auf das

Papier zu helfen. Sie klagte den Arzt des unvollständigen Nachsuchens an, beschrieb wieder das Papier und den Ort, an welchem es liege, wie früher, und beharrte darauf, daß es noch (sie sehe es) an demselben Platz, mit starkem grauem Papier umschlagen, unter andern Papieren liege.

Ich hatte die Sache nicht weiter berücksichtigt, aber den 31. Dezember morgens schickte ich dem Gerichtsnotar einen großen Teil der zuoberst gelegenen Akten des zweiten und dritten Haufens zu der Fertigung der Gantverweisung zu, und den (jenen Mann nichts angehenden) ersten Haufen, welcher Pflegrechnungen enthielt, die mir ad revidendum eingeschickt waren, hatte ich zur Bearbeitung anderwärts hinbefördert.

An demselben Tage nachmittags kam Kerner zu mir, um noch genauer nach den Akten zu suchen, weil die H. durchaus darauf dringe, um von der sie quälenden Erscheinung los zu werden. Ich legte ihm die übriggebliebenen, aus ihrer ursprünglichen Lage nicht verrückten, sämtlichen Aktenfaszikel in ihrer Reihe vor. Wir durchgingen alle Blätter, und siehe da, in dem Faszikel, welcher in dem zweiten Aktenhaufen nach der ursprünglichen, der Aktenversendung an den Notar vorangegangenen Lage etwas unter der Mitte der ganzen Höhe gelegen hatte und in grauen Umschlag gehüllt war, befand sich das Blatt mit allen von ihr genannten Kennzeichen als Beilage eines im Jahre 1820 von Seite F.s eingereichten Liquidationsrezesses, den der Konsulent Dr. F. in Stuttgart verfaßt hatte. Kerner, nachdem der Fund geschehen war, verließ mich, mit der Bitte, abends die Schlafwache zu besuchen und ihrem Gespräche über den fraglichen Gegenstand wieder anzuwohnen.

Ich kam, ehe sie magnetisiert war, was bald geschah, und sie begann, nach ihrer Krankheitskritik, wieder von jenem Manne, und fand ihn getröstet. Das Papier muß aufgefunden sein, sagte sie; aber nun deute er immer aufs Mittlere der ersten Zeile, er wolle wohl auf dieses Buch deuten. Es hieß nämlich die gedachte erste Zeile im Original:

‚Ins Geheimbuch einzutragen. –

Ich schalte hier ein, daß ich, ehe ich von Hause weggegangen war, um ein desto festeres Kriterium des Wissens der Frau H. zu erhalten, die über dem fraglichen Faszikel gelegenen Faszikel auf den dritten Haufen hinüber umgelegt, dann den fraglichen Faszikel aufgebunden, die dem beschriebenen Blatte vorangegangenen Aktenstücke auch hinübergelegt und somit bewirkt hatte, daß das Blatt ganz offen vorlag, was bloß ich allein wußte. Auf die Frage des Arztes, ob das Blatt wirklich gefunden sei, und ob es noch an derselben Stelle liege, gab sie nach kurzem Versenden ihrer Sinne an:

‚Die Papiere sind nicht mehr alle da, der erste Haufe ist gar nicht mehr da, und die andern Papiere liegen auch nicht mehr so. Ei! Und was ist denn das? Da liegt ja das Papier offen, das der Mann in der Hand hat!'

Nun begann sie in Jammertönen sich über die Witwe des Mannes zu ergießen, wenn sie das täte.

Sie meinte hierunter, da sie die große Sünde des Schritts, das Verscherzen der Seligkeit usw. mit vorstellte, offenbar die Leistung des Manifestationseids unter Ableugnung des Geheimbuches, ohne je (wie auch sonst) den Namen zu benennen.

Somit endete jener Abend, und vom weiteren bin ich nicht Zeuge.

Sie schrieb an einem folgenden Abend selbst im magnetischen Schlaf einen Abmahnungsbrief an die Frau. ‚Aber wo das Geheimbuch sei, darüber sprach sie sich nie aus, und, da gerade eine Vereinigung der Handlung von F. mit der Witwe von K. in jene Zeit fiel, so drang man auch nicht weiter von seiten des Arztes in sie, zumal sie erklärt hatte, die Anschaffung des Geheimbuches würde sie auf sieben Tage in ihrem Krankheitszustande zurücksetzen. K.s Erscheinung hörte nach und nach auf.

Wenn nun auch der Unglaube alles für Eingebung und Anstiftung von seiten der F.s, um den Relikten K.s einen Popanz zu machen, ansehen möchte, so bliebe jederzeit hierdurch nicht erklärlich:

1. das nur mir allein bekannte Sitzen an einer mir sonst ungewöhnlichen Arbeitsstelle am letzten Christfeiertag;
2. das ganz zufällige, sonst nicht stattgefundene Offenstehen einer Kastentüre, in dem durch jene Woche ganz ungeheizt, und außer von mir und meinen Incipienten unbetreten gebliebenen Gerichtszimmer;
3. das sichere Bestimmen der Lage des Faszikels, der nicht einmal in seiner richtigen Zahlenfolge sich befand;
4. die Bezeichnung der kleinen und sehr alten Einbeugung des Papiers auf dem fraglichen Blatte, welche sich doch gewiß im Jahre 1820 auf der etwa von den Exhibenten zurückbehaltenen Abschrift des Blattes niemand notiert hat. Auch ist es von da an meines Wissens der Partei nicht mehr mitgeteilt worden.

Oberamtsrichter Heyd."

Die vorstehende Tatsache, wie auch die vierte hier später aufgeführte, stellte sich hauptsächlich so heraus, daß sie die Annahme einer Mitteilung Verstorbener für diejenigen, die mit dem Gang der Ereignisse, mit den Personen und dem Lokal und allen Nebenumständen, welche die Geschichte nicht gerade berührt, aufs genaueste vertraut sind, notwendig fordert; denn in diesen zwei Tatsachen finden sich hauptsächlich urkundliche Zeugen und Dokumente, die mit den Angaben der Seherin aufs genaueste übereinstimmen. Zu ihnen möchte ich noch jene oben angeführte Tatsache rechnen, wo die Seherin den Tag der Geburt eines ihr im Leben unbekannt gewesenen Verstorbenen, unter den dort angeführten Umständen, so bestimmt angab.

Das Blatt beurkundete die Existenz eines Geheimbuchs, das aber aus den Augen verschwunden war. Die Frau war in Gefahr, zu einem Manifestationseid aufgefordert zu werden. Und davor sollte sie gewarnt werden, weil es ihr alsdann noch schlimmer ergehen würde als dem Verstorbenen. So knüpft sich auf eine treffliche Weise die Erscheinung eines Verstorbenen an die moralische Rettung eines Lebenden.

Wir wollen nun für diejenigen, welche Geistererscheinungen verwerfen, die möglichen Kombinationen näher beleuchten. Wer die Kraft des Magnetismus im Fernsehen und Fernfühlen annimmt, hat hauptsächlich folgende Hauptfragen zu beantworten:

1. Wer hat der Seherin ein Interesse für die Gantgeschichte des verstorbenen K. beigebracht, sie von einem in den Akten liegenden Blatte als Dokument eines Geheimbuchs im Oberamtsgericht unterrichtet, und dieses Blatt mit einem Manifestationseid, der der Frau des Verstorbenen abgefordert werden könnte, in Verbindung gesetzt? Wäre eine solche Person aufgefunden, so würde das übrige, nämlich die Kennzeichen des Blattes, der Ort unter den Aktenhaufen, wo es liege, die Veränderungen in der Lage der Akten und überhaupt die Angabe in Hinsicht der Personen, Ort und Zeit, durch das Fernsehen erklärbar sein. Aber eben hier liegt der Knoten – eine solche Person findet sich nicht in Weinsberg, welche bekannt mit diesen Umständen und im Besitze der nötigen Notizen, sich ins Einverständnis mit der Seherin gesetzt hat. Man fragt gewöhnlich auch bei einer Sache nach dem Zweck. War die Auffindung des Geheimbuchs der Zweck, wem hat es nützen sollen? Offenbar nur demjenigen, der aus den darin enthaltenen Notizen noch Vorteil hätte ziehen können.

Von dieser Qualität findet sich in Weinsberg nur eine Person, und dies ist Herr Kameralverwalter Fezer als Hauptinteressent der Weinhandlungsgesellschaft; er wußte aus den Akten die Existenz des Blattes, er konnte aus den in dem Geheimbuch enthaltenen Notizen noch Vorteil ziehen, und ihm konnte allein etwas daran gelegen sein; – aber eben Herr Kameralverwalter Fezer sah die Somnambule auf Einladung des Dr. Kerner zum erstenmal, als sie von den Erscheinungen des K. schon öfters gesprochen hatte; und wozu hatte denn Herr Fezer eine Somnambule nötig, da er ebenso gut ohne sie, auf Grund des Blattes, auf richterlichem Wege den Manifestationseid hätte betreiben können? Wieviel einleuchtender ist der in der Geschichte angegebene moralische Zweck, die Witwe vor einem Manifestationseid zu warnen, weil es ihr noch schlimmer ergehen würde als dem Verstorbenen? Und dazu sollte eben die neue Auffindung des Blattes das Hauptmoment bilden und der Witfrau vor Augen gehalten werden.

2. Welchen Grund haben die Gegner, den Charakter der Seherin zu verdächtigen? Denn welche Kombinationen über die Geistererscheinungen auch gemacht werden mögen, so müssen sie auf Kosten der Moralität und Wahrheitsliebe der handelnden Personen gehen. Ihre Angaben sind alle von der Art, daß man sie nicht mehr in das Kapitel unschuldiger Selbsttäuschungen bringen kann. Soll ein andrer Grund der Erscheinungen angenommen werden, so muß es nicht nur eine absichtliche Täuschung, sondern vielmehr ein abgefeimter Betrug sein. Es ist aber ein konstantes Phänomen, daß die Somnambulen vom dritten Grade in eine moralisch-religiöse Stimmung übergehen, die jedesmal dem christlichen Prinzip zugekehrt ist. Nirgends mehr als bei unsrer Seherin, deren magnetische Erscheinungen alle vom dritten Grade sind, bestätigt sich diese Erfahrung; wie mag man nun auf einer Seite die dem dritten Grade des Somnambulismus eigentümliche moralisch-religiöse Stimmung, die uns die Seherin durchaus in ihrer Geschichte darbietet, annehmen, und auf der andern Seite ihre Geistererscheinungen als absichtliche Täuschung oder Betrug erklären? Diese Inkonsequenz wird wohl nicht bestritten werden können. Um nicht genötigt zu sein, die Wahrheit der obigen Tatsache einzugestehen, nimmt der elende Weltverstand, dem nichts heilig ist, seine Zuflucht zur Verleumdung und Anschwärzung, und sieht nicht ein, daß ein bösartiger Verleumder ebenso tief oder noch tiefer zu verachten ist als ein Betrüger. Wie mag man annehmen, daß eine Person, deren Geschichte von nichts als von körperlichen Leiden und harten Prüfungen zeugt, und welche die gewissen Ahnungen ihres Todes so deutlich ausspricht, alle die guten Gesinnungen erheuchle und einen so schnöden Betrug

mit in das Grab nehmen möge, wovon ja nicht der mindeste zeitliche Vorteil, wohl aber ein ewiger Nachteil vorauszusehen ist – einen Betrug, gegen dessen Folgen für das andre Leben die Seherin mit solcher Stärke selbst predigte? Ich muß gestehen, daß schon die Annahme solcher Widersprüche, nach meinem Sinne, eine unmoralische Seite darbietet, und es mag sehr im Zweifel sein, ob nicht der Beschuldiger mehr dabei verliert als der Beschuldigte. Der Fernstehende kann überhaupt hier nicht richtig urteilen, denn die Geschichte der Seherin ist nur ein matter Abriß von dem, was sie ihren Freunden im Umgange und im Leben selbst darbot. Man mußte mit ihr in die Tiefe ihres Gefühlslebens, sowie in die Höhe ihrer geistigen Anschauungen selbst eingegangen sein, um den Sinn der Wahrheit, der sich darin aussprach, nicht mehr zu verkennen. Die Verklärung, in der ihre Freunde sie so oft sahen, duldet keine Heuchelei, und wenn auch nach dem Apostel Paulus es dem Satan möglich ist, sich als einen Engel des Lichts zu verstellen, so steht gewiß solches nicht mehr in der Macht der menschlichen Form. Mir ist es schon längst klar, daß solche Erscheinungen kommen müssen, um dem erbärmlichen Weltverstand alle seine Blößen hinzuhalten, und die Naturgesetze, an denen er anklebt, wie der Wurm an der Erdscholle, als völlig unzureichend zu erweisen. Gewiß ist die Natur nichts andres, als die Unterlage für den Geist, auf welcher er das Reich der Freiheit aufrichten soll, das weit über alle Naturgesetze erhaben ist. Das Reich der Freiheit aber geht durch das ganze Geisterreich des Universums, und der Mensch ist nur ein eingeschobenes Glied der großen Kette. Darum, weil diese Wahrheit vergessen und verödet ist und in den Weltverstand wie in einen Abgrund versunken, muß das von der Welt verachtete Werkzeug kommen, um ihn zuschanden zu machen.

Ein andrer Scharfsinniger wollte wissen, ein Geheimbuch sei was ganz Unverfängliches, und das hätte jener K. nie zu verbergen gehabt.

Nachstehende Erklärung Herrn Kameralverwalters Fezer wird den geneigten Leser anders belehren.

„K. (eben der Verstorbene und der Seherin Erscheinende) hatte mehrere Kassen zu verwalten, und zugleich war ihm ein beträchtliches Depositum anvertraut. Nach seinem Tode, wo die Rechnungen justifiziert wurden, fanden sich in allen Kassen ohne Ausnahme größere oder mindere Passivreste, und zugleich waren auch die Depositengelder verschwunden. Für die Fezersche Weinhandlungsgesellschaft allein wurde ein Rest von mehr als 5000 Gulden erwiesen. Aus den Büchern über sein eigenes Geschäft ließ sich nicht die mindeste Notiz über die Verwendung dieser vielen Gelder erheben, und es mußte dies um so mehr auffallen, da sein Aufwand mit seinen Einnahmen nicht außer Verhältnis war, und die veruntreute Summe innerhalb einer Periode von wenigen Jahren im ganzen über 20 000 Gulden betrug. Zu diesen Vertuschungen, Verschiebungen aus einer Kasse in die andre, und besonders untreuen Verwendungen der Gelder hatte K. durchaus ein Geheimbuch nötig, in welchem er die dahin gehörigen Notizen sammeln mußte. Und nun ist der große Unterschied sogleich klar zwischen einem Geheimbuch, das der Prinzipal seinen Commis gegenüber führt, was nichts Verfängliches hat, und zwischen einem Geheimbuch, das ein betrügerischer Sachwalter seiner Prinzipalschaft gegenüber führt, was etwas sehr Verfängliches hat.

Für die Fezersche Gesellschaft mußte das fragliche Geheimbuch, dessen Existenz eben durch das zu den Akten gegebene bekannte Blatt erwiesen war, schon insofern von Wichtigkeit sein, als die durch Vorzugsrechte begünstigten Kassenreste und andre Gelder die Aktivmasse des K. absorbieren mußten. Die Fezersche Gesellschaft konnte auch wirklich nur teilweise von der Gantmasse befriedigt werden, und darum mußte ihr am meisten oder beinahe ausschließlich an Beibringung des Geheimbuchs gelegen sein, hauptsächlich, um daraus zu ersehen, wohin die Gelder verwendet wurden. In diese Zeit fällt die Anregung zu einem

Vergleich, und nur der nachher wirklich zustande gekommene Vergleich war schuld, daß ich (Kameralverwalter Fezer) von jenem Blatte, auf welches die Seherin, durch die Erscheinung K.s veranlaßt, hinwies, keinen Gebrauch machte und auf keinen Manifestationseid in Hinsicht des Geheimbuches drang. Hierbei ist wohl zu bemerken, daß dieser Vergleich, welcher eben in die in der Geschichte bemerkte Periode fiel, in der tiefsten Stille abgeschlossen wurde, so daß er selbst dem Stadtschultheißenamt sowie dem Publikum erst spät bekannt wurde.

Ob ich gleich nie an solche Erscheinungen glaubte und auch bei frühern Somnambulen viele Zweifel hatte, so überzeugte ich mich doch in diesem Fall als Augen- und Ohrenzeuge nicht nur von der Richtigkeit der Tatsachen, sondern auch von der Abwesenheit aller Täuschung. Diese Frau H. war eine vor ihrer Hierherkunft mit dem hiesigen Lokal und Personal nicht im mindesten bekannte Person; sie wurde von dem Mietsmann meines zweiten Hauses, und zwar zu meinem Anstoß, ohne meine Einwilligung ins Logis aufgenommen und war von Menschen umgeben, welchen die K.sche Geschichte ganz unbekannt war, und welche für dieselbe auch nicht das mindeste Interesse haben konnten. Das Publikum hatte, nach bereits verstrichenen sieben Jahren vom Beginn des Gantes an, sich über diesen Gegenstand längst ausgeschwatzt, und selbst mir war die Erinnerung an das Notizenblatt so sehr gleichgültig, daß es mir erst wieder, nachdem die Seherin davon sprach, eine wichtigere Beziehung erhielt. Kein Wort von diesem Blatte war je von mir ausgegangen, und kein Mensch als ich und der Richter hatten davon Notiz genommen. Nicht im mindesten war auch deswegen eine drohende Insinnation zu einem Manifestationseid an die Witwe K. gemacht worden. Ich bin daher fest überzeugt, daß der Seherin zur Auffindung dieses Blattes von keiner Seite her eine Veranlassung gegeben wurde, und dies um so mehr, als ich mir keinen Menschen denken kann, der außer mir ein Interesse daran hätte nehmen können. So unbegreiflich auch diese

Tatsache jedem erscheinen kann und muß, so bin ich doch überzeugt, daß sie nicht widerlegt werden kann.

Was ich hier mitteilte, ist gewiß die reinste Wahrheit, deren Hauptpunkte durch amtliche Akten sich beurkunden lassen, und ich stelle daher jedermann frei, jeden beliebigen Gebrauch davon zu machen. Kameralverwalter Fezer."

Aus dieser Darstellung, welche von einem sehr ehrenwerten Manne kommt, wird jeder Scharfsinnige ersehen:

1. Wie es etwa blöde war, sich den Unterschied zwischen einem verfänglichen und unverfänglichen Geheimbuch nicht vorher zu abstrahieren.

2. Wie nichtsbesagend alle Einwürfe, die er aus der Schilderung nimmt, welche die Seherin von dem Verstorbenen machte, gegen die Wahrheit der Tatsache sind.

3. Wie wichtig hingegen eben diejenigen Momente, welche er zu den Nebenumständen rechnet, durch ihre Beurkundung werden.

4. Wie der ganze Zweck nicht in die Auffindung des Blattes, das ja als in den Akten befindlich bekannt sein mußte, sondern in die Warnung der Witwe vermittelst des Blattes und der überhaupt mit demselben verbundenen Umstände gelegt ist, keinen Manifestationseid zur Verhehlung des Geheimbuchs zu schwören, wozu es ohne den eingegangenen Vergleich hätte kommen können, und

5. wie überhaupt kein andrer Grund der Erscheinungen aufzufinden ist als der, den die Somnambule angibt, deren Charakter auch die Wahrheit verbürgt.

2. Tatsache zu Weinsberg

Bei den oben angeführten Erscheinungen zu Oberstenfeld wurde mehrmals bemerkt, daß man im Hause der Frau H. daselbst öfters metallische Töne wie von einem Triangel hörte, auf welche dann von ihr und auch manchmal noch von andern Personen ihrer Familie und namentlich von ihrem Vater und von ihrem Bruder ein Geist in weiblicher Tracht erblickt wurde, der zuletzt mit einem Kinde auf dem Arme erschien, und ganz trauernd blickte. Mit diesem nun in Verbindung scheint nachstehende Erscheinung zu stehen.

Abends 7 Uhr, am 6. Oktober 1827, als ich und einige andre Personen bei Frau H. im Zimmer waren, ging auf einmal die Türe des Vorzimmers von selbst auf und wieder zu. Wir sahen sogleich nach, aber es war nirgends ein Mensch zu sehen, der dies hätte tun können. Kurze Zeit darauf hörte man in der Luft des Zimmers, in dem wir waren, ganz deutlich eigene metallische, fast melodische Töne, die einige Minuten andauerten, es wurde aber keine Erscheinung erblickt. Am 7. Oktober, halb 12 Uhr morgens, hörte man wieder die gleichen Töne in der Luft des Zimmers, in dem außer der Frau H. noch eine Person war, und Frau H. sah bald darauf die Geistergestalt einer Frau an der offenen Türe, die vom Vorzimmer in ihr Zimmer führte, vorübergehen. Die Gestalt war lang, hager und noch nicht alt, und schien ihr mit einem braunen Rock bekleidet, der äußerst viele Falten hatte. Über den Kopf hatte sie die allen weiblichen Geistern gemeine Verschleierung.

Am 11. Oktober geschah das gleiche, nachdem man vorher wieder jene klingenden Töne vernommen hatte; es waren Töne wie mit einem kleinen Triangel. Frau H. hörte da die Gestalt langsam und deutlich sagen: „Wer so im Dunkeln sitzt wie ich, der hat große Qual." Am andern Tage kam die Geistin wieder, und trat weiter in das Zimmer herein, sprach aber nichts.

In der Nacht vom 15. auf den 16. wurde Frau H. auf einmal erweckt, und erblickte dann einige Schritte vor ihrem Bette die Geistin. Sie sprach zu ihr: „Ich will selig werden, wie soll ich es machen? Ich weiß, daß ich nur durch den Erlöser selig werden kann, weiß aber nicht, wie ich ihm mich nahen soll." Frau H. antwortete ihr: „Durch ein anhaltendes demütiges Gebet und Flehen um Gnade und Vergebung deiner Sünden." Hierauf ging sie.

In der Nacht vom 31. Oktober, gegen 1 Uhr, kam die Geistin wieder und sagte: „Willst du jetzt mit mir beten?" Sie hatte die Hände kreuzweise übereinander gelegt. Frau H. erkannte jetzt in ihr die Geistin, die sie öfters vor Jahren zu Oberstenfeld gesehen, wo sie ein Kind auf dem Arme trug und in Begleitung eines männlichen Geistes kam.

Es wandelte sie Furcht an, und sie sagte zu ihr: „Ich kann so nicht mit dir beten (sie meinte so mit ihr selbst), bete du für dich: Ich glaube, daß Jesus Christus wahrhaftiger Gott usw." Hierauf wurde sie ihrem Aussehen nach traurig und ging.

Frau H. erinnerte sich nun auch, daß die gleichen Töne zu O. jedesmal vor ihrem Erscheinen und auch hie und da ohne dasselbe gehört wurden.

In der Nacht vom 1. November kam dieselbe Geistin wieder und fragte Frau H. etwas, das sie auf den Geist bezog, mit dem sie ihr früher in O. erschienen war, allein Frau H. konnte sich morgens dieser Frage durchaus nicht mehr genau erinnern.

In der Nacht vom 27. auf den 28. kam dieselbe wieder und sagte, sie sollte mit ihr beten, aber sie tat es nicht. Als ich sie um die Ursache fragte, sagte sie mir, es komme ihr vor, als sei dieselbe noch nicht in dem Zustande, wo es etwas nützen würde, und sie würde zu schädlich auf ihre Gesundheit einwirken. Frau H. hatte Furcht vor ihr.

Abends 7 Uhr, am 30. November, als ihre Eltern und ihre Geschwister zu Oberstenfeld im Zimmer saßen, sah auf einmal ihr Bruder an der zur Kammer führenden offenen Türe diese Geistin vorübergehen. Sie wurde von ihm und dem Vater auch schon vor Jahren, wie schon bemerkt, öfters gesehen.

In der Nacht vom 4. auf den 5. Dezember kam sie wieder hierher, die Arme kreuzweise über die Brust geschlagen, und sah Frau H. trauernd und stumm an.

Als sie einige Tage darauf abends wieder erschien, erblickte auch das Kind der Frau H. die Geistin. Es lächelte zuerst, wie auf eine Bekannte auf sie hindeutend, legte sich aber dann schnell und furchtsam auf die Schulter der Person, die es trug, zurück Wahrscheinlich war dem Kinde diese Erscheinung von O. aus bekannt.

In der Nacht vom 13. kam die Geistin und hatte nicht mehr ihr voriges Gewand, sondern einen lichten, weißen Faltenrock an. Sie sprach: „Die Zeit ist gekommen, woran ich erkenne, daß Jesus Christus ist wahrhaftiger Gott vom Vater usw.“ Frau H. sagte: „Welche Zeit ist dies?“ Und sie antwortete: „Es ist die Zeit, wo wir die Seligen ihre Festtage feiern sehen. Ich weiß jetzt, daß alle Menschen nur durch die Gnade und Barmherzigkeit Gottes selig werden können, aber ich betete den St. Anton an. Bete du mit mir zur Stärkung meines Glaubens!“ Frau H. betete nun mit ihr ein Gebet aus dem Herzen, das die Geistin kniend nachsprach. Von da an erschien sie nicht mehr bei Frau H.

Nachdem obiges schon vier Jahre früher sich ereignet hatte, nachdem Frau H. schon zwei Jahre lang tot war, geschah zu Oberstenfeld, was hier folgt, und das kann demjenigen für die Objektivität und Realität der Geister der Seherin von Prevorst einen Beweis liefern, der nicht geflissentlich von jeder Tatsache sich mit Gewalt abwendet, weil er solche Erscheinungen nun einmal durchaus nicht glauben will, da sie nicht in seine Systeme und in seine Phantasien von Gott und Welt passen.

Mehrere Jahre, nachdem Frau H. Oberstenfeld verlassen hatte, zog Herr Schultheiß und Verwaltungsaktuar Pfäfflen von auswärts nach Oberstenfeld, wo er eines der alten Häuser des Stifts kaufte und neu bauen ließ. Unter dem großen Stiftsgebäude befindet sich ein Keller, den Herr P. zur Benutzung hat.

Voraus muß gesagt werden, und ist aufs bestimmteste zu versichern, daß Herr P. die Seherin von Prevorst in seinem Leben nie sah, daß niemand von ihrer Familie mehr in Oberstenfeld lebt, daß Herr P. selbst ihre Geschichte bis auf den heutigen Tag noch nicht gelesen hat, und von jenem speziellen Fall ihres Sehens auch zuvor nie etwas gehört hatte.

Völlig unwissend und unbefangen war also Herr P. in diesem

Punkt. Er ist ganz gesund, ist kein Frömmler, gehört zu den Männern von Bildung und Aufklärung, und glaubte zuvor nie an Geistererscheinungen.

Die nachfolgende Erzählung, deren Wahrheit Herr P. mit seiner Ehre verbürgt, möge der Zweifler, doch ehe er urteilt und verdammt, aus dem Munde dieses unparteiischen Mannes selbst hören!

Wem es darum zu tun ist, die Wahrheit hier wirklich erfahren zu wollen, der sollte das Opfer einer kleinen Reise, wie zum Beispiel von Stuttgart nach Oberstenfeld, nicht scheuen. Hinter Schreibtischen und Öfen läßt es sich bequem über derlei Erscheinungen aburteilen und rationalisieren. Keiner der Herren, die sich Freunde der Wahrheit nennen, setzt aber der Wahrheit zulieb nur einen Fuß über den Nesenbach, keiner prüft an Ort und Stelle, keiner lernt Personen, die solche Erfahrungen machen, selbst kennen, und hört sie selbst darüber an. Jahrelang waren die außerordentlichen Erscheinungen der Seherin von Prevorst öffentlich bekannt, keiner der Herren, die die Seherin nun auf einmal so gut kennen wollen, die über sie ganze Bände ins Blaue hinein schreiben, nahm sich, als sie noch lebte, die Mühe, sie selbst zu sehen, selbst zu hören, selbst zu prüfen.

Hinter ihren Schreibtischen blieben sie sitzen, wollen aber nun alles besser gesehen, gehört und geprüft haben, als selbst der ruhige, ernste, tiefdenkende Psychologe Eschenmayer, der alles an Ort und Stelle selbst untersuchte und prüfte, und um der Wahrheit willen, sogar in der härtesten Kälte des Winters, keine Reise nach Weinsberg scheute. Nur auf solchen Wegen ist in solchen Dingen die Wahrheit zu erforschen, auf dem Wege eines bloß gelehrten Wissens und Spekulierens bei der Sandbüchse findet man sie mitnichten.

Ich kehre zur Erzählung des Herrn P. zurück.

„Als ich einmal (also erzählt Herr P.) in dem unter dem Stifte befindlichen Keller ganz allein war, vernahm ich hinter einem der Fässer ein Klopfen, so deutlich und heftig, als arbeitete der Küfer an ihm. Da ich nicht anders glauben konnte, als es sei der Küfer da, rief ich ihm zu: was er da mache? erhielt aber keine Antwort. Nun sprang ich hinter das Faß, erblickte niemand, und im ganzen Keller, den ich genau durchsuchte, niemand. Ohne den Vorfall enträtselt zu haben, verließ ich wieder den Keller, dachte aber dabei nicht gerade an etwas Übernatürliches und durchaus nicht an Geister.

„Ich kam später öfters wieder in den Keller, hörte aber da nichts, hatte auch die Sache schon längst vergessen, als ich voriges Jahr (1830) am Pfingstfest morgens, als man gerade das Abendmahl in der Stiftskirche oben reichte, in den Keller zu gehen genötigt war. Meine Gedanken waren durchaus nicht auf Geister gerichtet, an die ich nie glaubte; ich war einzig da mit den Einsetzungsworten des Abendmahls im Geiste beschäftigt, die ich den Geistlichen oben in der Kirche sprechen hörte. Ich wandte mich nach meinem beendigten Geschäfte vom Fasse, um wegzugehen; da sah ich mit Erstaunen eine Frauengestalt in einem weißen altdeutschen Gewande, das mit roten Flecken, wie Blutflecken, übersäet war, einen Schleier auf dem Haupt und ein Kind auf dem Arme tragend, hart an mir vorüber durch den Keller gehen.

Sie ging die Kellerstaffeln hinauf, und blieb auf halbem Wege stehen, als erwartete sie mich da.

Ich war meiner Sinne völlig Meister. Ich ging beherzt den gleichen Weg hinter ihr her, und als ich bei ihr angekommen war, strengte ich mich an, sie anzusprechen, vermochte es aber durchaus nicht, und es verschwand jetzt auch die Gestalt in den Stein des Gewölbes.

Dennoch hatte mich keine Furcht ergriffen, es war mehr ein Gefühl von Erstaunen und von Bewunderung des wunderschönen Kindes, das die Frau auf dem Arme trug.

Ich schloß hinter mir den Keller, und ging dann sogleich wieder in denselben in Begleitung meines Gehilfen. Wir durchsuchten das ganze Gewölbe, um zu sehen, ob ich oder er noch einmal imstande wären, diese Frau mit dem Kinde zu sehen, aber alles Suchen und Warten war vergebens; wir sahen nichts, fanden auch keinen lebenden Menschen.

Drei Tage lang kam ich wieder in das Gewölbe und bemerkte nichts, am vierten Tage aber sah ich die Frau mit dem Kinde auf dem Arme und durch dasselbe wieder den gleichen Gang gehen, aber Kleidung und Schleier waren nun schwarz.

Nicht wie das erstemal, Erstaunen und Bewunderung, sondern der furchtbarste Schauer war nun mein Gefühl; ich eilte, fast außer mir, an ihr vorüber, und fühlte noch lange die Folgen eines Schreckens, der mir vorher ganz unbekannt war. Dennoch ging ich seitdem fast ein Jahr lang täglich in dieses Gewölbe, sah aber seitdem diese Erscheinung nicht mehr."

Eine Verwandte des Herrn P. erzählt: daß auch sie sehr oft in diesen Keller komme, nie etwas sehe, aber oft höre, wie etwas mit lauten Tritten (als wie schlurgend) vor ihr hergehe oder sich ihr nähere.

Dies ist nun die Erzählung eines völlig unbefangenen, nüchternen, parteilosen Mannes, der die Seherin nie kannte, und auch selbst nicht somnambul ist.

3. Tatsache zu Weinsberg

In der Nacht vom 20. auf den 21. Juli 1827, als Frau H. gegen 12 Uhr wachend im Bette lag und gerade Wasser trank, ging die Tür auf und zu, und es trat ein Geist in Gestalt eines dreißigjährigen Mannes, in einem langen offenen Rock, mit großen breiten Knöpfen, kurzen Hosen, Wickelstrümpfen und Schuhen mit Schnallen, einem Halstuche, das mit einem Knopfe geknüpft und in zwei langen Lappen herunterhing (also in der ältern Bauerntracht) zu ihr und sprach: „Du mußt mit mir in meinen Stall hinunter!" Sie sagte: „Wo ist der?" Er sagte: „Bei des Werkmeisters Haus, ein altes, großes Haus!" Hierauf ging er wieder zur Tür hinaus, indem er (ihr sichtbar) die Tür auf und zu machte. Sein Aussehen war schwarzgrau. Sie sagte: „Seine

Sprache und Aussehen war ganz plump, und ich meine, die mehr oder weniger äußere Bildung, die man auf der Erde erhalten, nimmt man doch auch in das Geisterleben durch den Nervengeist mit."

Am 21., abends 9 Uhr, zupfte es immerwährend, auch andern sichtbar, an den Bettstücken der Frau H., und unter dem Tische hörte man Töne wie von einem Hunde. Nächtlich hörte man im Zimmer Tritte wie die eines Menschen.

Nach 10 Uhr ging die Türe hörbar auf und zu, und der Geist des Bauern trat wieder ein. Er stand nur kurze Zeit stumm vor dem Bette der Frau H. und ging dann wieder zur Türe, die er öffnete, hinaus.

Am 22., abends 7 Uhr, als Frau H. allein im Zimmer war, kam jener Geist des Bauern wieder zur offenen Türe herein und führte eine Weibsperson von ungefähr 23 Jahren an seiner linken Hand, die, wie er, die Tracht einer Bäuerin hatte. Als sich die Geister dem Bette der Frau H. näherten, wandte sich Frau H. auf die andre Seite, um sie nicht länger zu sehen, und verfiel in einen heftigen allgemeinen Krampf. Als sie sich aus demselben wieder erholte, erzählte sie mir die Erscheinung und sagte mir: sie wisse nicht warum, aber sie habe mit diesem Weibsbilde großes Mitleiden, fürchte sie aber so sehr, daß sie aus Furcht, sie wieder zu sehen, nicht mehr allein bleiben wolle.

Am 27., nachmittags 2 Uhr, als Frau H. am Fenster gestanden und wieder ins Zimmer sah, stand auf einmal der Geist des Bauern mit dem weiblichen Geiste vor ihr und sagte: „Jetzt komme sogleich mit mir in meinen Stall!" Sie fragte: „Was soll ich dort tun? Was ist dort?" Hierauf sprach der weibliche Geist in einem äußerst kläglichen Tone: „Wir haben ein Kind ermordet und es im Stalle vergraben, wodurch ich nachher gestorben bin; der hat die Schuld." Und dabei deutete sie auf ihren Begleiter. Frau H. wollte weiter fragen, aber da gingen die Geister. Sie sagte mir: die Gestalt des Weibes sei dunkelaschgrau, ihr Kopf sei mit einem Tuch auf die Art verschleiert, wie ihr alle weiblichen Geister erschienen, sie habe einen Kittel und einen Rock an. Der Kittel habe ringsum Lappen. Der Bauer habe ein Käppchen auf, rund, vorne mit einem aufgeschlagenen Stülp.

Am 1. August, vormittags 9 Uhr, kam der Geist des Bauern mit seiner Begleiterin wieder. Sie traten vor ihr Bett, und der Geist seufzte tief und laut. Das Aussehen beider war äußerst traurig.

Am 3. August, morgens 8 Uhr, kamen diese Geister wieder stumm zu ihr, da untersagte sie ihnen mit festem Tone, wieder zu ihr zu kommen.

Diese Erscheinung verursachte ihr größere Bangigkeit als die der andern. Ihre jetzige Wärterin, ein Mädchen von Verstand und Bildung, das zwar nicht fähig ist, die Geister zu sehen, fühlte jedoch immer hauptsächlich das Erscheinen und die Anwesenheit dieser zwei Geister durch eine Anwandlung von besonderer Beängstigung, wenn sie auch von deren Anwesenheit durch die Kranke, die ihr dieselbe immer geflissentlich zu verbergen suchte, nichts erfuhr.

Am 3., nachts 2 Uhr, kamen diese Geister wieder. Frau H. faßte sich und befragte sie noch näher um den Mord des Kindes; da antwortete der weibliche Geist heftig und wie erzürnt: „Ich nahm ein Gift ein, um das Kind in mir zu töten, kam im Stalle nieder, dort begrub dieser das Kind, mich aber fand man nah in einer andern Scheuer tot.“ Als sie noch einmal an Frau H. das Begehren machten, sie solle mit ihnen in den Stall gehen, befahl sie ihnen wiederholt, von ihr zu weichen. Sie gingen, kamen aber in der Nacht vom 6. auf den 7. wieder. Da sagte die Bäuerin: „Siehe uns arme Verlorene an, schaffe uns Linderung in unserm Schmerz“, worauf sie antwortete: „Wendet euch zu dem Herrn, eurem Erlöser, der nur kann euch helfen!“ Hierauf gingen sie wieder. In der andern Nacht kam die gleiche Erscheinung, und der Bauer sprach: „Du mußt hinunter in meinen Stall, da mußt du zwei Schritte vor dem Trog nachgraben, und die noch wenigen Gebeine unsres Kindes auf den Kirchhof bringen.“ Sie aber wies sie wieder an den Erlöser und zum Gebet. Das gleiche Begehren richtete der Geist am 8., abends 8 Uhr, an sie, und sie antwortete das gleiche.

In der Nacht vom 12. hatte Frau H. bei einem heftigen Winde die heftigsten Kopfschmerzen. Gegen 12 Uhr, als sie gerade in diesen lag und die Turmglocken Brand in einem nahen Orte verkündigten (wo also anzunehmen ist, daß ihr Geist eine ganz andre Richtung hatte), kam der Bauerngeist und seine Begleiterin, und letztere trug ein in alte Lumpen gehülltes Kind, von dem nur der Kopf sichtbar war, in den Armen. Der Bauer sprach: „Ich, Nikolaus Pfeffer, bin der Verführer dieser und der Mörder des Kindes, so knie nun hin und bete mit uns!" Sie sagte: „Das kann ich jetzt wegen großer Kopfschmerzen nicht!" Hierauf erwiderte der Geist: „Binde deinen Kopf kreuzweise und mache mit deinen beiden mittleren Fingern drei Kreuze auf ihn." Dies wollte sie tun, machte es aber falsch, und der Geist zeigte ihr dann an seinem eigenen Kopfe, wie sie es machen solle. Als sie es so getan hatte, wich der Schmerz, und es blieb nur noch Betäubung. Die Geister knieten nieder, und der weibliche hielt kniend das Kind in den Armen. Sie betete nun mit ihnen eine Stunde lang. Nach dem Gebete sagte der Geist wieder: „Grabe doch nach, wo das Kind begraben liegt", und dann gingen sie. Sie sagte mir: sie sehe jedesmal in ihren Ausdrücken, wie es ihnen während des Gebetes leichter werde.

In der Nacht vom 13. August kamen diese Geister wieder, aber ohne das Kind, und beteten mit ihr.

Am 14., nachts, traten diese Geister in Begleitung eines alten, ganz schwarzen Mannes ein, und wie sie sprechen wollten, trat dieser vor sie hin, und hielt ihnen beiden den Mund zu. Frau H. erschrak und verfiel in Krämpfe.

In der Nacht vom 15. kamen sie wieder, der schwarze Mann stand im Hintergrunde. Sie knieten an ihrem Bette nieder, und sie betete mit ihnen eine Stunde lang. Sie fragte da den Geist: was dieser schwarze Alte zu bedeuten habe, und was er gewesen sei? Er antwortete ihr: das sei derjenige, der ihm das Mittel zur Tötung des Kindes angegeben.

Als sie am 21., nachts, wieder zum Gebete kamen, fragte sie den Geist auf mein Ersuchen folgendes: „Bist du in des Werkmeisters Haus selbst gewesen, oder in einem andern, sage mir dies und den Stall genau." Er antwortete: „Nicht in des Werkmeisters Haus selbst, aber nahe in einem alten großen Hause, in dem Stalle rechter Hand. Zwei Schritte vor dem Trog, wo er unten ausgeht, haben wir es begraben."

Sie fragte noch: „Wer war denn eigentlich jener schwarze Alte, und was will er?" Er antwortete: „Es ist ein alter Schwarzkünstler aus einem nahegelegenen Ort, er gab mir die Kräuter, womit ich die böse Tat verübte, und er will in seinen Sünden auch jetzt noch verhindern, daß wir es sagen sollen."

Am 17. Dezember, 1 Uhr nachts, kamen dieselben Geister wieder zu ihr zum Gebete. Sie fragte da die Geistin nach ihrem Namen, aber sie seufzte nur tief und sprach nichts. Sie fragte den Geist, wann er wieder komme, und er antwortete: „In sieben Tagen."

In der Nacht vom 24. schlief neben der Wärterin noch ein sehr braves, unbefangenes, wahrheitsliebendes Mädchen von Löwenstein in dem Zimmer der Frau H. Dasselbe wußte zwar, daß Frau H. schon öfters Besuche von Geistern erhalten, aber durchaus nichts Einzelnes und namentlich davon nicht eine Silbe, daß der Frau H. der Geist eines Bauern in Begleitung einer weiblichen Person erscheine. Sehr verwundert erzählte mir diese Person am Morgen, noch ehe sie mit Frau H. darüber gesprochen hatte, folgendes: „Ich hatte nachts das Zimmer völlig verschlossen, und wir gingen zu Bette. Ich schlief neben der Wärterin, im gleichen Bette derselben (das einige Schritte von dem der Frau H. stand) ein. Gegen 1 Uhr erwachte ich dadurch, daß die Türe laut auf- und zuging, und da sah ich zwei Gestalten zur Türe herein an das Bett der Frau H. gehen. Ich hörte sie nicht gehen, sie kamen ganz leise daher, liefen aber wie Menschen.

Es war ein Weibsbild und ein Mann. Das Weibsbild sah grau aus, der Mann schwärzer als sie. Das Weib hatte ein Kind auf dem Arme, das sehr klein war und auch grau aussah. Das Köpfchen und der Hals des Kindes waren ganz bloß, das übrige war mit Lumpen umwickelt, und das Weib hatte um das Kind die Arme gebreitet. Der Mann hatte einen Rock an und kurze Hosen, er war von mittlerer Größe, aber etwas größer als das Weib. Sie sprachen und Frau H. auch. Ich hörte beide sprechen, sie hatten eine feinere Stimme als gewöhnliche Menschen, sprachen aber deutlich, aber morgens wußte ich nicht mehr mit Bestimmtheit, was sie sprachen. Ich war gar nicht erschrocken, hätte aber auch nicht sprechen können, ich mußte nur immer auf das Kind hinschauen. Sie waren lange da, endlich gingen sie, und die Türe klappte wieder laut zu."

(Nun beschrieb sie den auf diese gekommenen Geist des Jägers, wie in der Geschichte dieses zu lesen ist.)

„Von all diesen Gestalten", sagte sie, „sah ich die Bildung wie von Menschen, aber die Haut kam mir ganz rauh vor, wie mit Sandkörnern bestreut und schwarz."

Frau H. bestätigte diese Erscheinung. Ich fragte sie: ob sie nicht auch wie jene andre Person bemerke, daß die Geister eine ganz rauhe, wie mit Sandkörnern bestreute Haut haben, worauf sie sagte: „Es scheine dies nur so, es sei keine Haut, sondern das Wolkige ihres Bildes. Eine Wolke komme einem auch nicht glatt vor, wenn man in sie schaue, sondern wie zusammengeronnen, und dann meine sie, daß dieses Mädchen die Geister dunkler sehe als sie. Sie bemerkte ferner: daß sie, im Fall eine solche Geistergestalt vor das Nachtlicht trete, nie das Nachtlicht durch dieselbe durchleuchte, aber dennoch bemerke sie nie, daß ein solcher Geist einen Schatten werfe.

Diese zwei Geister kamen nun noch in verschiedenen Nächten zu ihr, immer zum Gebete, sie hatten aber nicht mehr die gewöhnliche Kleidung an, sondern ein helles Faltengewand, und ihre Gestalt war heller und lichter. In der Nacht vom 14. Oktober sagte der Geist: „Nun komme ich nur noch einmal." Dies geschah in der Nacht vom 24. Oktober. Sie wachte nachts 12 Uhr, da kamen die zwei Gestalten und sagten beide wie aus einem Munde: „Wir kommen das letzte Mal und nehmen Abschied von dir." Frau H. fragte sie: wo sie jetzt hinkommen, und sie antworteten: „In einen bessern Ort." Sie schwebten hierauf davon, und erschienen nicht mehr.

Was den vom Geiste angegebenen Namen betrifft, so ist derselbe zwar kein Name einer hiesigen Bürgersfamilie, aber wenige Stunden von hier befinden sich Bauernfamilien, die diesen Namen führen. Sehr gerne hätte ich (was auch Frau H. wünschte) eine Nachgrabung nach den Gebeinen jenes Kindes vornehmen lassen, allein teils war das Haus mit jenem Stalle durch die Erscheinung nicht bestimmt genug bezeichnet, teils wurde ich dadurch verhindert, daß die Hausbewohner (und namentlich der, dessen Haus ich als das angegebene vermutete), in der Meinung, ihr Haus komme dadurch in den Ruf, als gehe in ihm ein Geist, eine solche Untersuchung nicht zugegeben hätten.

Auch bei diesen Geistern sehen wir eine Anhänglichkeit an ein irdisches Vorurteil, eine ängstliche Bekümmernis um die ordentliche Bestattung der Überreste jenes Kindes. Ihr Begehren an Frau H. war so lange, dieses zu ändern, bis sie sie belehrte, daß dies allein sie nicht an ihrem Seligwerden verhindere. Es ging ihre Sorge anfangs zwar hauptsächlich, doch nicht einzig, darauf hin. Die Schwere der Schuld ihrer Tat hielt sie an die Erde und an jene Stelle gebannt.

4. Tatsache zu Weinsberg

Schon vor mehreren Jahren hörte ich, daß hier eine arme Nachtwächtersfamilie sehr über Anfechtung von Geistern klage, fragte aber dieser Sache weiter nicht näher nach. Als Frau H. hier angekommen war und ihre Geschichte mit dem Geiste K.s bekannt wurde, wurde ich von mehreren Seiten angegangen,

Frau H. in ihrem Schlafe zu befragen, auf welche Art jene armen Leute wieder Ruhe erhalten könnten? Ich lehnte die Sache immer ab. Als aber endlich jene Leute selbst zu mir kamen, und mir die Frau folgende Erzählung machte, fand ich mich nicht abgeneigt, von ihren Angaben einige Notiz zu nehmen.

„Bald als wir unsere jetzige Wohnung bezogen hatten", so erzählte die Frau, „sah ich einmal in der Nacht hinter meiner Bettstatt zwei Weibsleute in alter Tracht mit kattunenen Schürzen und Pfälzerhauben hervorkommen. Ich hatte sie nur einige Minuten im Angesicht, da verschwanden sie wieder. In Katharinennacht 1823 hatten wir Eheleute Verdruß. Ich dachte da immer an meine Mutter, die gestorben war, sie sollte mich jetzt auch zu sich nehmen. Ich weinte und betete: daß mich die Mutter jetzt auch zu sich nehmen solle; da erschien auf einmal vor mir etwas Hohes, Weißes, so weiß wie ein Tuch, aber ohne eigentliche Gestalt. Ich dachte, es sei meine Mutter, die mir jetzt erscheine, es sprach aber nichts und verschwand. Nun bemerkte ich vier Wochen lang nichts mehr, bis in der Nacht vom ersten Advent, wo ich wegen Armut und vieler Kinder wieder betete. Da erschien dieses Weiße, kam und verschwand wieder. In der Christnacht desselben Jahres bewegte es sich, als ich im Bette ganz wach war, auf meiner Brust, außen auf der Decke meines Bettes, hin und her, gerade wie wenn ein Hund oder eine Katze sich auf der Bettdecke wälzte. Zu gleicher Zeit, obschon kein Feuer mehr im Ofen war, sah ich meine Ofenplatte ganz glühend, dann tat es einen Knall und die Erscheinung verschwand. Von dieser Zeit an erschien mir immer, besonders in den Dienstag- und Freitagsnächten, wenn ich ganz wach war, eine weiße Wolke, die sich einige Minuten vor meine Augen stellte und dann wieder verschwand. Bei Tag und bei Nacht hörte man in meiner Stube oft etwas Unsichtbares umhergehen, und ein Knistern, wie wenn man Blätter im Lesen umschlüge.

Oft kommt, wenn ich ganz wach bin, nachts aus der Ecke der Wand ein Glanz, rund wie ein Zinnteller, bleibt mehrere Minuten vor mir und meinem Mann stehen und kehrt dann wieder nach der Wand zurück, aus der er kam. Einmal, als ich in der Nacht wieder völlig wach war, stand es ganz schwarz vor mir, so groß als vorher das Weiße. Es war mir, als legte sich eine Hand an die linke Seite meines Halses. Das Gefühl von dieser Hand war wie das von einer brennenden Kohle. Die Erscheinung verschwand, und morgens war die Stelle rot, entzündete sich abends heftig, und bildete noch jetzt sichtbare drei Male wie von Fingern. In der vorigen Heiligen und in der Neujahrsnacht, als ich wach in der Stube saß, hörte ich eine Stimme, die sagte zu mir: Bete das Lied ‚O Jesu, wann soll ich erlöset doch werden', und den Spruch: ‚Schaffe in mir ein reines Herz.' Oft höre ich, besonders in den Sonntagsnächten, ganz reine Stimmen singen, es läßt einen Knall, bald da, bald dort, und nach meinem Manne warf es einmal vom Ofen her mit Speis. Oft fährt es wie ein Wetterleuchten im Zimmer umher, und ohne daß außen oder innen ein Licht, auch nicht in der Nachbarschaft, ist, zeigt sich der Schein eines Lichtes am Boden oder an der Decke unsrer Stube. Wenn wir Eheleute einigen Verdruß haben, oder im Unwillen ein Kind schlagen, so läßt sich dieses Wesen lange nicht sehen und hören, aber leben wir in unsrer Armut miteinander im Frieden und beten nächtlich, da kommt es auf einmal wieder in unsre Nähe. Am letzten Freitag, nachts 1 Uhr, als ich im Bette in der Wohnstube lag, wach, aber mit geschlossenen Augenlidern, ging auf einmal die Türe meiner Kammer auf, und da trat ein Mann in einem grauen Kleide heraus, das am Rücken Falten hatte. An meinem Bette wandte er sich gegen die Bank um. Auf der sah ich einen Mann sitzen in dunklem Kleide, den ich aber nicht so bestimmt beschreiben kann. Zu diesem dunklen Manne sprach der Weiße immer hin, aber mein Geist war zu schwach, zu verstehen, was er sprach. Es schien mir wie ein Vorwurf zu sein, den er dem schwarzen Manne machte. An der Bettstelle und der Bank hörte ich in dieser Nacht mehrmals ein Klopfen und Knistern." – Sie sagte auch noch (was merkwürdig ist): „Wenn eine solche Erscheinung kommt, fallen mir die Augenlider zu, und ich sehe sie dann geistig. Ist die Erscheinung vorüber, so gehen mir alsdann auch die Augenlider wieder auf. Einmal war's mir in meinem Gärtchen, als würde ich an einen Ort gewiesen, und da fand ich einige Groschen, von denen ich aber nur zwei mitnehmen konnte."

Die Frau ist 40 Jahre alt, klein, sieht schwächlich aus, und hat einen eigenen, ganz sonderbaren Blick. Sie hat sechs Kinder, meistens noch klein, von denen die zwei kleinsten das Sonderbare haben, daß das eine, das ältere, besonders den Haaren nach, so schwarz wie die Nacht, das jüngste, welches, der Aussage der Mutter nach auch die Geister sehen soll, blond und weiß wie der Schnee ist. Dieses wollte, wie die Mutter sagt, der Geist schon öfters aus dem Bette nehmen und wie küssen. Ich ließ es nun mehrere Wochen, und zwar bis zum 10. Februar anstehen, bis ich von den Erscheinungen jenes Weibes mit Frau H. sprach. Am Morgen des 10. Februar 1827 erzählte ich ihr einiges davon, und da sie Verlangen bezeigte, dieses Weib selbst zu sprechen, hauptsächlich deswegen, weil sie in ihren Erscheinungen und namentlich in den hörbaren Ankündigungen derselben, Ähnlichkeit mit ihren eigenen fand, so brachte ich das Weib am Nachmittage dieses Tages selbst zu ihr und sie erzählte ihr nun ihre Anfechtungen, wie sie mir dieselben erzählt hatte. Dem Weib wurde es in der Nähe der somnambulen Frau ganz leicht, diese aber suchte besonders ihren Blick zu vermeiden, weil er ihr, wie sie nachher sagte, ein sonderbares Gefühl verursache.

An diesem Abend verfiel Frau H., wie sie vorausbestimmt hatte, in magnetischen Schlaf, und als ich sie in diesem um die Erscheinung jenes Weibes befragte, sagte sie: „Dieses Weib lügt nicht, sie sieht jene Geister. Sie ist immer, ohne es zu wissen, in einem halbwachen Zustande. Man muß ihr ein Amulett von sieben und fünf Lorbeerblättern (und so muß man sie zählen) anhängen, und sie wird diese Geister mehr sehen — — — Würde man ihr sieben Beeren vom Lorbeerbaum anhängen, so müßte sie schlafen, aber das wäre wegen ihres Mannes nicht gut, es würde ihr Vorwürfe von ihm verursachen."

Am Morgen des andern Tages brachte ich dem Weibe das von Frau H. verordnete Amulett und riet ihr, es sogleich anzuhängen, es werde ihr Hilfe bringen. Diese sagte mir: seit sie bei jener Frau gewesen, sei es ihr gar zu leicht, sie meine, sie habe dort alles zurückgelassen.

Am andern Morgen sagte mir Frau H. und ihre Wärterin: daß man heute nacht mehrmals ein Klopfen an der Bettstelle und am Tische gehört, und es gewesen sei, als rutsche jemand durchs Zimmer. Auch in der Nacht vom 12. bis 13. Februar hörte man das gleiche.

Am Morgen des 13. Februars ging ich zu jenem Weibe, um nach der Wirkung des Amuletts zu fragen. Sie sagte mir: daß in der ersten Nacht, in der sie das Amulett umgehabt, eine unsichtbare Hand an ihm immer gerissen habe. Sie zeigte mir an meinem Halse das Gefühl, das sie dadurch empfunden. Seit dieser Zeit hörte sie kein Klopfen mehr, als hätten sich die Geister wo anders hingewendet. Ihr Mann habe ihr diesen Morgen das Amulett vom Halse gerissen, weil er sich immer Hoffnung mache, durch Erlösung der Geister Geld zu erhalten, und er mache ihr jetzt Vorwürfe, daß sie das Amulett umgehängt, das die Geister werde vertrieben haben.

Der Mann war auch, als ich eintrat, sogleich zornig aus dem Zimmer gegangen, und die Frau gestand mir, daß sie eben der Meinung seien, daß in ihrem Häuschen Geld verborgen liege. Sie hätten die Anfechtungen dieser Geister nun schon so lange ertragen, und möchten nun auch durch Erhebung eines Schatzes, der in ihrem Häuschen gewiß liege, den Gewinn haben.

Es war umsonst, ihr den Gedanken an einen Schatz aus dem Kopfe zu bringen, sie blieb darauf und beharrte auch, das Amulett nicht mehr anzuhängen. Frau H. erzählte ich diesen Vorfall, nach welchem ich zu jenem Weibe nicht mehr ging.

Am 15. Februar im magnetischen Schlafe verordnete sich

Frau H. ein Amulett, bestehend aus Lorbeerblättern und Haselnußstauden.

In der Nacht vom 17. auf den 18. Februar wurde in ihrem Zimmer wieder überall umher ein Klopfen gehört. Auf dieses habe sie (so sagte sie mir am andern Tage) aufgesehen, und einen großen Mann von ungefähr 40 Jahren in einem weißen Rock erblickt, der sei ruhig vor ihr gestanden. Im Abendschlafe vom 19. Februar sagte sie: „Heute nacht, 1 Uhr, muß ich den roten Meerstein in die Hand nehmen, dies sage man mir, sobald ich wach bin, er stillt das Herzklopfen, auch dazu kann ich ihn gebrauchen. Ich muß heute nacht mit jenem reden, man wird ihn hören, die andern werden ihn noch vor mir hören. Ich freue mich darauf, werd' ich mich aber auch freuen, wenn ich wach bin? Da wird die Freude nicht so groß sein! Es ist mit diesen Geistern ganz eigen, wenn sie es denken, sind sie schon da. Darum habe ich auch die Lorbeerblätter an, ebensoviel, oder nicht so viel wie diese?"

Meine Frau entschloß sich, diese Nacht im Bette der Schwester, die sich deswegen statt der Wärterin ins Zimmer der Kranken legen wollte, zuzubringen, um wenigstens die Erscheinung zu hören, und die Kranke genau zu beobachten. Schon nach 10 Uhr fing ein Klöpfeln und Klatschen bald an den Bettstellen, bald auf den Tischen, bald an jener, bald an dieser Wand an, und meine Frau versicherte sich aufs bestimmteste, daß es von niemand gemacht wurde, namentlich weder von der Schwester noch der Kranken, welche letztere sie besonders fest ins Auge faßte und bemerkte, daß sie ganz ruhig, die Arme auf der Decke, im Bette lag.

Schlag 1 Uhr nahm die Frau den roten Meerstein (rote Korallen) vom neben ihr stehenden Nachttischchen in die Hand, richtete sich auf und sprach gegen den Fuß der Bettstelle in einem festen Ton: „Das kann ich nicht tun!" Sie habe dann noch länger gesprochen, aber leise, so daß man es nicht habe verstehen können. Meine Frau fragte nun: was sie denn gehabt, und Frau H.

sagte: ob nicht sie oder ihre Schwester auch die Gestalt gesehen, die am Fuße ihres Bettes gestanden und zu ihr gesprochen habe? Sie habe ihr geantwortet. Beide sahen jedoch nichts von der Erscheinung. Was die Gestalt mit ihr oder sie zu ihr gesprochen, das wollte sie durchaus nicht sagen.

Nachdem ich sie am andern Morgen lange gebeten, mir doch zu sagen, was jener Geist mit ihr gesprochen, sagte sie es mir endlich nach langem Sträuben. Sie sagte: sie spreche nie gern von solchen Erscheinungen, und es schien ihr auch in der Tat ein wahrer geistiger Schmerz zu sein, davon sprechen zu müssen. „Der Geist", erzählte sie, „stand unten an meinem Bette, er war mit einem gelblich-weißen Rock bekleidet, der wie ein Frauenzimmerrock einen Gürtel hatte und hinten Falten." Als ich nach seinen Augen fragte, sagte sie: „Ich sah ihn nicht, wie man Menschen sieht, man sieht Geister auf eine eigene Weise, die nicht zu beschreiben ist. Die Augen waren mir nur wie lichte Punkte; die Gestalt war groß und ruhig. Sie hauchte zu mir hin: ‚Siehe, ich komme zu dir, daß ich vollends erlöset werde!'

Ich: ‚Das kann ich nicht tun, erlösen kann dich nur dein Erlöser!' Er: ‚O ich bitte dich, bete doch für mich!' Ich: ‚Das will ich gerne tun.' Er: ‚Schlage das Lied auf: »Wer dieser Erde Güter hat und sieht den Nächsten leiden«, und lies es öfters, bis ich wieder komme.' Hierauf drehte er sich um, daß ich Rücken und die Falten hinten an seinem Rocke sah, wandte sich wie zur Türe und verschwand."

Ihre Schwester sagte mir: die Kranke habe ihr erzählt, es habe ihr nach der Erscheinung geträumt, sie habe von derselben durchaus nichts gestehen wollen, da habe ihre Großmutter (ihr Schutzgeist) zu ihr gesagt: „Nein, du mußt es sagen!"

Am andern Tage fragte ich sie im halbwachen Zustand: „Wie kommt es, daß diese Frau, solange sie das Amulett trug, die Geister nicht sah?" Sie erwiderte: „Hätte sie das Amulett sieben Tage lang getragen, so hätte sie die Geister für immer gesehen, in jenen Tagen hätte sie dieselben auch ohne das Amulett nicht gesehen, ich aber hätte sie erst später gesehen, aber nur wenn ich in dem Häuschen jener Frau geschlafen hätte. Durch das Amulett mit den Lorbeerblättern, das ich mir später umhängen ließ, als die Frau das ihrige zerstört hatte, sah ich jenen Geist nun früher."

Das ihr vorgegebene Lied hatte sie den Tag nachher öfters gelesen, am 21. Februar hingegen nicht. Als sie diesen Abend in Schlaf verfiel, sagte sie: „Was machte ich für einen Fehler! O das Lied las ich heute noch nicht! Ich muß es heute noch dreimal lesen! Ich spreche heute nacht mit ihm mehr als das letztemal. Von 12 bis 1 Uhr wird er kommen."

Um die angekündigte Erscheinung des Geistes zu beobachten, ließ ich heute nacht eine andre Person, von deren Wahrheitsliebe ich völlig überzeugt war, im Zimmer der Kranken im Bette ihrer Schwester schlafen. Diese Person erzählte mir am andern Morgen folgendes:

„Schlag 10 Uhr ging ich mit der Schwester zu Bette, und zwar in der Schwester Bett (das drei Schritte von dem der Frau H. in gleicher Linie mit demselben steht). Wir wachten bis gegen 11 Uhr, und dann schlief ich ein. Vor 12 Uhr begehrte Frau H. etwas Suppe, und da die Schwester deswegen aus dem Bette ging, wachte ich auf. Kaum war die Schwester wieder bei mir im Bette, fing es auf dem Boden sonderbar zu schlürfen und zu knistern an. Dann klopfte es an der Wand, oberhalb dem Bette der Frau H. und auf dem Boden, fast wie mit Hämmern, und auf eine andre nicht zu beschreibende Weise. Dies dauerte eine Weile fort. Ich sah währenddessen genau auf Frau H.; sie lag ruhig ausgestreckt im Bette und hatte Arme und Hände auf der Bettdecke ruhig liegen. Sie fing nun zu sprechen an, aber ohne sich aufzurichten. (Es waren ganz die Fragen, die unten von Frau H. selbst angegeben sind.) Ihre Reden waren an eine Erscheinung gerichtet, die vielleicht an ihrem Bette stand, von mir aber nicht gesehen werden konnte. Frau H. sagte nach einiger Zeit des Gesprächs zu uns: der Geist sei nun gegangen, kehre aber nach einigen Minuten zurück. Nach solchen fing das Schlürfen und Klopfen wie zuerst an, und dann sprach Frau H. abermals, wie es schien, mit der Erscheinung.

Als Frau H. sagte: „Schlage es selbst auf", blickte ich auf das Gesangbuch, das auf ihrer Bettdecke ganz zugeschlagen lag; denn sie hatte, ehe wir in das Bett gingen, in demselben noch einmal jenes Lied gelesen. Da sah ich auf das bestimmteste und mit Schauer, den ich bisher nicht im mindesten hatte, daß sich der Deckel desselben zu bewegen anfing, und dieses Buch eine unsichtbare Hand aufschlug; denn ich bemerkte auch nicht die mindeste Bewegung der Frau H. oder ihres Bettes. Als Frau H. sagte: „Gottlob, daß er wieder fort ist", sprachen wir mit ihr über die Erscheinung und wollten sie genauer wissen, sie sagte aber immer: wir sollten sie doch ruhig lassen, und davon schweigen!"

Frau H. erzählte mir folgendes: „Um 12 Uhr nachts hörte man vor der Türe, dann im Zimmer, wie schlürfen, ohne daß man etwas bemerkte, dann fing es sehr stark bald an der Wand, bald wie unter dem Boden, bald an meiner Bettstelle, und zwar diesmal oben, zu klopfen an. Hierauf patschte es einigemal, als schlüge man kleine Brettchen zusammen, mit drei bis vier Schlägen, und dann erblickte ich wieder den Geist am Fuße meines Bettes. Ich fragte ihn nun: ‚Warum kamst du zu mir?' Er: ‚Weil ich nur bei dir meine völlige Erlösung erlangen kann.' Ich: ‚Dies ist ein Wahn von dir. Warum bleibst du nicht bei dem Weibe, die für dich betet?' Er: ‚Dieses Weib hat nicht diese Sinne wie du, sie kann nicht mit mir reden.' Ich: ‚Warum bist du in diesem armen Häuschen? Was warst du?' Er: ‚Ich hatte ein niederes Amt, in diesem Häuschen waren zwei Waisen, ich betrog sie, brachte sie um ihre Habe.' Ich: ‚Warum hast du das getan?' Er: ‚Mein bester Freund, welcher sehr reich war, gab mir die Anleitung dazu.' Ich: ‚Bist du nicht so reich gewesen?' Er: ‚Nein! Aber ich wollte es auch werden. – Alles, was ich auf unrechte Art erhielt, teilte ich mit meinem Freund. Ich tat diesen Waisen in dem Häuschen noch Gutes, aber nur zum Schein.' Ich: ,Wie war dein Name?' (Er schwieg.) Ich: ,Warum sagst du ihn nicht?' Er: ,Meinen ganzen Namen vermag ich dir noch nicht zu sagen, ich nenne dir den Buchstaben L. aus ihm.' Ich: ,Kannst du dich andern auch durch Klopfen hörbar machen?' Er: ,Nein! Aber dieser, welcher mein Freund war, vermag es, ich werde ihn bringen.' Ich: ,Das würde mich angreifen: diesen will ich nicht, und ich sage dir, weiche!' – Er entgegnete: er bringe ihn, dieser suche auch Hilfe, und als ich diesem widerstrebte, sagte er: ,Ich kehre nach einigen Minuten wieder', und verschwand.

Nach einigen Minuten hörte man das gleiche Rutschen und Klopfen wieder, und der Geist stand vor mir, und ich fragte: ,Warum kamen denn jene zwei unschuldigen Weibspersonen auch zu jener Frau?' Er: ,Sie ließen sich nur einmal vor dieser Frau sehen, als Klage.' Ich: ,Lebt noch jemand von deinen Anverwandten?' Er: ,Ja! Aber ganz entfernt von hier.'

Mein Gesangbuch lag von gestern, weil ich vor dem Einschlafen jenes Lied las, noch auf meinem Bette; der Geist sagte: ,Schlage das Lied auf: »Wo seit vielen tausend Jahren betrübte Witwen waren«, und bete es oft für mich und meinen gewesenen Freund.' Ich erwiderte, da ich sehr angegriffen und schwach war: ,Schlage es selbst auf.' Er verschwand dann."

Ich fragte sie: ob sie an dem Buche nicht auch die Bewegung gesehen, als hätte es sich aufgeschlagen. Sie erwiderte: nein, sie habe nicht zum Buche hingesehen, und überhaupt wisse sie nicht: wie das sei, aber wenn der Geist erscheine, so müsse sie reden, sie könne nicht anders.

Dies war die Nacht vom 21. Februar. Am andern Tage hatte sie das vom Geiste ihr zum Lesen anbefohlene Lied zu lesen versäumt; da entstand gegen 8 Uhr abends auf einmal ein Klopfen im Zimmer und geschah ein Schlag wie an die Wand, worauf ihr beifiel, daß sie jenes Lied noch nicht gelesen. Sie tat es, und während sie das Lied las, klopfte und klatschte es noch öfters. Dies wiederholte sich in der Nacht gegen 12 Uhr, wo auch bei den Bewohnern des obern Stockes nicht nur ein gleiches Klopfen, sondern auch ein Hin- und Herschlürfen durch das Zimmer gehört wurde.

Am 23. bemerkte man, daß sie durch einen Schrecken, dessen Ursache man aber nicht wußte, in einen äußerst heftigen Krampf verfiel.

An diesem Abend sagte sie im schlafwachen Zustand: „Am hellen Tag ihn sehen, wo alles um mich ist, wie heute in dieser Stunde, das greift mich doch an! Fünf Minuten lang sah ich ihn Dieses Weib (die Nachtwächtersfrau) sollte vernünftiger sein, sie betet jetzt um nichts als um Geld." Ich fragte sie: warum jener Geist, auf dessen Eingebung sie jenes Blatt gefunden, nie geklopft habe? Sie sagte: „Weil er mir nur im hellschlafwachen Zustand erschien; nur einmal sah ich ihn wachend. Auch klopfen nur diejenigen, die durchaus Hilfe haben müssen und suchen, und die noch weit weniger sind, ihren Erlöser noch gar nicht kennen, ihn aber suchen und finden, wenn man sie hinweist. – Sie dahin weisen, ihnen den rechten Weg zeigen, das kann ein sterblicher Mensch, aber sie erlösen nicht. – Der schwarze Geist richtete seine Gedanken besonders nach dem Hause, in dem er lebte; das ist aber nicht so nahe an dem kleinen Hause, wie jenes weißen. Könnte ich es nur dahin bringen, daß er den Weißen gehen ließe, daß er nicht diesen immer zurückzöge. Ich fürchte mich nicht vor den Geistern, aber daß ich wieder mit mehreren in Umgang kommen sollte, das darf nicht sein. Dieser Schwarze könnte mein Tod sein. Seine Worte sind kein Wehen, seine Worte sind ein heißes Stöhnen."

In der Nacht vom 23., 12 Uhr, als sie schlief, erwachte sie an einem Schlag: es zupfte an ihrer Bettdecke, sie sah auf, und der Weiße stand wieder vor ihr. Sie sagte zu ihm: „Warum kommst du denn wieder zu mir?" Er sprach: „Ich suche Ruhe, bete für mich, daß ich diese erhalte. Gehe die Zehn Gebote mit mir durch." Sie ging sie nun sogleich mit ihm durch. Sie fragte und er antwortete. – Sie fing, während sie mir dies morgens erzählte, zu weinen an und wollte nicht weiter davon sprechen, weil es sie sehr angreife. Alle Nacht, sagte sie, wolle er auch seinen bösen Freund, den schwarzen Geist, bringen und das würde sie aufs äußerste angreifen. Er sage, der Schwarze plage ihn immer noch und bringe ihn immer wieder vom Guten ab. Die Erscheinung eines so bösen Geistes errege immer Schrecken, und müßte sie kränker machen. Sie wisse wohl noch, wie es ihr in Oberstenfeld mit dem anfänglich auch so bösen Geist ergangen. Ein Jahr lang sei er von ihr nicht mehr gewichen, und es sei doch gewiß angreifend, ein Jahr lang mit einem so übernatürlichen Wesen in Umgang sein zu müssen; es komme ihr immer vor, als gehöre das doch nicht für die Menschen. Sie fügte hinzu: der Weiße habe ihr gesagt, der Schwarze sei hier ein höherer Beamter gewesen.

Gegen 9 Uhr abends am 24. verfiel sie in einen magnetischen Zustand, den ich magnetischen Traum benannte, und der von dort an öfters bei ihr eintrat.

Dieser Zustand unterschied sich von einem gewöhnlichen Schlaf dadurch, daß sie aus demselben durch Rufen, Rütteln usw. nicht zu wecken war, und von einem magnetischen Schlafwachen, daß sie mir in demselben auf keine Fragen antwortete, die Hände auch nicht gekreuzt hatte, und nach dem Erwachen meistens wußte, was sie geträumt, und auch sagte, es sei nur ein Traum gewesen.

An diesem Abend schien sie sehr in diesem Schlaf zu leiden. Sie machte mit den Armen oft ganz sonderbare, geistermäßige Bewegungen, weinte heftig, richtete sich auf, machte die Bewegung eines Schreibenden, und deutete dann wieder, den Arm gerade ausgestreckt, mit dem Zeigefinger vorwärts. Einmal bedeckte sie auch lange ihr Gesicht weinend mit einem von mir früher magnetisierten Tuche, das neben ihr lag, und hob es später wieder wie jemand entgegen. Laut sprach sie nur folgende Worte, aber mit großer Heftigkeit: „Nein! Gottes heiliger Wille! – Schwarzer Geist, von dir will ich gar nichts! – Beten will ich für dich auf den Knien. – Ist das die reine Wahrheit? – Prüfet die Geister, ob sie von Gott sind. – Ich weise dich dahin, wohin du gehen sollst – zu deinem Erlöser." – Sie erwachte nun und sagte wach: der Schwarze habe sich ihr immer nahen wollen, sie fürchterlich angesehen, da habe der Weiße ihm abgewehrt, ihn zurückgejagt. Der Schwarze suche Ruhe, sei aber zu böse und hartnäckig. Ich sagte ihr: sie habe einmal wie geschrieben; sie erwiderte: sie habe mit dem Schwarzen nicht sprechen wollen und ihm dann das Geschriebene hingehalten. Dies sei eben ein schwerer Traum und nicht der wache Zustand, in dem sie sonst den Geist ganz untrüglich sehe. Sie beschrieb nun den Gang und den Teil eines großen Hauses näher, in dem sie den Schwarzen gesehen, die Zahl der Türen in diesem Gange usw., und bezeichnete auffallend damit ein von ihr noch nie gesehenes Haus, dessen Bewohner schon öfters, und besonders auch um diese Zeit, abends, aber gewöhnlicher um Mitternacht, ein ihnen unerklärliches Gehen in den Gängen, ein Annähern an die Türen der Zimmer, als wollte jemand hereintreten, ein Seufzen hörten, aber auch bei der schnellsten und genauesten Untersuchung nichts auffinden konnten, durch das diese Töne hätten veranlaßt werden können.

Oft sagte sie: sie sehe zwei große Häuser, in denen diese Geister sich besonders aufhalten, so deutlich, in ganz lebendigen Träumen, daß, vermöchte sie auszugehen, sie mir dieselben gar leicht bezeichnen könnte.

Im Abendschlaf vom 24. sagte sie von den Geistern: „Es ist ein Glück, daß sie sich nicht allen mitteilen können, man würde alles mögliche von ihnen begehren, sie würden mehr geplagt, als sie geplagt sind."

In der Nacht vom 26., Schlag 12 Uhr, erschien ihr der weiße Geist wieder. Sie bekam fürchterliches Herzklopfen und nahm den „Meerstein" in die Hand. Sie erzählte morgens mit Tränen: daß sie das so angreife, daß er immer auch den Schwarzen mitbringen wolle.

Am andern Tage, 5 Uhr abends, verfiel sie, nachdem ihr der Geist wieder erschienen war, in jenen magnetischen Traum. Sie machte in demselben wieder die gleichen Bewegungen mit den Händen, bedeckte sich wieder, wie sich schützend, mit dem magnetischen Tuch und wies mit ausgestrecktem Finger hinaus. Man hörte sie folgendes sprechen: „Ich schwöre es dir, beten will ich für dich auf den Knien! Das sagte ich ja! Du, hinter deiner dritten Türe, du mußt warten, bis du den Erlöser besser finden kannst. – O nein! Für den bin ich nicht geboren – das darf er nicht glauben. – Selig sind, die reines Herzens sind, und selig sind, die nicht sehen und doch glauben." Dann erwachte sie.

Ihrer Mutter, die am 25. auf kurzen Besuch kam, klagte sie: daß alle Nacht ein Geist ihr erscheine, der immer einen bösern mitbringen wolle, was ihr großen Kummer mache.

Im schlafwachen Zustand an diesem Abend sagte sie: „Nie rede ich gerne von diesem Geist, aber nun muß ich es tun. Schon sechsmal war er bei mir. Er kommt zu mir, so lange bis er Ruhe hat, so lange habe ich auch keine. Aber dieser andre darf nicht zu mir kommen, ich will für ihn beten, aber sehen darf ich ihn nicht. Diese schwarze Gestalt könnte ich nicht ertragen. Aber dieses dumme Weib, nein unglückliches, weil sie nur um Geld betet! – O ich freue mich, schlafend so unter diesen Geistern zu leben, aber im wachen Zustand ist es mir Trauer. Könnte ich doch diesem Weibe sagen, daß sie nicht so um das Geld bete, sie tut es aus Angst, sie tut es aus Furcht vor ihrem Manne.

„Sonderbar! Geister sehen, mit ihnen reden, sich mit ihnen unterhalten können, Freude an ihnen haben! Und doch nur das geistige Wesen, das in mir lebt, hat Freude an ihm, nicht mein Fleisch und Blut, das hat keine Freude an ihnen. – Unter wie vielem leben wir, das wir nicht sehen!"

Am 1. März, nachts 10 Uhr, verfiel sie wieder in den magnetischen Traum. Sie kämpfte abermals mit dem weißen Geiste, der ihr den schwarzen durchaus bringen wollte. Als sie erwachte, wußte sie noch den magnetischen Traum, und erzählte, der Weiße habe gesagt: „Ich will dir den Schwarzen nur ein einziges Mal bringen", sie habe ihm aber geantwortet: für diesen fühle sie keine Pflicht, aber für ihr Kind, das seine Mutter nicht verlieren dürfe. Sie habe ihn ermahnt, sich durch den Schwarzen nicht vom Gebet abwendig machen zu lassen, sie wolle ja für ihn und seinen Freund auf den Knien beten. Um Mitternacht erschien ihr wieder der weiße Geist, als sie ganz wach war, und betete mit ihr.

Am 2. März, morgens 3 Uhr, erschien ihr der Geist, ohne vorausgegangenes Klopfen, wieder, als sie ganz wach war. Er stand mit finsterem Gesichte vor ihr. Diesmal sah sie auch seine Hand, die er aufwärts hielt. Sie sei ihr wie eine vor ein Licht gehaltene Hand, als schimmerten Adern und Gebeine hindurch, erschienen. Da er so zornig geschienen, habe sie sogleich zu ihm gesagt, er solle weichen, worauf er auch sogleich verschwunden sei. Als sie an diesem Tage, nachmittags 3 Uhr, in den Hausflur trat, stand der Geist auf einmal in der gleichen finstern Gestalt wie diesen Morgen vor ihr und sagte zu ihr: „Sieh, ich bin wieder rückwärts gekommen durch jenen."

Sie sprang erschrocken ins Zimmer zurück und verfiel in Krämpfe. Als ich abends 7 Uhr bei ihr im Zimmer war, entstand auf einmal im Zimmer ein heller Schlag wie in der Luft, sie fiel aufs Bett zurück und kam in magnetischen Traum. Sie sprach, der Mimik und einzelnen Reden nach, mit dem Geiste. Mit geschlossenen Augen stand sie, sie war angekleidet, auf, holte das württembergische Gesangbuch, und schlug mit unbegreiflicher Fertigkeit zwei Verse auf, von denen jeder (aber beide von gleichem Sinn) oben am Anfange eines Blattes stehen. Es waren die Verse 6 und 11 von den Liedern: „O Kirche Jesu" usw., und: „Hier bin ich, Jesu" usw.

Sie hob hierauf das Buch wie dem Geiste hin und sagte: „Ich will dir zeigen, wie du es hinhalten mußt. Zur dritten Türe mußt du es hinhalten, so!" – Sie stand nun auf, ging zur Türe, stellte sich vor dieselbe seitwärts, hob das Gesangbuch zur Türe hinaus und kehrte dann wieder ins Bette zurück. Als sie erwacht war, sagte sie: der Geist sei ihr nach jenem Schlag erschienen, und darauf sei sie sogleich in einen Traum verfallen. Da habe der Geist ihr gesagt, daß jener andre bösere seiner gespottet und ihn durch Spott wieder vom Bessern abwendig gemacht. Sie habe ihm hierauf Stellen im Gesangbuch aufgeschlagen und ihn angewiesen, sie zur dritten Türe, hinter der sie gewöhnlich den Schwarzen sehe, hineinzuhalten.

In dieser Nacht, um halb 3 Uhr, zupfte es an ihrer Decke, dadurch wachte sie auf, und der Geist stand wieder am Fuß ihres Bettes. Sie fragte ihn: „Wie lange warst du auf dieser Erde?" Er sagte: „Die Zahl ist 79." Sie: „Wann lebtest du?" Er: „In der Zahl 1700." Sie fragte ihn weiter: „Wo war deine Wohnung?" Er: „Nicht weit von dem kleinen Hause, wo jene Waisen waren." Sie: „Wo wohnte der andre?" Er: „Er wohnte jenem Häuschen entfernter als ich." Sie: „Bist du vor diesem gestorben?" Er: „Er starb 3 Jahre vor mir." Sie: „Warum erschienest du mir einigemal so finster, nun wieder freundlicher?" Er: „Der Schwarze bekam wieder mehr Macht über mich durch Hohn und Spott, aber nun stehe ich wieder fester." Sie: „Ich verspreche dir, ferner für dich zu beten, wofern auch du wieder am Bessern festhältst." Er: „Ich bitte dich, schlage das Lied auf: ‚Mich selbst muß ich bezwingen', das bete für mich." – Da verschwand er wieder.

Abends 9 Uhr, am 3. März, verfiel sie mitten unter einem Gespräch, an dem sie lebhaften Anteil nahm, auf einmal in die allerfürchterlichsten Konvulsionen, die durchaus mit nichts zu stillen waren, selbst nicht durch magnetische Striche, die anfänglich ich ihr gab. Sie brach unter diesen Krämpfen in lautes Weinen aus, und dieser Zustand wurde endlich nur durch sieben magnetische Striche, die ihr meine Frau gab, gehoben, und verwandelte sich in völligen magnetischen Schlaf. In diesem sagte sie: es sei ihr der weiße Geist erschienen und im Hintergrunde habe sie über dessen Schultern den Kopf des schwarzen Geistes ragen sehen. Dieses habe ihr den fürchterlichen Krampf verursacht, und erhalte sie noch einmal einen solchen, so komme sie in ihrer Gesundheit sehr zurück, ja es könnte ihr Tod sein.

Ich bat sie, sich mit diesen Geistern nicht länger zu quälen, und vorzüglich die Erscheinung des schwarzen Geistes nicht zuzugeben, auch den weißen solle sie einmal für immer zurückweisen. Aber sie sagte: „Das kann ich nun schon nicht mehr; ich habe dem Weißen mein Wort gegeben, mit ihm zu beten, und nun muß ich schon mit ihm verbunden bleiben." Ich machte sie auf den Nachteil, den diese Erscheinungen ihrer Gesundheit bringen, aufmerksam, und bat sie, den festen Willen zu haben, daß ihr dieser Geist nicht mehr erscheine; allein sie beharrte darauf, daß sie sich von der Verbindung, die sie mit dem Weißen eingegangen, nun schon nicht mehr lossagen könne.

In der Nacht auf den Sonntag fragte ich sie, ob der Geist heute nacht nicht zu ihr gekommen; sie verneinte es und machte dabei die Bemerkung, daß die Geister in Oberstenfeld auch selten in der Nacht auf einen Sonntag gekommen.

In der Nacht auf den 6. März sagte der Geist zu ihr: „Ich habe die feste Überzeugung, daß ich meinen Erlöser nicht mehr lassen werde." Sie betete lange mit ihm und fragte ihn auch: „Wie kommt es, daß du, da du ja schon vorlängst auf der Erde gewesen, geistliche Lieder kennest, die doch lange nach dir gemacht wurden?" Darauf antwortete er: „Geister sind unbeschränkt im Sehen." (Er las sie in ihr.)

Am 6. Mai ging sie zur Türe hinaus und kam schnell wieder herein, worauf sie in halbwachen Zustand verfiel. Sie sagte in diesem: als sie vor die Türe getreten, sei ihr der Geist wieder erschienen. Er habe sie anreden wollen, aber sie habe sich sogleich von ihm in die Stube gewendet. Auch als sie wieder völlig wach war, erzählte sie das gleiche.

Als sie eine halbe Stunde später zum Fenster hinaus einer vorübergehenden Schafherde zusah, zupfte sie etwas einigemal hinten am Kleide. Sie sah nicht sogleich hinter sich, indem sie die Ursache dieser Mahnung vermutete; aber als sie nun endlich um sich sah, stand der Geist vor ihr und so nahe, daß sie sich nicht vorwärts bewegen konnte. Er hauchte zu ihr hin: „Bei dir finde ich Ruhe, bete mit mir!" Es wurde ihr ohnmächtig, sie fiel aufs Bette, man hörte durch das Zimmer ein Laufen und Klopfen wie in der Luft, sie lag in halbwachem Zustand und betete stille inbrünstig. Später sagte sie im Schlaf: „Ist es meine Pflicht, daß ich wegen des andern ihm nachgehe? Nein, weil ich sterben würde. Wäre es fünf Jahre später, dann könnte ich ihn ertragen, dann ist er nicht mehr wie jetzt."

In der Nacht vom 8. März, um 11 Uhr, hörte man im Hause der Frau H., selbst in den andern Zimmern, zuerst ein unsichtbares Gehen, dann ein leises Klopfen, bald hier, bald dort, das endlich zu einem ganz hellen Klatschen und lauten Klopfen wurde, das bald wie von den Wänden, bald von Bettstellen, bald von dem Boden des Zimmers, bald wie aus der Luft zu kommen schien. Die Kranke schlief fest und erwachte durch dieses Klopfen nicht. Gegen 12 Uhr, als sie erwachte, erschien ihr der Geist wieder, und hauchte zu ihr hin: „Gehe mit mir die Zehn Gebote durch!" Während sie die Gebote sprach, blickte sie der Geist ruhig und ernst an. Sie bemerkte, wie sich der Geist, ehe er ging, über ihre jüngere Schwester, die fest schlief, neigte, und zu ihr hinhauchte: „Gottes Auge dich bewacht." Auch über die Wärterin, die aus Angst diesmal im Zimmer schlief, sah sie sich den Geist neigen und etwas zu ihr hinhauchen, das sie aber nicht verstand.

In der Nacht vom 10. schlief sie die ganze Nacht sehr fest durch Schneeglöckchen, die vor ihrem Bette standen. Aber nachts 2 Uhr wurde sie durch den Geist erweckt, wie, wußte sie nicht. Er kniete vor ihrem Bette nieder und sprach, wie ihr schien, aus dem Herzen ein Gebet, von dem sie nur noch den Anfang wußte. Dieses hieß: „Ich bete an Jesum Christum den Gekreuzigten." Nachdem er das Gebet gesprochen hatte, betete auch sie, und er sprach ihr das Gebet nach. Nach Vollendung des Gebets wollte sie wissen, ob sie den Geist auch sprechen höre, wenn sie die Ohren fest verstopfe. Sie tat nun dies mit den Fingern, hörte aber, während sie die Ohren fest verstopft hatte, den Geist sagen: „Auch so wirst du mich hören." Sie sagte mir: sie habe den vorigen Geist in Oberstenfeld oft nur mit dem Gedanken, was sie zu ihm sagen wolle, fest angeschaut, und dann habe er ihr schon darauf Antwort gegeben.

In der Nacht vom 12. erschien ihr wieder der Geist, er erweckte sie, aber sie wußte nicht wie. Eine halbe Stunde lang betete sie mit ihm, er kniete vor ihrem Bette. Ich fragte sie wieder nach seinem Bilde. Sie sagte: „Es ist eben wie eine Wolke, die aber doch eine menschliche Gestalt hat." Sie fragte ihn nach einer früheren Aufforderung von mir: ob man hier noch etwas Schriftliches von ihm finde. Er sagte: „Von mir wenig, aber von diesem, welcher mein Freund war." Er sagte ihr auch, er habe in der Zahl 1600 und 1700 gelebt.

In der Nacht vom 14., nach 1 Uhr, wo sie ganz wach war, klopfte es wieder überall im Zimmer umher, auch rauschte es wie mit Papier, und der Geist stand vor ihr. Er sagte zu ihr: „Lese das 5. Kapitel Johannis, hauptsächlich vom 13. Verse an." Er kniete wieder vor ihr Bett und betete mit ihr.

Am 16., nachts 12 Uhr, hörte man wieder im Zimmer klopfen, und es erschien der Geist, um mit ihr zu beten. Da sie mir schon früher sagte: sie sehe nie einen Geist, wenn er klopfe, das Klopfen gehe immer dem Sehen voraus oder hintennach, so bat ich sie, den Geist bei seinem nächsten Erscheinen darüber zu fragen. Diese Nacht tat sie es nun nach dem Gebete mit dem Geiste. Sie fragte ihn: „Warum sehe ich dich nicht, wenn ich dich höre? Warum kannst du dich nicht hörbar und sichtbar zugleich machen?" Er antwortete: „Ich kann nur das eine oder das andre, weil beides vermittelst der Luft geschieht." Auch fragte sie ihn: „Warum höre ich dich reden und andre Menschen hören dich nicht?" Er sagte: „Das geschieht, weil dein Gefühl geistig ist."

Am 18. März, 5 Uhr, erschien ihr auf wenige Minuten der Geist wieder, sie erschrak und verfiel in einen heftigen Halskrampf. Am 20., nachts 10 Uhr, entstand ein Klöpfeln vor mehreren Menschen im Zimmer, und der Geist erschien ihr wieder Sie sprach mit ihm in einem halb magnetischen Zustande; wachend wußte sie nichts, als daß er ihr erschienen. Ebenso erschien er ihr am 22., morgens 3 Uhr. Nachts gegen 7 Uhr tönte vor mehreren Anwesenden ein Klopfen im Zimmer, bald hier, bald dort, und der Geist erschien ihr. Sie erschrak und kam in halbwachen Zustand, in dem sie mit ihm sprach. Sie gab ihm auf, ihr bald das Haus zu sagen, das er bewohnt habe. Auch forderte sie von ihm, er solle einmal auch andern vernehmbarer klopfen, oder das von seinem Freunde verlangen. Wir hatten sie um dieses gebeten.

Am 23. März, nachts 1 Uhr, erwachte ich, und in demselben Moment (als wäre ich erweckt worden, um es vernehmen zu können) klopfte es siebenmal, wie in der Mitte meines Zimmers, in kleinen Pausen hintereinander. In der Hälfte des Klopfens erwachte auch meine Frau, erweckt durch dasselbe. Dieses Klopfen war abermals der Art, daß wir unmöglich eine gewöhnliche, natürliche Veranlassung desselben hätten auffinden können. Frau H. wohnte von unserm Hause dazumal mehrere Häuser entfernt.

Am 26. März, in der Nacht nach 2 Uhr, klopfte es wieder, nicht nur in dem Zimmer der Kranken, sondern auch in dem über dem Gang gelegenen Zimmer, und der Geist erschien ihr wieder. Er kniete vor ihr Bett und betete mit ihr.

Als am 28., nachts, der Geist wieder bei ihr zum Gebet erschienen war, fragte sie ihn nach Vollendung desselben: „Du hast mir gesagt, du seiest in einem Zwischenreich, was ist dieses?“ Er antwortete: „Es ist ein Ort, in dem hauptsächlich diejenigen Seelen sind, die bei ihrem Absterben nicht den Glauben haben konnten, daß ihnen Gott durch den Kreuzestod Christi ihre Sünden vergebe.“

Am 30. März schrieb Herr Pfarrer Herrmann von hier auf ein Blatt nachstehende Fragen und bat sie, diese Fragen an den Geist bei der nächsten Erscheinung zu richten. Sie waren folgende:

„Kennst du die Mutter unsers Herrn? Können ihre Fürbitten noch jetzt im Himmel verlangt werden, und sind sie kräftig? Steht sie mit ihrem Sohne in engerer Verbindung als jeder andre Geist?"

Nachts 12 Uhr erschien ihr der Geist. Er stand unweit ihres Bettes, als sie von der Wärterin noch Suppe verlangte. Sie aß ruhig ihre Suppe, und erst als sie dieselbe gegessen hatte, kam der Geist näher an ihr Bett.

Sie hielt ihm nun, ohne etwas zu sprechen, vor dem Gebet mit ihm, die Handschrift des Herrn H. vor, und er sprach ganz langsam, so langsam, sagte sie, daß sie geglaubt habe, sie könne das Ende nicht erwarten, folgendes:

„Ich kenne die Mutter unsers Herrn etwas besser als du. Für mich bitten kann sie, wie ein jeder selige Geist. Es besteht keine engere Verbindung zwischen ihr und unserm Erlöser – aber –" Sie sagte: „Er sprach nicht weiter, und als ich wissen wollte, was dies ‚Aber' bedeute, sagte er. „Es hat eine schöne Bedeutung und ist allen seligen Geistern höchst wichtig – mehr kann ich dir nicht sagen."

Am 3. April sagte sie im völlig schlafwachen Zustande: „Wo ist er jetzt? Was ist das für ein Reich, wo er sich immer aufhält? Warum wendet er sich zu mir, kann er sich nicht an selige Geister wenden? Viele dieser Geister tun es, wenden sich an selige Geister. Warum können es denn wieder andre nicht? Oh, diesen ist es schwerer als jenen, die sich an selige Geister wenden! Sie könnten, wenn sie wollten, sich auch unmittelbar an Gott wenden, aber sie können nicht, wie sie es auch hier nicht taten. Dort geht es ihnen noch schwerer als hier. Oh, wir haben doch nur einen Fürsprecher, den, der uns von unsern Sünden erlöset hat, warum kommen die unseligen Geister an selige Geister oder an Menschen? Oh, erst durch diese müssen sie ihren vollen Glauben erlangen, durch Worte der Belehrung und durch das Gebet, daß sie sich dann erst an ihren Erlöser wenden können."

„Wo soll ich diese Geisterwelt finden? Soll ich sie wissen, darf oder kann ich sie wissen? Möchte es nicht gut sein, dies zu wissen? – Warum winkst du mir? – (Ihre Führerin.) Niemand soll sich auf dies Reich verlassen, niemand seine Buße sparen bis auf diesen Tag. Ich möchte nicht in dieses Reich, ich möchte noch lieber hier sein. Sie fühlen ihre Sünden mehr als hier, sie plagen sich noch mehr als hier. Der Schlimmere plagt immer den Besseren, daß er nicht besser werden soll. Eine geistige Plage ist mir immer mehr als eine körperliche Plage, und daher meine ich, daß sie sich mehr plagen. Auch nicht alle Menschen kommen auf diese niedern Stufen dieses Reiches, viele sogleich in einen ganz seligen Ort, aber in welchen? Ich kann ihn nicht sehen, aber fühlen, wissen, durch einen seligen Geist kann ich das. Sie haben in diesem Zustand alles, was sie wollen, alles durch ihren Willen." Es fragte jemand: „Bäume? Blumen?" Sie sagte: „Nur wenige haben solche Wünsche, sie möchten wohl nicht an solchen Dingen eine Freude haben, die uns hier umgeben. Geister haben an höhern Dingen Freude; was uns so sehr erfreuen kann, freut sie nur wenig oder gar nicht." –

Am 6. April zog sie aus ihrer vorigen Wohnung in mein Haus. Am 7., abends, als sie ganz allein im Zimmer war, fand man sie, als man zu ihr eintrat, im halbwachen Zustand. Sie sagte, daß ihr zwei selige weibliche Gestalten, jene zwei Waisen, erschienen, daß sie jene Erscheinung angegriffen und dadurch schlafwach geworden sei; wach wisse sie nicht, wer die Erschienenen gewesen. Sie ließ sich wecken und erzählte dann: als sie allein im Zimmer gewesen, seien ihr auf einmal zwei weiße schwebende Frauengestalten erschienen; es seien leichte Gestalten gewesen, nicht so schwere Wolken wie jene Geister. Sie habe sie laut gefragt: warum sie erschienen, was sie von ihr wollen? Da hätten sie geantwortet: „Wir kommen zu dir aus

Freude und Dank gegen Gott." – „Sie sprachen", sagte sie, „beide miteinander zu gleicher Zeit, das Wort des einen war auch das Wort des andern, ihre Sprache war die der andern Geister, aber leichter, nicht so langsam und schwer." Von ihrer Bedeutung wußte sie wach nichts, und äußerte nur: wenn die Erscheinung ihren Tod bedeuten würde, so fürchte sie sich nicht, sondern freue sich darüber, und es sei ihr dabei wohl gewesen; aber angegriffen habe sie es dennoch, und sie sei hierauf eingeschlafen.

Ich fragte, ob es vielleicht jene Waisen waren; sie erwiderte, das könne sein, aber sie könnte nicht begreifen, warum diese erscheinen sollten.

Am 9. April kam der Geist, morgens 2 Uhr (heute das erstemal in meinem Hause) zu ihr und betete eine Stunde lang mit ihr. Vormittags um 10 Uhr erschien er wieder. Sie fragte ihn: warum er diesmal bei Tag komme. Er antwortete: „Ich komme heute dreimal, um das bevorstehende Fest mitfeiern zu können." Er meinte wohl den kommenden Karfreitag.

Ich fragte sie: ob sie den Geist bei Tag anders sehe als bei Nacht? Sie sagte: „Nein! Ich sehe ihn bei Tag ganz wie bei Nacht, wenn ein Licht da ist, ohne Licht wohl nicht." Immer brannte auch bei Nacht ein Licht. Gegen 1 Uhr, als sie allein im Zimmer war, kam der Geist zum zweitenmal. Er kniete vor ihr Bett und sie betete mit ihm. Nachdem er sie verlassen hatte, schrieb sie auf ein Blatt:

„Der Geist ist mir zum zweitenmal erschienen,
nun glaubt er fest und will nur Jesu dienen."

Um 4 Uhr kam der Geist zum drittenmal. Sie betete mit ihm und verfiel dann in völlig schlafwachen Zustand, in dem sie beständig in bezug auf das kommende Fest fortbetete.

Um 8 Uhr erschien er ihr zum viertenmal. Diese Erscheinung war ihr unerwartet, weil er ihr gesagt hatte, er komme heute dreimal, sie erschrak und verfiel dadurch in magnetischen Traum. Sie sprach in diesem leise, und als sie erwachte und ich sie um den Traum befragte, sagte sie: es sei ihr gewesen, als wolle den guten Geist der böse in seinem guten Vorsatze zurückhalten und sei ihr deswegen zum viertenmal erschienen.

Am 10. April, morgens 2 Uhr, erschien ihr der Geist wieder, und sie betete eine Stunde mit ihm. Um 10 Uhr morgens kam er, als sie allein war, zur offenen Türe herein bis einige Schritte vor ihr Bett, sah auf sie hin und ging dann wieder zur Türe hinaus. Ich fragte sie, ob er denn wie ein andrer Mensch gehe, doch sie sagte: sie höre ihn nicht auftreten, sehe aber, daß er gehe, doch sei er eigentlich nicht gegangen, ob sie gleich wie bei Menschen einen Fuß vor dem andern wechselnd vorausgehen sehe.

Sie fuhr fort: daß er ihr nun auch noch zwei andre Buchstaben aus seinem Namen, nämlich B und N neben dem schon gesagten L genannt und hinzugesetzt habe: daß er ihr in der Gestalt erscheine, die er gehabt, als er die Untat an jenen zwei Waisen verübt, und dies sei 1714 geschehen; er erscheine ihr als ein Mann von etlichen 50 Jahren.

Es hätte schon früher bemerkt werden sollen, daß Herr Pfarrer H. allhier, seitdem er der Kranken das von ihm geschriebene Blatt zum Vorhalten für den Geist gegeben, alle Nacht zu einer bestimmten Stunde, die meistens die war, in der der Geist von der Kranken schied, erwachen mußte, wo er dann an sich ein geistiges Andringen und Auffordern zum Gebet fühlte und durchaus zu beten gezwungen wurde. Zur gleichen Stunde vernahm er in seinem Zimmer ein Klopfen, bald wie an dem Boden, bald wie an dieser oder jener Wand; dies wurde auch von seiner Frau vernommen, obwohl sie zu einer Anschauung nie gelangen konnten.

In der Nacht vom 10. April, als der Seherin der Geist nachts 12 Uhr erschien und sie mit ihm gebetet hatte, hielt sie ihm ein Blättchen vor, auf das ich geschrieben hatte: er solle sich mir sichtbar machen. Auf dieses antwortete er: sie habe ihm dieses schon einmal zugemutet, aber es liege nicht in seiner Macht.

In der Nacht vom 13. kam er um halb 12 Uhr, kniete mit ihr zu beten vor ihr Bett, richtete sich aber, noch ehe es 12 Uhr schlug, um zu gehen, auf. Sie fragte ihn, warum er wieder gehen wolle, da er sonst eine volle Stunde bliebe, worauf er sagte: „Ich muß noch gehen, ehe die Stunde schlägt, in der das Fest beginnt, das ich nun mitfeiern kann, und an diesem Feste komme ich nicht."

Schon beinahe seit acht Tagen kam der Geist immer ohne vorausgegangenes Klopfen; auch sagte sie, daß seine Gestalt immer heller und die Wolke leichter werde.

Am Karfreitag, abends, als sie im halbmagnetischen Schlafe lag, ging auf einmal in unsrer Abwesenheit die Türe auf und wieder zu, ohne daß eine menschliche Hand sie berührte. Sie sagte darüber, als sie in ganz schlafwachen Zustand kam: „Wer machte, als ich zuvor halbmagnetisch schlief, die Türe auf und kam herein? Das war jener schwarze Geist. Ihm ist es heute gar nicht wohl. Nun weiß ich heute, in welchem Haus jener Weiße ist. Er ist in dem Hause, in welchem jener Nervengeist die Fragen geschrieben, die ich ihm hinhielt; aber man sage es diesem nicht. Er kommt alle Nacht zu ihm. Dieser Nervengeist hat im Sinne, nicht mehr in diesem Hause zu bleiben. Er betet doch fleißig für ihn, und ihm selbst auch gereicht es zum Heil." Unter jenem Nervengeist verstand sie den Herrn Pfarrer H.

In der Nacht vor 12 Uhr (am 13.) kam der Geist wieder, er kniete vor ihr Bett und betete mit ihr. Sie fragte ihn: wo er das Fest gefeiert, und er antwortete: „In dem Zwischenreiche mit andern, die da sind." Sie fragte ihn auch: warum er verlangt habe, daß sie mit ihm in jenes Haus gehen soll, das er im Leben bewohnt, und er sagte: „In diesem Hause wohnen zwei Waisen und diesen sollst du neun Dreikreuzerstücke geben."

Sie sagte mir: sie könne dieses sonderbare Verlangen des Geistes gar nicht begreifen, aber sie müsse es doch erfüllen. Ich entgegnete, daß in diesem Hause allerdings zwei Waisen seien, aber nicht so verarmt, daß sie neun Groschen annehmen würden. Sie sagte: sie müsse den Geist noch einmal darüber fragen, und setzte hinzu, daß ihr der Geist auch gesagt habe, das Haus sei das gleiche, in dem jener wohne, der jene Fragen aufgeschrieben.

Als sie im halbwachen Zustande war, fragte ich sie um die Bedeutung jener neun Groschen, und sie sagte: „Diese neun Groschen soll ich jenen zwei Waisen geben. Diese Zahl 9 hat Beziehung auf eine Zahl 9, um die jene andern zwei Waisen von ihm betrogen wurden. Im schlafwachen Zustande und wenn ich ihn heute noch selbst darüber befragt habe, kann ich dies deutlicher aussprechen."

Am 18. April, morgens halb 11 Uhr, als sie allein war, kam der Geist wieder zu ihr und bat sie noch einmal, die neun Groschen jenen zwei Waisen und zwar durchaus noch am heutigen Tage zu geben, daß es ihm ruhiger werde. Da ich nicht zu Hause war, so sagte sie meiner Frau das Verlangen des Geistes, diese aber meinte, es werde mit diesen Groschen keine solche Eile haben, man solle erwarten, bis ich zurückkomme, weil es doch am füglichsten sein werde, daß ich diese Groschen jenen Waisen mit irgendeiner Erklärung übergebe. Frau H. war damit auch zufrieden, und als ich in der Nacht zurückkam, war es, diese Groschen noch weiterzugeben, allerdings zu spät.

Abends 9 Uhr lag Frau H. in halbwachem Zustande. Bei ihr anwesend waren: ihr Gatte, ihre ältere Schwester, Herr Stipendiat Binder von Stuttgart, Herr Stipendiat Strauß von Ludwigsburg, meine Frau und ich. Meine Frau, die sehr ermüdet war, setzte sich bald auf das Bett der Schwester, das von dem der Frau H. die entgegengesetzte Richtung hatte, und schlief ein. Die andern sprachen gleichgültige Dinge untereinander, und ich heftete zufällig den Blick auf meine schlafende Frau, in deren Nähe niemand war. Auf einmal hörten wir alle, ganz nahe an meiner Frau, ein schauerliches, langes Stöhnen und meine Frau fuhr in diesem Momente erwacht vom Bette auf und behauptete, es habe ihr jemand ins Ohr gestöhnt, sie fühle noch in ihm den Hauch wie von einem Atemzug. (Dies Gefühl behielt sie noch nachher wochenlang.)

Fast im gleichen Moment erhob sich die schlafwache Frau H. mit geschlossenen Augen und deutete mit ausgestrecktem Arm und Finger geistermäßig gegen meine Frau hin und sprach: „Dort steht er! – Das war sein Stöhnen, weil man die neun Dreikreuzerstücke nicht abgab! Klopfen kann er jetzt nicht mehr. Ich sah, wie er sich über sie hinwegbog! – Das kannst du, das darfst du mir nicht tun! Hätte jenes Weib recht gesucht, so hätte sie die neun Groschen doch alle gefunden; ich kann nicht hinaus in das Gras, um sie zu holen. So muß ich sie selbst hergeben! Du kannst nicht zürnen über mich, ich bin nicht den Geistern untertan! Oh, ein frommer Geist spricht nicht, wie du sprichst! Wie kann dir der einzige Tag so viel zu schaffen machen? Komme du, wenn ich wach bin, rede du dann so viel du willst. Ich gehe und ich sage dir, lasse mich ruhen!"

Hierauf wurde sie hellschlafwach und sprach: „Liegt denn die Schuld an mir? Darum bin ich ein Mensch, wenn ich wache. Nun darf ich jenen erst in sieben Tagen diese Groschen geben; aber er ist nun sieben Tage noch länger unruhig. Am heutigen Tage tat er jenes Unrecht an jenen Waisen. Er drohte mir mit dem Schwarzen. Von diesem will ich nichts hören, nichts wissen; ich gebe mich nicht mit ihm ab, ich habe meine Pflicht. – Dieses schwache Weib, warum hat sie diese Groschen nicht vollends genommen? – Diese Summe war groß. Er sagte, ich solle zurückrechnen, ich solle einen Groschen einen Taler gelten lassen, bis auf dieses Jahr zurückrechnen, in einem Jahr so viel wegnehmen, dann seien es jetzt noch neun Groschen. Unrechtes Gut tut nicht gut. – Ich finde von ihm nicht viel Schriftliches, aber von dem Schwarzen; sein Name ist aber unter diesem zu finden, einzeln steht sein Name oft."

Nachdem sie sich selbst durch Gegenstriche erweckt hatte, erzählte sie von ihrem magnetischen Traum, d. h. dem Zustand vor dem hellen Schlafwachen – denn wir hatten ihr gesagt, sie habe etwas gesprochen und also wahrscheinlich geträumt. – „Ja, es hat mir der weiße Geist mit dem schwarzen gedroht. Es träumte mir, der Geist sei ganz böse gekommen und habe gesagt, er könne nicht reden, weil so viele Leute da seien." Dann sagte ich: „So lasse dich nur hören!" und er stöhnte. Er legte sich über Sie (sagte sie zu meiner Frau gerichtet) und stöhnte Ihnen ins Ohr." Wir sagten, daß wir alle den Seufzer gehört. Sie erwiderte: „Das wäre mir arg; dann wäre es also mehr als ein Traum? Sie müsse nun dieser Sache immer nachdenken. Solange sie nun wache, müsse sie immer denken: Selig sind, die nicht sehen und doch glauben."

Sie wurde hierauf wieder halbwach und sagte zu meiner Frau: „Zu dir sagte ich, daß ich die Groschen noch heute den Waisen geben müsse, der Geist verlange es durchaus. Es ward auch dir ans Herz gelegt, es geschah nicht, und daher seufzte der Geist über dich hinein.

Ich will von ihm, daß er endlich bewerkstelligen soll, daß sein Freund, der Schwarze, sich irgendeinem im Hause, der ihn zu sehen fähig ist, sichtbar mache. Aber ich sage noch einmal: Selig sind die, die nicht sehen und doch glauben."

Wir kehrten in das obere Zimmer zurück, und weil wir sehr müde waren, die anwesenden Freunde außer dem Hause und unsre Kinder schon längst schliefen, so gingen wir, ohne des Vorfalls auch nur mit einer Silbe noch gegeneinander zu erwähnen, zu Bette, und schliefen auch sogleich ein. Ein fünfjähriges Kind lag bei uns im gleichen Zimmer. Nachts 12 Uhr, als wir beide fest schliefen, fuhr dieses Kind auf einmal mit einem Angstschrei auf, sprang aus seinem in der Mutter Bett und schrie: „Wache! Wache! Ein schwarzer Mann will mich küssen oder beißen!" Es drückte sich krampfhaft und in Verzweiflung schreiend an die Mutter, die nun erwachte und das Kind tröstete, aber selbst nichts sah, wie auch ich, als ich später erwachte, nichts sah. Schon früher wurde angeführt, daß der schwarze Geist das Kind jener Nachtwächtersfrau auch öfters aus dem Bette nehmen und wie küssen wollte.

Der Ausdruck des Kindes: daß der Geist es küssen oder beißen wolle, kommt mit der Beschreibung, die Frau H. noch später von seinem Aussehen machte, sehr überein, nämlich: daß er ihr mehrmals als ein schwarzer Kopf, mit sehr hervorstehenden Zähnen und Zahnlücken, sichtbar gewesen sei.

In derselben Nacht, gegen 2 Uhr, erwachte Frau H., da tat es auf einmal einen Seufzer vor ihr, und antwortete auf ihre Frage, warum er seufze: „Weil gestern die neun Dreikreuzerstücke nicht an den bestimmten Ort abgegeben wurden und ich nun sieben Tage lang unruhiger sein muß. Könntest du hinaus, so würdest du die neun Groschen finden, wie jene Frau welche gefunden hat, und du findest sie seiner Zeit doch noch."

Sie fragte: „Wie ist denn dies zu verstehen, daß mit diesen neun Groschen auch die von dir angegebene große Schuld abgetragen werden könne?" Er antwortete: „Nehme dieser Groschen jeden als einen Taler an, rechne vorwärts und rückwärts bis auf 1714, den Zins jedes Jahr rückwärts zu und vorwärts ab, dann hast du die große und auch die kleine Summe."

Am 19. April, abends 4 Uhr, als sie wach im Bette und ich mit Schreiben nicht weit von ihr an einem Tische beschäftigt, auch sonst niemand im Zimmer war, fing es hinter mir auf meiner Kommode, auf der gar nichts Schriftliches lag, wie mit Blättern zu knistern und dann wie zu krachen und zu werfen an. Ich sah mich schnell um, untersuchte die Kommode, die von der im Bette liegenden Frau H. weit entfernt war – fand aber nicht das Allermindeste, was mir diese Töne hätte erklären können. Als sie später halbwach wurde, fragte ich um die Ursache dieser Töne, aber sie sagte: „Jetzt darf ich, jetzt kann ich nicht davon reden."

Am 20., morgens 10 Uhr, wo ich bei ihr allein im Zimmer war (sie lag immer im Bette), fing dasselbe Knistern, Rauschen wie mit Papier, und Krachen, wie gestern auf der Kommode, so jetzt auf dem Tisch an. Als sie später wieder halbwach wurde, erneuerte ich meine Frage, sie sagte jedoch abermals: sie dürfe und könne jetzt noch nicht davon reden.

Um 3 Uhr nachmittags kam der Geist wieder, und sie fragte ihn: warum er jetzt zur ungewöhnlichen Stunde komme? Er antwortete: „Weil der, den du den Schwarzen nennst, mir keine Ruhe läßt, er sucht Ruhe bei mir." Um 12 Uhr nachts kam der Geist wieder zu ihr zum Gebete.

Am 21., morgens 9 Uhr, warf es zum offenen Fenster ihres Zimmers (sie war allein und im Bette) mit Kies herein. Der Kies fuhr im Zimmer umher und wurde von mir noch auf dem Boden des Zimmers gesehen. Es war von dem Kiese, der vor dem Hause lag, und außen kein Mensch, der es hätte tun können, bemerkt worden. Eine Viertelstunde später, als ihre Schwester sich bei ihr im Zimmer befand, krachte und rauschte es wieder, wie früher in meiner Gegenwart, auf der Kommode, und gab zugleich Töne, als würfe man; es wurde aber diesmal kein Kies noch sonst etwas auf dem Boden des Zimmers bemerkt. Bei diesem Werfen erinnerte ich mich, daß die Nachtwächtersfrau gleichfalls angab, es habe einmal nach ihrem Manne vom Ofen her mit Speis geworfen. Eine halbe Stunde später, als sie allein im Zimmer lag, wurde ein sechs Schritte von ihr vor dem Schreibtisch stehender Sessel auf einmal vom Boden bis an die Decke des hohen Zimmers in der freien Luft erhoben und kam dann langsam und still wieder hernieder. Danach erschrak sie sehr und wurde halbwach. Um 12 Uhr, im Beisein ihrer Schwester, warf es wieder durch das offene Fenster mit Kies, abermals jedoch wurde kein Mensch außen bemerkt, von dem es hätte geschehen können. Der Kies ward von mir noch im Zimmer gefunden; es waren, wie das vorige Mal, nur wenige Stückchen. An diesem Abend, 7 Uhr, als in dem ganzen Hause kein Mensch, Frau H. mit unserm Dienstmädchen im untern Stock, wir aber in dem Garten nächst dem Hause waren, hörten sie und das Dienstmädchen in dem obern Zimmer ein Laufen, und riefen mir. Ich sprang sogleich hinauf, sah nichts, aber hörte, wo ich nur ging, ein Traben hinter mir her durch alle Zimmer und wieder zurück bis an die Treppe. Auch dieser Vorfall war unbegreiflich und durch nichts zu erklären.

Als sie an diesem Abend völlig halbschlafwach war, fragte ich sie: „Was ist es mit dem Werfen, dem Sessel, dem Traben?“ Sie seufzte tief und sagte dann: „Das tut alles der Schwarze. Ich will ihn nicht, ich spreche auch nicht mit ihm.“ Ich bat sie sehr, ihn zu mir zu senden. Sie erwiderte: „Das steht nicht in meiner Macht, zu dem Weißen sagte ich es aber. Will es der Herr haben, so wird es geschehen, wo nicht, geschieht es nicht. Sich hören lassen wird er wohl noch.“

In der Nacht, 11 Uhr, als ich und meine Frau im gleichen Zimmer im obern Stock schliefen, wurden wir durch ein sanftes Klopfen, das an die Fenster unsres Schlafzimmers geschah, und zwar an die Fenster der zwei verschiedenen Seiten des Hauses zugleich, erweckt. Dies Klopfen war auch wieder ganz eigener Art, einer sanften und doch wieder sehr hörbaren Berührung ähnlich. Ich sah sogleich nach, bemerkte aber weder von außen noch von innen etwas, wodurch es hätte hervorgebracht werden können; und da es an zwei verschiedenen Seiten des Hauses zugleich geschah, so konnte es in jedem Falle nicht nur durch eine Hand geschehen.

Am 22., morgens, warf es wieder zum offenen Fenster herein in das Zimmer der Frau H.; und abends, als unser Dienstmädchen unter dem Hause stand, warf es nach demselben leicht wie mit feinem Kies. Sie konnte rings keinen Menschen erblicken, von dem es hätte geschehen können; überdies steht mein Haus ganz im Freien, fern von allen andern.

Am Nachmittage dieses Tages war Frau H. allein in meinen Hof gegangen, kam aber sogleich wieder zurück und wurde halbwach. Hier sagte sie: sie habe ein großes Tier, fast so groß wie ein Hund, gesehen, aber mit langer Schnauze und großen rollenden Augen, es sei vor sie hingestanden, und es ihr dann gewesen, als wolle es auf sie zufahren. Sie habe zu ihm gesagt: „Gehe in das Reich, wohin du gehörst! Alle guten Geister loben Gott den Herrn!" worauf es auf einmal verschwunden. Die gleiche Erzählung machte sie auch wach.

Eine Stunde nachher, als sie allein im Zimmer war, kam wieder ein Tier zu ihr, fast in Gestalt eines Bären, mit fürchterlichen Augen, und sah sie starr an. Sie rief:

„Ihr Höllengeister, packet euch,
Ihr habt hier nichts zu schaffen,
Dies Haus gehört in Jesu Reich."

Auf dies verschwand die Gestalt. Sie wurde durch den Schrecken halbwach, verlangte fünf magnetische Striche, worauf sie ganz somnambul wurde und folgendes sprach:

„Da kann ich doch sehen, wie schwarz seine Seele ist, da er sich immer in solchen Bildern darstellt. Wie könnt' ich das ertragen? Aber doch muß ich es heute sehen. Warum? Weil er sich heute an diesen nicht wenden kann, welcher beinahe selig ist. (Wahrscheinlich weil es Sonntag war.) Ich sehe ihn, bis dieser andre zu mir kommt, bis ich diesem auftrage, was er diesem schwarzen Ungeheuer sagen soll. Es ist kein Bild, das ich mir vorstelle, das soll man ja nicht glauben, und würde ich es halbwegs ertragen können, so würde ich es im wachen Zustande gar nicht sagen, weil man solche Bilder vielleicht wegstreiten kann. Ich fürchte mich nicht, er kann mir nicht schaden, insofern als ich schwach bin. In dieser Gestalt sehe ich ihn nicht mehr, irgendeine andre macht er."

Am 22. April, nachts 12 Uhr, kam der weiße Geist wieder zu ihr: Sie fragte ihn: warum sich der Schwarze so oft sehen lasse, und er sagte: „Weil er bei dir Ruhe finden will." Sie erklärte ihm abermals, daß sie sich eines solchen nicht annehmen könne. Sie betete wieder eine Stunde lang mit dem weißen Geiste, der jedesmal vor ihrem Bette mit zusammengelegten Händen kniete. Die ganze Nacht hörte man in ihrem Zimmer ein Rauschen, wie mit Papier, und ein Gehen, jedoch konnte man abermals nicht erforschen, woher diese Töne kamen.

Als wir am 23. April, nachts 8 Uhr, bei Licht am Abendessen saßen, schwebte fast am Fenster des obern Stocks, vor dem unser Tisch stand, eine Gestalt wie eine weiße Wolke, von allen gesehen, vorüber, und dabei hörte man am Fenster die gleichen Töne, wie in jener Nacht, nur sanfter tönend, und noch heller klingend. In der Nacht 11 Uhr, als wir schon alle zu Bette lagen, sprang die Schwester voll Bestürzung zu uns in den obern Stock, mit den Worten: sie hätte am Fenster ein Rasseln wie von Ketten gehört, und ihren Blick dahin gewendet, worauf sie beide zweimal hintereinander eine schwarze verzerrte Menschenfratze erblickt, die zweimal nacheinander zum Fenster hereingeschaut habe und dann verschwunden sei; die Erscheinung könne unmöglich Täuschung sein, sie hätten sie beide zugleich zu klar gesehen. Ich untersuchte sogleich vor dem Hause und um das Haus alles, konnte aber ringsum nichts erblicken, und schloß nun die Fensterläden im Zimmer der Frau H.

In der Nacht, 12 Uhr, kam der weiße Geist wie gewöhnlich zu ihr zum Gebet. Ich fragte sie am andern Morgen, ob sie ihm nichts vom Schwarzen gesagt, sie erwiderte aber, wie schon öfters, sie wolle von diesem durchaus nichts, und berühre ihn auch deswegen nie mit einer Silbe, aus Furcht, er nähere sich ihr dann mehr.

Im schlafwachen Zustand am 24., abends, sagte sie, daß der Schwarze in jenem Hause (wo sie früher den Gang usw. beschrieben), wo er hie und da gehört werde, viele Schändlichkeiten begangen, ob er aber da wirklich gewohnt, wisse sie nicht, sie wolle weder schlafend noch wachend über ihn nachdenken. Es griff sie auch immer sehr an, von ihm zu reden.

Am 25., morgens 9 Uhr, warf es vor mir und der Schwester, aber nicht durch das Fenster, sondern aus einer Ecke mit kleinen Stückchen Speis in die Mitte des Zimmers. Abermals gab die genaueste Untersuchung keine natürliche Ursache davon zu erkennen.

Meine Frau sah in diesem Moment zufällig oben zum Fenster hinaus, ohne jedoch einen Menschen zu bemerken; wie es denn zur Türe herein auch nicht hätte geschehen können, da diese nicht offen war.

Eine Stunde nachher (die sieben Tage waren nun verflossen) erschien der weiße Geist wieder und sagte: sie solle die neun Dreikreuzerstücke heute gewiß an die zwei Waisen abgeben lassen. Ich übergab nun diese Groschen selbst den betreffenden Personen. Sie zogen, was mir unbekannt war, gerade an diesem Tage aus dem alten großen Hause, das ihr Eigentum war, und in dem ihre beiden Eltern über 80 Jahre alt wurden. Ich fand sie in sehr trauriger Stimmung. Nachdem ich ihnen einige Erklärung gegeben, erzählten sie mir: daß sowohl sie als ihre Eltern öfters in diesem Hause die Erscheinung einer weißen Wolke gehabt, die sich auf kurze Augenblicke vor ihre Augen gestellt, auch sei ihnen oft eine Erscheinung vorgekommen, die wie ein schnell vorüberfahrender Lichtstrahl gewesen, oft hätten sie nächtlich ein Klopfen, Seufzen, Stöhnen und Husten gehört, das nie natürlich zu erklären gewesen; aber nie sei ihnen etwas Widriges geschehen. Ihr Vater habe immer die Behauptung gehabt, es sei ein Geist in ihrem Hause, aber kein böser.

Heute nacht, 12 Uhr, erschien der Frau H. der Geist wieder. Er hatte nun (so sah sie ihn) nicht mehr das menschliche Gewand an, sondern erschien ihr wie eine lichte Wolke, in der ihr aber seine Gestalt noch kenntlich war. Da bei ihr noch einige Menschen wach waren, so entfernte er sich sogleich wieder, ohne zu sprechen.

Am 26. April kam der Geist dreimal bei Tage zu ihr, aber immer wenn sie allein war, und nur auf kurze Zeit. Das erstemal sagte er: „Es freut mich, daß diese die neun Groschen haben, die sie entweder zu einem ganz guten Zweck anwenden oder liegen lassen sollen. Diese neun Groschen wirst du wieder finden.“ Als er dies gesagt hatte, verschwand er. Bei seiner zweiten Erscheinung sagte er: „Belon hieß ich und jetzt heiße ich Jamna. Bellon schrieb ich mich, aber Belon war mein eigentlicher Name." Als er das drittemal kam, fragte sie ihn: warum er kein irdisches Kleid mehr anhabe? Er antwortete: „Weil meine Seele jetzt reiner ist, ich mich jetzt nur an meinen Erlöser wenden kann, und an das Irdische nicht mehr denke." Nachts 12 Uhr kam der Geist wieder und betete mit ihr.

Da ich nun den Namen des Geistes wußte, so fragte ich hier nach, aber niemand war dieser Name bekannt. Endlich gab mir der Herr Stadtschultheiß Pfaff, nachdem er nachgesucht, die Auskunft, daß im Jahre 1700 hier ein Bürgermeister und Waisenrichter dieses Namens gelebt, der im Jahre 1740 gestorben sein müsse, da unter diesem Jahre seine Vermögensteilung vorkomme. In dem Sterberegister vom Jahre 1740 fand ich ihn nun wirklich, und die Bemerkung, daß er 79 Jahre alt geworden. Auch ein Aktenstück fand ich auf, das die Klage eines Mannes dessen Familie schon längst ausgestorben ist, gegen diesen B. enthielt. Es sind Tatsachen über Habsucht und Verfolgungsgeist und beweist zugleich, daß er in jenem von ihm benannten Hause gewohnt.

Am 27. April, morgens, lief aus einer Ecke des Zimmers, aus der gemeiniglich das Werfen usw. geschah, ein Untier wie ein ungeheurer Skorpion, gegen Frau H. Als sie es sah, rief sie: „Dazu ist erschienen der Sohn Gottes, daß er die Werke des Teufels zerstöre!" und die Erscheinung verschwand. Nachts 9 Uhr, als ich in ihrem Zimmer schrieb und sie schlief, warf es wieder von der Ecke des Zimmers her wie mit Sand. Ich sah mich sogleich um und untersuchte alles genau, fand aber weder Sand noch Speis. Ich rief meinen Leuten, und als ich in das Zimmer zurückkehrte, war sie halbwach und sagte: „Wärest du ruhig sitzen geblieben und hättest niemand gerufen, so hättest du wohl noch mehr gehört."

Am 29. April, sonntags, entstanden morgens 11 Uhr im Zimmer wieder Töne, als würfe man, und dann fing es durch dessen ganze Länge wie mit Papier zu rauschen an. Die Kranke machte die Bemerkung, daß selbst der ihr früher in Oberstenfeld erschienene zweite Geist, der doch auch böser gewesen sei, dennoch an einem Sonntag nie etwas von sich kundgegeben habe. Nachmittags 1 Uhr erschien ihr der weiße Geist, indem er gegen sie hindeutete und sagte: sie solle sich gefaßt halten, damit sie nicht wie vor 7 Tagen in Schrecken gerate. Es war dies auch am Sonntag, wo der schwarze Geist sich ihr in verschiedenen furchtbaren Gestalten kundgab. Sie erhielt hierauf einen heftigen Krampf, der besonders den Arm und die Seite betraf, auf die der Geist mit seinen Fingern gedeutet hatte. Eine Stunde nachher ging aus der bekannten Ecke des Zimmers eine feurige Kugel hervor, nahte sich ihr und ging dann wieder in die Wand zurück. Nicht lange darauf fing es wieder vor mehreren Personen zu tönen an, als würfe es aus jener Ecke mit Sand oder Speis: man bemerkte aber nichts der Art. Sie sagte: sie sehe, sooft es geworfen, in jener Ecke des Zimmers eine dicke schwarze Wolke in der Größe eines Menschen. In der Nacht gegen 12 Uhr geschah dasselbe mehrmals und einmal sogar auf den Kopf der Frau H.; es wurde aber weder auf dem Boden noch sonst wo irgend etwas bemerkt, womit geworfen worden wäre.

Um 12 Uhr kam der Geist wieder zu ihr, und sie betete eine Stunde lang mit ihm.

Am 30., morgens, warf es wieder wie mit zarten Sandsteinchen von der Wand her, und dies wiederholte sich an diesem Tage noch einigemal.

Auf Verlangen eines Freundes hielt Frau H. in der Nacht vom 30. dem Geist ein Blatt hin, auf das folgendes geschrieben war:

„Bist du ein guter Geist, so sage mir, wie man hier leben muß, um nicht in das Mittelreich zu kommen?"

Auf dieses hauchte er zu ihr hin: „Ja! Durch meinen Mittler und Erlöser bin ich jetzt ein guter und werde ein seliger Geist.

Wer die höchste Seligkeit nach dem Hinscheiden erlangen will, der soll sich nur rein an das Evangelium und die Lehre Jesu halten."

Weiter fragte sie ihn: „Beunruhigst du oder jener, den ich den Schwarzen nenne, den Menschen, der in dem Hause wohnt, wo du gelebt?" Er antwortete: „Ich nicht, aber der, welcher mein Freund war." Darauf fragte sie: „Sucht er Hilfe bei ihm, glaubt er, ruhig bei ihm werden zu können?" Er antwortete: „Nein! Er sucht Hilfe bei mir, er sucht mich aber nirgends als da, und so kann man ihn öfters in diesem Hause hören: auch ist es ihm leichter, wenn die Menschen Anteil nehmen."

Diese Frage stellte sie deswegen an den Geist, weil Herr Pfarrer H. noch immer die oben angegebenen Beunruhigungen erlitt, namentlich in der Nacht zu einer gewissen Stunde erweckt wurde, dann ein Klopfen, oft ein Seufzen und Stöhnen vernahm, und darauf ein geistiges Sich-ihm-Annähern fühlte.

Am 2. Mai, 3 Uhr nachmittags, als sie allein war, erschien auf einmal sechs Schritte vor ihrem Bette eine Gestalt wie eine schwarze Wolkensäule. Von der ging eine Stimme, die sprach: „Suche in dem geistlichen Hause nach, da ist noch ein Betrug von mir verborgen!" Nach einer halben Stunde kam die gleiche Erscheinung mit gleicher Aufforderung wieder. Beidemal verfiel Frau H. in die schauerlichsten Krämpfe und wußte kein Wort zu entgegnen.

In der Mitternacht kam der weiße Geist wieder. Sie fragte ihn: was der schwarze Geist mit jenen Worten gewollt, und er sagte: sie beziehen sich auf einen Betrug desselben; es ist aber nur so ein Gedanke von ihm, daß das Nachsuchen nach demselben ihn ruhiger machen könne. „Lasse nicht nachsuchen, sonst nähert er sich dir mehr." Nachts 10 Uhr, am 3., warf es wieder auf den Tisch. Nachts 12 Uhr, als sie und ihre Schwester im Bett lagen, letztere fest schlafend, kam der weiße Geist auf einmal und sagte zu ihr: „Lasse augenblicklich jemand wecken! Der schwarze Geist kommt vier Nächte. In diesen steht er eine

Stunde lang vor deiner Schwester Bett und sieht über sie hinein, was ihr großen Schaden, ja den Tod bringen könnte, da sie ihn sehen würde; liegt aber noch jemand bei ihr, so hat er keinen Einfluß auf sie." Hiermit verschwand er wieder. Frau H. setzte sich nun still im Bette auf und wartete ruhig, was nun geschehen werde. Als sie so eine Viertelstunde ganz ruhig und still gewartet hatte, sah sie den schwarzen Geist abermals wie eine schwarze Säule vor dem Bette ihrer Schwester stehen und sich über dieselbe hineinbiegen. Als die Säule ungefähr zwei Minuten lang so gestanden war, fuhr die Schwester auf einmal auf und schrie: „Ach Gott, wie ist es mir! Mir ist todesübel! Wie klopft mein Herz!" Sie fing zu zittern und nach Luft zu schnappen an. Frau H. erwähnte der Erscheinung, die sie vor ihrem Bette sah, durchaus nicht, sondern sagte nur: sie habe ihr schon früher zurufen wollen, sie solle aufstehen und jemand wecken. Darauf sagte die Schwester (die Säule stand immer noch da): sie könne um jeden Preis nicht heraus. Frau H. sagte: sie müsse durchaus aufstehen, und wenn sie nicht aufstehe, so stehe sie selbst auf, und komme sie nur bis an die Treppe. Während sie aber so miteinander stritten, sah Frau H. die Säule weggehen und im nämlichen Moment sagte nun die Schwester: jetzt könne sie heraus und tat dies auch, um uns zu wecken. Sie kam zu uns und sagte: ihre Schwester wolle durchaus haben, daß noch jemand ins Zimmer solle, sie wisse nicht wozu und warum. Von der Erscheinung wußte sie, und somit auch wir, nicht eine Silbe. Wir sandten sogleich unser Dienstmädchen hinab, das sich zur Schwester legte. Eine Stunde nachher hörte man in unsrer Küche Töne, als würden alle Zinnteller untereinander geworfen, auch war es im ganzen Hause unruhig, und man hörte bald von da, bald von dort aus einen unerklärlichen Schlag.

Dies und namentlich diese Töne in der Küche wurden von allen, die im Hause waren, und zwar von denen im untern Stock, von uns im mittlern und von zwei Personen auf dem Boden gehört. Ich eilte sogleich in die Küche, stellte Unter=

suchungen an, aber fand nichts. Auch die Teller standen in aller Ordnung.

Erst am andern Tage, morgens, erzählte uns Frau H. von jener Erscheinung und erklärte uns, warum sie in dieser Nacht eine Person zu ihrer Schwester begehrt.

Die Schwester, die auch die Ursache jetzt erst erfuhr, bestätigte ihr banges Erwachen, ihren beängstigenden Zustand in dieser Nacht, und wie es ihr unmöglich gewesen sei, aus dem Bette zu kommen; sie habe an keinen Geist gedacht und auch keinen gesehen. Den ganzen Tag klagte sie über große Schmerzen auf einer Seite des Körpers. Es war die Seite, neben der die Erscheinung in jener Nacht stand.

An diesem Morgen und gegen Mittag warf es wieder, von mehreren Menschen gehört, wie von der Wand her ins Zimmer. Am Abend, nachdem der Frau H. die schwarze Säule wieder erschienen war, klatschte es in meiner Gegenwart zweimal so heftig, wie auf die im Zimmer stehende Kommode, daß nicht nur ich auffuhr, sondern auch die Leute im obern Stock, welche die Frau allein vermeinten, heruntersprangen, um nach der Ursache jener Töne zu fragen. Außer mir und ihr war diesmal kein Mensch im Zimmer, und die Kommode von uns beiden (sie lag im Bette) sechs Schritte entfernt. Sie hatte nur das erste Klatschen vernommen, beim zweiten war sie in Krämpfe verfallen.

Nachts 10 Uhr, als ich und meine Frau bei ihr waren, tönte es im Zimmer wieder, als würfe man von der Wand her. Da die Schwester schon im Bett und ich und meine Frau noch wach waren, erhob sich Frau H. im somnambulen Zustande mit geschlossenen Augen, zog ihre Strümpfe, Halstuch und Rock an, und legte sich mit dem Kopf in den Teil des Bettes, der an die Füße ihrer Schwester stieß, während sie ihre Hand sehr mühsam ausstreckte, um damit die Hand ihrer Schwester zu erreichen, die sie festhielt; dabei weinte sie heftig. Nach einiger Zeit erwachte sie und erschrak, sich in dieser Lage zu finden. Sie legte sich wieder wie gewöhnlich ins Bett und schlief bald ein. Es ward ausgemacht, zum Schutze der Schwester abermals unser Dienstmädchen bei derselben liegen zu lassen, aber als dieses es tun sollte, war es durchaus nicht dazu zu bringen. Da es schon gegen 12 Uhr ging, und die Schwester auch ohne Furcht zu sein schien, so verließen wir das Zimmer.

„Um 1 Uhr (so erzählte mir morgens Frau H.) erschien der weiße Geist und machte mir Vorwürfe, daß ich gegen seine Warnung meine Schwester allein gelassen; ich müsse mich nun selbst neben das Bett meiner Schwester setzen. Ich wachte nun noch kurze Zeit, schlief aber dann ein. Um 3 Uhr erwachte ich wieder und verwunderte mich sehr, denn ich saß mit meinem Leintuch umwickelt auf dem Bette meiner Schwester und hatte meinen Arm schützend über ihren Leib ausgebreitet. Sie schlief fest und ruhig. Vor mir kniete der weiße Geist, mich tröstend, und im Hintergrunde stand der schwarze als dunkle Wolkensäule. Sobald ich ihn erblickte, sprach ich zum Weißen: ‚Ist Gott für uns, wer mag wieder uns sein!' Der weiße Geist tröstete mich immer und sagte auch: ‚Siehe! Wer sich auf Menschenhilfe verläßt, der ist verlassen!' Die schwarze Säule stand noch lange, endlich verschwand sie. Dann stand ich auf und ging in mein Bette, der weiße Geist erhob sich auch und ging neben mir her, ich konnte nur wanken, und er verließ mich erst, als mein Gemüt wieder ruhig war."

Um sich vor dem schwarzen Geist zu sichern, schlief die Schwester in der nächsten Nacht außer dem Hause bei einer unsrer Freundinnen, und zur Kranken wurde eine andre weibliche Person ins Zimmer gelegt. Der schwarze Geist erschien nun auch in dieser Nacht nicht, aber der Weiße kam Schlag 12 Uhr und betete mit ihr.

Am andern Tage, abends 4 Uhr, entstand, während meine Frau im Keller war, auf einmal das heftige Klopfen an den Fässern und Geschirren, als würde alles zusammengeschlagen. Sie rief mich; wir durchsuchten alles, aber fanden nichts. Sobald wir suchten, war das Klopfen stille.

In der nächsten Nacht legte sich noch ein andres Mädchen zur Schwester, um diese vor dem Geiste zu sichern. Nach dem Zeugnis beider Mädchen und der Kranken warf es in dieser Nacht wieder aufs heftigste im Zimmer. Die Fensterladen und die Türe waren verschlossen.

Schlag 12 Uhr war der weiße Geist wieder bei der Kranken erschienen, was er aber gesprochen, wollte sie am andern Morgen durchaus nicht sagen.

Als sie am 8. Mai, abends 4 Uhr, mit meiner Tochter allein im Zimmer war, erschien ihr der schwarze Geist auf einmal wieder in Gestalt eines Skorpions, und sie verfiel in einen heftigen Krampf.

Die Ursache des Krampfes wollte sie anfänglich durchaus nicht sagen, nur auf langes Zureden von mir tat sie es. Sie sagte: „Ich mag von diesen Erscheinungen gar nichts mehr sagen, und wäre nicht jemand zugegen gewesen, als ich den Krampf erhalten, so hätte ich es verborgen."

Nachts 1 Uhr kam der weiße Geist wieder und sagte: daß er zwei Nächte lang nicht mehr kommen werde, weil er jetzt in einem bessern Zustande sei, und es ihm nun schwerfalle, sich ihr fühlbar und sichtbar zu machen. Sie setzte hinzu: er erscheine ihr immer lichter, daß sie ihn fast nicht mehr ansehen könne. Sie habe ihn vieles gefragt, aber sie könne und dürfe nichts sagen. Sie sagte nur, er habe ihr vertraut, daß es acht Seligkeiten gebe.

Am 10. März, abends, erschien ihr wieder der schwarze Geist als dunkle Säule. Sobald sie ihn sah, verfiel sie in Krämpfe, aber im nämlichen Momente tat es vor mir und der Schwester, in wieder entgegengesetzter Ecke des Zimmers, drei mächtige Schläge, die sie selbst nicht mehr hörte, da sie schon in Krämpfen lag.

Am 11. März kam der weiße Geist zweimal zu ihr und drang in sie, mir zu eröffnen, was er gesagt. Sie versicherte mir aber, sie werde es nur tun, wenn er ihr keine Ruhe lasse.

Bei einem spätern Erscheinen fragte Frau H. den Geist auf meine Veranlassung, ob er nicht sagen könne, wie man magnetisieren soll? Darauf erwiderte er: „Deine Führerin, die ein ganz seliger Geist ist, kann dir dies am besten sagen, frage sie nur!" Sie erwiderte: „Ich kann mit meiner Führerin, die ich nicht sehe und höre, ja nicht sprechen." Hierauf sagte der Geist: „Sage es nur jemand, dann wirst du es schon erfahren." Dieses letztere verstand weder ich noch sie. Sie sann darüber nach, wurde dadurch halbwach und sprach:

„Ich soll es jemand sagen,
Damit man mich im Schlaf kann fragen,
Weil meine Führerin da mit mir spricht.
Verstehst du's immer nicht?"

Weil sie nämlich den Geist nur im wachen Zustande spricht, so wußte sie in diesem nichts von einer Führerin, mit der sie sprechen könne, und daß sie es nur jemand sagen dürfe, der sie alsdann im Schlaf darüber frage, weil ihre Führerin ihr nur völlig im schlafwachen Zustande erscheint.

Am 11., um Mitternacht, kam der weiße Geist wieder und sagte ihr: sie müsse mir mitteilen, was er ihr gesagt. Sie war morgens darüber in großem Jammer: sie könne es nicht tun. Schon früher äußerte sie im halbwachen Zustande, ihre Führerin wolle nicht haben, daß sie die Rede des Geistes aussage. Am andern Tag kam der Geist dreimal und mahnte sie an, mir aufzuschreiben, was er gesagt, sie tat es aber nur zum Teil. Sie schrieb – – –

Am 13., nachts 12 Uhr, kam der Geist wieder und verlangte von ihr, sie solle mir alles sagen, was er gesagt. Er machte ihr wieder gewisse Eröffnungen, die sie ebenso geheimhielt. Im magnetischen Schlafe bat ich sie, mir das vollständig zu sagen, was der Geist gesagt, aber sie versicherte: „Meine Führerin will nicht haben, daß ich es sage. Ich fragte sie darum; der Geist mag sagen, was er will, ich sage es nicht. Er hat allerdings recht, er spricht die Wahrheit, aber sagen darf ich es nicht. Es ist ein Glück für mich, daß ich es auch im wachen Zustande trotz dem Willen des Geistes zurückhalten kann." In einem spätern Halbschlafe sagte sie: „Dieser Geist plagt mich immer, ich soll es sagen. Meine Führerin beschütze mich! – So gib mir auch die Kraft, daß ich es nicht sage, wenn es nicht gut ist. – Warum hast du es nicht in mir zurückgehalten, daß ich das sagte? Auch das sollte ich nicht gesagt haben. – So halte es doch in mir zurück, daß ich nicht mehr davon rede!"

Am 13. sagte sie im Abendschlafe: „Man muß jenem ein Amulett machen mit sieben Cochenillewürmchen, sieben Stängelchen von Wacholderstaude, drei Küchelchen Lettenerde und fünf Johanniskrautblumen. Letten macht hörbar, das andre stoßt zurück. Dann wird er, wenn er wacht, recht wachen, und wenn er schläft, recht schlafen. Was er hört, soll er recht hören oder gar nicht hören. Morgen mittag, 12 Uhr, muß es ihm umgehängt werden." Unter jenem verstand sie den Herrn Pfarrer H. Sowohl abends vor mir als in der Nacht warf es wieder aus der Ecke des Zimmers, schlug wie noch nie und lief im Zimmer laut auf und ab. Auch klopfte es an verschiedenen Seiten der Wand, der Decke und des Bodens, und einmal tat es, als rutsche man einen Sessel zum Tische her, auf dem das Rezept zu jenem Amulett lag. Frau H. sah in dieser Nacht die schwarze Säule im Zimmer stehen; aber solange sie sie sah, hörte sie nichts, sobald sie sie nicht mehr sah, fingen jene Töne wieder an.

Am Morgen vom 14. klopfte es an der offenen Türe, am Ofen und an verschiedenen Seiten des Zimmers, und abermals gab die genaueste Untersuchung nichts zu erkennen, wodurch es veranlaßt worden wäre. Als Frau H. kurze Zeit allein war, hob sich ein Arzneikolben, der neben ihrem Bette stand, auf einmal in der freien Luft empor, und bewegte sich mehrere Zoll weit fort, so daß sie ihn schnell mit der Hand auffing und wieder zurückbrachte. Sie fühlte dabei einen Widerstand, als würde er gehalten, sah später die schwarze Wolkensäule neben ihrer Schwester stehen und ermahnte diese, weiter wegzugehen.

Vor 12 Uhr ging ich in die Wohnung des Herrn Pfarrers H. und hing demselben das nach Vorschrift bereitete Amulett um. Der Berechnung nach in dem gleichen Momente, wo dieses geschah, zeigte sich der Kranken die schwarze Säule, aber mit einem scheußlichen Kopfe, mit feurigen Augen, gegen sie aus jener Ecke des Zimmers die Zähne bleckend. Sie rief: „Weiche von mir, was habe ich mit dir zu schaffen!" und die Erscheinung verschwand. Aber hierauf lief ein Klopfen von jener Ecke des Zimmers bis zur entgegengesetzten wie an der Wand fort.

Am 17. sprach sie im Abendschlafe: „So habe ich es noch nie gesehen, so wohl war es mir noch nie! Oh, welche Freude! Welche Wonne! Wie kann sich ein Mensch das denken, so vorstellen! So vorstellen kann sich das kein sterblicher Mensch! Warum soll sich der Mensch nicht freuen! Wie kann sich doch ein frommer Geist freuen, daß es ihm so nach dem Tode ergeht! – Was denkt man sich denn hier Schönes? Eine Musik, Blumen denkt man sich hier schön, hält man hier für schön. Wenn ich nun aber eine göttliche Musik höre und göttliche Blumen sehe, ganz im klaren Lichte dastehen sehe, diese Blumen und diese göttlichen Töne höre, von keinen so plumpen Instrumenten, wie wir Menschen haben! – Wie aber ist es denen, die in dem Zwischenreiche sind, die das göttliche Schöne immer sehen, hören, und dürfen nicht hinkommen, können nicht, sind so lange ohnmächtig, bis sie nur dahin beten können! Und wie schauert es ihnen vor jenen, die sie in der Qual sehen! Möchten so gerne aus diesem Reiche kommen, bis nach langer Zeit ein Keim in ihnen aufgeht, daß sie zu dem Herrn beten können. Wie lange müssen oft sie in diesem Zwischenreich nieder sein, bis sie in eine höhere Seligkeit kommen!"

Als sie erwachte, sagte sie: „Mit welchem kuriosen Gedanken bin ich erwacht! Wie heißt er? Opinia pasto hieß es, und das muß ich immer denken und ist doch kein Wort! (Wahrscheinlich war dies ein Wort aus ihrer Natursprache.) Ich bin gar nicht auf der Welt, ihr sehet mir alle so sonderbar, so lästig aus! Ich sehe euch so plump, so dick; ich meine, ihr könnt vor Schwere gar nicht gehen." Sie bat ihre Schwester, doch etwas zu gehen, damit sie sehe, ob sie denn mit dieser Schwere gehen könne.

Am 20., nachmittags, als mein sechsjähriges Kind vor ihrem Bette stand, fiel hart vor demselben eine Schere, die sonst gar nicht in diesem Zimmer war, in Gegenwart ihrer Mutter und Schwester hoch aus der Luft auf den Boden, und spießte sich zu Füßen des Kindes in demselben ein.

In den darauffolgenden Tagen erschienen ihr die Geister zu verschiedenen Zeiten wieder, der Weiße gemeiniglich um Mitternacht. Seiner Aussage nach jetzt mehr für sie zum Schutze gegen den Schwarzen, damit sich dieser ihr nicht statt seiner nähere. Einigemal erschien ihr der Schwarze nach vorangegangenen drei heftigen Schlägen, worauf sie in fürchterliche Krämpfe fiel. Geflissentlich fragte ich sie nun über die Erscheinung dieser Geister immer weniger; denn da sie ihrer Gesundheit offenbar sehr nachteilig waren, so wollte ich sie auf jede Weise davon abbringen. Von freien Stücken erzählte sie vom Anbeginn sehr selten etwas davon.

Auf Veranlassung ihrer Mutter, die sie besuchte, sagte sie am 23., morgens: „Der weiße Geist erscheint, um mich vor dem schwarzen zu sichern, noch von Zeit zu Zeit bei mir. Er betete mit mir für den Schwarzen, so lange bis er sich nur etwas zum Bessern wenden und mir alsdann nicht mehr zu schaden trachtet. Es ist möglich, daß sich dann der Schwarze jedesmal in der Nähe befindet, aber ich sehe ihn nicht, und darf ihn vielleicht auch nicht sehen. Der Weiße sagte mir, er sei doch schon besser.

Man hat mir schon öfters zugemutet, an diese Geister mehr Fragen über ihr Wesen und Sein zu richten, woraus man erst sehen werde, daß sie nicht bloße Traumgebilde von mir seien. Ob man letzteres glaubt oder nicht, ist mir gleichgültig, und ich könnte doch in keinem Falle die Menge von der Wahrheit dieser Erscheinungen überzeugen. Aber ich tat auch in dieser Hinsicht, was ich tun konnte. Je mehr ich mich in Fragen an die Geister einlassen würde, desto mehr würde ich mit ihnen verbunden, statt daß ich von ihnen los werden sollte."

Darauf sagte ich zu ihr, es sei mein Wunsch durchaus nicht, daß sie sich mit diesen überirdischen Naturen tiefer einlasse; wie ich ihr schon oft gesagt, ihre Gesundheit liege mir mehr am Herzen, als alle Aufschlüsse über die Geisterwelt, und sie solle alles aufbieten, endlich von diesen Geistern frei zu werden.

Sie erwiderte: gleich anfänglich hätte sie sich vielleicht dieses schwarzen Geistes entschlagen können, aber wir hätten sie ja selbst gebeten, uns die Überzeugung von dem wahren Sein dieser Geister zu verschaffen, und sie habe ihr möglichstes getan. Sie habe einmal gegen den weißen Geist das Verlangen geäußert, daß sein schwarzer Freund, von dem er gesagt habe, daß er sich andern kundgeben könne, sich auch uns hören lassen solle. Hätte sie das nicht getan, hätte er sich ihr nicht einmal so genähert.

Man drang bei dieser so auffallenden Geschichte einigemal in sie, doch nähere Beweise zu geben, daß diese Erscheinungen keine Träume seien, denn, wie gesagt, es handelte sich hier um Lehren und Beweise, die das größte Interesse für die Bestimmung des Menschen haben.

Am Himmelfahrtstage erschien ihr der schwarze Geist dreimal und blieb das dritte Mal, da sie allein mit ihrer Mutter und Schwester im Zimmer war, so lange wie noch nie, in einiger Entfernung von ihr stehen. Seine Gestalt beschrieb sie wieder als die einer dunklen Wolkensäule mit einem schwarzen scheußlichen Kopfe. Solange er dastand, gab es ihr heftige Erschütterungen durch den ganzen Körper, und sie wurde, wie immer bei seiner Anwesenheit, ganz kalt. Ihre Schwester wußte nichts von seiner Gegenwart und lief ganz in seine Nähe, worauf sie, ohne zu ahnen, woher es kam, eine fürchterliche Beengung des

Atems erhielt. Frau H. nur schaute ihn und sah, wie er, als sich ihre Schwester ihm näherte, zurückwich. Sie konnte ihn jetzt länger ansehen als sonst.

Bei Herrn Pfarrer H. hatte das Amulett die Wirkung, daß er drei Nächte lang (was seit langem nicht mehr geschah), ohne zu jener Stunde erwachen zu müssen, schlief, aber in der dritten Nacht wurde er durch dreimaliges Klopfen erweckt, und nun vernahm er Töne, als wollte jemand sich bestreben, mit ihm zu sprechen; es blieb aber bei unartikulierten Lauten.

Sowohl gestern als heute am 30. erschien der Frau H. der schwarze Geist wieder nach vorangegangenen zwei Schlägen, und als ich und meine Frau uns am Abend auf dem alten Turm in unserm Garten am Hause befanden, warf es auf einmal nach meiner Frau mit Stücken Kalk, die ich aufhob. Rings war kein Mensch zu sehen, der dies hätte tun können.

In der Nacht vom 31., um 11 Uhr, erwachte meine Frau an einer großen Bangigkeit und blieb in dieser aufrecht im Bette sitzen. Als sie einige Minuten lang so saß, schrie die Schwester der Kranken auf einmal aus dem Fenster des untern Stockes zu uns herauf: ich solle doch nachsehen, es sei jemand an der zum Hof führenden Haustüre. Ich erwachte, sprang auf und sah sogleich zum Fenster, das über dieser Türe ist, in den Hof, und hörte eine Bewegung an derselben, als drehe man einen Schlüssel herum und probiere die Klinke, um sie zu öffnen, aber ich konnte keinen Menschen erblicken, obschon es mondhell war. Ich rief nun derbe Drohungen hinab, und in diesem Augenblick rasselte es über mir auf dem Dache des Hauses, als würde auf demselben Sand oder Kies umhergeworfen. Nun schoß ich geradeswegs zum Fenster hinaus. Der Schuß verhallte, aber rings war es nun Todesstille und bewegte sich nichts.

In ihrem magnetischen Schlafe am 2. Juni fragte ich Frau H.: „Kannst du mir nicht sagen, was in jener Nacht jene Töne an der Türe und auf dem Dache verursachte, war es ein Mensch?" Sie sagte: „Ein Mensch ohne Fleisch und Blut. Er tat es, um zu schrecken und aufmerksam auf sich zu machen, ob er gleich jetzt nicht mehr so böse ist; er suchte das Gute. Er wird heute wieder kommen, weil ein Fest ist. Seinen Namen weiß ich nicht, ich fragte nicht. Der Weiße wird an diesem Feste (Pfingstfest) nicht kommen."

In dieser Nacht nun kam der schwarze Geist zweimal zu ihr, aber ohne Klopfen usw. Er blieb in einer Entfernung von sechs Schritten vor ihr stehen, sie legte sich auf die Seite, ohne ihn anzusehen und betete still für ihn. Am Pfingstfest morgens, als alles in der Kirche und nur ihre Schwester bei ihr war, kam der Geist wieder zu ihr nach zwei vorangegangenen Schlägen. Seinen Arm (sie sah diesmal das erstemal einen Arm in dieser schwarzen Säule) streckte er gegen sie hin, blieb in dieser Richtung einige Minuten und verschwand dann wieder. Sie äußerte: wie sie sich darüber freue, daß er doch einmal einen Arm habe zeigen können; sie meine, es sei dies ein Zeichen seiner Besserung.

Am Nachmittag erschien er ihr wieder zweimal, mit gleicher Bewegung des Armes und vorangegangenen, jedesmal von mehreren Personen gehörten heftigen drei Schlägen.

In der Nacht vom 4. auf den 5., war der weiße Geist wieder zum Gebete bei ihr.

Am 5., morgens, kam der schwarze Geist, deutete wieder auf sie hin und sagte: „Ich komme heute neunmal und in der Nacht sechsmal, bis du mit mir sprichst." Er kam nun auch diesen Nachmittag neunmal zu ihr, teils mit vorangegangenem Klopfen, teils ohne dasselbe, und sagte jedesmal zu ihr: „Sprich! sprich! sprich!" Jedesmal wandte sie sich von ihm und schwieg, verfiel aber meistens hierauf in starke Krämpfe. War niemand im Zimmer, so kam er immer näher zu ihr, als wenn jemand zugegen war.

In der Nacht vom 12. kam der weiße Geist wieder. Sie fragte ihn, wie oft er noch komme, und warum er noch komme? Er antwortete: „Noch zweimal, und wegen des schwarzen Geistes, damit dieser durchaus nicht mehr zu dir kommen kann." Sie betete mit ihm wieder für den schwarzen Geist. Sie sagte mir: „Das Aussehen des weißen Geistes ist wie eine ganz helle Wolke, am Himmel gibt es oft so helle leichte Wolken, die wie dieser Geist aussehen."

In der Nacht vom 27. Juni (nachdem er seit dem 12. nicht mehr erschienen war) erschien der weiße Geist um 12 Uhr wieder. Sie fragte ihn: „Warum kommst du wieder?" Er antwortete: „Ich komme, wie ich gesagt habe, nun diese zweimal noch des Schwarzen wegen." Sie fragte: „Wo ist dieser?" Er antwortete: „Noch wie zuvor in einer untern Stufe des Mittelreiches." Dann fragte sie ihn auch: wo er jetzt sei, und er antwortete: „In einem bessern Orte!" Sie betete nun wieder mit ihm eine Stunde lang für den schwarzen Geist. Er kniete dabei wieder vor ihrem Bette, wie eine sehr dünne lichte Wolke, die jedoch eine völlige Menschengestalt, an der nun aber nichts Widriges und Menschliches mehr war, bildete.

In der Nacht vom 29., um 12 Uhr, kam auf einmal der weiße Geist und hinter ihm der schwarze. Dieser hatte nun nicht mehr die Gestalt einer Säule, sondern eine völlige bekleidete Menschengestalt, noch immer ganz schwarz, aber ihr nicht mehr so furchtbar wie sonst. Zu jeder Seite des weißen Geistes stand ein lichtes weibliches Wolkenbild, die zwei Geister knieten, die lichten weiblichen Wolkengestalten aber standen. Alle beteten, ihr vernehmbar, zu gleicher Zeit und sie mit. Hierauf sangen sie alle, den schwarzen Geist ausgenommen, in vollen Molltönen, und sie laut mit, ein Lied, dessen sie sich am Morgen nicht mehr erinnerte, das sie auch zuvor nie gehört hatte, und nun doch mitsingen konnte. Der Inhalt des Gebetes war Dank und Freude, daß der weiße Geist sich nun eines bessern Ortes erfreuen könne, und ein Beten für die Besserung des schwarzen Geistes. Dann dankte ihr der weiße Geist für ihr Gebet mit ihm, und ebenso jene zwei weiblichen Lichtgestalten. Nachdem die Geister so unter Gebet und Dank zwei Stunden lang zugebracht, wandten sie sich um und gingen wie durch die geschlossene Türe dahin.

Es ergriff Frau H. dabei die innigste Sehnsucht, doch auch mit diesen Geistern gehen zu können.

Im August kam eine Frau, Namens L. S. von Lenach, einem nicht weit von hier entfernten Dorfe, zu mir, und hatte das Verlangen, mit Frau H. zu sprechen, um von ihr Auskunft über unerklärliche Beunruhigungen zu erhalten, die sie schon seit vielen Jahren erleiden müsse. Es war ihr zwar bekannt, daß Frau H. Erscheinungen von Geistern hatte, aber sie wußte hierüber nichts Spezielles und namentlich nichts von der vorstehenden Geschichte.

Sehr verwundert war ich daher, als im Verlaufe ihrer Erzählung sich ergab, daß sie im Jahre 1820 Magd in jenem Bellonischen Hause war, und daß sie von dort an jene Anfechtungen erlitt.

Ihre Erzählung hierüber war folgende:

„Ich war im Jahre 1820 hier Magd in einem Hause. Da hörte ich oft bei Nacht Töne, als rollte man eine Kugel oder ein Gewicht hin und her, dann wieder wie ein Stöhnen oder Winseln, und dann fiel es wie etwas Schweres auf mich. Oft hörte ich auch nichts, aber ich fühlte, als näherte sich mir etwas, wobei mir immer der Atem benommen wurde, und dies geschah so oft, daß es meine Gesundheit zu zerrütten drohte; ich wurde ganz elend und verließ dieses Haus."

Ich fragte sie, in welchem Hause sie denn gewesen, und sie bezeichnete mir, zu meiner großen Überraschung, das Haus von Bellon.

„Als ich nach Lenach gekommen war", erzählte sie weiter, „fühlte und hörte ich lange nichts mehr. Ich ging nach Neustadt in Dienst, da verfolgte mich auf einmal, auch bei Tag und wenn ich wach war, wieder ein Stöhnen, das ich ganz deutlich oft in der Küche um mich vernahm, und in der Nacht rauschte es um mich in meiner Schlafkammer wie mit Papier. Auf dies sah ich immer einen weißen Schein, der sich wie vor mein Bett stellte. Diese Töne von Stöhnen, Rauschen und Seufzen wechselten auch oft mit Klopfen da und dort um mich.

Ich bekam in diesem Dienste eine Brustentzündung und ging nach Hause. Hier verfolgte mich von nun an ein Winseln, das auch meine Mutter hörte. Dieses Winseln vernahm man zuerst nachts vor dem Hause, und dann kam es immer näher bis vor mein Bett und hielt, mir und meiner Mutter hörbar, zwei Jahre lang mehr oder weniger an.

Nach diesen zwei Jahren fing es an zu werfen. War ich in der Küche, so warf es besonders oft nach mir, ganz hinter mich hin, aber nie fand ich etwas auf dem Boden liegen, mit dem geworfen worden wäre. Ich kehrte deswegen nach solchem Werfen öfters den Boden, fand aber nie etwas.

Dieses Werfen fand hauptsächlich im Februar 1827 statt. Als ich einmal bei meinem kranken Kinde wachte, hörte ich ein unvollkommenes Sprechen, als wollte jemand sprechen und könnte nicht.

Nach Ostern, als ich einmal in den Keller ging, hörte ich, wie ich durch die Türe eintrat, einen hellen Seufzer.

Später vernahm ich nächtlich sehr oft ein Schlürfen und Rauschen durchs Zimmer; einmal gab es Töne, als wollte man den Kleiderschrank aufmachen, und einmal war es, als rührte man auf der Werkbank meines Mannes das Handwerkszeug untereinander.

Sehr oft habe ich Nächte, in denen ich, ohne zu wissen warum, keine Ruhe habe. Jedesmal werde ich, ohne zu wissen wodurch, Schlag 11 Uhr erweckt, wo dann der helle Schweiß auf mir steht."

Die Mutter dieser Frau bestätigte diese Aussagen und gab noch folgendes an:

„Schon fünf Jahre lang, hauptsächlich aber in diesem letzten Jahre, hören wir öfters nächtlich, und auch oft bei Tag, ein unerklärliches Gehen in unserm Hause, auch Rollen wie von einer Kugel. Bin ich in der Küche, zieht es mich öfters am Rocke.

Oft warf es mich ganz natürlich, wie mit einer Handvoll Sand, aber nie finde ich etwas auf dem Boden. Als ich einmal in der Bibel las, vernahm ich etwas wie eine rauhe Stimme, die sprechen wollte: es waren nur kurze Worte, die ich nicht verstand. Auch mein Mann hörte schon öfters diese Stimme, und einmal sah er es wie einen schwarzen Schatten vor sich stehen. Hör' ich so etwas, so bin ich wie gezwungen, einen Spruch oder ein Lied zu sagen, worauf es immer stärker klopft oder sonst durch Töne sich hören läßt."

Ich sprach jener Frau (der Tochter) zu, eine Nacht bei Frau H. zuzubringen, weil ich begierig war, zu wissen, ob sie bei ihrer Empfindlichkeit für Geister von den Erscheinungen der Frau H. oder diese von den ihrigen Kunde erhalten werde. Dies geschah in der Nacht vom 13. August. Obgleich alles darüber in der fünften Tatsache angeführt ist, muß ich es doch des Zusammenhangs wegen schon hier erwähnen. Die Frau bekam in der Nacht, wo sie im Zimmer der Frau H. schlief, wohl von dem Hörbaren der Erscheinungen der Frau H. Kunde, bis zum Sehen aber kam es bei ihr auch hier nicht. Dagegen wurde durch ihr Dasein im Hause der Frau H. jener schwarze Geist der obigen Erscheinung, der ihr, seit er sie mit dem weißen verließ, nicht mehr sichtbar und fühlbar geworden war, auf einmal (doch nur zweimal) wieder sichtbar, und uns auf einmal durch sein Werfen (das nachts in unsrer Küche, wo kein Mensch war, geschah) wieder hörbar. Offenbar war es auch dieser schwarze Geist, der jene Frau von L., seit sie in jenem Hause von B. zugebracht hatte, beunruhigte. (Man sehe die fünfte Tatsache.)

Noch ist zu bemerken, daß jene Nachtwächtersfrau von der Zeit an, als sich jene Geister zu Frau H. wandten, auch keine Erscheinung mehr von jenem Geiste hatte, aber jener schwarze ihr noch öfters, jetzt zu ihrem großen Kummer, hörbar und sichtbar wurde. Noch wenige Stunden vor ihrem Tode (sie und ihr Mann starben in einer Woche) versicherte sie mich feierlich (sie war kaum noch zu sprechen fähig) von der Wahrheit dieser ihrer Erscheinungen, und daß jener schwarze Geist ihr vor sieben Tagen durch ein Zeichen (durch welches, vermochte sie, schon sterbend, nicht mehr zu sagen) ihren und ihres Mannes Tod kundgetan.

Pfarrer Hermann schreibt:

Es war ungefähr in der Mitte des Monats Februar dieses Jahres – nachdem ich versäumt habe, Tag und Stunde von irgend etwas des weiter zu Erzählenden schriftlich aufzuzeichnen – als, bei den fast täglichen Besuchen bei Frau H., von den nächtlichen Erscheinungen eines lichten Geistes die Rede war, welche sie habe. Man sprach verschiedenes, mehr scherzhaft als im Ernste, über die mutmaßliche Periode des Erdenlebens jener Erscheinung und über die etwaigen Mittel, diese Periode zu eruieren. Da schlug man direkte Fragen an den Geist in einer Art von scherzhaftem Übermute vor, und ich setzte diese Fragen sogleich auf, wodurch herausgebracht werden sollte, ob der fragliche Geist im Leben katholisch oder evangelisch gewesen sei. Sie lauteten wörtlich also.

„Kennst du die Mutter unsers Herrn? Kann ihre Fürbitte noch jetzt im Himmel erlangt werden, und ist dieselbe als vorzüglich wirksam zu betrachten? – Stehet Maria in engerer Verbindung mit ihrem erhabenen Sohne als jeder andre selige Geist?"

Am andern Tage erhielt ich von der Handschrift der Frau H. folgende Zeilen, welche sie früh 5 Uhr bei ihrem Nachtlicht im Bette geschrieben hatte: „Ich kenne die Mutter unsers Herrn etwas besser als du; für mich bitten kann sie, wie jeder selige Geist; es besteht keine engere Verbindung zwischen ihr und unserm Erlöser; aber –"

Ich frage, was dies „Aber" zu bedeuten habe? Hierauf antwortete die Erscheinung: „Es hat eine schöne Bedeutung und ist allen seligen Geistern höchst wichtig; mehr kann ich dir nicht sagen."

An demselben Abend sagte sie mir: sie habe mein Papier der Lichterscheinung hingehalten, hierauf habe dieselbe wörtlich das mir Gemeldete in ihrem bekannten Hauchton erwidert. Das „Aber" hat dieselbe ganz auffallend langsam ausgesprochen, so daß jede von den zwei Silben desselben einige Minuten lang gedauert habe; nachher habe sie, wie gewöhnlich, wieder gebetet mit der Erscheinung.

Nicht lange nachher — auch hierbei kann ich leider kein Datum angeben, doch mögen es sieben oder neun Tage gewesen sein — wurde ich mit wenigen Ausnahmen jede Nacht um eine bestimmte Zeit wie durch höhere Macht erweckt. Die Stunde wechselte, doch war dieselbe meistens 12 Uhr. Die ganz klaren, bewußten, von aller Täuschung freien Empfindungen, welche ich dabei hatte, waren folgende:

Das Erwecktwerden geschah plötzlich einen Augenblick vor dem Glockenschlag der jedesmaligen Mitternachtsstunde; eine unsichtbare Gewalt drang auf mich ein; alle meine Nerven und Gliedmaßen empfanden diesen Einfluß wie eine durchdringend erwärmende, unaufhaltsam eindringende milde Schwere (Masse), bei dem hellsten Bewußtsein.

Zu gleicher Zeit ließen sich die verschiedenartigsten Töne, abwechselnd, völlig unvergleichbar mit andern, vernehmen. Bald nur ein fernes und doch ganz deutliches Stöhnen, obwohl dieser Ausdruck mir keineswegs genügend bezeichnet, was ich vernahm; bald war es ein zugleich hohles und helles, fernes und nahes Husten oder Sich-Räuspern, wie wenn Menschen aus der Entfernung ohne Worte ein Zeichen geben wollen, daß sie gegenwärtig sind und die Absicht haben, auf diese Weise die Aufmerksamkeit andrer auf sich zu ziehen; alles dieses nie heftig oder gewaltsam, am wenigsten schrecklich oder furchtbar, vielmehr bittend, hilfsbedürftig, demütig und beinahe furchtsam, jedoch beharrlich und vernehmlich genug, und in der deutlichen, keinen Zweifel zulassenden Absicht, bemerkt oder vernommen zu werden, die Aufmerksamkeit und Teilnahme auf sich zu ziehen.

Gab ich dieser Absicht willig nach und sprach ich demzufolge fromme Wünsche oder religiöse Gedanken und Empfindungen aus, so ließen diese Bemühungen, sich bemerklich zu machen und Teilnahme zu erregen, auf der Stelle nach und leise Zeichen oder Töne des Behagens und der Dankbarkeit traten an ihre Stelle. Blieb ich aber einige Zeit gleichgültig oder gab ich, wie es zuweilen geschah, leisen Zweifeln über die Richtigkeit der gemachten Erfahrungen und sinnlichen Wahrnehmungen in mir Raum, so folgten, gleichsam zur Bekräftigung, ziemlich starke, ungewöhnlich markierte Schläge unmittelbar auf die Decke des Zimmers über meinem Haupte; und diese wiederholten sich etwa, wenn ich, wie späterhin zuweilen der Fall war, aus Ermüdung oder Abspannung in der Äußerung religiöser Gedanken nachließ, ehe es dem Geiste gefällig war; jedoch niemals furchterregend, sondern nur lebhaft an- und aufregend.

Die Hauptsache war, daß religiöse Gedanken und Empfindungen ausgesprochen werden sollten: hierzu fand eine gewisse Nötigung – ja, ich möchte fast sagen, ein milder, jedoch unwiderstehlicher Zwang statt. Woran ich vielleicht seit mehreren Jahren in dieser Beziehung nicht gedacht hatte, wurde nun wie durch höhere Eingebung gleichsam liquid in mir. – Bibelstellen, Liederverse, Gebete, strömten zu uns aus, und wurden mit immer steigender Befriedigung vernommen. Am willkommensten schienen die eigentlich tröstlichen Stellen der Heiligen Schrift, namentlich diejenigen, welche auf den Segen der Erlösung und auf die Person des Erlösers Beziehung haben. Das laute Aussprechen der Gebete war dabei von mehr Wirksamkeit als der bloße Gedanke derselben; doch begnügte man sich auch zur Abwechslung damit, und namentlich tat meine Frau, welche ziemlich dasselbe wahrnahm und empfand, wie ich selbst, und eine große Menge biblische Stellen vom Konfirmandenunterrichte her im Gedächtnis aufbewahrt hat, dabei treffliche Dienste, indem sie vollendete, wo ich abbrach, oder wieder anfing, wenn ich etwa aus Erschöpfung oder Abspannung nachließ. Die Einwirkung, welche wir beide verspürten, war von seiten der geistigen Potenz, deren Nähe eins wie das andre auf das bestimmteste empfand, bei all diesen ein inniges Wohlbehagen, eine reine Dankbarkeit, eine volle Genüge, welche nichts zu wünschen übrig läßt, sondern sich ganz befriedigt fühlet, ein seliger Friede, der über allen Ausdruck geht, und dessen Empfindung mir immer gegenwärtig bleiben wird.

Ebenso zweifellos und bemerklich wie die Annäherung des Geistes zu obigem Zwecke war auch dessen Entfernung. Seine fühlbare Nähe und Gegenwart war nicht von gleicher Zeitdauer, sondern wechselte von 30 Minuten bis zu 1¹/₂ Stunden, ja 2 Stunden; später verkürzte sie sich bis zu 12 bis 15 Minuten; ein ruhiger, gesunder Schlaf trat bald hernach ein.

Ich weiß nicht genau anzugeben, wie viele Nächte diese geistigen Erbauungsstunden währten, indem zuweilen Pausen eintraten; ich vermute jedoch beiläufig 21 Tage. Sie waren im ganzen angreifend und erschöpften meine ohnehin beschränkte körperliche Kraft. Frau H. versicherte mich, daß sie jedesmal die Erscheinung des Geistes nach mir gehabt habe, so wie sie auch den Geist dann nicht sah, wenn ich von demselben nichts vernahm.

Als ich späterhin an einer Gesichtsgeschwulst erkrankte und mehrere Tage nicht ausgehen konnte, wurde mir von Herrn Dr. Kerner ein Amulett überbracht, das Frau H. mir übersandte, und dessen Ingredienzien und nähere Beschaffenheit ich nicht kenne. Ich trug dasselbe mehrere Tage auf der Herzgrube; die nächste Folge war, daß ich, wie Frau H. auch, drei Tage nacheinander von dem Geiste nichts verspürte; nachher bekam ich noch einige kürzere, abgebrochene Besuche, wozu ich jedesmal bestimmt erweckt wurde, und wobei unter andern bekannten Wahrnehmungen besonders ein Versuch zu sprechen, oder sich durch artikulierte Töne mitzuteilen, welcher aber bei den ersten schwachen Anfängen von seiten des Geistes stehen blieb und nicht vollständig zustande kam, sich vorzüglich auszeichnete. Einige Tage vor dem Ablegen des Amuletts, und seit jener Zeit, sind die Nächte völlig ruhig, wenigstens, auch bei sonstiger teilweisen Schlaflosigkeit, ohne allen geisterartigen Einfluß

Weinsberg, am 5. Juni 1827 C. W. Hermann, Pfarrer

5. Tatsache zu Weinsberg

Am 6. Juli 1827 ging Frau H. in dem Baumgange nächst meinem Hause, der zur Burg führt. Als sie eine kleine Strecke desselben zurückgelegt hatte, erklärte sie mir, sie könne durchaus nicht weitergehen, gab aber die Ursache davon nicht an. Am 14. Juli, morgens, sagte sie mir folgendes: „Als ich den Gang hinging, sah ich eine Gestalt mir entgegenkommen, die ich sogleich als einen Geist erkannte, und ging daher nicht weiter, sondern kehrte um und sah sie dann nicht mehr. Aber in der darauffolgenden Nacht (am 7. Juli), als ich ungefähr in der Mitte der Nacht ganz wach war, kam dieser Geist vor mein Bett und sagte zu mir: ‚Gehe mit mir auf die Burg links hinunter, da ist ein großer und ein kleiner Keller, in diese mußt du mit mir hinein.' Ich antwortete: ‚Das kann ich nicht!' Darauf sagte er: ‚Dann komme ich so lange, bis du mit mir dahin gehest: denn dort wirst du etwas finden, und wenn du dieses hast, bin ich ruhig und komme nicht mehr.'

Ich sagte ihm hierauf: das sei mir unmöglich zu tun, und er entfernte sich.

Seitdem kam er fast alle Tage zu mir ins Zimmer und in den Garten, und mahnt mich immer, teils durch Winken, teils durch Worte, mit ihm zu kommen. Einmal fragte ich ihn: wann er gestorben sei? Und er sagte: ‚Im Jahre 1529.' Sein Aussehen ist freundlich und ehrwürdig, das eines Mannes von etlichen siebzig Jahren, und er macht mir nicht die mindeste Angst. Seine Sprache ist schneller als die der andern Geister, es ist mit ihm leichter zu sprechen. Er hat einen langen Bart, auf dem Kopf einen Hut, wie man jetzt keinen trägt, fast wie die Tiroler tragen, nur mit kleinerer Stülpe und höherem Kopfe, oben gewölbt. Sein Kleid ist kurz und andern Schnittes als jetzt; er hat Halbstiefel, in die lange Hosen gehen."

Am 15., nachmittags 4 Uhr, kam dieser Geist wieder zu ihr und sagte: „Sei guten Mutes, und fasse den festen Entschluß, mit mir zu gehen!" Da fragte sie ihn: „In welchem Orte bist du?" Er antwortete: „In einer Seligkeit; aber noch habe ich hier ein Hindernis, weiterzukommen." Hierauf ging er wieder.

Sie sagte zu mir: so gutmütig habe noch kein Geist mit ihr gesprochen, so gar nicht drohend, und daß er nicht wolle, daß sie mit ihm beten solle, sei ihr ein Beweis, daß er dessen nicht bedürfe, daß er ein guter Geist sei.

Als er am 21., nachmittags, wieder erschien, und die gewöhnliche Mahnung: „Komme mit mir auf die Burg!" zu ihr gesagt hatte, fragte sie ihn: „Mit was beschäftigst du dich oder die andern Geister an dem Orte, wo du bist?" Er antwortete: „Ich bin in der Seligkeit, wo die Heiden und überhaupt alle diejenigen Seelen sind, die ohne ihr eigenes Verschulden unsern Herrn und Heiland nie kennenlernten, da werden wir von Engeln unterrichtet, bis wir zu einer höhern Seligkeit reif sind."

Ein andermal fragte sie ihn: wie viele Seligkeiten es gebe, und er sagte: „Acht Seligkeiten, aber nur sieben bestehen jetzt. Die achte hat ihren Anfang noch nicht genommen, und das ist diese, welche man das tausendjährige Reich nennt, dessen Anfangszeit aber verschlossen bleibt."

Als er am 20., nachmittags, wieder von ihr begehrte, sie solle mit ihm auf die Burg gehen, sagte sie zu ihm: sie tue das nicht, bis er ihr seinen Namen sage, worauf er erwiderte: sie müsse ihn jetzt nicht wissen, auf der Burg solle sie ihn erfahren.

Wenige Tage, nachdem dieser Geist ihr zum erstenmal erschienen war, ging auf einmal eine dunklere Gestalt als jener in ihrem Zimmer auf und ab, dabei klirrte etwas wie von Metall, als hätte die Gestalt Sporen. Die hatte das Aussehen eines Mannes von etlichen vierzig Jahren. Die Kleider hatten militärischen Zuschnitt. Die Gestalt lief gravitätisch im Zimmer sechs- bis siebenmal auf und ab, sah sie an, sprach aber nichts.

Am andern Morgen, 9 Uhr, als sie allein im Zimmer war, kam wie eine Wolke zum Fenster herein, und es tönte, als würfe man feinen Sand aus ihr, worauf sie wieder verschwand.

Am 19., abends 7 Uhr, als ich und Herr Pfarrer Hermann, letzterer im Vorlesen begriffen, bei ihr im Zimmer waren, fühlte Herr H., der vom Erscheinen eines Geistes gar nichts wußte und frei im Zimmer saß, plötzlich ein besonderes Gefühl an seinem rechten Fuß, als streifte jemand an demselben vorüber und sprach: „Was war denn da an meinem Fuß?"

Nachdem Herr H. sich entfernt hatte, sagte mir Frau H., der Geist mit den Sporen sei dagewesen, aber nur auf einen Augenblick, er sei ganz nahe an Herrn H. vorübergegangen, und habe sich im Moment, wo dieser von einer besondern Empfindung an seinem Fuße gesprochen, hart an ihm umgekehrt. Eine Stunde nachher, als Frau H. angekleidet auf ihrem Bette lag, und zwar mit Stiefeln, die vermittelst Haften eng an den Fuß geschnürt waren, sah sie diesen Geist wieder, klirrend wie mit Sporen durch das Zimmer gehen, legte sich aber dann sogleich, ohne ihn näher anzusehen (es war auch Dämmerung), auf die andre Seite und schlief ihrem Gefühl nach ein. In diesem Momente trat ich ins Zimmer, wo auch ihre Schwester sich befand. Frau H. lag ganz ruhig, als ich auf sie hinsah, aber ihre Stiefel gingen in diesem Momente von dem ganz ruhig liegenden Fuße, wie von einer unsichtbaren Hand ausgezogen, durch die Luft durchs Zimmer der Schwester zu, die gerade zum Fenster hinaussah, und legten sich hart vor ihr (sie kehrte sich in diesem Moment um) leise auf dem Boden nieder.

Frau H. lag noch immer vom Kopfe bis zu den Füßen in Erstarrung, aus der ich sie nun durch Anblasen weckte. Erwacht erzählte sie das Erscheinen jenes Geistes, wie sie aber von ihren

Stiefeln gekommen, wußte sie nicht im mindesten; sie meinte, sie noch an den Füßen zu haben. Die Schwester weinte, und hatte durchaus nicht den Mut, ihr die Stiefel wieder anzuziehen.

In verschiedenen Nächten nun kam dieser Geist ganz stumm, indem er nur im Zimmer klirrend hin- und herlief und sie fest ansah. Immer erlosch mit seinem Erscheinen das Nachtlicht, und einmal sah sie ihn vor demselben stehen und es auslöschen.

Am 22., abends 8 Uhr, zupfte es, auch andern sichtbar, beständig an ihrer Decke und Kopfkissen, und da sie darüber unwillig wurde, drehte sie sich murrend um, und sah dann jenen Geist, der ihr Sporen zu haben schien, vor sich stehen. Er sagte mit spöttischem Tone zu ihr: „Ich bin der Jäger dessen, der haben will, daß du auf die Burg gehen sollst", und hierauf ging er. Eine Stunde später, als sie, ihre Schwester und meine Tochter allein im Zimmer waren (sie lag im Bette), flog auf einmal der weit im Zimmer stehende Lichtschirm, wie von einer unsichtbaren Hand geworfen, auf die andre Seite des Zimmers. Kaum, ehe dies geschah, hatte Frau H. den Geist mit den Sporen zur Türe hereintreten sehen, fiel aber dann in Erstarrung, und sah, was mit dem Lichtschirm geschah, nicht mehr.

Nachts 10 Uhr kam derselbe Geist zur offenen Türe herein, als sie allein im Zimmer im Bette lag, lief rasch vor den Schreibtisch, und da hörte sie, wie alle Papiere untereinander gerüttelt wurden, und schrie dann: „Was willst du, was hast du hier zu schaffen?" Er sagte: „Ich will haben, daß jener noch nicht ruhig werden soll", dann ging er. Die Papiere vom Schreibtisch, der weit von ihr stand, fand man zum größten Teil auf den Boden geworfen.

Am 24., abends 8 Uhr, als sie allein war, kam dieser Geist wieder zur Türe herein, und neben ihm ging eine größere, magere, ältliche Weibsperson, mit widrigem Gesicht und von viel dunklerer Gestalt als er, in alter Frauentracht, mit hoher turmartiger Haube, unter der ein Tuch herumgebunden war, welches das Haar so verschleierte, wie ihr alle weiblichen Geister noch erschienen und an der hinten viele Bänder niederhingen. Ihr Kittel bildete hinten einen Schnabel, ihr Rock war dick, mit vielen Falten, ihre Schuhe hatten äußerst lange Spitzen und hohe Absätze. Beide liefen im Zimmer auf und nieder, sahen sie an, sprachen aber nichts.

Nachts 1 Uhr erschienen die gleichen Gestalten und gingen abermals nur stumm auf und nieder. Das Nachtlicht erlosch. Eine vertraute Person, die ich diese Nacht noch neben der Schwester im Zimmer schlafen ließ, sagte mir, daß es nachts 1 Uhr im Zimmer Töne gegeben, als werfe man alle auf dem Schreibtisch liegenden Papiere untereinander; auch habe sie in der rechten Ecke des Zimmers mehrmals einen Ton gehört, wie von einem Hunde, der aus dem Schlaf erwache. Das Nachtlicht sei auf einmal, ohne eine ihr sichtbare Ursache, verlöscht, daher sie aus dem Bette gestiegen, um einen Laden zu eröffnen, da habe sie. noch ehe sie den Laden eröffnet, mit großer Verwunderung gesehen, daß der Leuchter des Nachtlichtes, selbst auf seinem untern runden Boden, hell geglüht habe, sie habe aber nicht gewagt, ihn anzurühren. In der Nähe war kein andres Licht, auch war es nicht Mondschein.

Abends 9 Uhr (am 25.) kam der Geist von der Burg wieder. Er stand unversehens vor ihrem Bette. Sie sprach sogleich zu ihm: „Warum kommt jener Geist mit einer Frau zu mir, der vorgibt, ein Jäger von dir gewesen zu sein?" Er antwortete: „Dich zu hindern, daß du auf die Burg kommst." Sie sagte: „Warum wollen denn diese haben, daß ich nicht hinauf solle?" Er antwortete: „Damit ich später in Ruhe komme; denn sie hatten im Leben einen großen Haß auf mich, den sie auch mit sich nahmen." Sie wollte noch nach der Ursache dieses Hasses fragen, da ging er wieder.

Im magnetischen Schlaf vom 27. sagte sie: „Der gute Geist hat dort, wo er ist, nicht die Gestalt, in der er mir hier erscheint. Dort sieht man sie mit geistigen Augen, und hier sehe ich sie, obgleich mit dem geistigen Auge, aber doch immer noch durchs fleischliche. Sie stellen sich hier mir dar in Formen, die meinen fleischlichen Augen erkenntlich sind."

Als jener Geist am 27. wieder kam, fragte sie ihn: „Warum sind denn jene so sehr über dich ergrimmt?" Er antwortete: „Weil ich ihn nicht in meinem Dienste ließ, und noch wegen vieler andern Dinge."

Abends erschien der feindliche Geist mit der weiblichen Gestalt wieder. Sie gingen stumm auf und nieder.

Schon vor mehreren Wochen sagte mir Frau H. eines Morgens, es habe ihr in der Nacht geträumt: es sei in unserer Wasserkufe in der Küche (wo sie nie war) etwas, das nicht in sie gehöre, und sie habe sich die ganze Nacht im Traume damit abgegeben, die Wasserkufe auszuleeren.

Ich hielt es für einen leeren Traum, und kam erst am andern Tage dazu, die Kufe ausleeren zu lassen. Da fand man auf ihrem Boden eine äußerst lange, völlig rostige, schwarze, uralte, dicke Stricknadel, die ich nachher in Frau H.s Zimmer auf den Schreibtisch legte. Nach einigen Tagen, ohne daß irgend jemand diese Nadel berührt haben wollte, fand man dieselbe wieder in der Küche im obern Stock auf dem Herde. Ich trug sie wieder auf den Tisch im untern Zimmer zurück.

An dem Abend, eine Stunde später, als der Geist mit den Sporen und seine Begleiterin der Frau H. wieder erschienen waren, sah sie von dem Tische, auf dem die Stricknadel lag, und der sechs Schritte vor ihr stand, dieselbe gegen sich durch die Luft kommen. Als sich diese ihr auf ein paar Schritte genähert hatte, hob sie die Hände vors Gesicht und schrie, da sich niemand sonst im Zimmer befand. Die Stricknadel aber ging nicht auf sie zu, sondern legte sich in ein neben ihr stehendes Glas mit Wasser leise nieder, in der ich sie, auf ihren Schrei herbeigekommen, noch antraf und wieder auf den Tisch zurückbrachte.

Am 29., abends 7 Uhr, als Frau H. allein im Zimmer im Bette lag, vor der offenen Türe aber mein Dienstmädchen und noch eine Person saß, kam der Geist mit seiner Begleiterin zu ihr, ging im Zimmer stolz und mit Sporen klirrend, auf und ab, und so oft er an ihr Bett kam, sagte er in einem schnippischen Tone nichts zu ihr als: „Ja! ja! ja!" Seine Begleiterin machte nur eine stumme spöttische Miene. Auf dieses verfiel die Frau in heftige Krämpfe. Während dieser tat es im Zimmer, als liefe in demselben jemand mit Sporen klirrend von einem Sessel zum andern, und stieße ihn jedesmal mit aller Macht auf den Boden. Das Dienstmädchen und die andre Person traten auf dieses Lärmen ins Zimmer, da es ihnen unbegreiflich war (weil sie Frau H. im Bette wußten), wer so in demselben klirrend umhergehe und mit den Stühlen poche; da wurde ihnen ein Sessel, wie von unsichtbarer Hand entgegengeworfen, Frau H. aber sahen sie auf der andern Seite des Zimmers im Bett in Krämpfen liegen. Als sie erwachte, erzählte sie von dem Erscheinen der zwei Geister, von dem Lärmen mit den Sesseln aber wußte sie nichts: denn sie lag schon in Krämpfen, als dieser begann.

Abends, im halbwachen Zustande, sagte sie mir: daß sie in den Krämpfen das Lärmen des Geistes mit den Sesseln wohl gehört, aber nach dem Erwachen aus denselben (weil sie in diesen Krämpfen immer magnetisch sei) habe sie nichts mehr davon gewußt, und wisse auch wach nichts davon.

Am 1. August, 1 Uhr mittags, kam jener bessere Geist wieder, und wie er erschien, trat jener, der sich seinen Diener hieß, mit seiner Begleiterin vor ihn; da ging er, ohne ein Wort zu sprechen, wieder. Der andre blieb und sagte zu Frau H.: „Dich wollen wir aber ängstigen, bis du diese Kette hast!" Sie erwiderte schnell und laut: „Gott ist meine Macht und Stärke, wie kannst du mich ängstigen oder sonst mir schaden?" Da entfernten sie sich.

Abends 7 Uhr erschien er wieder mit seiner Begleiterin, aber noch in Gesellschaft eines ganz schwarz aussehenden Geistes, worüber die Kranke so erschrak, daß sie in heftige Krämpfe verfiel.

Morgens 4 Uhr kam er mit gleichen Begleitungen wieder,

und namentlich mit dem schwarzen Geist, der eine kurze und dicke Gestalt war. Ohne zu sprechen, liefen sie im Zimmer hin und her. Da faßte sie den Mut und befahl ihnen fest und ernst, von ihr zu weichen. Sie gingen.

Sie machte mit mir zugleich um diese Zeit die Bemerkung: daß die drei Geister, die die Burg betreffen, nicht wie die vorigen, immer von der linken Ecke des Zimmers herkommen, sondern von der rechten, wobei mir zuerst auffiel, daß die Lage der Burg mit dieser rechten Ecke korrespondiert, der Weg aus der Stadt aber, woher die vorigen kamen, mit der linken Ecke.

Am 1. August, abends 7 Uhr, kam derselbe Geist, der von ihr haben wollte, daß sie auf die Burg gehe. Er hatte ein kleines Blatt Papier in der Hand, das mit roten Buchstaben voll überschrieben war, und das er ihr hinhielt. Sie war aber gerade sehr geschwächt und sah das Blatt nicht näher an, da ging der Geist wieder.

Morgens 4 Uhr erschien der Jäger und seine Begleiterin mit der kleinen dicken, schwarzen Gestalt, die hinter beiden herging. Sie gingen wieder, ohne zu sprechen, im Zimmer hin und her, da befahl sie ihnen ernstlich, von ihr zu weichen, und sie entfernten sich.

Am 3., abends 7 Uhr, kam der Geist von der Burg wieder. Er hielt ihr abermals ein kleines Blatt Papier mit schwarzen großen und roten kleinen Buchstaben beschrieben hin, aber sie sah es nicht näher an, und er ging.

Als er in der Nacht vom 6. auf den 7. ihr dasselbe Blatt wieder vorhielt, sagte er dabei: „Das stehet darauf, was mich hindert." Sie sah es an und sah wieder, daß es große schwarze Frakturbuchstaben waren, zwischen welche hinein mit kleinen roten Buchstaben geschrieben war, konnte es aber, weil es zu dunkel war, nicht lesen. Sie sagte: „Bring es bei Tage wieder." Da ging er.

An verschiedenen Tagen, am 7., 8. usw., kam der Jäger mit seiner Begleiterin und dem dicken, kleinen, schwarzen Geiste, der immer hinter ihnen herging. Sie sprachen nie etwas, sondern machten immer nur gegen sie spöttische Gestikulationen, Komplimente usw. Sie hieß sie jedesmal weichen, und sie wichen dann auch sogleich.

Ich gab ihr am 31. August einen zusammengelegten und genau rings versiegelten Brief, in den ich, ohne daß ich es einem Menschen sagte, den Anfang eines Liedes geschrieben hatte:

„Jesus nimmt die Sünder an,
Saget dieses Trostwort allen."

und bat sie, diesen Brief, sobald wieder ein Geist bei ihr erschiene, ihm hinzuhalten und ihn zu fragen: was der Inhalt sei? Dies geschah nun in der Nacht vom 1. September, wo jener Geist mit seiner Begleiterin zu ihr kam. Sie hielt dem Geiste den Brief hin, er berührte ihn nicht, sagte aber: „Jesus – Sünder – was geht mich dies an, ich wollte noch nie selig werden", und dazu sagte er noch mehrere Spottreden, die ihr am Morgen entfallen waren. Sie sagte hierauf zu ihm: „Glaubst du mit solchen teuflischen Bosheiten vor dem Allerheiligsten bestehen zu können?"

Er antwortete: „Hum! Ich wollte ja noch nie!" Hierauf rief sie ihm laut zu: „Nun! So gebiete ich dir im Namen des Höchsten, gehe hin zu deinen Teufeln und kehre nie wieder zu mir!" Er sagte: „Ja, ich will", und ging. Den Brief, in welchem jene Worte standen, gab Frau H. mir morgens völlig unverletzt mit seinen Siegeln wieder zurück.

In der Nacht vom 7. kam dieser Geist allein, ohne das Weib und den schwarzen Geist zu ihr, und sagte in einem noch etwas spöttelnden, aber schon gelindern Tone: „Wie soll ich denn beten?" Sie sagte: „Willst du beten, ist es dir ernst?" Er: „Ich will beten." Sie: „Warum willst du beten?" Er: „Damit ich selig werden kann." Sie: „Bist du überzeugt, daß du durchs Gebet selig werden kannst?" Er: „Ja, diesen Glauben habe ich jetzt." Sie: „Nun so halte dich an deinen Erlöser!" – Hierauf ging er.

In der Nacht vom 9. kam dieser Geist wieder in Begleitung des kleinen schwarzen Geistes, dieser blieb aber an der Türe stehen, schlug sie laut zu und schlürfte hin und her, so daß auch die Wärterin der Frau H. an solchem Lärmen erwachte. Solange dieser schwarze Geist so unruhig war, sprach weder der Geist noch Frau H. etwas. Als aber dieser stille geworden, sprach er ganz ängstlich und mit zweifelndem Gesichte: „Wie soll ich denn zu meinem Erlöser beten, da ich ihn doch nicht sehe?" Frau H. antwortete: „Sind dir deine Sünden herzlich leid, so mußt du um Gnade und Erbarmung flehen, ob du deinen Erlöser siehest oder nicht: denn selig sind die, die nicht sehen und doch glauben." Der Geist sagte: „So sage mir nur ein Wort, wie ich um Gnade und Erbarmung flehen solle." Sie sprach: „Vater, sieh an dein Kind in Qual und Pein und Reue seiner Sünden." – Sie sagte ihm noch etwas, dessen sie sich aber am Morgen nicht mehr bestimmt erinnern konnte. Zuletzt sagte sie, sie bete nicht mehr mit ihm, wofern er den schwarzen Geist wieder mit sich bringe.

Hierauf ging er langsam und mit trauriger Miene.

Sie sagte mir: es komme ihr vor, als verschlucke gleichsam so ein Geist Worte, die die Religion betreffen. Sage sie nur ein Wort der Art, so meine sie, es verbreite sich dies jedesmal über seinen ganzen Körper, und es schiene ihr dann, als werde dieser darauf jedesmal leichter, aber es sei ihr, als ginge dies von ihrer Seele weg und schwäche sie. Dies Gefühl habe sie nicht bei gleichgültigen, weltlichen Worten, die sie zu Geistern spreche. In der Nacht vom 10. kam der Geist wieder, und abermals in Begleitung jenes kleinen schwarzen Geistes, der laut im Zimmer umhertappte. Sie fragte ihn: „Kannst du nicht sagen, warum der sogenannte Burggeist so lange nicht kommt?" Er antwortete: „Ach, daran habe ich die Schuld, daß er noch kommen muß, aber er kann nicht kommen, wie er will, es ist ihm weit schwerer zu kommen als mir.“ Sie fragte ihn auch: „Wenn ich jetzt auf die Burg gehe, kannst du mir die Stelle zeigen, von der mir jener sagte?“ Er antwortete: „Ich könnte, aber dieser Schwarze läßt mich nicht.“ Im Moment, als er dieses sagte, stand der Schwarze vor ihr, und Frau H. sprach: „Es sei dir gesagt, du sollest anrufen deinen Herrn und Erlöser unausgesetzt und diesen Schwarzen von dir stoßen.“ Er antwortete: „Ich will, aber sage mir, wie?“ Sie sagte: „Durch gar nichts als durch immerwährendes Flehen zu deinem Erlöser um Vergebung deiner Sünden.“

Sie sagte mir abermals: sage sie ein religiöses Wort, wie zum Beispiel: „Du sollst deinen Herrn und Gott lieben“, zu dem Geiste, so sei es ihr gerade, als zöge man eine Kraft aus ihr heraus, die dann der Geist ihr fühlbar, wie hungrig in sich hineinziehe. Sie meine, je größer die Schuld eines solchen sei, desto stärker sei bei ihm dieses In-sich-Hineinziehen solcher Worte.

In der Nacht vom 12. erschien er wieder, und der kleine schwarze Geist war nur auf einige Augenblicke bei ihm. Sie fragte ihn: „Warum bist du im Zwischenreich?“ Er: „Meiner Sünden wegen – lehre mich nur beten.“ Sie: „Wie bist du mit ihm verbunden, den ich Burggeist nenne?“ Er: „Wie durch eine Kette, durch die ein unauslöschlicher Haß in ihm erregt wurde.“ Sie: „Wie meinst du dies?“ Er: „Ich war weniger als er, machte seiner Dame ein Geschenk mit einer Kette, er ließ sie die Kette nicht tragen, nahm sie und schob sie in das Gewölbe. Ich stand gut mit ihm; er versprach mir immer, mir zu einer höhern Stelle zu verhelfen; es unterblieb. Ich und eine Dienerin warfen einen großen Haß auf ihn, wir bestahlen ihn im Gewölbe, taten ihm alles mögliche zuleide, was wir nur tun konnten. Ich will dir alles noch näher sagen, aber sage mir nur, wie ich beten soll.“

Sie: „Bete das Gebet des Herrn.“ – Hierauf ging er.

In der Nacht vom 13. ließ ich jene Frau von dem Orte Lenach

bei Frau H. im Zimmer schlafen, von der in der Geschichte des Bellon angeführt ist, daß sie auch Anfechtungen von einem Geiste erhält, der sich ihr wenigstens oft hörbar macht.

Diese erzählte mir am andern Morgen: nachts 2 Uhr habe sie zuerst ein Rauschen wie mit Papier gehört, wie dieses bei ihr auch stattfand, hierauf ein Klopfen auf den Tischen und Laufen durchs Zimmer, ohne daß sie aber etwas gesehen. Bald nach diesem sei Frau H. erwacht und habe wie mit einer ihr unsichtbaren anwesenden Person gesprochen. Das erste Wort, das Frau H. gesprochen, sei „warum?" gewesen. Frau H. sagte mir, daß sie erst auf diese oder nach diesen Tönen erwacht sein müsse, denn sie habe sie nicht gehört, wohl aber habe sie sogleich nach ihrem Erwachen den Geist des Jägers vor ihrem Bette stehen sehen. Es schiene ihr, als werde sie immer durch solche den Geistern vorausgehende Töne erweckt, die sie aber mehr noch halb im Schlafe höre und dann erwacht, nichts mehr von ihnen wisse. – In dieser Nacht sprach sie folgendes mit dem Geiste:

Geist: „Ich kann kein andres Wort beten, als das, das du mir sagst." Sie: „Warum?" Geist: „Weil uns niemand lehrt oder etwas sagt, wir müssen alles selbst in uns finden." Sie: „Der den Herrn anrufet, den wird er erhören. So bitte deinen Erlöser um Kraft zum Gebet, und er wird dich stärken. Flehe um Gnade und um sein Versöhnungsblut, und er wird dir deine Qual erleichtern. Ja, er, der für uns am Kreuze starb, ist Mittler und Fürsprecher beim allgütigen Vater für den größten Sünder."

Sie konnte nun nicht weitersprechen, denn der Geist sog diese Worte wieder mit aller Begierde aus ihr in sich ein; sie sagte: „Wie ein Kind, dem man etwas, von dem es noch nichts wußte, sagt, jedes Wort davon mit höchster Begierde aufnimmt, so scheint es mir mit diesem Geiste, spricht man zu ihm ein religiöses Wort, der Fall zu sein."

Der Geist sprach, als sie schwieg: „Kannst du nicht mehr so mit mir reden?" Sie sprach: „Nein!" und er ging.

Am 16., abends 9 Uhr, wurde, ohne daß ein Mensch sich an der

Türe des Zimmers befand, die Klinke desselben mehrmals laut bewegt. In der Nacht fand ein Rauschen und Tappen im Zimmer umher statt, und Frau H. sah einen ganz schwarzen Geist, der ihr größer vorkam, als der kleine schwarze, der immer in Begleitung des Jägers erschien. Sie äußerte gegen mich am Morgen die Besorgnis, es werde dies doch nicht wieder ein neuer Geist sein.

Am 17., nachts 1 Uhr, warf es in der neben unserm Schlafzimmer sich befindenden Küche dreimal wie mit Kies, daß wir erwachten. Ich stand sogleich auf, untersuchte alles, fand aber nichts.

Am 21., nachts halb 2 Uhr, wurde sie erweckt, und der Jäger, seine Begleiterin und der kleine schwarze Geist kamen zu ihr. Der schwarze Geist blieb im Hintergrunde, lief mit rauschenden Tönen hin und her und war sehr unruhig. Der Jäger sprach zu ihr: „Sage mir ein tröstendes, zu meinem Herrn rufendes Wort!" Sie sprach: „Ich kann nicht mit dir reden, wenn jener Schwarze mit dir kommt. Warum ist er denn da und diese mit ihren teuflischen Bosheiten?" – Denn einen Schritt hinter ihm stand seine sonstige Begleiterin, und hatte, den Kopf spöttisch bewegend, gesagt: „Hm! Hm! Ich will dir schon sagen, was du zu tun hast, was brauchst du dies zu fragen? Als ich bei meinem gnädigen Herrn war, riet ich dir ja auch immer."

Der Geist sagte zu Frau H.: „Lasse diese – achte nicht auf sie!" Frau H. antwortete: „Ich will ihnen sagen, daß sie sich von dir entfernen, auch sie sollen sich zu ihrem Herrn Christus wenden, und dir sage ich, mache dich von ihnen los." Der Geist sprach: „Ich bitte dich, bewirke, daß diese hier einmal den Namen Jesus nennen kann." Als er dies sprach, ging die Geistin und der schwarze Geist. Hierauf fiel der Geist auf die Knie und sagte: „Ich bitte dich, sage mir doch nur etwas Tröstendes." Sie sagte: „Jesus Christus ist für unsere Sünden gestorben, also auch für deine." Als sie diese Worte sagte, sog sie der Geist wieder wie mit Macht in sich ein, sie verbreiteten sich wie über seinen ganzen Körper, der ihr dann leichter erschien. Hierauf ging er.

In derselben Nacht, 12 Uhr, rauschte es in unserm Zimmer wie mit Papier, und wurde hierauf ein neben dem Bette meiner Frau stehendes Tischchen, ohne daß es jemand berührt hatte, in das Zimmer hineingeworfen. Zugleich fühlte ich an meinem rechten Arme hinauf eine ganz sonderbare Berührung, deren Gefühl ich nicht aussprechen kann.

Den 23., nachts 12 Uhr, warf es in dem Zimmer der Frau H. mehrere Minuten lang immer wie mit Kieseln, und als sie aufsah, sah sie an der Türe jenen größern schwarzen Geist stehen, der schon einmal erschienen war. Es war die Gestalt eines ganz schwarzen Mannes. Sie sprach nichts, und er ging wieder. – Frau H. meinte, daß dieser Geist, seit jene Frau von Lenach im Hause geschlafen, sich zeige, und es müsse der gleiche sein, der jener Frau öfters hörbar ist, und der auch uns am 22. und sie am 16. beunruhigte, der gleiche schwarze Geist, der früher mit dem weißen Geiste (Bellon) erschien.

Er zeigte sich später nicht mehr.

Den 24. zog sie mittags aus meinem Hause in das nächstgelegene Haus. Als sie kaum eine Viertelstunde da war, kam der Geist des Jägers, blieb im nächsten Zimmer stehen und winkte ihr mit der Hand. In derselben Nacht ließ ich ein sehr braves, wahrheitsliebendes Mädchen von Löwenstein (siehe die dritte Erscheinung) in ihrem Zimmer schlafen. Dasselbe erzählte mir am andern Morgen, noch ehe sie mit Frau H. sprach (sie wußte von den Erscheinungen der Frau H. speziell durchaus nichts), nicht nur die Erscheinung, die in einer vorhergehenden Geschichte beschrieben ist, sondern sie sagte mir noch folgendes in Beziehung auf diese Geschichte: „Bald nachher hörte ich die verschlossene Türe wieder aufgehen, und es kam eine andre männliche Gestalt, die aber größer und dünner als die vorige war. Sie lief bis vor das Bett der Frau H., war mit einer Art Frack und langen Hosen bekleidet, es erschien mir aber alles schwarz. Ich sah ihre Bildung wie an einem Menschen, die Haut aber kam mir ganz rauh vor, wie mit Sandkörnern bestreut. Diese Gestalt blieb nicht lange, sondern kehrte bald wieder um." Frau H. bestätigte, daß in dieser Nacht der Geist des Jägers gekommen, habe aber nur zu ihr gesagt: „Wo du auch bist, find ich dich, darf aber nicht weiter mit dir reden, denn es würde jetzt deiner Gesundheit schaden."

In der Nacht vom 25. bis 26. war es immer, als klopfte jemand an der Türe an. Frau H. rief jener Person, die auch heute wieder in ihrem Zimmer schlief, ob sie wache. Sie antwortete ihr: ja! sie höre es wohl. Bald darauf klopfte es noch stärker; die Türe des Vorzimmers ging hörbar auf, und beide hörten ein Hin- und Hergehen im Zimmer, als liefe dort jemand in den Strümpfen, auch klopfte es mehrmals wie mit einem Stock auf den Boden.

Den 27., abends, noch bei hellem Tage, kam die Begleiterin jenes Geistes allein zu ihr, mit ganz spöttischer Gebärde, und sagte: „Hm! Ich kann doch machen, daß dein lieber Jäger nicht mehr zu dir kommt!" Sie antwortete: „Gehe hin, wohin du gehörest!", worauf sie ging.

In der Nacht vom 27. auf den 28., halb 1 Uhr, kam der Geist des Jägers und sagte: „Nun komme ich zu dir, es hat schwer gehalten bis ich konnte. Diese Alte hielt mich zurück." Sie fragte: „Warum kann dich diese zurückhalten?" Er sprach: „O Gott! Weil ich im Leben zu sehr an sie gebunden war, und ich nur wünsche, daß sie auch zur Besinnung käme. Oh, sage mir doch nur wieder ein Wort, daß ich zur Ruhe komme." Sie sprach: „Bete: ich glaube, daß Jesus Christus wahrhaftiger Gott usw."

Nach diesem fragte sie ihn: „Kannst du keine andre Gestalt annehmen als diese, die du als Mensch hattest?" Er sprach: „Hätte ich wie ein Tier gelebt, so würde ich dir wie ein Tier erscheinen. Wir können nicht Gestalten nach Belieben annehmen; wie unsre Gesinnungen sind, so siehest du uns."

Da aus einem benachbarten Hause gerade Musik herübertönte, fragte sie ihn: „Gibt es in deinem Reich auch Musik?" Er antwortete: „Wir haben keine, hören aber zuweilen die der seligen Geister, welches uns dann schmerzt." Sie fragte nun. „Höret ihr die Musik von den Menschen?" Er antwortete: „Jetzt, wo ich bei dir bin und du Musik hörest, höre ich sie auch durch dich; nur so hören wir sie, sonst aber nehmen wir an nichts Anteil, was in der Welt vorgeht."

Er ging nun, und die Türe schloß sich auch andern hörbar, auch hörte man ein Gehen die Treppe hinab. Frau H. sagte: sie glaube nicht, daß dieses Hörbare vom Geiste des Jägers geschehen, sondern von dem schwarzen Geiste, der sonst sein völliger Begleiter gewesen, nun aber, wie ihr vorkomme, jedesmal bei seinem Erscheinen im andern Zimmer fern stehenbleibe.

In der Nacht vom 29. auf den 30. kam der Geist des Jägers wieder. Dieser trat ganz an ihr Bett, seine Begleiterin aber stand vor der offenen Türe des Schlafzimmers und hinter ihr der schwarze Geist. Der Geist des Jägers bat: „Beruhige mich!" Sie sagte: „Lobe und preise deinen Herrn ewiglich!" Diese Worte sog er wieder in sich ein. Hierauf fragte sie ihn: „Warum kommt dieser Schwarze immer noch mit dir?" Er antwortete: „Er kommt nicht mehr mit mir, sondern mit dieser." Dann fragte sie ihn: „Wer ist er denn?" und der Geist antwortete: „Das ist einer von denen, die nie selig werden können." Die Geistin sprach nichts, sondern hörte und sah nur vom andern Zimmer aus stumm und lauschend zu.

In der Nacht vom 30. auf den 1. Oktober, und zwar gegen 12 Uhr, lief der schwarze Geist im Zimmer hörbar auf und ab (das Zimmer war wie immer völlig geschlossen worden), und die Geistin stand eine Viertelstunde lang vor der geöffneten Tür des zweiten Zimmers und sah auf Frau H. ins Schlafzimmer stumm herein.

Am 1. Oktober, 7 Uhr abends, hörte man (es waren vier Personen anwesend) ein Klopfen, das wie an den Wänden des Vorzimmers, auch an denen, die gegen die Straße gehen, hinlief, bemerkte aber nichts. Gegen 8 Uhr aber, als Frau H. allein im Zimmer war, kam auf einmal die Geistin und der schwarze Geist

Erstere stellte sich stumm einige Schritte vor ihr Bett, der schwarze Geist aber schien nicht weiter als bis unter die Türe gehen zu können. Von dort aus machte er eine schreckbare drohende Miene gegen sie, reckte beide Fäuste dräuend aus, während ihm aus Augen und Mund wie Feuer ging, und sprach: „Ich will dir schon noch den Weg zeigen, den du mir gehen mußt, und dich noch lehren, dieser die Hand zu geben!" Der Geist lief so laut wie ein Mensch von dannen. Frau H. erschrak aufs heftigste und verfiel in Krämpfe, die mehrere Stunden andauerten.

Am 2. Oktober, abends 8 Uhr, erschien die Geistin allein und sagte zu ihr: „Du mußt heute nacht, Punkt 12 Uhr, oder morgen mittag, Punkt 12 Uhr, mit mir auf die Burg gehen, ich will dir die Stelle zeigen, die dein lieber gnädiger (spöttisch) Herr dir zeigen will." Frau H. sagte hierauf zu ihr: „Gehe nur fort, ich gehe nicht mit dir", worauf sie ging.

Gegen 9 Uhr entstand ein Klopfen an den verschiedenen Wänden des Zimmers, das mehrere Anwesende in Verwunderung und Schrecken setzte.

Schlag 12 Uhr kam die Geistin in Begleitung des schwarzen Geistes. Das Gehen des letzteren war hörbar. Die Geistin sprach: „So du nicht mehr mit uns gehest, so kommen wir noch 10 Wochen zu dir und plagen dich immerwährend." Sie antwortete: „Ein Teufel kann mich nicht plagen!" Sie blieben noch immer und dann sprach sie: „Der Herr ist mein Licht und mein Heil, vor wem sollte ich mich fürchten?" Auf dieses gingen sie, der Schwarze lief hinter der Geistin hörbar her.

Eine halbe Stunde darauf kam der Geist des Jägers und verlangte ein tröstendes Wort. Sie fragte ihn: „Warum kommen jene noch immer? Ich nehme mich deiner nicht an, solange diese erscheinen." Er antwortete: „Sie kommen nicht um meinetwillen, bekümmere du dich nur nicht um sie, gib ihnen kein Gehör."

Am 3. Oktober, 12 Uhr nachmittags, als sie in der Bibel las, kam der Schwarze mit der Geistin und standen wie gewöhnlich unter der offenen Türe des Schlafzimmers, das ein Vorzimmer hatte. Frau H. hob die Bibel gegen sie, und sie gingen plötzlich. Eine halbe Stunde nachher kam der schwarze Geist allein und sagte: „Sowie du wieder in der Bibel liesest, so stehe ich feurig vor dir." Sie sagte nichts, sondern dachte nur: „Wenn du es kannst, so tue es", – da ging er.

Den 3., nachmittags, als sie wieder in der Bibel las, kam der schwarze Geist abermals unter die Türe, blickte jedoch nur nach ihr hin. Sie las zuvor leise, aber nun laut weiter, und dann ging er, ohne etwas zu sprechen.

Sie sagte mir am 9.: in der letzten Nacht sei eine lichte Gestalt zu ihr gekommen, in einem weißen, nach hinten faltigen Gewande und mit einer Glorie von Licht umgeben. Was sie mit ihr gesprochen, und was sie mit der Gestalt sprach, das wollte sie nicht sagen. Sie sagte: sie vermöge es nicht zu sagen. Sie gestand mir, daß diese Gestalt schon einmal dagewesen und sie das erstemal so angesprochen habe: „Ich bin einer von denen, die ausgesandt sind zum Dienste derer, die ererben sollen die ewige Seligkeit."

Sie sagte mir: dieser Geist gehe nicht auf dem Boden wie die andern, er schwebe mehr, und es kommen ihr die andern Geister gegen diesen wie Blei vor. Es sei eine ganz klare Gestalt, sie habe einen Anzug und doch keinen, man sehe durch sie, sie sei wie eine helle weiße Wolke, durch die die Sonne scheine. Sie gehe auch nicht wie die andern Geister zur Türe hinaus, sie kehre sich um und dann sei sie verschwunden.

In der Nacht vom 10. kam der Geist des Jägers und sagte zu ihr: „Sage mir etwas Tröstendes!" Als er dieses sagte, stand auf einmal die obige lichte Gestalt da. Wie diese kam, trat der Geist des Jägers zurück. Die lichte Gestalt blieb vor ihr stehen, wandte sich aber zu dem andern Geist und sprach mit ihm. Es waren tröstende religiöse Worte vom Erlösungswerke des Heilandes, die näher auszusprechen ihr unmöglich war.

Sie sagte mir: „Die Lichtgestalt stärkt mich, der andre Geist aber schwächt mich, und wäre er noch lange allein gekommen, so hätte er mir alle Kraft genommen, und es wäre mein Tod gewesen. Sie wisse, wer diese Lichtgestalt im Leben gewesen, könne es aber nicht sagen. Nun sehe diese Gestalt ganz anders aus, als sie im Leben ausgesehen, sie sei auch größer als im Leben, wohl weil sie jetzt aufrechter gehe, im Leben aber gebückt gegangen sei. Diese Lichtgestalt habe ihr gesagt, auch sie sei im Mittelreich gewesen, aber nur ganz kurze Zeit und auf einer andern Stufe als jener Geist.

In der Nacht vom 12. bis 13. kam der Geist des Jägers wieder und sagte nur: „Ich komme zu dir." Wie er dieses sagte, kam die Lichtgestalt und sprach zu ihm tröstende, belehrende, religiöse Worte, die nachzusprechen ihr am andern Tage unmöglich war. Sie sagte mir, sie könne nur so viel sagen, daß sie nun wisse, daß jene Lichtgestalt sich dieses Geistes annehme, weil dieser Geist sie so sehr angreife, dadurch, daß er ihr alle Kraft aussauge. Auch wisse sie, daß der sogenannte Burggeist, sobald sie auf die Burg gehen könne, komme. Sie habe den Geist des Jägers darum befragt und das zur Antwort erhalten.

In der Nacht vom 13. auf den 14., als sie so sehr leidend und schlaflos war, wünschte sie sich die Erscheinung der lehrenden Lichtgestalt aufs sehnsüchtigste, oder auch die Erscheinung eines andern Geistes, aber es erschien keiner, wie es fast immer in Nächten auf einen Sonntag der Fall ist.

Es kam nun die Periode ihres sogenannten Erwachens am 19. Oktober dazwischen, nach welcher sie, wie von den Menschen, die bisher mit ihr Umgang hatten, auch von den Geistern, die bisher zu ihr kamen, keine Erinnerung mehr hatte.

Sie erzählte mir am Morgen von diesem 19. Oktober: „Ich erschrak heute nacht sehr, denn nach 1 Uhr kam auf einmal ein Geist mit einem kurzen Frack und kurzen Stiefeln vor mein Bett und sagte zu mir: ‚Sage mir etwas Beruhigendes!' Ich sagte zu ihm: ‚Was willst du von mir?' Er antwortete: ‚Das weißt du ja, ich war ja schon öfters bei dir.' Wie er aber noch dastand, kam ein anderer Geist, ganz weiß und klar. Diesen fragte ich: ‚Was tust du denn da, du bist ja schon lange gestorben?' Denn er war mir im Leben bekannt. Er sagte: ‚Ich komme zu dir, um dich zu stärken, beruhige dich nur!' Er sagte mir dann noch auf meinen Kummer passende religiöse Worte und verschwand wieder. Jene Lichtgestalt kommt mir gegen jenen andern Geist so gar leicht vor, wie eine Feder, jener ist gegen diese schwer wie Blei, und doch ist jener schwere Geist viel leichter als wir. Wie schwer sind alsdann wir gegen diese Lichtgestalt?"

Am 27. Oktober, nachts, kam die Geistin von der Burg zu ihr und sagte spöttisch: „Kann ich deinem lieben gnädigen Herrn etwas ausrichten?"

Sie verstand sie nicht, weil sie sich ihrer, ihres sogenannten Erwachens wegen, nicht mehr erinnerte und schwieg; da ging die Geistin.

Am 30. erschien sie wieder und sagte zu ihr: „In diesen Tagen kann ich dich nun plagen!" Sie antwortete ihr: „Das kannst du nicht!" und sie ging. Den Tag zuvor hatte ich ihr die Geschichte von diesen Geistern erzählt.

Am 2. November kam dieselbe Geistin wieder, und zwar nachts um 1 Uhr. Sie hatte den kleinen schwarzen Geist zum Begleiter.

Die Geistin trat zu ihr (der kleine schwarze Geist blieb im Hintergrunde) und sprach wieder: „In dieser Zeit kann ich dich plagen!" Frau H. sagte hierauf zu ihr: „Du kannst mich nicht plagen, gehe du zu meinem Arzt!" worauf sie gingen. Dies letztere habe sie gesagt, weil ich schon vor einigen Tagen behauptet habe, Geister können ihre Drohungen nicht erfüllen. Frau H. sagte mir auch: einen so sonderbaren kleinen schwarzen Geist habe sie noch nie gesehen. Es war dies nämlich das erstemal seit ihrem sogenannten Erwachen, daß sie diesen kleinen schwarzen Geist sah.

In derselben Nacht und um dieselbe Stunde (in der Nacht vom 2. November, nachts 1 Uhr), als ich in meinem Bett im Schlafe lag, und zwar jetzt in einem andern Hause, als in dem

Frau H. war, erwachte ich durch Töne, als würfe man mit Kieseln im Zimmer und auf mein Bett. Ich suchte nach, fand aber nichts. Meine Frau, die in demselben Zimmer schlief, hörte die gleichen Töne mit mir. Morgens früh erzählte mir Frau H. sogleich, was bei ihr in der Nacht vorgefallen und was sie zur Geistin gesagt, und ich konnte ihr das, was bei uns vorgefallen, nicht verschweigen. Als ich es meiner Frau erzählte, sagte mir diese, sie wolle es mir nun erst sagen: die ganze Nacht hindurch habe sie die Empfindung gehabt, als sei etwas Unheimliches im Zimmer, es habe auch sonst so sonderbare Töne im Zimmer gegeben, und als ich gerufen, es werfe mich etwas, so habe sie wohl in der Stille gedacht, was es gewesen, habe aber nicht davon sprechen mögen.

In der Nacht vom 3. kam der Geist des Jägers wieder und sagte zu ihr: „Sage mir etwas Tröstendes!" Aber kaum hatte er dieses ausgesagt, so stand die Lichtgestalt da, die mit ihr sprach, wie sie sich ausdrückte: „In einer Sprache, die ich wohl fühlte, aber nicht nachsprechen kann. Diese Geister verweilten stets nur wenige Minuten."

In der Nacht vom 6., als wir diesmal in einem andern untern Zimmer schliefen, warf es wieder, daß wir am Tönen erwachten, und zwar mitten im Zimmer bei verschlossenen Türen, Fenstern und Läden. Wir brannten ein Nachtlicht, suchten nach, fanden und sahen aber nichts. In dieser Nacht aber war bei Frau H. kein Geist erschienen.

Als der Geist des Jägers am 9., nachts, mit der Lichtgestalt wieder erschienen, war das Mädchen von Löwenstein (von der schon oben gesprochen wurde) in dem gleichen Zimmer. Diese sah und beschrieb mir den Geist des Jägers am Morgen genau, aber was eigen war, die Lichtgestalt, die Frau H. sah, sah sie nicht. Aber sie sagte mir, daß sie diesmal große Bangigkeit angewandelt habe. Frau H. sagte: „Man sieht die Geister, hauptsächlich aber die seligen, mit dem geistigen Auge, das im fleischlichen liegt."

Am 11., nachts 12 Uhr, erschien die Geistin und der schwarze Geist. Die Geistin trat bis unter die offene Türe des Schlafzimmers und der schwarze Geist stand im Hintergrund. Im gleichen Moment stand die Lichtgestalt da, und jene flohen schnell wie ein Blitz ihr anscheinend durchs Fenster davon.

Am 15., morgens halb 4 Uhr, kam der Geist des Jägers und sogleich wieder die Lichtgestalt, die wie immer auch jetzt an jenen Geist religiöse Worte richtete. Das dreijährige Kind der Frau H., das diese Nacht in dem äußern Zimmer lag, durch das der Geist des Jägers immer ging, fing, als der Geist zurückging, auf einmal zu schreien an, und als man es um die Ursache fragte, deutete es an die Türe und gab mit Worten zu verstehen, daß da etwas Schreckbares hinausgegangen sei.

In der Nacht vom 20. kam der Jäger und die Lichtgestalt wieder. Ersterer sagte: „Morgen kommt jener, den du den Burggeist nennst." – Die Lichtgestalt richtete an ihn, wie immer, religiöse Worte. Er hatte nun nicht mehr die frühere Kleidung, sondern einen lichten Faltenrock an, und wurde immer lichter und leichter.

In derselben Nacht kamen auch die Geistin und der schwarze Geist bis in das äußere Zimmer und sahen von diesem in das innere herein. Eine fremde Person, die in dieser Nacht im äußern Zimmer schlief, wurde öfters durch ein Zupfen an ihrer Bettdecke erweckt, hörte ein Gehen wie auf Socken und fühlte ein Engsein, sah aber nichts.

In der Nacht vom 21. auf den 22. November kam der Geist, den wir den Burggeist nannten, nach langer Zeit wieder. Er sagte nur: „Kannst du nicht bis zu dem 15. Februar auf die Burg gehen, so komme ich wieder."

Frau H. beschrieb ihn am andern Tage ganz so, wie sie ihn vor ihrem sogenannten Erwachen beschrieb.

In der Nacht vom 3. Februar erschien auf einmal das Weib von der Burg mit dem kleinen schwarzen Geist wieder. Sie blieb mit ihm an der offenen Türe stehen und sagte nur: „Nun kommt bald dein lieber gnädiger Herr!" Frau H. antwortete ihr nichts und sie ging.

In der Nacht vom 5. auf den 6. Februar kamen dieselben mit gleichen Reden wieder.

In der Nacht vom 15. Februar erschien, wie schon längst vorausgekündigt war, jener Burggeist und diesmal wieder in Begleitung des Jägers. Er sagte zu Frau H.: „Weil du heute nicht mit mir kannst, so erscheine ich dir: wenn du auf die Burg kannst, es mag sein, wann es will." Der Jäger sagte: „Nun komme ich nicht mehr; ich komme jetzt an einen bessern Ort, doch noch nicht in einen hohen Grad der Seligkeit. Käme ich noch nicht an diesen Ort, hätte jener auch noch länger kommen müssen. Er sagte dir, er komme am 15., weil er wußte, daß das die Zeit war, wo ich an den bessern Ort komme."

Als sie dies gesprochen hatten, gingen sie, und erschienen nicht wieder.

Frau H. blieb aber zu schwach, um je auf die Burg zu gehen.

Nachdem die obige Geschichte der Frau H. mit dem Burggeiste hier zum Teil bekanntgeworden, kam (am 9. August 1827) ein hiesiger öffentlicher Diener zu mir und machte mir folgende Erzählung.

„Als ich noch auf dem nahen Hofe von hier wohnte, vor zehn Jahren, lief oft, sowohl bei Tag als bei Nacht, in meinem Hause etwas Unsichtbares die Treppen auf und ab und öffnete selbst die verschlossenen Türen. Auch meine Kinder wurden mit dem Ton dieser Schritte ganz bekannt, und es wurde uns völlig zur Gewohnheit; erblicken aber konnten wir alle nichts. Als ich hier angestellt wurde, kam ich auf das Häuschen auf der Stadtmauer zu wohnen, wo der Weg auf die Burg geht. Hier ließen sich zuerst wieder jene Tritte vernehmen, aber später wurde es mir sichtbar. Es war zuerst in einer Nacht, da erblickte ich eine Gestalt an dem untern Gestell meines Bettes. Die Gestalt war ein Mann von ungefähr sechzig Jahren. Auf dem Kopfe hatte er einen Hut von runder Form, trug ein graues Kleid und Beinkleider, welche in Stiefel gingen, an denen Sporen waren. Gestalt und Wesen schienen mir einen vornehmen Herrn zu verraten. Er sprach mich an, die Rede ging etwas schwer wie aus hohler Brust, er sagte: „Komm mit mir auf die Burg!" Ich konnte nichts erwidern. Dieser Geist, der aber nun bei Tag und bei Nacht in meinem Hause aus- und einging, wurde mir nun häufig unter dieser Gestalt sichtbar, auch sprach er von nun an öfters mit mir. Aus allem, was er sprach, ging hervor, daß er etwas, was ihn sehr hindert, in einem Gewölbe verborgen, wozu der Eingang am Fuße der Ringmauer ist, welcher nun das Jungfernloch genannt wird, und daß er mit einem andern in Verbindung stand, an den er durch einen Schwur gebunden war.

Einmal erschien er am hellen Tage bei mir, zupfte mich an den Seitenhaaren und sagte zu mir: „Komm mit mir auf die Burg nachts 10 Uhr." Ich versprach es ihm und machte mich diese Zeit dahin auf den Weg. Als ich zum kleinen Törchen der Burg kam, erblickte ich jemand, der von dem dicken runden Turme (dem Rondell) auf mich zuging. Da dieser rechts herkam, zu dem Jungfernloche, wo mich der Geist hinwies, es aber links geht, hielt ich diesen für einen dritten Lebenden. Ich erschrak, und aus Furcht, zur Rede gestellt zu werden, was ich hier so spät noch beginnen wolle, ging ich wieder durch das Burgtor zurück. Da wandte sich jener – hinter dem ich auf dem Rückwege noch eine kurze, unförmliche schwarze Gestalt erblickte, vor der er sich zu scheuen schien – gegen das Jungfernloch hin und stöhnte laut, daß es mich tief in der Seele betrübte, aber ich hatte nicht den Mut, wieder vorwärts zu gehen, obgleich ich jenen nun als den mir bekannten Geist erkannte. Seitdem habe ich auch in meinem Hause nichts derlei mehr gesehen noch gehört."

Dies ist die unbefangene Erzählung eines ganz einfachen Mannes, in welcher Ähnlichkeiten mit der soeben gegebenen Erscheinungsgeschichte der Frau H. nicht zu mißkennen sind.

Frau H. hatte diesen Mann nie gesehen und von seiner Geschichte nie das mindeste gehört.

6. Tatsache zu Weinsberg

Am 8. Oktober 1828, abends 9 Uhr, waren im äußern Zimmer der Frau H. ihre Mutter, ihre jüngere Schwester und Frau Mensch von hier, welche letztere an eine Erscheinung von Geistern nicht glaubte. Auf einmal ging die Türe des Schlafzimmers von Frau H., wo sie im Bette lag, wie von selbst auf, und ihr sichtbar trat die Geistergestalt eines Mannes vor sie, die ihr schon früher mehrmals, jedoch seit langem nicht mehr erschienen war. Sie verhielt sich ruhig und sprach kein Wort. Durch eine besondere Beklemmung aber fühlten die Anwesenden, daß etwas Unheimliches in ihrer Nähe sei, und Frau H. sah auch (wie sie nachher erzählte) den Geist in das äußere Zimmer und um die Dasitzenden in einem Halbzirkel herumgehen.

Da wurde Frau Mensch auf einmal wie durch einen Schlag, der von einer unsichtbaren Gewalt von unten herauf an ihren Sitz geschah, samt dem Sessel emporgehoben, so daß sie um Hilfe schrie. Die Schwester der Frau H. fühlte, wie sie sich ausdrückte, ohne mit den wirklichen Augen den Geist zu sehen, doch dessen ganze Gestalt, und gab sie nachher ganz so an, wie sie Frau H. sah, auch konnte sie auf diese Art jeden seiner Tritte verfolgen. „Es war ein Schatten", sagte sie wörtlich, „den ich nicht sah, aber doch so fühlte, daß ich ihn sah. Ich sah ihn nicht, aber sah ihn doch. Es war mir, als wären Gedanken in diesem Schatten, die sich dann mir mitteilten und in mir Gefühl von Mitleiden hervorriefen. Ich sah ihn nicht mit den Augen, ich sah ihn wie mit meinem Innern."

Diese Erzählung dieses ganz einfachen, unbefangenen Mädchens tut mir am klarsten dar, wie man Geister sieht, nämlich nicht mit dem gewöhnlichen Auge, sondern durch magnetische Erweckung (Inspiration) des Innern.

Frau H. nannte den Namen dieses Geistes nicht, den auch nur

sie wußte, und zwar nur dadurch, daß er bei früherem Erscheinen von seinem Sohne sprach, den sie kannte.

In der auf diesen Abend folgenden Nacht träumten Mutter und Schwester der Frau H. zugleich: es sei ihnen der alte N. (das war jener Geist) erschienen und wolle etwas von seinem Sohne.

(Also zieht sich die Geistererscheinung ins Traumleben – nicht aber, daß dieselbe leerer Traum, sondern nur mit Traum, Schlaf und Tod verwandt ist. Auch scheinen Geister, wie im magnetischen so im rechten Schlafe, am leichtesten auf den Menschen einwirken zu können.)

Erst als sie morgens diesen Traum erzählten, sagte ihnen Frau H., daß jener Geist am gestrigen Abend wirklich der alte N. gewesen sei.

Frau M. aber (die dasselbe Haus mit Frau H. bewohnte) wurde, als sie in der Nacht auf jenen Abend eingeschlafen war, auf einmal, wie durch eine Berührung, aus dem Schlafe erweckt, und erblickte eine männliche Gestalt vor sich stehen, die ein Schnupftuch in der Hand hielt, mit dem sie sie, statt mit der bloßen Hand, berührte. Sie erschrak und sprang in das neben ihr stehende Bett ihres Mannes, worauf die Gestalt verschwand.

Frau M. beschrieb diese Erscheinung am andern Morgen der Frau H., und diese erkannte in ihr den Geist des besagten Mannes, besonders auch durch jenes Schnupftuch, das er, wie er sagte, bei jedem Erscheinen wie spielend in der Hand halte. Sie teilte der Frau M. den Namen jenes Mannes mit, und es ergab sich (wovon Frau H. früher nicht das mindeste wußte), daß er ein naher Verwandter von dieser war.

Am 8. Dezember, abends 7 Uhr, befand ich mich im äußern Zimmer der Frau H., von dem man in ihr Schlafzimmer sehen konnte. Da sah ich in demselben eine wolkenähnliche große Gestalt (eine graue Wolkensäule wie mit einem Kopfe) ohne alle bestimmteren Umrisse. Ich ergriff ein Licht und eilte schweigend mit demselben hinein, wo ich sie starr auf die Stelle, an der ich jenes Wolkenbild erblickt hatte, hinschauen sah; mir selbst aber war es verschwunden.

Frau H. sagte mir auf die Frage: warum sie so starr dahin gesehen, daß der Geist des N. nach langer Zeit wieder dagewesen und ihr einen Auftrag an seinen Sohn gegeben habe. Sie bemerkte dabei, es sei ihr auffallend, daß dieser Geist außer ihr noch drei Personen habe sichtbar werden können, nämlich ihrer Schwester, jener Frau M. und nun mir. Es war auch dies die einzige Erscheinung, die mir, wenigstens zum Teil, zur Anschauung wurde.

7. Tatsache zu Weinsberg

Im August 1828 kamen zwei Geister zu Frau H., aus deren Erscheinen sie aber ein Geheimnis machte; sie vertraute mir nur, daß seit einiger Zeit zwei Verstorbene bei ihr erscheinen, aber ihre Namen mir zu sagen, sei ihr verboten.

Es wäre mir auch das Nachstehende verschwiegen geblieben, hätte sich nicht folgendes ereignet:

Als ich am 11. August zu ihr ins Zimmer kam, traf ich sie sehr bewegt und erschrocken an, und nachdem ich in sie gedrungen, mir die Ursache ihres Leidens zu entdecken, gestand sie mir: einer der Verstorbenen, und zwar der hier Verstorbene, sei soeben erschienen, und habe ihr gesagt, sie müsse..., dann nur habe er Ruhe. (Es war dies eine gewisse Eröffnung an Hinterlassene). Der Geist erschien ihr mit einem Überrocke bekleidet, langen Stiefeln, einer Mütze auf dem Kopf, aber ohne Halstuch. Sie beschrieb ihn (den sie nie sah) auch im Gesichte, wie er im Leben war. Seinen Begleiter (und Freund im Leben) bezeichnete sie als kleiner, ihm ähnlich gekleidet und in den Gesichtszügen wie bei Lebzeiten. Später seien ihr beide in weißen Röcken mit Falten erschienen, die in der Mitte gebunden gewesen. Sie hätten wie weiße dünne Wolken ausgesehen, durch die noch der blaue Himmel hervorschimmere.

Sie sagte mir, daß sie noch kein Erscheinen wie dieses angegriffen. Diese hätten keine Sündenschuld auf sich, sondern sie hätten nur geglaubt und nicht geglaubt, und am Ende, während des Sterbens, wo ihnen der Glaube fester geworden, an der Vergebung ihrer Sünden gezweifelt.

Von all diesem würde ich nichts erfahren haben, hätte sie den Auftrag des Verstorbenen selbst vollführen können, so aber hatte sie mich dazu nötig, und mußte mich in Kenntnis setzen; ich vollführte auch den Auftrag.

Auf meine Bitten fragte sie bei späterer Erscheinung einen dieser Geister: „Setzest du in dem Zustand, in den du nun eingehest, dein Forschen nach der Natur fort?" Er antwortete ihr: „Ja! auf eine andre unaussprechlich höhere Art als auf dieser Erde."

Als ich jenen Auftrag vollführt hatte, erschien jener, der ihn gab, in heller Gestalt vor ihr und sagte: „Ich komme nun nicht mehr zu dir." Da sie mir von dem andern nichts mehr mitteilte, so nahm ich an, daß auch er bei ihr nicht mehr erscheine. – Ich wunderte mich daher sehr, als sie mir am 23. September (nach ihrem sogenannten Erwachen, wo sie von den bei ihr vorher erschienenen Menschen und Geistern durchaus nichts mehr wußte) sagte: es sei heute nacht ein Geist bei ihr gewesen, den sie ganz wie jenen beschrieb, und der habe zu ihr gesagt, als sie ihn gefragt, wer er sei: er sei schon oft bei ihr gewesen, habe zwei Stunden von hier gelebt, und müsse so lange kommen, weil sie nicht getan, was er verlangt habe, sie müsse nun statt diesem etwas Gewisses mit ihm beten, wodurch das Versäumte ersetzt werde. Sie fragte ihn nicht weiter, sondern betete sogleich nach seinem Verlangen.

Aus der Erzählung, die sie mir sonst von dieser Erscheinung machte, erkannte ich, daß es ein gewisser Verwandter von mir war, den ich in meinem Leben nur einmal in früherer Jugend, sie aber nie gesehen und von dem nie mit ihr gesprochen wurde. Auch erfuhr ich, daß er einen Auftrag an mich gab, den sie jedoch aus Schüchternheit nicht vollführte, weswegen er sie noch immer besuchte.

Ich gab ihr nun auf, ihn nach seinem Namen und nach seinem Geburts- und Sterbejahr, die ich nicht entfernt wußte, zu fragen. Dies geschah, und was er darüber sagte, traf, als man sich näher erkundigte, völlig zu.

In der Nacht vom 15. auf den 16. Oktober kam dieser Geist das letztemal zu ihr im hellen Faltengewande. Er sagte: ich würde noch länger zu dir kommen, allein in dieser Zeit kann kein seliger Geist erscheinen. Ich bin nun an einem Orte, wo es mir wohl ist. Er verließ sie mit den Worten: „Sterbe auf den liebenden Vater, Erlöser und Fürsprecher (wozu er noch einiges setzte, das sie am Morgen nicht mehr wußte), und lege alles ab, was dich hindert." Im Augenblick, als er dies sagte, verschwand er, und sie sah ihn nicht, wie sonst, nach der Türe gehen.

8. Tatsache zu Weinsberg

Das Mädchen von Löwenstein, welches Geister zu sehen fähig, schlief am 8. Oktober 1828 im Vorzimmer der Frau H., und erzählte von dieser Nacht folgendes: „Es muß zwischen 12 und 1 Uhr gewesen sein, da ging die Türe auf und zu, und es trat eine männliche Gestalt herein. Sie hatte ein sandgraues Gesicht, sah traurig aus, und hatte einen schwarzen Rock an. Sie lief schnell durch das Vorzimmer ins andre offenstehende der Frau H. Bald darauf sah ich eine zweite männliche Gestalt, nicht so groß, aber dicker als die erste. Ihr Aussehen war, die Gesichtsbildung ausgenommen, das gleiche. Auch diese ging durch das Zimmer zu Frau H. Bald darauf kam eine dritte männliche Gestalt, hatte wie die andern einen schwarzen Rock, und sah sandgrau und wie rauh im Gesichte aus. Alle hatten traurige finstere Gesichter. Es stand nur kurze Zeit an, so kam eine nach der andern wieder von Frau H. heraus. Ich betrachtete nun diese Gestalten noch einmal alle genau. Wenn eine aus meinem Zimmer trat, so ging jedesmal die verschlossene Türe hörbar auf und zu. Sie gingen alle hörbar, aber nur wie auf Socken. Solange ich sie sah, war es mir unmöglich, zu sprechen. Bewegen konnte ich mich wohl, ich richtete mich auf, um sie genau zu sehen, und war ganz wach."

Frau H. gab an, daß sie an diesen Gestalten keine schwarzen Röcke gesehen, sie seien ihr wie dunkelgraue Wolkenbilder erschienen, das Mädchen müsse sie dunkler als sie sehen. Auf meine Frage: was sie denn von ihr begehrt, erwiderte sie: „Ich sagte denen, die Erlösung forderten, immer nur kurz, ich könne sie nicht erlösen, sie sollten beten lernen und sich an den Erlöser wenden, worauf sie jedesmal gleich, aber traurig, gingen."

„In der Nacht vom 9. (so erzählte mir jenes Mädchen) ging eine Gestalt mit einem spitzigen Fracke, gräulichen Aussehens, im Zimmer hin und her, und zwar mir ganz hörbar, jedoch konnte ich ihr Gesicht nicht vollständig sehen. Wie mir aber schien, so näherte sich diese Erscheinung der Frau H. nicht ganz, was ich durch die offene Türe zu bemerken glaubte."

Frau H., die ich darüber fragte, verwunderte sich, daß dies Mädchen die Geister alle stets so genau wie sie sehe, und erschrak eigentlich. Sie sagte: „Das Mädchen sah allerdings recht, ein solcher Geist war heute nacht da. Es ist einer von denjenigen, die in neuerer Zeit hier gelebt, die schon länger zu mir kommen, die ich aber der Leute wegen durchaus nicht nenne. Ich wies ihn sogleich von mir, weil er heute schwärzer als sonst aussah." Sie sagte mir, daß sie von diesen Geistern auch erfahren, daß die gleichgesinnten Geister im Mittelreiche immer eine Gesellschaft bilden, daß sie nicht alle gleich seien und daß sie ihr dunkler oder lichter nach ihren Gesinnungen erscheinen. Auch erfuhr sie von ihnen, daß Geister im Mittelreiche nicht alle Menschen, sondern nur hie und da einen sehen können, und nur in der schwarzgrauen Gestalt, wie sie alles sehen.

9. Tatsache zu Weinsberg

Aus einem Schreiben des Herrn W. F. Pfleiderer an mich: „Im Monat Juli des Jahres 1827 wurde ich von meinem Prinzipale, dem Herrn Schmidgall in Löwenstein, ersucht, bei seiner

Nichte, der Frau H. zu Weinsberg, mehrere Tage zu verweilen, um ihr bei ihren dazumal so ängstlichen Zuständen, weil er selbst nicht abkommen konnte, nach Ihren Vorschriften beizustehen.

Frau H. schlief im Nebenzimmer, ich auf dem Sofa, das in der Wohnstube stand. Schon in der ersten Nacht, die ich in diesem Vorzimmer der Frau H. zubrachte, wurde ich (was mir noch nie in meinem Leben geschah) zwischen 1 und 2 Uhr durch eine ganz eigene Empfindung, die sich nicht beschreiben läßt, durch eine Art von Bangigkeit oder Druck auf die Brust erweckt. Sechs Nächte verweilte ich in diesem Zimmer, und immer wurde ich durch die gleiche Empfindung in der gleichen Stunde erweckt.

Nach diesen sechs Tagen wurde ich nach Hause berufen, und auch da wurde ich nun auf gleiche Art und zur gleichen Stunde (was, wie ich schon oben sagte, mir sonst nie geschehen war) erweckt.

Ich ging wieder nach Weinsberg zu Frau H. In der ersten Nacht, in der ich mich da befand, wurde ich nun nicht mehr wie durch einen Druck, sondern weit heftiger, wie durch ein Rütteln erweckt."

(Ich unterbreche hier den Herrn P., indem ich folgendes einschalte: Frau H. sagte mir dazumal insgeheim, in dem sie mich bat, es dem Herrn P. zu verschweigen: daß sie jede Nacht zwischen 1 und 2 Uhr durch die von ihrer Schlafkammer in die Wohnstube gehende offenstehende Türe eine männliche Gestalt auf Herrn P. zugehen sehe, die sich wie über ihn hinlege, worauf derselbe bang atmend erwache und ihn die Gestalt durch besondere Bewegung der Finger gleichsam necke. Als aber dieses Erwecken immer heftiger und auffallender sich wiederholte, und Herr P. mich um die Ursache befragte, verwies ich ihn an Frau H., indem ich diese aufforderte, das, was sie sehe, nur offen mitzuteilen.)

„Als dieses Erwecken aber immer heftiger geschah, ich es auch Ihnen geklagt hatte, eröffnete mir Frau H. folgendes:

‚Seit der Zeit, als Sie bei mir sind, erscheint immer nachts zwischen 1 und 2 Uhr eine lange männliche Gestalt, mit einem Frack und langen Stiefeln bekleidet, in die lange Hosen gehen. Dieser Mann läuft bis auf einen Schritt auf Sie zu, deutet mit dem Zeigefinger einige Zeit auf Sie, geht dann näher an Ihr Bett, und legt sich gleichsam über Sie hin und weckt Sie. Hat er Sie geweckt, so werden Sie von ihm durch eine besondere Bewegung seiner Finger wie geneckt.‘

Um mich von dieser Aussage näher zu überzeugen, entschloß ich mich, eine Nacht zu wachen, und bat einen Freund, mir Gesellschaft zu leisten. Frau H. ersuchte ich, mir zu rufen oder zu läuten, im Fall sie die Gestalt erblickte, ich aber sie weder sehen noch fühlen würde.

Auf den Schlag halb 12 bekam ich nun, wachend und im Gespräch mit dem Freunde begriffen, wieder den nämlichen Druck, durch den ich, hätte ich geschlafen, bestimmt hätte erwachen müssen, und wurde zugleich wie von einer besonderen Luft angeweht. Gerade wollte ich der Frau H. rufen (von meinen Empfindungen hatte ich nicht das mindeste geäußert), ob nun die Gestalt da sei, als sie mir läutete, zum Zeichen, daß sie nun wieder vor mir stehe.

Nun fragte ich die Erscheinung (deren Gegenwart ich immer noch wie durch eine Pressung fühlte): ‚Im Namen Gottes sage mir, wer bist du, was willst du, mit was kann ich dir dienen?‘ Nachdem ich dieses gesprochen, verschwand jenes Gefühl, Frau H. aber sagte, daß der Geist auf diese Anrede sogleich von mir zu ihr gegangen, wie ich denn auch die Worte vernahm: ‚Ich gebiete dir, keinen Schritt weiter zu gehen!‘ worauf der Geist (nur ihr vernehmbar) entgegnete: ‚Dieser war einer meiner Schüler.‘

Als mir Frau H. die Gestalt noch näher beschrieb, erkannte ich in ihr einen meiner ehemaligen Lehrer, dessen Gesinnungen und Geschichte jedoch ich nicht weiter preisgeben mag, einen Mann, von dessen Existenz Frau H. auch nicht eine Silbe wußte.

Tatsache ist, daß ich nachher noch ein Vierteljahr lang, ich mochte mich aufhalten, wo ich wollte, um die gleiche Zeit immer die gleiche Empfindung hatte, und schlief ich, durch sie erweckt wurde.

Heilbronn, den 20. Oktober 1828

W. F. Pfleiderer."

10. Tatsache zu Weinsberg

In der Christnacht 1828 erschienen bei Frau H. vier Geister, drei männliche und eine weibliche Gestalt, die sich wie zum Tanz gebärdeten. Da sprach sie zu ihnen: „Seid ihr völlige Teufel, daß ihr diese heilige Nacht also entweihet?" Da wichen sie.

Am 6. Januar, dem Feste der Erscheinung, Schlag 12 Uhr, erschienen diese Geister wieder und begannen ihren Tanz. Frau H. sah ihnen einige Minuten zu, dann sprach sie: „Im Namen Jesu befehle ich euch, daß ihr ruhig stehenbleibt!" Kaum hatte sie diese Worte gesprochen, so blieben sie wie erstarrt stehen und schauten sie unbeweglich an. Als sie ihnen zurief: „Ist es euch so wohl, daß ihr an solchen heiligen Tagen tanzen möget, oder soll es Lob und Dank gegen unsern Erlöser, den Gekreuzigten, beweisen?" – winselten die Geister, als würden sie von Schmerzen gequält, und baten, sie möchte von ihnen abstehen.

Frau H. fragte: „Ist denn kein Trieb in euch, euch zu Gott zu erheben, selig werden zu wollen?" Sie erwiderten: „Noch bannt uns unsre Sündenlast!" Sie sagte: „Durch Christum den Gekreuzigten könnt ihr selig werden, was wollt ihr von mir? Geht dahin und laßt mich in Ruh!" – Sie verschwanden.

In der Nacht vom 13. kamen diese Geister wieder. Sie blieben jedoch still an der Türe stehen und sahen Frau H. wie fragend an. Da sagte sie leise für sich: „Gelobt sei der Name des Gekreuzigten! usw." Sie stimmten alle mit „Ja" ein und gingen schnell wieder hinweg.

Noch einen Monat lang erschienen die Geister in verschiedenen Nächten. Sie tanzten nun nicht mehr, sondern verlangten nur immer etwas zur Beruhigung ihrer Seele zu wissen, standen stille und sahen Frau H. bittend um ein religiöses Wort an. Öfters ließ sie sich durch ihre inständigen Bitten bewegen, und stand ihnen betend und belehrend mit religiösem Zuspruche bei; da sie sich aber zu sehr durch ihre Nähe und Einfluß geschwächt fühlte, mußte sie erklären, daß sie sich ihrer nicht annehmen könne. Später verband sich mit ihnen eine lichte weibliche Gestalt, und blieb von dort an ihr beständiger Begleiter. Es war dies, sagte Frau H., ein besserer, aber noch kein seliger Geist, der ihnen noch nicht helfen konnte, weil sie noch zu sehr unrein waren, ihr Bestreben noch zu sehr nach der Welt ging.

In der Nacht vom 6. April erschienen diese Geister in Faltenröcken, die aber noch dunkel waren, und sagten: „Wir können und dürfen nicht mehr zu dir kommen; wir besitzen jetzt so viel Kraft und Vermögen, daß wir uns an selige Geister wenden können, und bedürfen keiner andern Hilfe mehr."

Darauf verschwanden sie, um nie wieder zu kommen.

11. Tatsache zu Weinsberg

Am 20. November 1827, morgens 11 Uhr, erschien der Frau H. ihr schon als Kind verstorbener Bruder Heinrich, und sagte ihr nur die wenigen Worte: „Denke an die Mutter!" Frau H. verfiel in die heftigsten Krämpfe, und als sie aus denselben erwachte, erzählte sie mir die Erscheinung und fügte hinzu, daß sie nun voll Sorgen um ihre Mutter sei. Wie sich diese im Augenblick befinde, war ihr und uns allen unbekannt, noch mehr, daß sie gerade auf dem Wege zu ihrer Tochter begriffen war. Denn kaum waren zwei Stunden verflossen, als die Mutter noch zitternd und bleich ins Zimmer trat und erzählte, wie sie heute unterwegs durch das Ausreißen der Pferde auf einem steilen Berg in die höchste Lebensgefahr geraten, und nur wie durch ein Wunder gerettet worden sei. Als ich mich auch beim Fuhrmann, der noch nicht das Haus betreten hatte, um die Stunde erkundigte, zeigte es sich, daß es gerade die elfte Stunde war, in der Frau H. jene Erscheinung hatte.

12. Tatsache zu Weinsberg

Schon fünf Wochen lang erschien der Frau H., ohne daß sie mir es sagte, mein kürzlich verstorbener Freund P., der an ihrem Schicksal großen Anteil nahm, und sie gegen das Ende seines Lebens (namentlich auch in der Absicht, um über das Mittelreich, an das er großen Glauben hatte, durch ihre Geistererscheinungen näheren Aufschluß zu erhalten) öfters besucht hatte.

P.s Gestalt sah ihr nicht traurig aus: er schien ihr in der Gewißheit, daß sein Geist die Seligkeit erringen könne, getrost zu sein. Sie fragte ihn, ob es ihm nicht möglich sei, sich mir sichtbar zu machen? Er antwortete nichts. Dann bat sie ihn, er solle doch nur durch etwas sich mir hörbar oder fühlbar machen, damit ich seine Erscheinung glaube, und er versprach es.

In derselben Nacht, wo Frau H. an den Geist P.s diese Aufforderung machte, fühlte ich auf einmal ein sonderbares unheimliches Gefühl, und wir hörten in unserm stillen Zimmer ganz eigene und unerklärliche Töne. Ich wußte aber dazumal so wenig, daß Frau H. diese Bitte an P. gerichtet oder richten werde, ehe sie mir noch diese ganze Erzählung von P. gemacht hatte.

P. versicherte, er fühle sich erleichtert, wenn er sie besuche, auch gab er ihr einen Auftrag an seinen hinterlassenen Sohn. Sie beschrieb ihn mit einem Faltengewand, wie die andern bessern Geister, aber einem noch dunkeln, angetan. Gehen hörte sie ihn nicht. Sie fügte die Bemerkung hinzu, an den unseligen Geistern habe sie noch nie ein Haupthaar gesehen, sie könne es wenigstens an solchen nicht unterscheiden; bei seligen Geistern aber sehe sie das Haupthaar deutlich.

13. Tatsache zu Weinsberg

Am 23. Dezember 1828, nachts 2 Uhr, im festen Schlafe wurde ich auf einmal erweckt und hatte ein ganz unbeschreibliches Gefühl wie von einem Sein in einer ganz andern Atmosphäre; eine Empfindung, die sich wohl nachfühlen, aber nicht mit Worten aussprechen läßt. Dieses Gefühl dauerte nur kurz und ich verfiel wieder in Schlaf.

Als ich morgens zu Frau H. kam, empfing mich diese sogleich mit der Frage: ob ich diese Nacht um 2 Uhr keinen geisterhaften Besuch erhalten? Ich erzählte ihr jenes Erwachen und meine sonderbare Empfindung, worauf sie mit einiger Schüchternheit entgegnete:

„Sie wollen immer Beweise von der Wirklichkeit dieser Erscheinungen, und so haben Sie das sich selbst zuzuschreiben. Heute nacht 2 Uhr kam ein dunkler Geist zu mir, ich sagte nichts zu ihm als: ‚Ich befehle dir, gehe sogleich zu meinem Arzte', und er erwiderte: ‚Ja!' und ging."

14. Tatsache zu Weinsberg

Hier zu Weinsberg befindet sich ein Haus, das schon etliche und dreißig Jahre von einem Weingärtner namens Bayer bewohnt wird. In alten Zeiten diente es als Kelter, von der nun aber keine Spur mehr vorhanden ist. In diesem hörte man schon länger als 40 bis 50 Jahre, besonders vom Dezember bis Februar, nächtlich Töne, als schlüge ein Küfer aus vollen Kräften auf ein leeres Faß, als würde Kübelgeschirr gebunden, als machte man Zurüstungen an einer Presse (die gar nicht im Hause ist), wie man vor dem Traubenaufschütten und Pressen zu tun pflegt. Aber diese Schläge und Töne sind oft so gewaltig, daß sie bei stiller Mitternacht in der ganzen Nachbarschaft umher gehört werden. Dabei ist merkwürdig, daß, je heftiger und öfter diese Töne geschehen, desto reicher auch die Weinlese desselben Jahres ausfällt. Auf diese Erfahrung gründete ein Nachbar dieses Weingärtners, der verstorbene Stadtrat Muff, seine Weinspekulationen und wurde dadurch ein reicher Mann.

Bayer, der eine Tochter des vorigen Hausbewohners vor etlichen und dreißig Jahren heiratete, vermutete anfänglich eine natürliche Ursache dieser Töne entdecken zu können, und ging oft nächtlich, mit einem Beile bewaffnet, den Orten zu, von denen ihm diese Töne zu kommen schienen, fest entschlossen, den ihn neckenden Täter niederzuschlagen, aber nie wurde ihm ein solcher sichtbar. Der Vater seiner Frau, der dazumal noch mit ihm, aber auch schon lange vor ihm, dieses Haus bewohnte, schien mit diesen Tönen und ihrem Urheber besser bekannt zu sein; er sagte bei seinem Eifer stets nur: „Dieser ist schon länger als wir hier, laß ihn nur!"

Dazumal kam es auch noch öfters nächtlich zur Türe herein; sie öffnete sich von selbst, und es rutschte wie in Halbschuhen (Schlurfen) durchs Zimmer. Dieses fand aber seit vielen Jahren nur noch einmal statt, als gerade der jetzige Hausbewohner auf dem obern Boden schlief. Da öffnete sich nämlich die Türe der Kammer, in der er lag, wie von selbst, er hörte etwas wie mit den Füßen schlürfend sich ihm nahen und wieder durch die Türe sich entfernen.

Sichtbar wurde noch keinem dieser Hausbewohner eine Erscheinung. Sooft es hämmert und tönt und man richtet im Bette nur das Haupt auf, um es besser zu belauschen, so ist es urplötzlich still. So geschieht es auch den Nachbarn. Springen diese bei solchen Schlägen ans Fenster, so schweigt es sogleich, aber alsbald beginnen wieder die Töne, sind sie zurückgetreten. Geht der Nachtwächter in der Nähe des Hauses vorüber, und tönte es noch so sehr, schweigt es sogleich, und fängt wieder an, wenn er vorüber ist. Dies ist eine völlige Tatsache, über die täglich eine Reihe von Zeugen vernommen werden kann.

Daß diese Töne schon durch mehr als 40 Jahre von den Bewohnern dieses Hauses zu irgendeinem Zwecke geflissentlich hervorgebracht würden, das wird besonders niemand glauben, der diese Leute kennt. Eigennutz und Vorteil wären wohl die entferntesten Beweggründe dazu, indem die Bewohner als arme Weingärtner keinen Weinhandel treiben.

Will man annehmen, Herr Stadtrat Muff habe zu besondern eigenen Zwecken diese Töne veranstaltet (eine Vermutung, die noch keinem Menschen hiesiger Stadt einfiel), so ist zu bedenken, daß sie schon viele Jahre, ehe Herr Muff in der Gegend wohnte und von ihnen Gebrauch machen konnte, gehört wurden, wie sie auch jetzt noch, nachdem er schon seit Jahren gestorben ist, vernehmbar sind.

Aber auch er sprach stets ohne alle Befangenheit von dieser Sache, und alle seine Bekannten wissen, wie er sich in jenen Monaten oft nächtelang am Fenster passend, wachend verhielt, um auf jene Töne seine Weinspekulationen zu gründen. Auch hieraus machte er kein Geheimnis, so daß es ihm jeder hätte nachmachen können, aber man lachte über ihn; er ließ sich nicht irre machen und – wurde reich.

Er starb – aber bewahren konnte ihn sein Reichtum, den er auf jene Töne aus dem Mittelreiche gründete, nicht vor diesem. Auch er war einer von denjenigen aus jenem Schattenlande, die bei unsrer Seherin bittend um religiöse Worte erschienen. Sie hatte ihn nie gekannt.

Eine Tatsache aus dem Tagebuch der Seherin

Frau H. schrieb hier in W. wenige Wochen lang ein Tagebuch, das sie ganz geheim hielt, das sie einzig für sich bestimmte, und das niemand unter die Hand bekommen sollte.

Als sie schwächer wurde, konnte sie es nicht mehr fortsetzen, und ich erhielt es zufällig ohne ihr Wissen und Willen. Noch zur Charakteristik ihres Gemütszustandes und als Beweis, wie auch Sehnsucht nach Gatte und Heimat (in welchem Punkte sie so sehr von den Menschen mißkannt wurde) in ihr vorherrschende Gefühle waren, auch wie überzeugt sie bei sich von der Realität dieser Erscheinungen von Geistern war, führe ich aus diesem ihrem Tagebuch nachstehendes an, das um so unbefangener ist, da sie nie vermutete, daß es unter andre Augen kommen würde. Es sind ihre eigenen Worte:

26. Dezember 1827. Sprachloses, stummes Papier, zu dir nehme ich meine Zuflucht! Ich möchte so gern meine Erfahrungen und Gefühle meiner Seele jeden Tag einem Freunde mitteilen, einem

solchen Freunde, dem ich auch den innersten meiner Gedanken in der Stille sagen könnte, dem seine Seele mit der meinigen harmonierte, von dem ich Trost und Beruhigung in meinen Leiden erhielte. Bin ich selbst schuld dran, daß ich keinen solchen Freund habe? Bin ich zu schüchtern oder setze ich zu wenig Zutrauen in die Freunde, die ich habe? Ach! all dieses finde ich nicht in mir, sondern mein Gefühl stößt mich immer zurück, weil ich finde, daß man mich nie oder nur selten kennen will, und mir gern alles mißdeutet. Aber ich freue mich, daß ich einen kenne, der mich siehet und kennet, dessen Eigentum ich bin und bleiben will und das bist du, Vater im Himmel!

27. Dezember. Heute mußte ich hauptsächlich wieder die Überzeugung gewinnen, daß wir in einer vergänglichen, unvollkommenen Welt leben, daß wir uns an nichts festhalten können, was da irdisch lebt und webt, nur an das, was wir nicht sehen, und das ist das Wort, die Wahrheit und das ewige Leben. Hält man diese fest, so kann man ein solches Verlassensein, in dem ich mich heute befand, Trennung von allen Lieben, im Glauben und der Liebe zum Herrn leichter überwinden, und die Seele wird immer mehr zum Geiste gezogen. Wohl wird dann der Leib geschwächter, besonders der meinige. Da wäre ihm ein wahrer Freund wohltuend, den ich Seelenfreund nennen möchte, dem ich alle meine Empfindungen mitteilen könnte.

——— Ich hatte heute auch eine mich sehr beunruhigende Erscheinung, die K. angeht, insofern sie ein ganz naher Verwandter von ihm ist. Dieser Geist, eine Mutter (ich kannte sie im Leben), will haben, ich soll seinen zurückgebliebenen Kindern durch K. sagen: es sei eine Unsterblichkeit, und wofern sie sich nicht ernstlich zum Erlöser wenden, so würden sie den bittern Tod noch mehr schmecken, als er. So sagte dieser Geist. — Was soll ich nun anfangen. Gott wolle mir helfen, daß ich es zu seiner Zeit da sage, wo es mir gut ist!

28. Heute nacht kam jener Geist und mahnte mich wieder, daß ich das seinen Kindern solle sagen lassen.

29. Ich war heute äußerlich froh scheinend, aber gegen Abend überfiel mich ein so entsetzliches Heimweh, daß ich mir nicht zu helfen wußte und wünschte nur fortzukommen. Verliert sich dieses Heimweh nicht bald, so werde ich kränker.

Allen Trost muß ich aus mir selbst suchen, niemand kann mich beruhigen, kann mich erheitern. Spricht man etwas, was so in der Welt vorgehe, so werde ich noch trauriger. Am liebsten möchte ich mich immer von meinem Erlöser unterhalten, wenn ich nur könnte. Aber ich bin schüchtern, man zieht auch daraus so gern Böses, auch fühle ich mich oft noch viel zu fehlerhaft.

Heute nacht, 11 Uhr, kam jener Geist wieder und sagte mit drohender Miene: „Willst du nicht tun, was ich dir sagte?" Ich sagte: „Ich kann es nicht, wende dich selbst an K." Als ich dies gesagt hatte, verschwand er. Nun bin ich doch recht in der Not, was soll ich anfangen, die Menschen glauben so etwas nicht. In Gottes Namen, sie mögen das tun, ich bin fest überzeugt, daß es wahr ist, aber den innigsten Schmerz erregt mir oft dieses Schauen der Menschen wegen.

1. Januar 1828. Heute den Tag des neuen Jahres bracht' ich mit meiner alten Wärterin allein in der Stille, meist in Andacht zu. Ich schlug mir auf den heutigen Tag folgendes auf:

„Mensch bestelle dein Haus: denn du mußt sterben!" Daraus nehme ich, daß wir unser Haus jeden Tag bestellen und keinen Tag vorbeigehen lassen sollen, ohne mit Ernst an den Tod zu denken. Um halb 11 Uhr kam jener Geist wieder und sagte: „Wie lange willst du, daß ich noch in Unruhe sein soll?" Ich beruhigte ihn damit, daß ich ihm sagte, es soll sein Wille geschehen, aber wann, wisse ich noch nicht, und nun hoffe ich, daß er nicht mehr kommt.

2. Januar. Nachts kam jener Geist wieder mit seiner alten Anforderung. Ich gab ihm die Versicherung, daß ich am andern Tage seinen Willen erfüllen würde, und da ging er ganz hell von mir. Ich aber war morgens sehr traurig und wünschte nur, daß ich einmal wieder in meine Heimat könnte: der, der

mich allein leiden siehet, der, der mich allein kennet – gebe mir das!

5. Januar. Heute nacht schlief ich vor Schwäche des Körpers und Betrübnis gar nicht ein. Ich weinte beinahe die ganze Nacht. Wie kann ich gesunden! Um 1 Uhr kam jene lichte Gestalt, die mir schon oft als tröstender Engel erschienen war und sagte: „Sei ruhig, bis morgen abend wird es dir leichter, es wird schon geholfen werden.“ Noch sagte sie mehreres, das ich in meinem Herzen bewahre.

6. Januar. Den Tag über war es mir, das Heimweh abgerechnet, etwas besser, und gerade, wo es am stärksten war, trat mein Gatte ein, und es wurde mir dann wieder ganz leicht ums Herz. Damit traf auch die Voraussage jener Lichtgestalt ein: daß es mir heute leichter werden soll.

7. Januar. Diesen Tag über war es mir, Gott sei Dank! wieder ziemlich heiter: denn mein Gatte blieb bei mir, wo dann meine Sorgen und Leiden wieder geteilt wurden.

8. Januar. Die Krämpfe ließen mich heute nicht schlafen, auch tat dies der nahe Abschied von meinem Gatten. Diesen Vormittag reiste er ab, und ich fühle mich wieder verlassen. Der liebende Vater stärke mich! Du Vater im Himmel, höre mein tägliches Flehen! Gib mir Geduld, daß ich das, was du mir auferlegst, in sanfter Stille trage: denn du nur verstehst mich – die Menschen wollen mich nicht verstehen.

Das Verlangen jener Erscheinung betreffend, die der Seherin in den berührten Tagen so vielen Kummer machte, so ist auffallende Tatsache, daß sich bald nachher mit einem der Kinder dieser Erscheinung eine Begebenheit ereignete, die davon zeugte, daß es an Vertrauen auf Gott fehlte, wobei eine unbegreifliche Rettung des Lebens stattfand, die ganz geeignet war, zum Glauben an eine höher waltende Vorsehung zu führen.

9. Letzte Lebenstage und Tod der Seherin

Schon nach der ersten Woche des Aufenthaltes der Seherin zu Löwenstein fühlte sie den ins Zentrum laufenden Strich des letzten Sonnenkreises ihrer am 2. Mai angetretenen sieben neuen Kreise auf den ersten zurückgesprungen und auf sich liegen und sich wieder in einem eingesperrten, beängstigenden Zustand. Damit war auch wieder mehr die Freiheit ihrer Seele verloren, und oft verfiel sie wieder in einen Zustand, der wie ein Sterben war.

Die so sehr vom Tale verschiedene scharfe Bergluft waren ihre Atmungsorgane nicht mehr gewohnt; dazu kam der Steinkohlendampf aus den Werkstätten naher Feuerarbeiter und die Ausdünstung von Vitriolwerken. Vergebens wünschte sie sich ins Tal zurück; es war zu spät, ihr Körper zu geschwächt, um noch einen Transport aushalten zu können. Das sie verzehrende Fieber nahm immer zu. Sie war nur unter großen Schmerzen zu schlingen fähig, daher sie beinahe gar nichts aß und wegen brennenden Durstes ihre Zunge nur oft in kühlendes Wasser tauchte. Es war dies vorauszusehen, aber vergebens strebte ich damals gegen jenen Wechsel, der ganz gegen meinen Rat dennoch geschah.

Drei Wochen vor ihrem Tode hatte sie dreimal ein zweites Gesicht, das ihr denselben zu verkünden schien, und über das sie sieben Tage vor ihrem Tode, bei meinem letzten Besuche, mit mir sprach. Sie sagte: „Schon dreimal erschien mir eine wunderfreundliche, in schwarze Gewänder gehüllte weibliche Gestalt. Diese stand mir gerade über, aber höher als ich. Es erschien mir diese Gestalt nur im Brustbilde: denn ihr übriger Körper war durch einen offenen Sarg, der unter ihr stand, und durch schwarze Tücher bedeckt, neben ihr war ein weißes Kreuz. Die Gestalt winkte mir zu, und ich fühlte von ihr einen kalten Hauch ausgehen. Diese Erscheinung war aber nicht die eines

Geistes, sondern es war dies ein zweites, vorbedeutendes Gesicht, und wohl ahne ich seine Bedeutung."

So sprach Frau H. dazumal wörtlich über diese Erscheinung, und ich bezog sie, in Wahrheit, nicht auf ihren Tod, indem ich mir denselben immer noch entfernter dachte; ich gab dem Bilde andre Auslegung.

So elend auch ihr Körper war, glaubte man ihren Tod nicht, weil sie schon oft im wirklichen Akte des Sterbens begriffen war und immer wieder durch magnetische oder andre ätherische Einflüsse ins Leben zurückkehrte.

Drei Tage vor ihrem Tode hob sie drei Finger wie zu einem Eide auf und beschwor: daß, so wahr Gott lebe, ihr Leben kaum noch drei Tage dauern werde. Ihr Wille war, zu sterben, und nur die Angst, die sie anwandelte, wenn sie in den Akt des Sterbens kam (in den sie so oft kam, ohne zu sterben), bei dem sie aber wohl das gleiche Gefühl hatte, das wohl jeder Mensch beim Sterben hat, preßte ihr Klagen und Zeichen von Kampf und Widerstand gegen den Tod aus. Um dieses öftere Sterben und doch nicht Sterbenkönnen war auch eine unsägliche Pein für dieses arme Geschöpf.

Ihr magnetischer Zustand dauerte, gegen mein Erwarten, auch als das Fieber immer mehr stieg, dennoch fort; sie blieb bis zum letzten Hauch ihres Lebens magnetisch. Auch ihr Schauen oder Übertreten ins Geisterreich vermehrte sich immer. Sie sagte mir, sie habe kürzlich zu zwei zu ihr gekommenen Geistern gesagt: „Warum kommt ihr denn zu mir?" worauf diese geantwortet: „Du bist ja bei uns!" – Sie fühlte sich immer mehr selbst unter und mit diesen Geistern. Sie sagte mir in ihren letzten Tagen: sie sehe in ihrem Fieberzustande nun auch oft Bilder, allerlei Gestalten vor ihren Augen, sie könne mir aber nicht genug ausdrücken, wie dieses Bildersehen so ganz was andres sei, als das Sehen von Geistern, und sie wünschte nur, daß auch noch andre Menschen als sie imstande sein könnten, dieses zweierlei Schauen miteinander zu vergleichen, um begreifen zu lernen, daß das erstere Phantasie, das letztere ein wirkliches Schauen sei, aber freilich ein Schauen, das sich von unserm gewöhnlichen Sehen auch wieder unterscheide, und daher nicht jedem Menschen gegeben sei. Auch das Schauen eines zweiten Gesichtes unterscheide sich vom Schauen der Geister und vom gewöhnlichen Sehen.

Sie wollte später, als sie aber schon zu schwach war, um zusammenhängend zu sprechen, noch manches mitteilen, vermochte es aber nicht mehr. So geschah es auch mit Mitteilungen, die sie noch über ihren letzten Sonnenkreis und über ihre innere Rechnung machen wollte; ihre Sprachorgane waren zu sehr gelähmt.

Am 5. August 1829 verfiel Frau H. teils in Delirien, teils kam sie in magnetischen Zustand, teils schien sie wieder wach zu sein, ihre Sprache war aber gebrochen. Mit sichtbarer Inbrunst hörte sie Gespräche über Leben und Leiden des Heilandes an, und deutete oft auf ihr Herz, indem sie mit gebrochener Rede zu erkennen gab, daß nur der ruhig sterben könne, der Jesum da innen trage. Sie forderte das Beten der Lieder: „Jesu, laß mich still", und: „Jesu, Jesu, komm zu mir!" Öfters rief sie mit Heftigkeit meinen Namen (ich war nicht bei ihrem Tode), und als sie schon ganz tot zu sein schien und erstarrt war, und man meinen Namen nannte, trat sie wieder ins Leben und schien nicht sterben zu können. So schien das magnetische Band noch nicht zerrissen zu sein, überhaupt war sie noch magnetischer Einflüsse bis in den letzten Moment fähig; denn als sie schon ganz kalt und ihre Kinnbacken steif waren, machte ihre Mutter drei magnetische Striche über ihr Gesicht, und sie blickte wieder auf und bewegte die Lippen.

Der Geist ihres Vaters schien besonders zur Zeit ihres Todes bei ihr aus- und einzugehen, und wurde da auch von der Mutter und Schwester erblickt, und war dies das erstemal, daß der Mutter bei den vielen Geisterbesuchen ein Geist sichtbar wurde. Als diese des Vaters Geist sahen, sprachen sie vor der Sterbenden davon, und diese gab mit gebrochenen Worten zu verstehen, daß sie ihn mit ihnen auch gesehen habe, und daß sie sich nicht täuschen.

Um 10 Uhr sah die Schwester eine hohe lichte Gestalt ins Zimmer treten, und in dem gleichen Momente tat die Sterbende einen heftigen Schrei der Freude. Ihr Geist schien da die Hülle zu verlassen. Nach kurzen Momenten verließ sie auch die Seele, und die Hülle lag nun als etwas ganz Fremdes, ohne eine Spur von den früheren Gesichtszügen, da.

Das Gesicht dieser Frau war auch im Leben von der Art, daß es nur von Geist und Seele allein seine Form erhalten zu haben schien, daher wohl auch kein Künstler ihr Bild (es wurden mehrere vergebliche Versuche gemacht) wahrhaft zu treffen fähig war. Ihr Gesicht mußte beim Austritt von Geist und Seele nun ganz als ein fremdes erscheinen.

In der Nacht ihres Todes, ich vermutete ihren Tod noch nicht im mindesten, sah ich sie im Traume wie ganz genesen mit zwei andern weiblichen Gestalten gehen. Morgens ward mir die Kunde von ihrem Tode.

Am 7. nahm Herr Dr. Off zu Löwenstein die Sektion der Leiche vor. Der Körper war aufs äußerste verzehrt. Hauptsächliche krankhafte Veränderungen fand Herr Dr. Off in den Unterleibsdrüsen, die Verhärtungen zeigten; auch die Leber war krankhaft, und in der Gallenblase befand sich (was Frau H. öfters im Leben sagte) ein großer Gallenstein. In einem entzündlichen Zustande waren das Herz und seine Gefäße, und hauptsächlich die Atmungswerkzeuge, wahrscheinlich infolge jener Bergluft, die diese zarten Gewebe nicht mehr ertragen konnten. Den Schädel fand Herr Dr. Off bewundernswürdig schön gebaut und das Gehirn in allen seinen Teilen so gesund und vollkommen, daß er behauptete: noch nie ein gesunderes und schöner gebildetes Gehirn in einem Menschen getroffen zu haben. Auch an dem Rückenmarke, das seiner ganzen Länge nach untersucht wurde, und an den Nerven der Brust und des Unterleibes war nicht die mindeste krankhafte Veränderung sichtbar.

Am 8. wurde Frau H.s Hülle auf dem schön gelegenen Gottesacker zu Löwenstein zur Ruhe gebracht, dort, wo auch die Hülle ihres Großvaters, des alten, ehrsamen Schmidgall, und ihrer Führerin, seiner Hausfrau, ruht.

Leb wohl! was ich dir hab' zu danken,
Trag ich im Herzen immerdar.
Es schaut mein Innres ohne Wanken
In geist'ge Tiefen wunderklar.

Wo du auch weilst, im Licht, im Schatten,
Ein Geist bei Geistern weilest du.
O sende, will mein Glaub' ermatten,
Mir liebend einen Führer zu.

Und lebst du bald in höh'rem Bunde
Mit sel'gen Geistern leicht und licht.
Erschein in meiner Todesstunde,
Mir helfend, wenn mein Auge bricht.

Bald deinem stillen Grab entsteige
Die Blume, der du oft vertraut,
Des Mittlers Leiden stummer Zeuge,
Das heilige Johanniskraut!

Ja! wo ich diese Blum' erschaue,
Blut innen, außen goldner Schein,
In Waldes Nacht, auf lichter Aue,
Werd' ich auch denken deiner Pein.

Leb wohl! was auch die Menschen sagen,
Mich rühret nicht die Erde an,
Gar leicht kann ihre Schwere tragen,
Wer leicht ihr Nichts erfassen kann.

INHALTSVERZEICHNIS

Erste Abteilung:

Eröffnungen über das innere Leben des Menschen

1. Eingang 21
2. Geburtsort und erste Jugend 23
3. Zurückziehen ins Innere 28
4. Hervortreten des magnetischen Zustandes 29
5. Gesteigerte Leiden und tieferer magnetischer Zustand 37
6. Erscheinen in Weinsberg 42
7. Bild dieser Frau 45
8. Ihre Verhältnisse zur physischen Außenwelt . . . 51
Einwirkung von Mineralien 51 – Einwirkung des Wassers 56 – Einwirkung von Vegetabilien 57 – Einwirkung von tierischen Stoffen 58
9. Über diese Berührung mannigfaltiger Körper durch die Seherin, von Schubert 59
10. Einwirkung imponderabler Materien 63
Einwirkung der Sonne 63 – Einwirkung der Elektrizität 64
11. Inneres Leben – Geistiges Sehen 66
Das Menschenauge 66 – Glas und Spiegel 67 – Sehen mit der Herzgrube 68 – Sehen innerer Teile 70 – Sehen der Schutzgeister 72 – Voraussagende Träume 74 – Das zweite Gesicht 77 – Heraustreten aus sich selbst 83 – Selbstsehen 86

12. Krankheit und Heilbestrebungen 89
Amulette 91 – Magnetische Manipulationen und magnetischer Schlaf 94 – Die magnetischen Krämpfe 97

13. Heilversuche an andern 99
Heilung der Frau Gräfin von Maldeghem durch die Seherin 104

14. Die verschiedenen Grade des magnetischen Zustandes der Seherin 113
Der magnetische Traum 115 – Äußerungen der Seherin über die verschiedenen Grade des magnetischen Zustandes 116

15. Der Sonnenkreis und der Lebenskreis 117

16. Die Kreise selbst 121
Der Sonnenkreis 122 – Der Lebenskreis 129

17. Die innere Sprache 135

18. Das Schauen 138

19. Trennung des Geistes im Sterben 139

20. Vom Nervengeist 142

21. Die innere Sprache 152

22. Trennung des Geistes im Sterben 156

23. Görres über die Kreise der Seherin 159

24. Der siebente Sonnenkreis 165

Zweite Abteilung:

Eröffnungen über das Hereinragen einer Geisterwelt in die unsre

1. Vorbemerkung 171

2. Eingang 176

3. Äußerungen der Seherin über das Geistersehen . . 181

4. Das Mittelreich 204

5. Vorwort zu nachstehenden Tatsachen 213

6. Tatsachen in Oberstenfeld 217
1. Tatsache zu Oberstenfeld 217 – 2. Tatsache zu Oberstenfeld 221

7. Die Erscheinung zu Löwenstein 228

8. Tatsachen zu Weinsberg 228
1. Tatsache zu Weinsberg 228 – 2. Tatsache zu Weinsberg 252 – 3. Tatsache zu Weinsberg 258 – 4. Tatsache zu Weinsberg 264 – 5. Tatsache zu Weinsberg 320 – 6. Tatsache zu Weinsberg 344 – 7. Tatsache zu Weinsberg 346 – 8. Tatsache zu Weinsberg 348 – 9. Tatsache zu Weinsberg 349 – 10. Tatsache zu Weinsberg 352 – 11. Tatsache zu Weinsberg 353 – 12. Tatsache zu Weinsberg 354 – 13. Tatsache zu Weinsberg 354 – 14. Tatsache zu Weinsberg 355 – Eine Tatsache aus dem Tagebuch der Seherin 357

9. Letzte Lebenstage und der Tod der Seherin . . . 361